全国高等教育自学考试指定教材
小学教育专业（专科）

教育原理
Jiaoyu Yuanli

（含：教育原理自学考试大纲）

（2016年版）

全国高等教育自学考试指导委员会 组编

主　编　柳海民

副主编　王　澍

高等教育出版社·北京

扫描微信二维码
关注自考教材服务

图书在版编目（CIP）数据

教育原理／柳海民主编；全国高等教育自学考试指导委员会组编.--北京：高等教育出版社，2016.4（2023.5重印）
ISBN 978-7-04-045113-9

Ⅰ.①教… Ⅱ.①柳… ②全… Ⅲ.①教育理论-高等教育-自学考试-教材 Ⅳ.①G40

中国版本图书馆 CIP 数据核字（2016）第 069829 号

策划编辑	雷旭波	责任编辑	王江媛	版式设计	范晓红
责任校对	张小镝	责任印制	田 甜		

出　　版	高等教育出版社	咨询电话	400-810-0598
社　　址	北京市西城区德外大街4号	网　　址	http://www.hep.edu.cn
邮政编码	100120		http://www.hep.com.cn
印　　刷	北京市鑫霸印务有限公司		
开　　本	787mm×1092mm　1/16	版　　次	2016年4月第1版
印　　张	23	印　　次	2023年5月第5次印刷
字　　数	550千字	定　　价	41.00元

本书如有质量问题，请与教材供应部门联系。
版权所有　侵权必究
物　料　号　45113-00

组编前言

21世纪是一个变幻莫测的世纪,是一个催人奋进的时代。科学技术飞速发展,知识更替日新月异。希望、困惑、机遇、挑战,随时都有可能出现在每一个社会成员的生活之中。抓住机遇,寻求发展,迎接挑战,适应变化的制胜法宝就是学习——依靠自己学习、终身学习。

作为我国高等教育组成部分的自学考试,其职责就是在高等教育这个水平上倡导自学、鼓励自学、帮助自学、推动自学,为每一个自学者铺就成才之路。组织编写供读者学习的教材就是履行这个职责的重要环节。毫无疑问,这种教材应当适合自学,应当有利于学习者了解、掌握新知识和新信息,有利于学习者增强创新意识、培养实践能力、形成自学能力,也有利于学习者学以致用、解决实际工作中所遇到的问题。具有如此特点的书,我们虽然沿用了"教材"这个概念,但它与那种仅供教师讲、学生听,教师不讲、学生不懂,以"教"为中心的教科书相比,在内容安排、编写体例、行文风格等方面已经大不相同了。希望读者对此有所了解,以便从一开始就树立起依靠自己学习的坚定信念,不断探索适合自己的学习方法,充分利用已有的知识基础和实际工作经验,最大限度地发挥自己的潜能,达到学习的目标。

欢迎读者提出意见和建议。

祝每一位读者自学成功。

全国高等教育自学考试指导委员会
2014年7月

目 录

教育原理自学考试大纲

出版前言 …………………………………… 2	第六章 学校及其制度 ……………… 14
Ⅰ.课程性质与课程目标 …………………… 3	第七章 教育目的 …………………… 16
Ⅱ.考核目标 ………………………………… 5	第八章 课程 ………………………… 17
Ⅲ.课程内容与考核要求 …………………… 6	第九章 教育方法 …………………… 19
第一章 绪论 …………………………… 6	第十章 教育途径 …………………… 21
第二章 教育的产生与发展 …………… 7	第十一章 教师与学生 ……………… 22
第三章 教育是什么 …………………… 9	Ⅳ.关于大纲的说明与考核实施要求 … 25
第四章 教育与社会的发展 …………… 10	附录 题型举例 ………………………… 28
第五章 教育与人的发展 ……………… 12	后记 ……………………………………… 29

教 育 原 理

编者的话 …………………………………… 32	第五章 教育与人的身心发展 ………… 127
第一章 绪论 ……………………………… 33	第一节 人的发展概述 ……………… 128
第一节 教育学概述 …………………… 34	第二节 人的身心发展规律与教育 … 131
第二节 教育学的发展历程 …………… 40	第三节 影响人身心发展的主要
第三节 学习教育原理的意义与方法 … 53	因素 ………………………… 138
第二章 教育的产生与发展 ……………… 59	第六章 学校及其制度 ………………… 153
第一节 教育的产生 …………………… 60	第一节 学校概述 …………………… 154
第二节 教育的发展 …………………… 62	第二节 学校教育制度概述 ………… 162
第三节 当代教育发展趋势 …………… 68	第三节 我国现行学校教育制度 …… 169
第三章 教育是什么 ……………………… 78	第七章 教育目的 ……………………… 189
第一节 教育的概念 …………………… 79	第一节 教育目的概述 ……………… 190
第二节 教育的构成要素 ……………… 88	第二节 我国的教育目的 …………… 195
第三节 教育的形态 …………………… 93	第三节 全面发展的教育 …………… 202
第四章 教育与社会的发展 ……………… 103	第八章 课程 …………………………… 209
第一节 教育与社会关系的几个	第一节 课程概述 …………………… 209
理论 ………………………… 104	第二节 课程改革 …………………… 224
第二节 教育的社会制约性 …………… 108	第三节 义务教育阶段小学现行课程
第三节 教育的社会功能 ……………… 117	标准 ………………………… 228

第九章　教育方法 ………… 241
第一节　教育方法的指导思想 … 242
第二节　教学方法 …………… 248
第三节　德育方法 …………… 257

第十章　教育途径 ………… 267
第一节　教学 ………………… 269
第二节　课外活动 …………… 280
第三节　社会实践 …………… 289
第四节　咨询与辅导 ………… 295

第十一章　教师与学生 …… 308
第一节　教师 ………………… 309
第二节　学生 ………………… 328
第三节　师生关系 …………… 340

附录　练习题参考答案 …… 346

后记 …………………………… 359

全国高等教育自学考试
小学教育专业（专科）

教育原理自学考试大纲

全国高等教育自学考试指导委员会　制定

出版前言

为了适应社会主义现代化建设事业的需要,鼓励自学成才,我国在20世纪80年代初建立了高等教育自学考试制度。高等教育自学考试是个人自学、社会助学和国家考试相结合的一种高等教育形式。应考者通过规定的专业考试课程并经思想品德鉴定达到毕业要求的,可获得毕业证书;国家承认学历并按照规定享有与普通高等学校毕业生同等的有关待遇。经过30多年的发展,高等教育自学考试为国家培养造就了大批专门人才。

课程自学考试大纲是国家规范自学者学习范围、要求和考试标准的文件。它是按照专业考试计划的要求,具体指导个人自学、社会助学、国家考试、编写教材、编写自学辅导书的依据。

随着经济社会的快速发展,新的法律法规不断出台,科技成果不断涌现,原大纲中有些内容过时,知识陈旧。为更新教育观念,深化教学内容方式、考试制度、质量评价制度改革,使自学考试更好地为提高人才培养的质量服务,各专业委员会按照专业考试计划的要求,对原课程自学考试大纲组织了修订或重编。

修订后的大纲,在层次上,专科参照一般普通高校专科或高职院校的水平,本科参照一般普通高校本科水平;在内容上,力图反映学科的发展变化,增补了自然科学和社会科学近年来研究的成果,对明显陈旧的内容进行了删减。

全国考委教育类专业委员会组织制定了《教育原理自学考试大纲》,经教育部批准,现颁发施行。各地教育部门、考试机构应认真贯彻执行。

全国高等教育自学考试指导委员会
2016年1月

Ⅰ. 课程性质与课程目标

一、课程性质和特点

教育原理课程是全国高等教育自学考试小学教育专业（专科）课程计划中的专业必修、必考课，也是该专业自学考生的专业基础理论课。本门课程以现代教育理论为指导，以教育与社会发展的关系和教育与人的发展的关系这两大教育基本矛盾为主线，系统阐述了有关教育与社会发展和教育与人等一系列现代教育的基本原理，课程内容具有宏观性、基础性、理论性、现代性、指导性、应用性的特点。本门课程的开设可为该专业方向的考生学习后续的各门课程提供坚实的理论基础，起到奠基和导向的作用。

设置本课程的目的是使学习者通过系统的学习全面掌握有关教育的基本知识、基本理论和基本观点，树立起正确的教育观、教师观、学生观，实现分析和解决教育问题能力的提升。

由于本门课程是一门原理性的课程，学习者在自学本门课程之前应建立较好的哲学和心理学基础。在学习过程中要紧紧把握教育与社会发展和教育与人的发展这两条主线、两大重点，善于联系社会发展实际和人的身心发展实际来理解课程内容，这样就能把课程学得生动活泼，达到增长才识与发展自己的双重目的。

二、课程目标

教育原理课程设置的目标是：

（1）掌握有关教育的一系列基础知识、基本理论和基本观点，并运用其分析、解决教育问题。

（2）掌握分析教育现象与教育问题的方法，认识教育的基本规律，运用教育规律分析评价相关的教育行为。

（3）了解教育的产生、发展和特点、趋势，掌握我国的教育目的和教育制度。

（4）明确教师责任、专业素养，掌握人的身心发展特点，树立正确的教育观、教师观和学生观。

（5）为进一步学习教育学其他课程打下基础。

三、与相关课程的联系与区别

本课程是一门原理性的课程，学习者在自学本门课程之前应建立较好的哲学和心理学基础。教育原理阐述的是有关教育与人的发展、教育与社会的发展等基本理论，全面概述了教育的基本概念、基础知识、基本原理。在课程内容方面,本课程涉及部分课程论、教学论、德育论、教师论的知识,教育原理与他们的区别是,学习者在教育原理中学到的是基本概念与基础理论,在专门的课程中学习到的是专业理论与专业概念。因此教育原理是其他所有教育学类课程的基础。

四、课程的重点和难点

本课程的重点内容是:教育原理的基本问题;当代教育发展趋势;教育的词源含义;教育的本质;教育的本体内涵与社会意蕴;教育的构成要素;教育的社会制约性;教育的社会功能;人的身心发展的含义和规律;教育在人的身心发展中的作用;学校和学校教育制度的含义;学校文化的概念;我国现行学校的类型与职能;我国现行的学制结构;我国学制发展的趋势;教育目的的概念;我国现行的教育目的;我国教育目的的理论基础;我国教育目的的精神实质;全面发展教育的组成部分;各组成部分之间的关系;课程的概念;课程规范;教学方法的指导思想、教学方法的概念及其主要的教学方法、德育方法的概念及其主要的德育方法、教学的概念;教学的过程及规律;教学的基本步骤及其要求;课外活动的概念与特点;教师的社会作用与地位;教师的专业素质;学生的本质特征;学生的社会权利及其保护;小学生的特征与教育;良好师生关系的基本特征。

本课程的次重点内容是:正规教育与非正规教育;实体教育与虚拟教育;社会教育;家庭教育和学校教育;教育学的产生与发展;生物起源论;心理起源论;劳动起源论;其他起源论;原始社会的教育;古代社会的教育;现代社会的教育;教育与社会关系的几个理论;人的发展;遗传在人的身心发展中的作用;环境在人的身心发展中的作用;学校文化的特点与功能;学校教育制度的基本内容;当前我国的学制改革实验;教制约教育内容的主要因素;课程的概述;课程的规范;几种主要的课程理论;课程改革;教学的任务;教学的地位;教师的任务;教师的权利与义务;师生关系在教育中的作用。

本课程的一般性内容是:教育学与教育科学、教育学与教育原理、教育学在中国的成长、人的特性;人的本质;学校的产生与发展;学校教育制度建立的依据;改革开放以来的学制改革;当前我国的学制改革实验;教育目的的作用;教育目的的历史发展;确定教育目的的依据;当代学制发展的一般趋势;改革开放以来我国的学制改革;义务教育阶段小学现行课程标准;课外活动的意义;课外活动的基本内容;课外活动的形式;社会实践的功能;社会实践的内容和形式;社会实践的基本原则;咨询与辅导的概念;咨询与辅导的意义;咨询与辅导的形式;咨询与辅导的实施途径;教师的职业性质;师生关系的内涵。

本课程的难点是:教育学与教育科学;教育学与教育原理;教育学的产生与发展;教育学在中国的成长;当代教育的发展趋势;教育的本体意蕴与社会内涵;教育与社会关系的几个理论;教育的社会功能;人的特性;人的本质;教育在人的身心发展规律中的作用;当代学制发展的一般趋势;我国教育目的的理论基础;我国教育目的的精神实质;几种主要的课程理论;教育方法的指导思想;教学的过程及规律;教师的专业素养;良好师生关系在教育中的作用;良好师生关系构建的策略。

Ⅱ. 考核目标

本大纲在考核目标中,按照识记、领会、简单应用和综合应用四个层次规定其应达到的能力层次要求。四个层次是递进关系,各能力层次的含义分别为:

识记:能知道本课程中有关的名词、概念、原理、知识的含义,并能正确认识和表述。例如对教育原理的基本问题、教育、教育者、受教育者、教育内容、教育手段、正规教育、非正规教育、学校教育、家庭教育、社会教育、实体教育、虚拟教育、人的身心发展、教育目的、学校教育制度、教学、课程等基本概念给予记忆和理解,能够做出正确的判断。

领会:要求在识记的基础上,能全面把握本课程中的基本概念、基本原理、基本方法,能掌握有关概念、原理、方法的区别与联系。例如能理解教育的词源含义,教育的本体内涵和社会内涵,能够区分生物起源论和心理起源论的区别,能够正确地判断某种教育现象是发生在原始社会还是现代社会。

简单应用:在领会的基础上,能运用基本概念、基本原理、基本方法分析和解决有关的理论问题和实际问题,能用学过的一二个知识点分析和解决简单的问题。例如运用教师专业发展标准分析当前我国教师专业性问题,能够运用教育目的的理论分析我国教育现实中存在的违背教育目的的教育现象与问题。

综合应用:在简单应用的基础上,用学过的多个知识点,综合分析比较复杂的问题。例如运用教育与社会发展的诸多理论分析我国学校教育布局调整的教育政策决策与实施中的问题,能够结合教育与人的身心发展的诸多理论分析教育实践中的各种教育问题,并提出解决的策略与思路。

Ⅲ. 课程内容与考核要求

第一章 绪 论

一、学习目的与要求

1. 明确教育学、教育科学、教育原理的含义
2. 把握教育原理的基本问题
3. 了解教育学的产生与发展历程
4. 掌握教育原理的学习意义和方法

二、课程内容

(一) 教育学概述

1. 教育学与教育科学
 (1) 教育学的定义
 (2) 教育科学及其体系
2. 教育学与教育原理
 (1) 教育原理概念溯源
 (2) 教育原理在教育学科体系中的地位
3. 教育原理的基本问题
 (1) 教育与人的发展
 (2) 教育与社会的发展

(二) 教育学的发展历程

1. 教育学的产生与发展
 (1) 教育学的萌芽
 (2) 独立形态教育学的产生与发展
 (3) 20世纪以来教育学的发展
2. 教育学在中国的成长
 (1) "教育学"学科的设立(1900—1905年)
 (2) 教育学的译介与编著(1905—1920年)
 (3) 西方教育学说在我国的传播(1920—1949年)

（4）教育学的苏化与改造（1949—1965年）
（5）教育学的"革命化"阶段（1966—1976年）
（6）教育学中国化的探索（1976—　　）

（三）学习教育原理的意义与方法

1. 学习教育原理的意义
（1）对教育改革发展的价值
（2）对教师的价值
（3）对教育研究的价值
（4）对教育决策的价值
（5）对家长的价值

2. 学习教育原理的方法
（1）坚持以马克思主义、毛泽东思想、邓小平理论、"三个代表"重要思想和科学发展观为指导
（2）贯彻学、思相结合，通过理论学习，促进教育反思
（3）理论联系实际，促进教育理论的内化和实践能力的提高
（4）学好相关学科，全面、深刻地理解和掌握教育原理

三、考核知识点与考核要求

（一）教育学概述

识记：① 教育学；② 教育科学；③ 教育原理；④ 教育现象；⑤ 教育规律；⑥ 教育原理的基本问题

领会：教育原理与教育学、教育科学的关系，及其在教育科学体系中的地位

（二）教育学的发展历程

识记：① 教育学的萌芽；② 独立形态教育学的产生与发展

领会：① 20世纪以来教育学的发展；② 教育学在中国的成长

（三）学习教育原理的意义与方法

识记：学习教育原理的方法

领会：学校教育原理的意义

第二章　教育的产生与发展

一、学习目的与要求

1. 掌握关于教育起源的不同学说，了解不同学说的代表人物、理论主张及理论本身的合理性与局限性
2. 了解不同时期教育发展的主要特点
3. 当代世界教育发展的主要趋势

二、课程内容

（一）教育的产生

1. 生物起源论
2. 心理起源论
3. 劳动起源论

（二）教育的发展

1. 原始社会的教育

原始社会教育的特点

2. 古代社会的教育

古代社会教育的特点

3. 现代社会的教育

（1）现代教育的特点

（2）现代社会中资本主义教育的特点

（3）现代社会中社会主义教育的特点

（三）当代教育发展趋势

1. 学习化社会成为国际教育潮流
2. 教育的普及向教育的两端延伸
3. 教育公平向纵深发展

（1）教育普及化的开始为推动教育公平提供了前提条件

（2）"教育机会均等"口号的提出为推动教育公平提供了舆论支持

（3）教育法治化的形成为促进教育公平提供了政策前提

（4）教育民主化的质量与水平不断提高成为许多国家教育发展的现实

4. 教育的现代化与信息化
5. 教育改革常态化

三、考核知识点与考核要求

（一）教育起源的三种观点

识记：① 生物起源论；② 心理起源论

领会：劳动的基本观点

（二）教育的产生与发展

识记：① 原始社会教育的特点；② 古代社会教育的特点

简单应用：① 现代教育的一般特点；② 资本主义教育的特点；③ 现代社会中社会主义教育的特点

（三）当代教育发展趋势

简单应用：① 学习化社会成为国际潮流；② 教育普及向两端延伸；③ 教育的现代化与信息化；④ 教育改革常态化

复杂应用：教育公平向纵深发展

第三章 教育是什么

一、学习目的与要求

1. 掌握教育的基本含义及本质
2. 了解教育的构成要素
3. 理解教育形态的分类

二、课程内容

(一) 教育的概念

1. 教育的词源含义
(1) 中文教育的词源分析
(2) 西文教育的词源分析
2. 教育的本质
(1) 外国教育家对"教育"一词的解说
(2) 我国教育界对"教育"一词的认识
(3) 本书的定义
3. 教育的本体意蕴与社会内涵
(1) 教育的本体意蕴
(2) 教育的社会内涵

(二) 教育的构成要素

1. 教育者
(1) 教育者的含义
(2) 教育者在教育过程中的主体性有多方面的表现
2. 受教育者
(1) 受教育者的含义
(2) 受教育者在教育活动中的地位
3. 教育内容
(1) 教育内容的含义
(2) 教育内容在教育活动中的地位
4. 教育手段
(1) 教育手段的含义
(2) 物质手段的含义
(3) 精神手段的含义
5. 各个构成要素之间的关系

(三) 教育的形态

1. 制度化教育与非制度化教育
(1) 制度化教育

（2）非制度化教育

2. 实体教育与虚拟教育

（1）实体教育

（2）虚拟教育

3. 社会教育、家庭教育和学校教育

（1）社会教育

（2）家庭教育

（3）学校教育

三、考核知识点与考核要求

（一）教育的概念

识记：① 教育的定义；② 教育的本质；③ 教育的本体意蕴和社会内涵

领会：① 甲骨文中"教"与"育"的含义；② 古代孟子、汉代许慎《说文解字》；③《中庸》中对教育的解释；④ 西文单词中的"education"的词源含义；⑤ 英国斯宾塞、美国杜威、德国雅斯贝尔斯、巴西弗莱雷对教育一词的界说；⑥ 中国英《中国大百科全书·教育卷》对教育一词的界定

（二）教育的构成要素

识记：构成教育活动的基本要素；教育者；受教育者；教育内容；教育手段

领会：① 教育者是教育过程中"教"的主体；② 受教育者是教育过程中"学"的主体；③ 教育内容是教育者和受教育者共同认识的客体；④ 各个构成要素之间的关系

（三）教育的形态

识记：① 正规教育；② 非正规教育；③ 实体教育；④ 虚拟教育；⑤ 社会教育；⑥ 家庭教育；⑦ 学校教育

领会：划分不同教育形态的基本标准

简单应用：运用教育的各种形态的内涵分析相应的教育现象

第四章　教育与社会的发展

一、学习目的与要求

1. 了解教育与社会发展关系的基本理论
2. 明了教育的社会制约性
3. 理解并掌握教育的社会功能

二、课程内容

（一）教育与社会关系的几个理论

1. 教育独立论
2. 教育万能论
3. 人力资本论

4. 筛选假设理论
5. 劳动力市场理论

（二）教育的社会制约性

1. 社会及其构成要素
（1）社会的涵义
（2）社会的构成要素
2. 教育的社会制约性
（1）自然环境对教育发展的影响和制约
（2）人口状况对教育发展的影响和制约
（3）生产力对教育的制约和影响
（4）社会政治经济制度对教育发展的制约和影响
（5）社会文化对教育的制约和影响
（6）科学技术对教育发展的影响和制约

（三）教育的社会功能

1. 教育功能的定义
2. 教育功能的分类
（1）从作用的对象看，可分为个体功能和社会功能
（2）从作用的方向看，可以分为正向功能和负向功能
（3）从作用的呈现形式看，可以分为显性功能和隐性功能
3. 教育的社会功能
（1）教育的经济功能
（2）教育的政治功能
（3）教育的文化功能

三、考核知识点与考核要求

（一）教育与社会关系的几个理论

识记：① 教育独立论；② 教育万能论；③ 筛选假设理论；④ 劳动力市场理论

领会：对以上观点的评价

简单应用：人力资本论

（二）教育的社会制约性

识记：自然环境对于教育发展的制约

领会：教育中的问题并不都是"教育"问题

简单应用：① 生产力发展对于教育发展的制约；② 社会政治经济制度对于教育发展的制约；③ 社会文化对于教育发展的制约；④ 科学技术对教育的影响和制约

（三）教育的社会功能

识记：① 教育功能的定义；② 教育个体功能和社会功能的定义；③ 教育正向功能和负向功能的定义；④ 教育显性功能和隐性功能的定义；⑤ 教育的经济功能、政治功能、文化功能

领会：教育在培养人的同时促进了社会发展

简单应用:运用教育功能的一个观点分析教育实践中的现象与问题
复杂应用:运用教育功能的多个观点分析教育实践中的现象与问题

第五章 教育与人的发展

一、学习目的与要求

1. 了解人的本质、特性与人的身心发展的含义
2. 掌握人的身心发展的概念、规律
3. 正确认识遗传、环境与教育在人身心发展中的作用

二、课程内容

（一）人的发展概述
1. 人的特性
（1）自然属性
（2）社会属性
（3）精神属性
2. 人的本质
（1）人是自然性与社会性的统一
（2）人是受动性与能动性的统一
（3）人是共性与个性的统一
3. 人的发展

（二）人的身心发展规律与教育
1. 人的身心发展的含义
（1）人的身心发展的概念
（2）人的身心发展的动力
2. 人的身心发展规律
（1）个体身心发展的顺序性
（2）个体身心发展的阶段性
（3）个体身心发展的不均衡性
（4）个体身心发展的个别差异性
（5）个体身心发展的互补性

（三）影响人身心发展的主要因素
1. 人的发展影响因素的几种观点
2. 遗传在人的发展中的作用
（1）遗传素质对人的发展的作用
（2）反对"遗传决定论"
3. 环境在人的身心发展中的作用
（1）环境对人发展的作用

（2）反对"环境决定论"

（四）教育在人的身心发展中的作用

1. 个体个性化与个体社会化

（1）个体个性化

（2）个性社会化

（3）个性化与社会化的关系

2. 教育在人的身心发展中的主导作用

（1）学校教育具有明确的目的性和方向性，是专门培养人的活动

（2）学校教育还具有较强的计划性和系统性

（3）学校教育还具有高度的组织性

（4）教育可控制和利用各种环境因素对人的自发影响，确保个体身心发展的方向

3. 有效发挥教育主导作用的条件

（1）受教育者自身的主观能动性

（2）教育的自身状况

（3）家庭环境的影响

（4）社会发展状况

三、考核知识点与考核要求

（一）人的发展概述

识记：① 人的特性；② 人的本质

领会：① 人的社会性；② 人的发展的涵义

简单应用：① 基于人的社会性厘清人的本质特征；② 从人的发展的内涵出发分析当前的教育问题

综合应用：从辩证唯物主义的立场正确认识人的发展问题

（二）人的身心发展规律与教育

识记：① 人的身心发展的定义；② 内发论；③ 外铄论；④ 差距论

领会：① 人的身心发展的内涵；② 人的身心发展的规律

简单应用：① 运用人的身心发展的统一性分析当前教育问题；② 从辩证法立场分析人的身心发展的动力来源

综合应用：在教育中遵循人的身心发展规律

（三）人的身心发展的影响因素

识记：① 遗传因素的含义；② 环境因素的含义

领会：① 遗传因素对人的身心发展的作用及局限；② 环境因素对人的身心发展的作用及局限

简单应用：① 运用人的身心发展影响因素的理论分析学校教育在人的身心发展中的作用；② 运用人的身心发展影响因素的理论分析遗传决定论、环境决定论和教育万能论

综合应用：从遗传、环境与教育三者之间的关系，分析人的身心发展的应然状态与实然问题

第六章 学校及其制度

一、学习目的与要求

1. 理解学校的概念和性质,了解学校产生与发展的过程
2. 理解学校教育制度的含义,当代学制发展的一般趋势以及学校教育制度确立的依据
3. 掌握我国的学制类型及改革趋势
4. 运用学校教育制度的相关知识来分析我国当前学校教育制度的有关问题

二、课程内容

(一)学校概述
1. 学校的概念和性质
(1) 学校的概念
(2) 学校的性质
2. 学校的产生与发展
(1) 学校的萌芽
(2) 学校的产生
(3) 学校的发展
3. 学校的类型与职能
(1) 纵向类型
① 幼儿园及其职能
② 小学及其职能
③ 中学及其职能
④ 大学及其职能
(2) 横向类型
① 普通教育学校及其职能
② 特殊教育学校及其职能
③ 业余学校及其职能
4. 学校文化
(1) 学校文化的概念
(2) 学校文化的特点
(3) 学校文化的功能

(二)学校教育制度概述
1. 学制的概念
2. 学校教育制度建立的依据
3. 学校教育制度的基本内容
(1) 小学教育制度
(2) 初中教育制度

（3）高中教育制度
（4）大学教育制度
4．当代学制发展的一般趋势
（1）重视学前教育与"幼小衔接"
（2）义务教育年限向两端延伸
（3）普通教育与职业教育的有机结合
（4）高等教育的大众化
（5）终身教育体系的建构

（三）我国现行学校教育制度
1．改革开放以来的学制改革
（1）1985年《中共中央关于教育体制改革的决定》
（2）1993年《中国教育改革和发展纲要》
（3）1999年《中共中央国务院关于深化教育改革全面推进素质教育的决定》
（4）2001年《国务院关于基础教育改革与发展的决定》
2．当前我国的学制改革实验
（1）六三学制
（2）五四学制
3．我国现行学制的结构和类型
（1）层级结构
（2）类别结构
4．我国学制改革趋势
（1）基本普及学前教育，明确政府职责，把重点放在农村
（2）巩固提高九年义务教育水平，推进义务教育均衡发展
（3）加快普及高中阶段教育，全面提高普通高中学生综合素质，推动普通高中多样化发展
（4）大力发展职业教育，加快发展面向农村的职业教育
（5）全面提高高等教育质量，提升科学研究水平，优化结构办出特色
（6）完善特殊教育体系
（7）构建开放灵活的终身教育体系

三、考核知识点与考核要求

（一）学校概述
识记：① 学校的概念；② 学校文化的概念
领会：① 学校的性质；② 学校的类型及其职能；③ 学校文化的特点及其功能

（二）学校教育制度概述
识记：① 教育制度的概念；② 学校教育制度的概念
领会：① 学校教育制度建立的依据；② 当代学制发展的一般趋势

（三）我国现行学校教育制度
识记：① 义务教育的概念与特点；② 两基；③ 两全；④ 两重

领会:① 改革开放以来的学制改革:1985年《中共中央关于教育体制改革的决定》,1993年《中国教育改革和发展纲要》,1999年《中共中央国务院关于深化教育改革全面推进素质教育的决定》,2001年《国务院关于基础教育改革与发展的决定》;② 当前我国的学制改革实验;③ 我国现行学制的结构和类型;④ 我国学制改革趋势。

简单应用:运用我国学制改革趋势分析一些教育政策走向

第七章 教育目的

一、学习目的与要求

1. 掌握教育目的的概念、作用、历史发展及确定依据
2. 了解我国现行的教育目的及其理论基础
3. 理解全面发展教育的组成部分及其相互关系

二、课程内容

(一)教育目的概述

1. 教育目的的概念
(1) 教育目的的概念
(2) 教育目的的构成
(3) 教育目的与培养目标的关系
2. 教育目的的作用
(1) 导向作用
(2) 选择作用
(3) 激励作用
(4) 协调作用
3. 确定教育目的的依据
(1) 符合政治经济需要
(2) 反映生产力和科技发展对人才的需求
(3) 考虑受教育者的身心发展规律
4. 个人本位论与社会本位论的分析与评价
(1) 个人本位论
(2) 社会本位论

(二)我国的教育目的

1. 我国现行的教育目的
(1) 教育方针与教育目的的关系
(2) 关于教育目的的规定
2. 我国教育目的的理论基础
(1) 人的片面发展的社会根源
(2) 人的全面发展的客观必然性

（3）资本主义制度对人的全面发展的限制
（4）个人全面发展的实现条件
（5）个人全面发展的内涵
3. 我国教育目的的精神实质
（1）社会主义是我国教育性质的根本所在
（2）受教育者德、智、体、美等方面全面发展
（3）以提高全民素质为宗旨
（4）为经济建设和社会的全面发展进步培养各级各类的人才
（三）全面发展的教育
1. 全面发展教育的组成部分
（1）全面发展教育的内涵
（2）全面发展教育的组成部分
① 德育
② 智育
③ 体育
④ 美育
2. 各组成部分之间的关系

三、考核知识点与考核要求

（一）教育目的的基本理论
识记：① 教育目的的概念；② 教育目的的构成；③ 教育目的的历史演变
领会：① 教育目的与培养目标的关系；② 教育目的的作用；③ 确定教育目的的依据
（二）我国社会主义教育的目的
识记：① 我国社会主义教育的目的的理论基础；② 人的全面发展的社会根源；③ 人的全面发展的客观必然性；④ 资本主义制度对人的全面发展的限制；⑤ 个人全面发展的实现条件；⑥ 人的全面发展的内涵；⑦ 教育方针的概念；⑧ 1995 年教育目的；⑨ 1999 年教育目的
领会：马克思主义人的全面发展学说的基本内容
简单应用：2010 年教育目的
（三）我国教育目的的精神实质
识记：建设者和接班人的内涵
领会：我国教育目的的精神实质

第八章 课 程

一、学习目的与要求

1. 掌握课程的基本概念
2. 了解课程计划、课程标准、教科书、课程资源的意义

3. 能够解读学科课程标准

二、课程内容

（一）课程概述

1. 课程的概念
2. 课程的种类
（1）学科课程与活动课程
（2）分科课程与综合课程
（3）显性课程与隐形课程
（4）必须课程与选修课程
（5）国家课程、地方课程与校本课程
3. 几种主要的课程理论
（1）经验主义课程流派
（2）学科中心主义课程流派
（3）社会改造主义课程流派
（4）后现代主义课程流派
4. 课程的规范
（1）课程计划
（2）课程标准
（3）教科书
（4）课程资源

（二）课程改革

1. 课程改革的背景
2. 新一轮课程改革的目标
（1）指导思想
（2）培养目标
（3）新课改的基本目标
（4）新课改的三维目标
3. 我国基础教育改革的趋势
（1）课程改革的指导思想
（2）课程设置
（3）课程编制

（三）义务教育阶段小学现行课程标准

1.《义务教育语文课程标准》
2.《义务教育数学课程标准》
3.《义务教育英语课程标准》
4.《义务教育品德与生活课程标准》
5.《义务教育品德与社会课程标准》
6.《义务教育小学科学课程标准》

7.《义务教育音乐课程标准》
8.《义务教育美术课程标准》
9.《义务教育体育与健康课程标准》

三、考核知识点与考核要求

(一)课程概述

识记:① 课程的概念;② 课程计划的概念和主要内容,课程标准和教科书的概念,课程资源的概念

领会:① 学科课程与活动课程;② 分科课程与综合课程;③ 隐性课程与显性课程;④ 必修课程与选修课程;⑤ 国家课程、地方课程与校本课程;⑥ 各课程理论的主要代表人物和主要观点

简单应用:对各课程理论的简要评价

(二)课程改革

领会:① 我国基础教育改革的趋势;② 当代国外课程改革的基本趋势

简单应用:新一轮课程改革的六大目标

复杂应用:新课改三维目标

(三)义务教育阶段小学现行课程标准

识记:《义务教育语文课程标准》《义务教育数学课程标准》《义务教育英语课程标准》《义务教育品德与生活课程标准》《义务教育品德与社会课程标准》《义务教育小学科学课程标准》《义务教育音乐课程标准》《义务教育美术课程标准》《义务教育体育与健康课程标准》中课程的作用与性质

领会:《义务教育语文课程标准》《义务教育数学课程标准》《义务教育英语课程标准》《义务教育品德与生活课程标准》《义务教育品德与社会课程标准》《义务教育小学科学课程标准》《义务教育音乐课程标准》《义务教育美术课程标准》《义务教育体育与健康课程标准》中课程的基本理念、设计思路以及内容

第九章 教育方法

一、学习目的与要求

1. 明确教育方法、教学方法、德育方法的基本含义
2. 把握教学方法的指导思想,了解各种教学方法指导思想的基本内容
3. 熟悉各种教学方法的含义及其主张
4. 熟悉各种德育方法的含义及其主张

二、课程内容

(一)教育方法的指导思想

1.启发式与注入式

(1)启发式

（2）注入式

2. 接受式与发现式

（1）接受式

（2）发现式

3. 演绎式与归纳式

（1）演绎式

（2）归纳式

4. 预设式与生成式

（1）预设式

（2）生成式

（二）教学方法

1. 什么是教学方法

（1）教学方法的概念

（2）教学方法的基本特点

2. 几种具有代表性的教学方法

（1）讲授法

（2）谈话法

（3）演示法

（4）讨论法

（5）练习法

（6）实验法

（三）德育方法

1. 什么是德育方法

（1）德育方法的概念

（2）德育方法的特点

2. 几种具有代表性的德育方法

（1）说服法

（2）榜样示范法

（3）角色扮演法

（4）情感陶冶法

三、考核知识点与考核要求

（一）教育方法的指导思想

识记：① 启发式；② 注入式；③ 接受式；④ 发现式；⑤ 演绎式；⑥ 归纳式；⑦ 预设式；⑧ 生成式

简单应用：① 启发式的主要思想；② 接受式的主要思想；③ 发现式的主要思想

（二）教学方法

识记：教学方法

简单应用：① 讲授法；② 谈话法；③ 演示法；④ 讨论法；⑤ 练习法；⑥ 实验法

（三）德育方法

识记：德育方法

简单应用：① 说服法；② 榜样示范法；③ 角色扮演法；④ 情感陶冶法

第十章 教育途径

一、学习目的与要求

1. 深入理解教学、课外活动、社会实践、咨询与辅导几种教育途径的内涵、基本内容及形式
2. 重点掌握教学、课外活动两种教育途径的内容与形式
3. 了解社会实践、咨询与辅导两种教育途径的方式方法

二、课程内容

（一）教学

1. 教学的概念
2. 教学的任务
3. 教学的地位
4. 教学的过程及规律
5. 教学的基本环节

（二）课外活动

1. 课外活动的概念与特点
2. 课外活动的意义
3. 课外活动的基本内容
4. 课外活动的形式

（三）社会实践

1. 社会实践的功能
2. 社会实践的内容和形式
3. 社会实践的基本原则

（四）咨询与辅导

1. 咨询与辅导的概念
2. 咨询与辅导的意义
3. 咨询与辅导的形式
4. 咨询与辅导的实施途径

三、考核知识点与考核要求

（一）教学

识记：① 教学的概念；② 教学的本质；③ 教学的任务

领会：① 教学的地位；② 教学的过程

简单应用:① 教学的基本步骤及要求;② 教学的规律

(二) 课外活动

识记:① 课外活动的概念;② 课外活动与课堂教学、校外活动的关系;③ 课外活动的基本内容;④ 课外活动的形式

领会:课外活动的意义

简单应用:课外活动内容和形式

(三) 社会实践

识记:① 社会实践的概念;② 社会实践的内容和形式;③ 社会实践的基本功能

简单应用:社会实践的基本原则

(四) 咨询与辅导

识记:① 咨询与辅导的概念;② 咨询与辅导的形式

领会:领悟和理解咨询与辅导的意义

第十一章 教师与学生

一、学习目的与要求

1. 全面了解教师职业的缘起、发展、作用、任务、权利和劳动特点
2. 理解教师专业发展的内涵,并能够掌握教师专业发展的基本要求
3. 了解并熟悉我国的《小学教师专业标准》,为做一名合格小学教师奠定基础
4. 识记学生的本质特征及其在教育过程中的地位
5. 领会小学生身心发展特点及其教育要求
6. 形成正确的学生观,能够根据学生的个性差异进行因材施教
7. 树立正确的教育观,掌握建构良好师生关系的策略

二、课程内容

(一) 教师

1. 教师职业的性质与特点
 (1) 教师职业的性质
 (2) 教师劳动的特点
2. 教师的地位与作用
 (1) 教师的社会地位
 (2) 教师的社会作用
3. 教师的权利与义务
 (1) 教师的权利
 (2) 教师的义务
4. 教师的专业素质
 (1) 专业理念
 (2) 专业情意

（3）专业知识

（4）专业能力

（二）学生

1. 学生的本质特征

（1）学生是具有独立意义的完整主体

（2）学生是发展中的人

（3）学生是以学习为主要任务的人

2. 学生的社会权利及其保护

（1）学生的社会权利

（2）学生的权利保护

3. 小学生的年龄特征与教育

（1）小学生的年龄特征

（2）学生智力差异与教育

（3）非智力因素差异与教育

（4）优等生、后进生与教育

（5）城乡学生差异与教育

（三）师生关系

1. 师生关系的内涵

2. 师生关系在教育中的作用

（1）良好的师生关系是教育教学活动顺利进行的重要条件

（2）良好的师生关系有助于提高教师的威信

（3）良好的师生关系有助于师生心理健康发展

（4）良好的师生关系有助于优化校园文化

3. 良好师生关系的构建

（1）良好师生关系的特征

（2）影响师生关系的因素

（3）良好师生关系构建的策略

三、考核知识点与考核要求

（一）教师

识记：① 教师职业产生的社会形态：奴隶社会。② 教师劳动的特点：复杂性、创造性、长期性、示范性。③ 教师专业发展的概念：从本质上说，教师专业发展是教师个体专业不断发展的历程，是教师不断接受新知识，增长专业能力的过程

领会：① 教师的社会作用：教师对人类文化有继承、传递、发展的作用；教师对社会精神财富与物质财富的创造起推动作用；教师对人的精神成长起引领作用；教师对人的潜能挖掘、智力开发起奠基作用。② 教师权利：教育权、发展权、报酬权、参与权

综合应用：教师的专业素质构成主要由专业理念、专业情意、专业知识、专业能力四部分组成

（二）学生

识记：① 学生的本质特征；② 学生的社会权利及其保护；③ 小学生的年龄特征与教育

简单应用：学生的个别差异与教育

（三）师生关系

识记：① 师生关系的内涵；② 良好师生关系的特征

领会：师生关系在教育中的作用

简单应用：良好师生关系构建的策略

Ⅳ. 关于大纲的说明与考核实施要求

一、自学考试大纲的目的和作用

课程自学考试大纲根据专业自学考试计划的要求,结合自学考试的特点而确定。其目的是对个人自学、社会助学和课程考试命题进行指导和规定。

课程自学考试大纲明确了课程学习的内容以及深广度,规定了课程自学考试的范围和标准。因此,它是编写自学考试教材和辅导书的依据,是社会助学组织进行自学辅导的依据,是自学者学习教材、掌握课程内容知识范围和程度的依据,也是进行自学考试命题的依据。

二、课程自学考试大纲与教材的关系

大纲与教材所体现的课程内容应基本一致;大纲里面的课程内容和考核知识点,教材里一般也要有。反过来教材里有的内容,大纲里就不一定体现。

三、关于自学教材

《教育原理》,全国高等教育自学考试指导委员会组编,柳海民主编,高等教育出版社,2016年版。

四、关于自学要求和自学方法的指导

本大纲的课程基本要求是依据专业考试计划和专业培养目标而确定的。课程基本要求还明确了课程的基本内容,以及对基本内容掌握的程度。基本要求中的知识点构成了课程内容的主体部分。因此,课程基本内容掌握程度、课程考核知识点是高等教育自学考试考核的主要内容。

为有效地指导个人自学和社会助学,本大纲已指明了课程的重点和难点,在章节的基本要求中一般也指明了章节内容的重点和难点。

本课程共60学分。

本课程可以采取如下的自学方法。

(1)系统学习,深入重点。自学者首先应系统地学习各章内容,掌握要求识记的概念,深入理解和掌握基本理论和基本方法,在此基础上深入知识点,掌握重点。

(2)科学学习,明确相关概念、理论之间的关系。考试前梳理已经学习过的内容,搞清楚一些基本概念、基本观点与基本理论之间的关系,这样做便于记忆,也利于加深理解。例

如第三章,要明确教育的词源含义,掌握历史上的教育学家对教育是什么的基本看法,掌握教育的本质;明确教育的构成要素,能够分析不同要素在教育过程中的地位和作用;能够根据不同的标准对教育的形态进行分类,能区分正规教育与非正规教育、实体教育与虚拟教育、社会教育、学校教育和家庭教育。

（3）深入理解教材的基本观点,注意理论与实践相结合。教育原理属于基本理论类课程,因此要把日常的教育实践融入理论中进行学习。例如第四章教育与社会的发展,要学会运用教育与社会关系的理论分析教育改革发展中的实践问题,以提高分析问题和解决问题的能力,使得自学者做到学以致用。

五、应考指导

（1）如何学习。对于正在接受培训的学习者,一定要跟紧课程,并完成作业,利用课后的练习题检验自己的学习效果。还要理解课程内容,避免死记硬背,把教育的基本理论与观点融入生活中学习。可以使用"行动计划表"安排学习进度。阅读课本时可以做读书笔记,及时记录下自己学习的心得感想。如有需要重点注意的内容,可以用彩笔来标注。如:红色代表重点,绿色代表需要深入研究的领域,黄色代表可以运用在工作之中的内容,可以在空白处记录网络上的相关文章。

（2）如何考试。第一,卷面整洁,书写工整,分段与段落间距合理,有助于评卷老师为自己打高分。第二,要回答题目中所问的问题,避免所答超出问题的范围。

六、对社会助学的要求

（1）帮助自学者梳理重点和一般内容之间的关系。助学者在辅导时应帮助自学者梳理重点内容和一般内容之间的关系,在他们全面掌握全部考试内容的基础上,深入指导教育与社会的发展、教育与人的发展等重点内容,注重利用生活中的教育现象和问题引导学生思考教育的理论,帮助学生举一反三,实现知识的迁移。

（2）注意培养自学者应用知识的能力。教育原理的基本理论具有较强的应用性,助学者应帮助自学者了解教育、教育学、教育原理、教育形态、教育目的、教育制度、教师、学生等基础知识和相关理论在教育实践中的应用,尽可能多增加一些案例培养自学者对教育理论的兴趣,深入理解基础理论,提高他们的分析和解决教育问题的能力。

（3）建议每学分使用2~3个助学学时。

七、对考核内容的说明

（1）本课程要求考生学习和掌握的知识点内容都作为考核的内容。课程中各章的内容均由若干知识点组成,在自学考试中成为考核知识点。因此,课程自学考试大纲中所规定的考试内容是以分解为考核知识点的方式给出的。由于各知识点在课程中的地位、作用以及知识自身的特点不同,自学考试将对各知识点分别按四个认知(或叫能力)层次确定其考核要求。

（2）从考试之日起的前6个月内,由全国人民代表大会和国务院颁布或修订的法律、法规都将列入相应课程的考试范围。凡大纲、教材内容与现行法律、法规不符的,应以现行法律法规为准。命题时也会对我国经济建设和科技文化发展的重大方针政策的变化予以

八、关于考试命题的若干规定

（1）本课程考试为闭卷笔试，考试时间为150分钟。

（2）本大纲各章所规定的基本要求、知识点及知识点下的知识细目，都属于考核的内容。考试命题既要覆盖到章，又要避免面面俱到。要注意突出课程的重点、章节重点，加大重点内容的覆盖度。

（3）命题不应有超出大纲中考核知识点范围的题目，考核目标不得高于大纲中所规定的相应的最高能力层次要求。命题应着重考核自学者对基本概念、基本知识和基本理论是否了解或掌握，对基本方法是否会用或达到熟练程度。不应出与基本要求不符的偏题或怪题。

（4）本课程在试卷中对不同能力层次要求的分数比例大致为：识记占20%，领会占30%，简单应用占30%，综合应用占20%。

（5）要合理安排试题的难易程度，试题的难度可分为：易、较易、较难和难四个等级。每份试卷中不同难度试题的分数比例一般为：2∶3∶3∶2。

（6）课程考试命题的主要题型一般有单项选择题、名词解释题、简答题、论述题、案例分析题等。

附录　题型举例

一、单项选择题

在每小题列出的四个备选项中只有一个是符合题目要求的,请将其代码填写在题后的括号内。错选、多选或未选均无分

1. "不愤不启,不悱不发"的思想最早出自　　　　　　　　　　　　　　　(　　)
   A.《说文解字》　　　　　　B.《论语》
   C.《孟子》　　　　　　　　D.《四书集注》

2. 中国乃至世界上最早一部专门论述教育的著作是　　　　　　　　　　(　　)
   A.《论语》　　　　　　　　B.《孟子》
   C.《学记》　　　　　　　　D.《师说》

二、填空题

1. 许慎在《说文解字》中指出,"教"的意思是上所施,_____。
2. 义务教育的特点是_____性、免费性、普及性。

三、简答题

1. 教育的西文词源含义是什么?
2. 劳动力市场理论的基本观点是什么?

四、论述题

试论影响人身心发展的因素。

五、案例分析题

人作为一个能动的社会生活的主体,其自身的发展受到了哪些因素的影响?这些因素又分别起着什么样的作用?学者们对此有着不同的看法。

英国学者高尔登认为:"一个人的能力,乃由遗传得来,其受遗传决定的程度,如同一切有机体的形态及躯体组织之受遗传的决定一样。"

美国心理学家华生在《行为主义》一书中写道:"给我一打健全的儿童,我可以用任意方法使他们改变,或者使他们成为律师、法官,或者使他们成为乞丐、盗贼。"

英国教育思想家洛克则认为:"我们日常所见的人中,他们之所以或好或坏,或有用或无用,十分之九都是由他们的教育所决定的。"

请你谈谈影响人身心发展的因素及其作用,并简要评析上述三种看法。

后 记

《教育原理自学考试大纲》是根据全国高等教育自学考试小学教育专业(专科)考试计划中的考核要求编写的。2015年5月教育类专业委员会召开审稿会议,对本大纲进行讨论评审,修改后,经主审复审定稿。

本大纲由东北师范大学柳海民教授主持编写,王澍副教授、姚玉香副教授等分别参加了相应内容的编写。

本大纲经由首都师范大学劳凯声教授主审,北京师范大学檀传宝教授和魏曼华副教授参加审稿并提出改进意见。

本大纲最后由全国高等教育自学考试指导委员会审定。

本大纲编审人员付出了辛勤劳动,特此表示感谢。

全国高等教育自学考试指导委员会
教育类专业委员会
2016年1月

全国高等教育自学考试指定教材
小学教育专业(专科)

教育原理

全国高等教育自学考试指导委员会　组编
主　编　柳海民
副主编　王　澍

编者的话

修订版《教育原理》是一个跨世纪、跨时代、跨作者的新版本。《教育原理》第一版是1999年出版发行的,距今已有十五个年头。在这十几年里,世界主要发达国家的教育改革波澜壮阔,中国的各级各类教育改革日新月异,教育理论研究蓬勃发展,国家自学考试的参考主体和管理方式也都发生了很多变化。因此,教材的修订势在必行。

本次修订基本遵循了以下思路:

第一,坚持继承中的发展与完善。教材是教师的教与学生的学的主要依据。一本好的教材,不仅要紧扣时代,反映本学科最新的研究成果,同时,也要有反映着本学科比较成熟、比较稳定的基本理论和基础知识。本次修订,我们坚持了原版教材的结构体系,体现了两个版本教材之间的历史传承。但在具体的内容上则根据本学科的发展变化和自学考试的时代特点,做出了较多的更新、发展和完善,体现了新版教材的与时俱进。

第二,与时俱进,顺应时代发展变化。教材在修订的过程中增加了教育理论研究的新成果、教育实践的新进展和国际教育的新视野。全书增加了教育现代化、教育信息化、教育公平、教师专业发展等理论研究的新成果,同时,也增加了中国教育改革和世界教育改革的最新进展,例如中国的基础教育课程改革、《国家中长期教育改革和发展规划纲要(2010—2020年)》以及世界主要发达国家的学制改革等。

第三,丰富了教材的呈现方式,使得教材更通俗易懂。在体例上,教材每一章开篇增加了学习目标、建议学时和案例导读,使读者能够明确每一章节学习的基本内容,并通过案例带着问题进入到具体内容的学习。在每一章的核心内容方面,增加了案例分析和拓展资源等内容,便于读者理解观点。在每一章结尾,均增加了本章小结、练习题和参考文献,使读者能够温故本章所学,能够找到进一步学习的索引资源。

参加本书修订的作者有:柳海民、曹雁飞(第一章),牛利华(第二章),王澍(第三章),石艳(第四章),张海波(第五章),陈坚(第六章),林丹(第七章),杨宏丽、王澍(第八章),王澍(第九章),卜庆刚(第十章),杨进、姚玉香(第十一章)。

修订中,各位作者虽倾注了大量的时间和精力,但由于写作水平与时间有限,书中一定还存在诸多不足之处,敬请读者批评指正。

最后,衷心感谢教育部考试中心和高等教育出版社的大力支持。

柳海民

2015年12月记于长春

第一章 绪论

学习目标

1. 明确教育学、教育科学、教育原理的含义。
2. 把握教育原理的基本问题。
3. 了解教育学的产生与发展历程。
4. 掌握教育原理的学习意义和方法。

建议学时

6学时

案例导读

案例呈现：

奔腾的涌浪
——我的成长之路
李吉林

我从阅读教学片段语言的训练到作文教学,然后又回到阅读教学。为什么孩子们每次从野外归来或者到社会生活的某一角回来以后,想写,而且写得那么好。就是因为我们所选的情境它具有美感。所以我觉得"美"会给孩子带来愉悦,这种愉悦就会激发学习的动机。后来,我就定下"怎么样运用情境在阅读教学中进行审美教育"的题目。这个题目大概是1980年提出来的,当时全国在美学文化方面批判得很厉害,甚至我们的审美学家还心有余悸,我就提出了审美教育,应该说还是很新的,很快的,我自己也写了文章。所以,我在这里还要讲,自己要去发现问题,发现弊端,提出问题,然后你自己去学习,学习以后你去做,做的时候你要在这个探索过程中去体验。体验了之后,我们不要放弃它,要把它捕捉住。我们老师是一个播种者,也应该是个收获者。我常跟青年老师说,大家花了很大的劲,但就是不写文章。当然我们在座的老师也在很多刊物上发表了很多的文章,那是非常好的。而我们那时在八十年代初期,还没开始评职称,也不知道写文章有什么用。我就觉得自己有新的(想法)就应该写,在这方面我很自觉。在搞第一个五年计划当中,我就把自己所发表的文章出了一本书,就是《训练语言与发展智力》。比方说,(我)刚才讲到的《利用情境教学,培养学生审美能力》这一篇就是发表在《教育研究》上的。(我)带孩子们到通师的楼上看东西南北,写的一篇《我爱我的家乡》口头作文以及《一年级口头作文初探》发表在《人民教育》上。那时自己在全国并没有知名度,我也仅仅是一个改革浪潮中的弄潮儿,自己愿意去做,闯一闯。没有个人私利,没有一种私欲,就觉得我有很多感受,我应该把它写下来。其实作为我们实际工作来讲,我们缺少理论,我们应该学习理论。所以这次培训大家要集中地学习理论,补我们的不足。但是我们更大的不足是在实践以后还要上升到理论,而且要用理论来概括,这是很不容易的。当时我记得是冬天,写的时候很冷,那时候又没有什么取暖设备,没有空调,就是冷冰冰的,我们这儿是不烧火的。夏天也就是在几平方的院子里找一个风凉的地方来写东西,蚊子咬,还是坚持写,作为一个女性来讲,自己的意志力还是可以的。我记得有一年过年,初一我还在那儿工作,等小孩一觉醒来,我还在做事。我就是有一股拼劲。对于创新,我觉得是一个过程,要不急不躁,不能急于求成,而是水到渠成。这里面,我觉得很重要的一条就是要非常敏锐地看到在教育当中的弊端,要把握好时代的脉搏,要考虑好回应的对策。这样日积月累,沉浸其中,终有一天会豁然开朗。在你豁然开朗的时候,你要把这些感受记下来,甚至在朦朦胧胧的时候就要把它记下来。最近,我在整理过去写的一些文章,翻了一叠过去写的教学随记,觉得那时还是写得太少了,要学。光思考光学还不行,我们实际工作者很可贵,很重要的一条就是你要去实践,要去"行"。你要在孩子们中间,要在班上,在课堂教学中努力地去体现你的教学思想。也就是说你这堂课的背后要有自己的理论,哪怕是还不成熟的思想来作为支撑点。而不仅仅是找一种教学法,我觉得教师应该是一种思想者。在这样做了以后你一定会有一种心得,这些心得体会你要把它写下来,那就是个"著"。"思""学""行""著",我觉得自己在创新的过程中始终保持着这一条。

(来源:作者于 2001 年 10 月 12 日在南通师范学校的讲演节选)

案例分析:

从李吉林老师的成长经历看,她自觉地遵循着教育的规律,自觉地反思着教育的实践,通过问题解决、实践探索形成了自己的思想和观点。因此,要想成为优秀教师,就要学习教育原理,以科学的教育思想指导自己的教育实践。

第一节 教育学概述

一、教育学与教育科学

(一)教育学的定义

教育学(pedagogy)一词源于希腊语"pedagogue",意为"教仆",通常是指照料年幼男孩的奴隶,这些奴隶要送奴隶主的孩子上下学和替他们携带学习用品,教仆的工作就是满足奴隶主的学习需要。目前,在英语中,国际上普遍采用 education 一词代替 pedagogy 来指称"教育学"。综观世界各国教育理论典籍,随着社会结构的历史变迁和教育理论的不断发展,各国的教育理论研究者都试图言明这一基本概念,但答案莫衷一是。日本的田浦武雄认为,"对教育进行学术研究并综合成一个理论体系,这就是教育学。"[①]法国的贝斯特指出,"教育学是教育的科学……教育学的本质中更多的是理论分析,而不是活动过程本身,教育学通

---

① 瞿葆奎.教育学文集·教育与教育学[M].北京:人民教育出版社,1993:320.

过理论分析来发现、评价和协调这些过程。"①苏联教育家斯皮库诺夫说,"教育学是关于专门组织的、有目的地和系统地培养人的活动的科学,是关于教育、教养和教学的内容、方式和方法的科学。"②美国的亨德森说:"教育学通常被理解为教的科学和艺术。"③

在中国,大型教育辞书《教育大辞典》把教育学界定为"研究人类教育现象及其一般规律的科学"④,这是对教育学最一般的解释,也是被目前我国教育科学界所普遍接受的定义。为此,本书把教育学定义为教育学是研究教育现象,揭示教育规律的一门科学。换言之,教育学的研究对象是人类的教育现象,教育学的研究任务是揭示存在于教育现象中的教育规律。

现象是事物的外部联系,是事物本质的外部表现。教育现象指的是人类各种教育活动的外在表现形式。它具有三个规定性:① 教育现象是一种可以感知、可以认识的古今中外已经存在或正存在于现实中的存在物;② 教育现象是教育实践的表现物或正从事着的教育实践,它包括各种形式、各种类型、各种模式的教育事实,教育活动,教育问题,教育理论研究等;③ 教育现象是以教与学为主体形式的客观存在,不以教与学为主体形式的活动便不能称之为教育活动,与之相应,也就不能称其为教育现象。

人类的教育活动发展至今,有各种各样的外在形式。概括地说,可从横向和纵向两个维度加以说明。从横向上看,其形式主要有:① 学校教育(school education),即指在学校里开展的各级各类的教育活动。其特征是:有固定的场所、专门的教师和一定数量的学生,有一定的培养目标、管理制度和规定的教育内容。② 家庭教育(family education),即在家庭成员之间进行的相互教育,一般多指父母或其他长辈对家庭成员实施的教育。家庭教育是教育的重要组成部分,具有不容忽视的特点和作用。③ 社会教育(social education),广义的社会教育是指旨在有意识地培养人、促进人的身心发展的社会活动。狭义的社会教育是指由家庭和学校以外的其他社会文化教育机构所实施的教育。社会教育是对学校教育的重要补充,不同的社会制度和国家文化会产生不同的社会教育效果。④ 自我教育,指人们以本身的思想品德为基础,而对自己提出一定的目标,监督自己的日常行为以实现这些目标,并对自己的行为做出自我评价的过程。⑤ 自然形态的教育,是指渗透在生产、生活过程中的口耳相传、生活经验传授的教育现象,是最古老的教育形式。从纵向上看,有落后原始的原始教育现象,有以四大文明古国为核心的古代教育现象,1640年英国兴起第一次产业革命之后,人类生产由过去的手工操作飞跃为采用半机械化的形式进行生产,继而便产生了近代社会、近代教育,现代社会、现代教育乃至今天的当代教育现象。

教育规律是教育现象与其他社会现象及教育现象内部各个要素之间本质的、内在的、必然的联系或关系。列宁说:"规律就是关系。……本质的关系或本质之间的联系或关系。"人类的教育活动不仅有其历史性,而且遵循着一定的规律。教育中有很多矛盾、很多规律。从根本上看,贯穿教育活动的基本矛盾、基本规律是:教育与社会发展之间的矛盾或关系;教育与人的身心发展之间的矛盾或关系。教育中方方面面的矛盾或关系都是由此派生出去,

---

① 瞿葆奎.教育学文集·教育与教育学[M].北京:人民教育出版社,1993:334.
② 瞿葆奎.教育学文集·教育与教育学[M].北京:人民教育出版社,1993:308.
③ 瞿葆奎.教育学文集·教育与教育学[M].北京:人民教育出版社,1993:295.
④ 顾明远.教育大辞典(第1卷)[M].上海:上海教育出版社,1990:80.

最终又复归到这两个基本规律中的。派生的规律是具体的规律、微观的规律。

（二）教育科学及其体系

教育科学是以教育现象为其共同研究对象的教育学科的总称，是由若干门教育学构成的学科总体（见表1-1）。它包括属于基础学科的教育史和教育心理学，属于基本学科的教育原理、德育原理、课程与教学论、学校管理学等，属于分类学科的学前教育学、高等教育学、成人教育学、特殊教育学、比较教育学、职业教育学等，属于交叉学科的教育人类学、教育经济学、教育政治学、教育社会学等。众多的学科组成了一个庞大的教育科学学科体系。

表1-1 教育科学体系

教育科学	基础学科	教育史	中国教育史 — 中国古代教育史
			中国教育史 — 中国近代教育史
			外国教育史
		教育心理学	
	基本学科	普通教育学	教育原理
			课程与教学论
			德育原理
			学校管理学
	应用学科	学科教学论　教育科学研究方法　教育技术学　教育工艺学	
	分类学科	学前教育学　高等教育学　成人教育学　职业教育学　特殊教育学……	
	交叉学科	教育哲学　教育社会学　教育经济学　教育统计学　教育评价学　教育人类学……	

教育科学体系中的基本学科是普通教育学，所论述的是教育的一般原理，是研究教育学各门分支学科的基础。一般认为，中外教育史上第一本普通教育学专著是德国教育家J.F.赫尔巴特于1806年出版的《普通教育学》，它论述了教育的基本原理。在普通教育学的基础上，逐次出现了研究特定领域教育现象及其规律的学前教育学、高等教育学、职业技术教育学、成人教育学、特殊教育学等各种类教育学。在高等师范院校开设的共同课教育学是普通教育学。

教育科学体系中的应用学科，如各门学科的学科课程与教学论、教育科学研究方法、教育技术学、教育工艺学等直接为教育实践提供方法上的指导，促进教育活动的有效开展。

分类学科是根据教育对象的年龄、层次、职业等特征存在的差异性，对教育进行分类，在分类基础上形成了不同类型的教育学科。

交叉学科的出现是学科间融合的结果，也是学科内容不断丰富，学科体系得以完善的必然要求。教育科学中的交叉学科，如教育经济学、教育法学、教育统计学等，将相关学科的现有的研究成果引介到教育学学科建设和理论研究中，不仅可以拓宽教育学研究的视域，更有助于教育学从"就教育谈教育"的思维困境中解脱出来。

在普通教育学的形成过程中,自19世纪末20世纪初开始,教育学一方面逐步与其他学科相结合,产生了一系列新的教育学科;另一方面,它本身又逐步分化为许多相互联系的交叉与边缘教育学科。教育原理是教育科学体系中的基本理论学科。它既为各分支学科的研究提供理论依据,同时又从各分支学科的发展中吸收新的素材,不断地充实教育理论的内容,提高科学水平。

二、教育学与教育原理

(一) 教育原理概念溯源

在我国,最早用"原理"一词来表达教育理论,大致始于20世纪初,如教科书译辑社翻译出版的日本学者撰写的《教育原理》一书。此后,用"教育原理"作书名的专注就不鲜付梓。如余家菊的《教育原理》(中华书局,1925)、顾锦藻的《教育原理》(三民图书公司)等。但在当时,教育原理与教育学、教育原则等是同一词。1933年出版的《教育大辞书》曾对"教育原理"条目作了如下注解:"凡实施教育、评判教育之基本的准则,统称教育原理"。新中国成立以后,受苏联的影响,我国教育理论界似乎不太使用"教育原理"一词,更多的是用诸如"教育原则""教育规律"等。近20年来,"教育原理"逐渐受到学者的青睐,但在实际使用时内涵各不相同。大致有三种观点:

1. "教育原理"等同于"教育哲学"

有学者认为,马克思主义教育哲学的研究对象是对教育学中的一些根本问题,从哲学的高度进行研究和探讨,从中找出一般的规律。这些"基本问题"包括教育的社会职能、人的发展与教育、教育目的、知识论与教学、道德论与道德教育、美学和美育、教育科学的发展等。如此,教育原理被认为属于教育哲学的范畴。

2. "教育原理"等同于"教育基本理论"或"教育理论"

教育原理旨在研究教育的一般性问题,得出一般规律,而教育理论是指经过逻辑论证和实践检验并以一系列概念判断和规范为表达形式的教育知识体系①。教育理论是相对于教育实践而言的,是对实践活动的理性认识,也是现实在人的思维中概括反映的形式。理论的价值在于它能透过现象而深入本质,不断揭示事物或现象中新的联系和新的方面,整体性地显示对象的属性与关系,从而实现理论内在的对事物或现象的解释功能与预测功能。

3. "教育原理"是在理性层次上研究教育

有学者把教育原理界定为理论教育学,而理论则是由概念、范畴、陈述和范式诸多要素组成的严密框架来反映的。教育原理需要研究从教育要素到教育过程到教育实体到教育系统的关系,研究从教育内部到外部联系到教育内、外部联系影响下的教育系统自身的特性,研究由教育的内外部联系决定的教育本质、目的、构成以及学校与家庭的教育职能,研究从一般教育原理到教育基本理论问题,等等。

由此可见,教育原理和教育哲学、教育基本理论、教育理论等概念并非通用,那么究竟什么是"教育原理"?

"原理"系指"带有普遍性的、最基本的并且是可以作为其他规律之基础的规律"②。教

---

① 全国科学技术名词审定委员会.教育学名词[J].中国科技术语,2012(6):64.
② 中国社会科学院语言研究所.现代汉语词典(修订本)[J].北京:商务印书馆,1996:1548.

育原理是普通教育学理论体系历史发展中渐次形成的分支学科,是教育科学体系中的基本理论学科,研究内容主要集中在对教育基本规律的揭示和阐明上,它的研究任务是为具体学科提供一般的理论指导,在教育科学体系中处于基本理论学科地位。

拓展资料:

替教学的艺术奠定一种正确的基础,对下列各方面都是有益的:

一、对于父母而言,在此以前,他们对于子女的成就多半是没有把握的。……但是现在我们业已想出了十分准确的教学方法,靠着上帝的帮助,人们所期望的结果是不能不来到的。

二、对于教师方面,大部分的教师是不懂得他们的艺术的,所以,他们想去履行他们的责任的时候,往往感到疲惫不堪,他们在吃力的工作上耗尽了精力;否则他们就习于变换他们的方法,试了这个办法又试那个办法——这是对于时间与精力的一种辛苦的浪费。

三、对于学生方面,他们因此可以精通科学,不感困难,不觉疲倦,不出怨言,不受鞭答,好像在做游戏和娱乐一样。

四、对于学校方面,一旦方法确定以后,学校就不仅可以充满生气地继续保存下来,而且学校的数目还可以无限地增加。因为学校将确乎变成快乐的场所,富于欢乐和吸引力的寓舍,并且(因为方法绝不会失败)每个学生,不拘能量如何,都可以变成一位饱学之士(高级或低级的)。因而,我们日后绝不会缺乏合适的教师,或怕学问不能发扬光大。

五、对于国家方面,这是西塞罗所证实的。彼塔哥拉斯学派传人狄欧根尼也有同感。因为整个国家的基础是什么呢?当然是青年的发展。因为没有好好地经过培植的葡萄藤是结不出好葡萄的。

六、对于教会方面,因为只有学校得到合适的组织,教会才不至于缺乏富有学问的人才,富有学问的人才才不至于缺乏合适的听众。

七、最后,我们改良学校,使它准确地、普遍地培植人的才智,使神的声音所不能够激动的人们因此才能靠着神的光辉脱离黑暗的境界,这对天国方面也是有益的。

(来源:夸美纽斯.大教学论[M].北京:教育科学出版社,1999.)

(二)教育原理在教育学科体系中的地位

"教育原理"是从"教育学"总论中分化出来的基本理论学科,一般而言,它在教育科学体系中的地位体现如下两个方面:

首先,教育原理为教育学科体系中的其他学科提供指导。"教育原理"是从属于"教育学"的一个学科,它在教育科学体系中的地位是其他学科难以取代的。教育原理是关于教育的一般规律的知识体系,是对教育的最基本的普遍性规律的揭示与认识,研究的是教育活动过程中最一般的规律、最基本的问题,因此,它是理论层次较高的一门学科。"教育原理"为教育科学体系中其他学科的构建提供最一般的指导,它是各分支学科的汇聚点,各分支学科可从中获得理解教育的视点。

其次,教育原理是教育学科体系的理论基础。"教育原理"是"对具体教育学科的最一般、最基本的概括和总结,又是指导具体教育学科最基础的理论。""教育原理"所承担的任务之一是对各门具体学科进行必要的抽象,概括出具有普遍意义的原理,它与其他子学科、边缘学科的关系是一般和特殊的关系。作为理论基础的"教育原理",从比较抽象的层次把教育作为一个整体加以研究,它摒弃了丰富多样的教育形式,通过科学的抽象,凝练出对教育的完整认识。其他学科通过"教育原理",获得对教育一般规律的正确认识。"教育原理"弥补了各门学科从各自的角度看待教育现象和问题的不足,为教育科学体系的发展奠定理论基础。因此,"教育原理"在教育科学体系中始终处于理论基础地位,是构建整个教育科学体系的核心。

三、教育原理的基本问题

贯穿和主导人类教育活动发展变化的根本动因是教育的基本矛盾。教育中有两大基本矛盾,教育与社会发展的关系是第一个基本矛盾,这一矛盾涉及教育与社会的政治、经济、文化、科学技术等若干具体矛盾。教育中另一个基本矛盾是教育与人的身心发展的矛盾,教育与人的发展之间的关系是否处理得当决定着教育与社会发展的关系的走向。教育中的两大基本矛盾也是教育原理旨在解决的两个基本问题,即教育与人类个体发展的无限可能性之间的关系问题,以及教育与人类社会历史传承、社会发展之间的关系问题。教育原理的基本问题是贯穿于整个教育理论体系的逻辑主线。

(一)教育与人的发展

教育与人的发展作为教育原理的基本问题,需要从两个方面加以理解。

教育是培养人的活动,人是教育的出发点和归宿点。教育是育人的活动,是把人培养成人的过程。好的教育遵从人的成长、成才规律的教育,在人的成长过程中,不断地挖掘人可教的方面,开发人的潜能,通过遵循规律的教育,使学生学会做人,学会做事,学会与人相处,学会学习,提高人的知识水平和能力。反之,在教育过程中,不考虑学生的个体差异、违反规律进行教育,其结果是阻碍学生个体的发展。教育原理作为描述教育本身的知识体系,为教育研究和实践提供基本的准绳。

首先,教育是培养人的活动,必须基于人性和人的本质来实施教育,研究人本身。

乌申斯基说,教育学要想从一切方面去教育人,就必须从一切方面去了解人。教育原理旨在揭示教育中个体发展的规律性,即个体发展依赖的现实条件,包括个体的智力、健康状况、性格等遗传性和非遗传性的条件。教育原理不仅仅要回答个体成长规律是什么,同时还要对如何遵循教育规律提出总体性、一般性的方法论指导。

其次,教育要培养人,还必须研究教育本身。

教育的实施只有基于人发展的生理、心理基础,才能产生促进人的发展的效果。教育对人若施加反其道而行的影响,那么,教育就不是人发展的助力,而会成为人发展的阻力。这就意味着,教育不但具有正功能,还具有负功能。这就是说,教育学研究教育与人发展之间的关系,研究人只是问题的一个方面,另一方面,必须研究教育本身及其功能实现的方法和途径,研究教育如何通过发挥其本体功能,进而实现教育的社会功能。

拓展资源:

康德说,"教育艺术的一个原理——那些制定教育规划的人士尤其应该注意它——就是:孩子们应该不是以人类的当前状况,而是以人类将来可能的更佳状况,即合乎人性的理念及其完整规定——为准进行教育。这一原理有极大的重要性。父母在教育孩子时,通常只是让他们能适应当前的世界——即使它是个堕落的世界。但实际上他们应该把孩子教育得更好,这样才可能在将来出现一个更佳的状态。"

(来源:康德.论教育学[M].上海:上海人民出版社,2005.)

(二) 教育与社会的发展

教育与社会发展的关系问题作为教育原理的另一个基本问题,亦可以从以下两个方面来把握。

第一,着眼于社会需要来研究社会与教育关系。一方面,要根据社会的现实发展,研究社会对教育的需求。另一方面,要研究社会本身的发展条件与环境。教育原理研究如何培养人,培养什么样的人,这不是仅靠教育自身就能解决的问题。教育的实施必须根据特定的社会条件和环境来设计。教育培养出来的人必须能够适应社会发展和变革的需要。由此,教育原理必须研究社会本身。

第二,着眼于教育自身的特点来研究教育与社会的关系。首先,教育原理必须把教育作为被动性的社会存在,因为教育作为一项社会活动,不可避免地受到社会的制约。教育要从教育本身着眼,研究影响教育存在和发展的社会因素,即把握社会对教育的制约因素。教育原理研究自身问题,必须基于对教育问题的准确判断,区分哪些问题是教育自身可以解决的,哪些问题是需要通过社会干预来解决的。其次,教育原理又要把教育作为能动的存在,研究教育是如何促进社会发展和进步。纵观人类发展的历史,没有哪一个时代的辉煌可以离开教育发展。教育通过培养人实现其促进社会发展的功能。

第二节 教育学的发展历程

一、教育学的产生与发展

任何一门学科都有自己产生、发展和完善的过程,教育学亦不例外。从原始教育的产生到教育学的萌芽,从教育学独立体系的形成到科学教育学的发展,经历了一个漫长的历史过程。

(一) 教育学的萌芽

教育学的萌芽阶段是指从教育成为人类独立的社会活动之后,伴随着教育实践的不断发展和教育经验的日益增多,一些哲学家、思想家开始对教育实践经验进行总结和概括,对教育问题进行研究,并在他们的政治、哲学等思想中有了对教育问题的论述和说明。如中国古代的孔子、孟子、荀子、朱熹,西方古代的苏格拉底、柏拉图、亚里士多德、昆体良等人,他们在阐述各种社会现象的同时也阐述了教育现象,在提出其哲学、政治观点的同时,也提出了丰富又宝贵的教育观点。

1. 古代中国

(1)《论语》。《论语》是反映中国古代教育思想的代表性著作,是记录孔子与其弟子之间相互问答的著作,共 20 篇,其中论及教、学等方面的教育思想,如"不愤不启,不悱不发"的启发教学,"学而不思则罔,思而不学则殆"的学思结合,"学而时习之"的学习结合,"君子耻其言而过其行"的学行结合,以及在教育对象上提出"有教无类",在教育内容上,主张

"子以四教：文、行、忠、信"，在教育原则上，提出"因材施教"。《论语》作为我国古代反映教育思想的代表性著作，这些教育思想对后世的教育产生了巨大、深远的影响。

（2）《学记》。成书于战国后期的《学记》是我国古代乃至世界上最早的一部教育专著。《学记》是先秦时期儒家教育和教学活动的理论总结，全文仅1 200多字，却较全面地论述了教育的意义、任务、途径，教学的原则和方法，以及教师的地位、作用和师生关系。

《学记》开篇阐述教育的目的。"建国君民，教学为先""君子如欲化民成俗，其必由学乎。"《学记》中提出了有关教育制度和学校管理的设想，主要包括学制与学年、视学与考试两部分；在教学原则上，《学记》提出教学相长原则，启发诱导原则，豫时孙摩原则，长善救失原则和藏息相辅原则；《学记》中十分提倡尊师思想，它说"三王四代唯其师。""师严然后道尊，道尊然后民知敬学。"此外，它还概括了一条教师自我提高的法则——"教学相长"，它说："虽有佳肴，弗食不知其旨也；虽有至道，弗学不知其善也。是故学然后知不足，教然后知困。知不足，然后能自反也；知困，然后能自强也。故曰教学相长也。"

《学记》反映了我国早期先秦儒家的教育教学思想精华，有"教育学的雏形"①之称。它的出现，意味着中国古代教育思维专门化的形成，是中国教育理论发展的良好开端。

除《论语》《学记》之外，中国古代一些哲学家、思想家也在他们的政治、哲学等思想中对教育问题进行了论述。如《孟子》《荀子》《道德经》《师说》以及后来程朱理学代表人物的著作中，都有对教育丰富的认识和精辟的见解。

2. 古代欧洲

在欧洲，古希腊和古罗马的文化遗产中，也有着丰富的教育思想和教育经验。正如恩格斯所说："在古希腊哲学的多种多样的形式中，差不多可以找到以后各种观点的胚胎、萌芽。"②被称为古希腊"三杰"的苏格拉底、柏拉图和亚里士多德，他们在提出其哲学、政治观点的同时，也提出了一些教育观点。

（1）苏格拉底与产婆术。苏格拉底是古希腊著名的哲学家、教育家。在教育对象上，他与孔子一样提倡"有教无类"；苏格拉底认为，教育的目的是培养治国人才，教育的首要任务是教人"怎样做人"，提出教人道德就是教人智慧，"智慧就是最大的善"③；在教学方法上，他采用问答法，亦称"产婆术"，即通过与对方共同讨论、不断提问，使对方认识并承认自己的错误，自然而然地获得正确的结论。这种教学方法遵循从具体到抽象、从个别到一般、从已知到未知的规律，对后世的教学法产生了深远的影响。

（2）柏拉图的《理想国》。柏拉图是西方客观唯心主义的创始人，他认为世界由"理念世界"和"现象世界"所组成，宇宙的本原不是物质，而是精神性的理念，它是世界产生的根源。柏拉图臆想的理念世界是个完美的"金字塔"，其中最高的理念是善的理念。柏拉图根据其理念世界的金字塔，设计了一个由执政者、卫国者和生产者组成的等级森严的理想国，这三类人各安其位，各尽其责，互不逾越本分。柏拉图是西方教育史上第一个提出完整的学前教育思想并建立了完整的教育体系的人，规定了不同阶级的人的不同的教育内容。另外，柏拉图从他的哲学思想出发，提出"认识就是回忆"，学习并不是从外部得到什么东西，它只

---

① 毛礼锐.中国教育史简编[M].北京：教育科学出版社，1985：247.
② 马克思恩格斯选集(第3卷)[M].北京：人民出版社，1972：468.
③ 色诺芬.回忆苏格拉底[M].北京：商务印书馆，1984：139.

是回忆灵魂中已有的知识,并将它作为其教学理论的哲学基础。

(3)亚里士多德的灵魂说与和谐发展教育。亚里士多德是古希腊百科全书式的学者,他认为人的灵魂由三部分构成,即植物性灵魂、动物性灵魂和理性灵魂,与之相应也有三方面的教育:体育、德育和智育,教育的目的在于对儿童进行德、智、体多方面和谐发展教育。他依据教育要适应儿童自然天性发展的思想,以七年为一阶段划分了教育的年龄分期。对各年龄阶段教育的要求、组织、内容和方法等具体措施提出具体意见,要求成人应根据儿童年龄特征对其进行教育。亚里士多德是最早提出教育要适应儿童的年龄阶段,对儿童进行和谐发展教育的思想家。

(4)昆体良的《雄辩术原理》。昆体良是古代罗马著名的教育家,他的《雄辩术原理》被称为世界上第一本研究教学法的书。昆体良提出教育的目的就是培养雄辩家,并十分重视雄辩家的道德品质。同时,他十分重视学前教育,他在教育史上第一次提出了双语教育问题,希望儿童先学希腊语,再学拉丁语。昆体良在教学论方面提出了许多独到见解,对后世影响较大。例如他从培养雄辩家的教育目的出发,提出专业教育必须以广博的知识为基础,而不能只着眼于雄辩术的技术训练;教师应当善于解答学生提出的问题,并善于提问;学习与休息应交替进行,避免使学生过度疲劳,游戏是很好的休息方式。

这一时期,独立形态的教育学尚未形成。无论中国还是外国,古代思想家、教育家的教育思想,均是作为他们的哲学思想或政治思想的组成部分,混杂在政治、伦理、哲学等著作当中。对教育经验的大量论述,多是停留在现象的描述和自我经验的总结上,缺少独立的科学命题和理论范畴。这些事实都表明,当时的教育学还没有从哲学、政治等学科中分化出来,形成自己独立的学科体系,因而在科学分类中没有它自己的位置,属教育学发展进程中的萌芽阶段。

(二)独立形态教育学的产生与发展

同其他学科的创立一样,教育学的创立来源于社会实践,尤其是教育实践发展的客观需要。首先,17世纪以来,随着新型的实科学校的出现,传统的教会学校和骑士教育中所采用的教育教学方法已不适用,实科学校需要新的教师和新型的教育教学方法。因此,17世纪末开始,欧洲陆续出现了教师讲习所,一些大学也增设了师范课程。其次,教育学从哲学母体中分离出来,成为一个专门的研究领域。英国哲学家培根(F.Bacon,1561—1626年)为独立形态的教育学的产生做出了重要贡献。1623年培根发表了《论科学的价值和发展》一文,首次在科学分类中将教学的艺术作为一个独立的研究领域划了出来,从此标志着教育学在科学体系中有了自己独立的学科地位。

同时,一些著名的学者和教育家提出的教育思想、教育理论,以及前人有关教育知识的充分积累,这些都为教育学成为一门独立学科奠定了基础。当时的人文主义思想家与教育家,如意大利的维多利诺(1378—1466年)、法国的拉伯雷(1483—1553年)等都是重要的代表人物。他们对封建教育进行了猛烈的抨击,批判经院学派那种脱离实际、摧残儿童的教育内容和方法。他们主张热爱学生和尊重学生,提倡采用能够引起学生兴趣和积极性的教育内容和方法,这些都为新兴资产阶级教育的发展开辟了道路。比如拉伯雷在他的小说《巨人传》中,描述了在经院哲学者和新式教师两种不同的教育下,把伽刚丘培养成为前后两种截然不同的人物,以此来批判经院式的旧教育和赞美具有人文主义思想的新教育,对新兴资产阶级教育的发展起到了启蒙的鼓动作用。

这一时期特别需要提出的有：

1. 夸美纽斯与《大教学论》

夸美纽斯(J.A.Comenius,1592—1670年)是17世纪捷克教育家,是人类教育史上里程碑式的人物。在教育学的创立过程中,他的《大教学论》(1632)被认为是教育学具有独立理论形态的开始。

在《大教学论》中,夸美纽斯提出了教育适应自然的思想,他说"改良学校的基础应当是万物的严谨秩序……",也就是说教育必须依据人的自然本性和儿童年龄特征进行教育。同时,他提出了泛智教育思想,并由此出发,提出了普及教育思想,要求"把一切事物交给一切人";另外,在西方教育思想发展史上,夸美纽斯是第一个试图建立分科教学法的教育理论家。① 夸美纽斯还根据年龄分期确立了学校教育制度和教学内容,并较为详细地论述了班级授课制的思想,主张把全校学生按照年龄和程度分成班级。在教学上,他论证了"直观性原则、巩固性原则、系统性和循序渐进性原则"三个影响较大的教学原则。虽然这些主张有的不尽科学,但建立了比较完整的教育理论体系,对创建独立的、系统的教育学做出了重要的贡献,为近代西方教育理论体系奠定了基础。

2. 洛克与《教育漫话》

洛克(J.Locke,1632—1704年)是英国著名的哲学家、教育家,他著有《教育漫话》(1693)一书。

洛克的教育目的是培养绅士,"绅士需要的是事业家的知识,合乎他的地位的举止,同时要能按照自己的身份,使自己成为国内著名的和有益国家的一个人物。"他必须是身体健康、有德行、有用、能干的人,具有道德、智慧、礼仪和学问四种品质。

在教育作用上,洛克主张教育万能,他从唯物主义的经验论出发,极为重视教育在人的形成中的作用。他说:"我们日常所见的人中,他们之所以或好或坏,或有用或无用,十分之九都是他们的教育所决定的。人类之所以千差万别,便是由于教育之故。"他提出"白板说",把儿童的天性比做没有痕迹的白板,可以由人随意地去涂写和塑造。

在论述教育的内容时,他第一次把教育的三大部分德、智、体做了明确区分。他特别重视体育,他说,"健全之精神寓于健康之身体,这是对于人世幸福的一种简短而充分的描绘。"在德育方面,他强调环境与教育的巨大作用,强调德行重于学问,否认天赋观念。在德育方法上,洛克强调早期教育、行为习惯和选择榜样,不主张使用体罚。在智育方面,洛克主张学习实际有用的广泛知识。

洛克的《教育漫话》作为一种世俗的现实主义教育思想,在近代西方教育理论的形成和发展中占有重要的地位,是教育学形成时期的重要著作之一。它对形成17—19世纪英国具有特色的传统教育模式产生了重要的影响,他的绅士教育思想是18世纪法国唯物主义教育思想、自然教育思想和德国理性主义教育思想的重要源泉之一。

3. 卢梭与《爱弥儿》

让·雅克·卢梭(J.J.Rousseau,1712—1778年)是法国著名的启蒙思想家,他的著作《爱弥儿》(1762)一书反映了自然主义的教育思想。

《爱弥儿》的基本观点是主张教育要遵循儿童的自然本性,根据不同年龄阶段儿童的身

---

① 吴式颖主编.外国教育史教程[M].北京:人民教育出版社,1999:204.

心特征和个体差异进行教育;教育的目的在于培养"自然人",即能适应资本主义生产关系需要的身心和谐发展的人;教育原则和方法应"模仿自然";在德育上实行"自然后果法"。

以卢梭为代表的自然教育理论深刻地体现了时代精神,他的理论第一次系统地论证了儿童的生理、心理特点在教育中的重要地位,并把它作为教育的出发点和根据,要求教育尊重儿童的年龄特征和天性。

4. 斯宾塞与《教育论》

赫伯特·斯宾塞(Herbert Spencer,1820—1903年)是19世纪英国著名的哲学家、社会学家和教育家,其代表作是《教育论》(1861)。在此书中他提出教育的目的是"为完满生活做准备"。判断知识价值的标准是它与生活、生产和个人发展的关联程度。经过详细论证,他得出结论"什么知识最有价值?"回答是"科学"。他的课程体系以科学知识为中心,重视与现实生活的紧密联系。他的科学主义教育思想是对古典人文主义教育内容的革命,大大推动了科学教育的发展。

5. 赫尔巴特与《普通教育学》

赫尔巴特(J.F.Herbart,1776—1841年)是德国哲学家、心理学家、教育家,他的《普通教育学》(1806)被认为是世界上第一本形成了科学体系的教育学著作,他被认为是"现代教育学之父"或"科学的教育学之父"。

赫尔巴特将教育目的分为两种,即"可能的目的"和"必要的目的"。可能的目的是指与儿童未来所从事职业有关的目的;必要的目的是教育的最高和最基本的目的。赫尔巴特指出,"道德普遍地被认为是人类的最高目的,因此也是教育的最高目的。"[①]在教学方面,赫尔巴特根据受教育者的心理活动规律确立了教学过程的四个阶段,即明了、联想、系统、方法。这是人类最早关于对教学过程和教学活动时间结构的科学划分,并影响至今。赫尔巴特还提出了教学的教育性思想,他指出,"我想不到有任何无教学的教育,正如反过来,我不承认有任何无教育的教学。"赫尔巴特揭示了管理、训育和教学的关系,认为儿童管理的主要目的在于保证教学的秩序,为教学创造必要的条件。

以赫尔巴特为代表的传统教育学派,其核心思想一般被概括为"教材中心""课堂中心"和"教师中心",它在西方教育史上率先建立了以心理学和哲学为基础的教育理论体系,使教育学向科学化发展的道路上大大前进了一步。

此外,其他一些著名的哲学家、思想家也出版了专门的教育学著作,为教育学的创立做出了贡献。如瑞士教育家裴斯泰洛齐(J.H.Pestalozzi,1746—1827年)的著作《林哈德与葛笃德》(1781—1787)提出了"使人类教育心理化"的主张,对推动教育活动的科学化起到了重要作用。德国哲学家康德(Immanuel Kant,1724—1804年)于1776年在柯尼斯堡大学的哲学讲座中讲授了教育学,这是教育学作为一门学科在大学里讲授的开端。以上述人物为代表的教育学家们经过三四百年的努力,把教育学建成为一门独立学科,使其拥有了独立的学科地位,产生了一批专门且系统的教育学著作,为后世教育学的发展做出了重要贡献。

(三)20世纪以来教育学的发展

20世纪以来,随着科技的发展和人类社会的变革,传统教育学以哲学和心理学作为其理论基础一统天下的局面被打破,一些新兴学科如社会学、人类学以及自然科学(如数学、

[①] 张焕庭主编.西方资产阶级教育论著选[M].北京:人民教育出版社,1979:259.

生物学)对教育学日益渗透,使得教育的理论基础更为多样。在不同理论和学派基础上发展起来的教育学在相互批判中共存与发展,呈现出多元化的发展态势,出现了许多新的教育学派别和教育学著作。

1. 20世纪以来主要的教育学流派

(1) 实验教育学。实验教育学是19世纪末20世纪初在欧美一些国家兴起的以教育实验为标志的教育思想流派。代表人物是德国教育学家梅伊曼和拉伊,其代表著作为梅伊曼的《实验教育学纲要》和拉伊的《实验教育学》。德国心理学家冯特1897年在莱比锡大学创设了世界上第一个心理学实验室,实验心理学的诞生和发展为实验教育思想提供了可以直接借鉴和吸取的成果。

实验教育学是作为赫尔巴特传统教育学说的对立物而出现的,它反对以赫尔巴特为代表的思辨教育学,它的一个显著特点就是运用自然科学的范式研究教育现象,主张把自然科学实验方法和技术应用于教育问题研究,让数理统计和心理测量等学科的发展成果成为教育统计和测量的重要基础,从而为教育实验提供科学的手段和方法,形成科学的教育实验模式。

实验教育学反对传统教育学思辨式和经验式的研究方法,重视研究儿童发展与教育的关系,重视实验,并强调从实验的结果中寻找教育的途径和方法。"实验教育学所强调的定量研究成为20世纪教育学研究的一个基本范式,近百年来得到了广泛的应用和发展,极大地推动了教育科学的发展。"①但实验教育学也有其局限性,它片面强调儿童的生物性,忽视了社会因素,过分推崇实验方法,视之为教育研究的唯一方法,走上了"唯科学主义"的迷途。

(2) 文化教育学。文化教育学亦称精神科学教育学,是19世纪末产生于德国的一种教育思潮,代表人物有狄尔泰、斯普朗格、李特、福利特纳等人。

面对19世纪以来由于科技理性的发展,人的精神世界被疏离、被异化的局面,一些学者提出要把人看作完整的人,而不是把人当作物,由此揭开了文化教育学的大幕。文化教育学派强调"教育是文化过程",这一命题的意义在于,教育的目不止在传递文化、创造文化,而是通过这一过程促进人的人格生成和灵魂的唤醒,即教育的本质在于陶冶人性。"教育绝非单纯的文化传递,教育之为教育,正在它是一个人心灵的'唤醒',这是教育的核心所在"。② 不同于传统教育学将学生看作被动的客体,实行所谓填鸭教学,文化教育学主张发挥教师和学生个体两方面的积极作用,"体验""理解""陶冶""唤醒"等成为文化教育学流派的方法论,主张以文化财富去陶冶学生,追求个性的养成和人格的发展。

文化教育学深刻影响了德国乃至世界20世纪的教育学发展,它力图从文化或精神科学的角度来探索人以及人的教育问题,在教育的本质、教育的目的等问题上给人以启发。

(3) 实用主义教育学。实用主义教育学是19世纪末20世纪初在美国兴起的一种教育思潮,代表人物是美国的杜威、克伯屈等人,代表作有杜威的《民主主义与教育》和克伯屈的《设计教学法》等。杜威在对教育性质的判定上,提出了三个核心的命题:"教育即生活""教育即成长""教育即经验的改造或改组"。既然教育是生活的过程,学校是社会生活的一种

---

① 全国十二所重点师范大学联合编写.教育学基础[M].北京:教育科学出版社,2002:19.
② 邹进.现代德国文化教育学[M].太原:山西教育出版社,1992:73.

形式,由此,杜威进一步提出"学校即社会",使学校生活成为儿童生活与社会生活的契合点,使学校成为一个理想的雏形社会。在教育目的上,杜威指出,教育过程之外没目的,教育目的在教育过程之中,儿童的生长即教育的目的。

杜威的教育理论对20世纪的美国教育理论和实践产生了深远的影响。针对传统教育学派的教师中心、课堂中心、教材中心,杜威提出了儿童中心、学校即社会、做中学的教育主张。杜威的这些主张强调了学校与社会生活的联系,要求尊重儿童心理发展水平,适应了20世纪前半期美国社会的变化,也对世界教育改革起到了推动作用。但由于其理论过于强调以儿童、活动、经验为中心,忽视了系统知识的传授,忽视了教师的主导作用等,使其理论主张带有狭隘经验主义的色彩。

(4)马克思主义教育学。马克思主义教育理论产生于苏联。20世纪以来,苏联和我国的教育家根据并运用马克思主义基本原理对现代教育的若干问题进行了研究。克鲁普斯卡娅的《国民教育与民主主义》,被认为是运用马克思主义观点阐述教育学和教育史的第一本著作。此外还有加里宁的《论共产主义教育和教学》、凯洛夫主编的《教育学》、我国教育理论家杨贤江的《新教育大纲》等有影响的著作。

马克思主义教育学的基本观点包括:教育是一种社会历史现象,在阶级社会中具有阶级性;教育起源于社会性生产劳动;教育的根本目的是促使学生的全面发展;培养全面发展的人的唯一方法是将教育与生产劳动相结合;教育一方面受政治、经济、文化的制约,另一方面又反作用于它们,具有促进社会政治、经济、文化的发展的巨大作用。

马克思主义为教育学的发展奠定了科学的世界观和方法论基础,使教育学走向科学化发展的新阶段。

(5)批判教育学。批判教育学产生于20世纪70年代,其代表人物有美国的鲍尔斯、金蒂斯、阿普尔、法国的布迪厄等。批判教育学针对当代资本主义学校教育中的种种不平等、不公正进行批判,提出"教育应该是政治的",是不可能保持价值中立的,认为教育是维护现实社会不公平和不公正,造成社会差别、歧视和对立的根源。批判教育学流派思想复杂,基于不同的思想基础与社会背景,不同流派有不同的特点。但是,追求对传统教育的批判与"解放",强调运用批判理论通过批判的研究方法进行教育研究与分析,是各流派批判教育学的共同特征。

2. 20世纪以来教育学发展的主要特征

20世纪以来教育学得到了迅猛的发展,其新的发展趋势,主要有以下几方面:

(1)教育学问题领域的扩大。教育学是研究人类教育现象,揭示教育规律的一门科学。根据这一普遍认可的定义,教育学的研究对象是所有的教育现象,既包括狭义的学校教育,也包括广义的教育活动。但20世纪初,教育学研究主要集中在对学校教育问题的研究上,而且主要集中在对学校教育教学过程中出现的问题的研究上。[①] 随着科学、技术的进步和教育知识的积累,诸如心理学、社会学、法律学、伦理学、经济学、政治学等经验学科逐渐兴起,这些学科不断地以自己独特的方法和视角审视教育,教育学科经历了由一门"教育学"到多门教育学科的发展过程,教育学发展到了教育科学(群)的高度。

教育学研究的问题领域开始扩大,表现为:一是从宏观上研究教育的顶层问题,从而建

---

① 全国十二所重点师范大学联合编写.教育学基础[M].北京:教育科学出版社,2002:22.

立新的教育观,包括教育发展观和教育研究观;二是一般的教育基本理论。这些问题可以包括,什么是教育(教育本质)、为什么教育(教育目的)、谁来教育(教育者)、教育谁(受教育者)、教育内容、用什么方法教育(教育方法)、用什么形式来教育(教育组织形式),等等;三是教育应用领域的问题,如教育教学基本技能、技巧,教育方法,教育原则,教育手段等操作层面的问题。

（2）教育学研究基础的扩展。以赫尔巴特为代表的传统教育学以哲学和心理学为学科基础。随着时代的发展,教育学的研究基础得到了扩展,教育学开始由"单数的教育学"发展成为"复数的教育学",即"大教育学"。其他学科的研究手段开始被引入教育学,使得教育学的边缘学科、交叉学科开始出现、裂变,教育学的体系也不断扩展。教育学的研究基础不仅仅局限在哲学、心理学的原始经典阶段,而是扩展至生理学、伦理学、社会学、统计学、经济学、政治学、文化学、人类学、美学等一系列学科基础。这些学科不仅为教育学研究提供了新视角,也扩展了教育学研究的空间和领域。

（3）教育学研究范式的多样化。20世纪中叶,美国科学史家库恩首次提出"范式"这一概念,其基本含义是科学发展处于常态科学阶段的一个被公认的理论,这个理论包含着研究方法和技术,它指出什么疑难问题要加以研究,并且什么样的解决是可以接受的。[1] "范式"这一概念虽然是在20世纪中叶提出,但是研究范式所包含的基本内容则一直存在于科学研究实践活动之中。由"范式"的内涵我们可以推导出,教育学的研究范式是教育学这一学科的科学群体所认同的学科内容和研究方法论的基本规范和框架。

纵观教育研究范式发展的历史进程,教育学的研究范式经历了"经验—描述"阶段、"哲学—思辨"阶段、"科学—实证"阶段,已经进入了"规范—综合"[2]阶段。20世纪以前,在教育研究中占据主导地位的是一元的教育研究范式。自实验教育学问世以后,教育研究范式开始走向多元化,即教育研究的"规范—综合"阶段。

"规范—综合"阶段的主要表现可概括为:一方面,自然科学方法论冲击了传统的研究范式,强化了教育学的科学倾向;另一方面,人文主义范式与科学主义范式之间的冲突从20世纪初持续到当代。之所以会形成这样的局面,是因为任何一种范式都不可能单独指引教育学研究的发展路径,它们之间是可以互为补充、互相支持的,也唯有如此,才有可能实现对教育完整世界的真实理解与把握。各种研究范式之间的冲突与融合,使得教育学理论正朝着综合化的方向发展,由一元向多元的研究范式的推移,是教育研究的必然趋势。

（4）教育学的进一步分化与综合。学科分化是现代科学充分发展的前提,也是科学发展的一个趋势。教育学分化借助两种途径:一是"衍生性"分化,即从教育学内部纵向分化出许多分支学科。二是"交叉性"分化,即教育学与其他学科"联姻"的横向分化,又分化出许多分支学科。[3] 教育学内部各子学科的相继出现,诸如教学论、德育论、学科教育论、课堂教学技能、班主任工作技能等都属于第一途径的产物。而教育哲学、教育心理学、教育社会学、教育行政学、教育统计学、教育经济学、教育技术学等则属于第二途径的产物,是各学科相互渗透的结果。

---

[1] T. S. Kuhn,The Structure of Scientific Revolutions[M].chicago:Univ. of Chicago Press,1970:5
[2] 王坤庆.论教育学研究范式的历史演变[J].教育研究与实验,1991(4):32-37.
[3] 瞿葆奎.中国教育学百年(下)[J].教育研究,1999(2):23-30.

20世纪中叶以来,教育学在高度分化的同时又出现了高度综合的现象。"既注意借鉴相邻学科的最新研究成果,又能使各种研究成果成为教育学理论中的有机组成部分;既能对各分支学科的新成果兼收并蓄,又不失对各分支学科提供理论基础和理论指导的作用;既能为理论发展提供明确的方向,又能为实际运用留下广阔的空间。总之,将各种先进理论综合为一体,将理论指导和实践运用综合为一体,是当今教育学发展的重要趋势。"①

（5）教育学与教育改革的关系日益密切。教育改革是人们有计划有目的地变革现存的教育,使其符合改革者理想目标的活动。它是一种特殊的教育实践。教育改革是教育领域里的创新,进行教育改革不仅需要勇气和魄力,更需要理性。教育学不仅可以为教育改革提供理论依据,亦可为教育实践提供行为指引。教育学研究内在地包含着基础研究、应用研究和开发研究。这些研究都指向教育问题,研究结果可以为教育政策的制定提供参照的咨询,可以为教育改革提供理论支撑,可以为教育改革实践提供操作指南。

教育理论对于教育改革的推动作用,具体体现在以下三个方面:第一,用理性尺度评价现实,揭露现实教育中存在的种种弊端,使人民认清现实教育中的种种不合理因素;第二,对未来教育进行预测、设计和规划,从对现存教育的评价中和对未来社会的发展中提出未来教育的目标、任务、内容、方法、制度、形式等,指明教育改革的方向;第三,靠理论创造的社会舆论力量来呼唤社会,尤其是教育界投身教育改革,使教育工作者参与教育改革,并提高其自觉性、积极性和必胜的信心。

当代教育学参与实践正在形成新格局,教育学研究与教育实践的联系已形成三条基本途径。一是进行决策咨询。新课程改革是其中典型的例证。二是指导学校具体实践。众多的教育学研究者开始深入学校第一线,同时也注重将自己的研究成果运用于学校实际,在学校场域中进行验证、修改、完善。三是提炼基层学校的实践智慧。教育学研究者与中小学教师及其他教育实践者一道,构成研究共同体。② 当代教育研究者越来越多地把研究的视角转向教育实践,围绕着诸如教育方针、素质教育、德育、教育投资等重大教育问题开展了卓有成效的研究。走出"书斋",走进"田野",是这个时代的基本特征。研究者们顺应时代的潮流,或涌入中小学校,从微观层面触动教师课堂教学的观念和行为方式;或转向教育政策,从宏观层面影响教育改革的路向和进程。③ 同时,教育实践的发展也需要教育理论的指导。正如毛泽东同志所说,没有理论指导的实践是盲目的实践,而盲目的实践是注定要失败的。教育理论作为教育实践的研究成果,它既来源于实践,又高于实践,它能够给教育实践以理性指导,避免或减少失误。

（6）教育学的学术交流与合作日益加强。纵观我国教育学发展史,从清末"废科举,兴学校"的西方资产阶级教育学的输入,教育学在我国成为一门独立的学科,它的沿革进程大体可概括为:先学日本,后袭美欧,新中国成立后又学苏联。很长一段时间里,我们只有教育思想,而无教育学。我们只是通过译介单项地接受,谈不上教育学的学术交流与合作。随着我国教育学研究的深入发展,教育学理论工作者开始了本土化的教育理论探索和构建,至此,我们才有了交流的前提和平台。教育学研究问题领域的扩大、研究学科基础的扩展和教

---

① 孙俊三.教育学研究在当代的发展与教育学逻辑体系的建构[J].高等师范教育研究,2000(4):34-39.
② 郑金洲.改革开放30年的教育学研究教育研究[J].教育研究,2009(3):26-36.
③ 郑金洲,程亮.中国教育学研究的发展趋向[J].教育研究,2005(11):3-10.

育的开放和国际化,为当代教育学研究同行之间的对话与合作提供了前提。学术交流加强的趋势表现在,国家政府、学术组织以及个人之间的交流形式越来越密切且多样化;网络平台、期刊库资料为教育学者之间的交流提供了更为简捷便利的条件,等等。教育学领域学术交流和合作的加强顺应了全球一体化潮流,为教育研究提供了更广泛的空间和多元化的视角,推动了教育研究的发展。

二、教育学在中国的成长

教育学在我国成为一门独立的学科,是从清末吸收了"废科举、兴学校"的西方资产阶级教育学思想以后才开始的。其沿革的过程,大体可概括为,先学日本,后袭美欧,新中国成立后又学苏联,直到粉碎"四人帮"后,才逐渐走上教育学中国化探索的道路。

(一)"教育学"学科的设立①(1900—1905年)

19世纪末至20世纪初,师范教育在我国的出现,诞生了教育学这门学科或课程。

京师大学堂创办于1898年,是戊戌维新运动的产物。1902年的《钦定学堂章程》,是我国近代教育史上正式颁布的法定的学制系统和师范教育的起始建制。其《钦定京师大学堂章程》规定京师大学堂附设速成科,"师范馆"为速成科的一门,修业4年。同时规定师范馆设置"教育学"课程,且规定了4年里的教学内容,包括教育宗旨、教育之原理、学校管理法以及"实习",还规定了每星期的课时。

清政府于1904年颁布了《奏定学堂章程》。根据其《初级师范学堂章程》和《优级师范学堂章程》,师范分"初级"和"优级"两级。初级师范学堂规定学习5年,每年都设有教育学。那时初师的教育学,规定包括教育史,教育原理(含心理学大要),现行教育宗旨,德育、智育要义,辨学大要,教授法大要,教育法令,学校管理法,以及"实事授业"。优级师范学堂规定教育学在第二、第三年开设,也规定各年的内容和每星期时数。它包括教育理论、教育史、教授法、学校卫生、教育法令,以及"教授实事练习"。

当年《奏定学堂章程》规定政法科大学"政治学门"的"主课"中设"教育学";文学科大学的英、法、俄、德、日文学门的"补助课"中都设"教育学",文学科大学的中国史学、万国史学和中国文学门,也列"教育学"为"随意科目"。而《奏定进士馆章程》规定第一年,《奏定译学馆章程》规定第五年学习"教育学"。这反映当年泱泱大国,急需师资以及教育学翻译人才。需要催生了中国教育学科出现的进程。

(二)教育学的译介与编著(1905—1920年)

中国教育学的起步,首先始自对日本教育学的学习。著名历史学家费正清教授指出:"从1898年到1914年这段时期,人们可以看到日本在中国的历史进程中的重大影响。"②当时,从大量日本教育类书刊涌入中国的历史事实中可看到这种影响的清晰印痕。据实藤惠秀监修、谭汝谦主编的《中国译日本书综合目录》统计,从1896年到1911年,中国共译日本教育类书76种。其中流行面广、影响面大的是1901年刊载于《教育世界》上,由日本立花铣三郎讲述,王国维译的《教育学》。嗣后,日本其他著名的教育学也相继经《教育世界》《直隶教育杂志》及译书局等介绍来到中国,如《实用新教育学》(加纳布市,上由仲之助)、《教

---

① 参考郑金洲,瞿葆奎.中国教育学百年[M].北京:教育科学出版社,2002.
② 费正清.剑桥中国晚清史(下卷第6章)[M].北京:中国社会科学出版社,1983.

育学教科书》(汝濑五一郎)、《新教育学》(冯世德)、《新教育学释文》(吉田熊次)、《实用教育学》(大濑甚太郎)、《大教育学》(熊谷武郎)、《实际的教育学》(柳政太郎)、《教育新论》(天眼铃木力)《新编教育学讲义》(杜本孝次郎)、《教育学教科书》(小泉又一)等。① 其时，我国的一些学者也编写了一些教育专著，如1913年蒋维乔著的《教授法讲义》，1914年张子和编著的《大教育学》，同年张毓聪编著的《教育学》，王国维的《教育学》(教育世界社1905年印行)，缪文功的《最新教育学教科书》(文明书局1906年版)，张继煦的《教育学》和金祝华的《教育学教科书》(湖北官书处1907年版)，季新益的《教育学教科书》(广智书局1907年版)，侯鸿鉴的《教育学》(无锡速成师范学校1908年再版)，张继煦的《教育学讲义》(昌明公司1910年版)，周维城、林壬的《实用教育学》(北京女子师范学校于1913年版)，刘以钟的《新制教育学》(中华书局1914年版)，彭清鹏的《实际教育学》(中华书局1914年版)，宋嘉钊、张沂的《教育学教科书》，1915年又出版了周维成、林壬编的《实用教育学讲义》等不下20余种版本。尽管这些著作不可避免地有对外国教育学内容的迁移，但在编著自己的教育学方面，毕竟迈出了第一步，我国开始有了自己的教育科学。

从形式上看，此时介绍过来的教育学，基本上是赫尔巴特的教育学体系。

(三) 西方教育学说在我国的传播(1920—1949年)

西方教育学说在中国的广泛传播是以杜威来华讲学作为契机的，从此，中国把学习的对象由日本转向美国。

杜威于1919年经日本来华讲学，前后有两年多时间，足迹遍及中国沿海11省市。他在演讲中，着重宣传他的实用主义哲学和教育学。由于他的教育观点与赫尔巴特有明显不同，顿时在我国教育界呈现出一种活跃的气氛。"教育即生活""学校即社会"成了当时教育界的口头禅。杜威离华后，介绍和传播杜威教育思想的学术机构、期刊、专著如雨后春笋般兴起。杜威的代表作《民主主义教育》，开始直接作为教育学或教育哲学教材使用。此外，与它相近的波特的《教育原理》和《现代教育学说》、克伯屈的《教育方法原理》、桑代克和盖茨的《教育基本原理》，也都成为我国大学教育系的教育学教学参考书。除了美国的译本之外，西方其他各派的教育专著也开始全书翻译过来，如夸美纽斯的《大教学论》、洛克的《教育漫话》、卢梭的《爱弥儿》、裴斯泰洛齐的《贤伉俪》、赫尔巴特的《普通教育学》等。在广泛学习和研究国外教育学的基础上，当时我国学者自编的教育概论、教育哲学、教育原理等专著也日益增多。比较早期出版的有王炽昌的《教育学》(1922中华书局)，以及后来范寿康的《教育哲学大纲》(1923中华学艺社)，余家菊著的《教育原理》(1925中华书局)，庄泽宣编的《教育概论》(1928中华书局)，王壁如的《现代教育概观》(1930上海北新书局)，汪懋祖的教育学(1930正中书局)，孙贵定编的《教育学原理》(1932商务印书馆)，邓胥功编著的《教育通论》(1932世界书局)，黄宗明编的《教育概论》(1933中华书局)，胡忠智编的《教育概论》(1933北平文学社)，吴俊升和王西征编著的《教育概论》(1935正中书局)，罗廷光主编的《教育科学纲要》(1935中华书局)，倪文宙、陈子明编的《教育概论》(1937中华书局)，浦漪人编的《教育概论》(1937黎明书局)，罗廷光编的《教育概论》(1938正中书局)，张宗麟编著的《教育概论》(1939商务印书馆)，范任宰著的《教育概论》(1943商务印书馆)，孟宪承和陈学恂合编的《教育通论》(1948商务印书馆)，钱亦石的《现代教育原理》(1949中

---

① 详录请参见周谷平.近代西方教育学在中国的传播及其影响[J].华东师大学报(教育科学版),1991(3):80.

华书局），从体系到内容都较之前一阶段更完整、更深入、更系统、更充实，并为后来教育学科的发展奠定了很好的基础。

（四）教育学的苏化与改造（1949—1965年）

1949年到1965年，是我国政治、经济制度发生重大变革的时期，也是对教育学全面"苏化"并进而改造的时期。

早在1945年，毛泽东就说过："苏联创造的新文化，应当成为我们建设人民新文化的范例。"①1949年10月1日，中华人民共和国宣告成立。《人民日报》于1949年11月14日发表了节译的苏联凯洛夫主编的《教育学》（1948年俄文版）第二十一章《国民教育制度》（《人民日报》题为《苏联国民教育制度》，于卓节译）。之后相继翻译了其他部分，并认为凯洛夫主编的这本《教育学》是理论与实践相结合的"巨著"。这对当时急于了解苏联社会主义教育经验和理论的人来说，是"雪中送炭"。因此，教育界迅速掀起了学习苏联的教育学热，尤其学习凯洛夫主编的《教育学》热。这可以说是中国教育学百年中的第三次热潮了。

这个热潮的主要特征主要表现为：

一是翻译了许多苏联的教育学，如凯洛夫主编，沈颖、南致善等译的《教育学》；冈察（查）洛夫著、郭从周等译的《教育学原理（初译稿）》（人民出版社1951年版）；叶希波夫、冈察（查）洛夫编，于卓、王继麟等译的《教育学（上、下册）》（东北教育出版社曾出版上册，后由人民教育出版社1952—1953年出版）；申比廖夫、奥哥洛德尼柯夫著，陈侠、熊承涤等译的《教育学》（人民教育出版社1955年版）；凯洛夫总主编，凯洛夫、冈察（查）洛夫、叶希波夫、赞科夫主编，陈侠、朱智贤等译的《教育学》（人民教育出版社1957年版）等。上述苏联的教育学译本中，以凯洛夫主编的于1950—1952年出版的上、下册影响最大，不少高等师范院校以之为教材或主要教学参考书，一些教育行政干部和中学教师也以之为业务进修读物。当时上级大力提倡，但也叮嘱要"结合中国实际"，可以说是一种"政府行为"；下级积极响应，教育界可以说是满怀学习激情，奉凯洛夫的《教育学》为"经典"。它成为当时衡量与评价我国教育理论和教育实践的主要依据。

二是邀请不少苏联专家讲授教育学，本国学者积极做辅导性或普及性报告，不断引进苏联教育学研究的最新信息。

三是出版国内外专家、学者的教育学讲义和报告。如普希金的《教育学讲义》（北京师范大学出版社1952年版），波波夫的《共产主义教育思想》（人民教育出版社1953年版），崔可夫的《教育学讲义（上册）》（人民教育出版社1954年版），杰普莉茨卡娅的《苏维埃教育学讲义》（华东师范大学出版社1957年版），安娜斯达西耶娃的《教育学辅导和专题报告记录汇编》（共3辑，中央教育行政学院出版社1957年版）。张腾霄的《小学教师业务学习讲座》（大众书店1951年版），曹孚的《小学教育讲座》（人民教育出版社1953年版，1954年再版时易名为《教育学通俗讲座》，是在上述口头报告的基础上成书的，前版先后印刷33万册，后版累计发行80余万册），等等。

四是国内出版了许多"凯洛夫版"的教育学。1954年，教育部组织编订了《初级师范学校教育学教学大纲（草案）》，并说明："新中国的教育学是研究如何对新生一代进行社会主

---

① 毛泽东.毛泽东选集（第3卷）[M].北京：人民出版社，1953：1084.

义教育的科学。它是马克思列宁主义教育学说与中国教育实践相结合的产物。""这本教学大纲又是参照苏联教育学的一般体系拟定的。"[①]教育部又于1956年组织编订了《师范学校教育学教学大纲(试用)》和《师范学院、师范专科学校教育学试行教学大纲》,这两份《大纲》都提到它们是参照了1954年苏俄教育部批准的师范学院教育学教学大纲,并结合我国过渡时期教育的实际情况制定的。可见,当年苏联教育学的"榜样作用"是极大的。这一阶段编写的教育学教材,除上述中等师范学校《教育学》外,不少高等师范学校都编写了《教育学》,只是正式出版的少。举例来说,有北京师范大学教育系教育学教研室编的《教育学讲义》,陈友端、郑其龙编的《教育学》,东北师范大学教育系教育学教研室编的《教育学讲义》,开封师范学院教育学教研室编的《教育学讲义》,等等。

从历史的角度看,我国当时学习、移植苏联的教育学是有其积极意义的。从教育实践的角度看,苏联的教育学强调制度化教育,这种教育学对稳定新中国成立初期学校的教学秩序,提高教育质量,起了一定的推动作用。从教育学建设的角度看,苏联的教育学帮助国人完成了教育学理论模式的格式塔转化,填补了当年社会主义教育理论的空白。当然苏联的教育学本身有许多不足,如操作性较强,理论性较差;教条性较强,辩证性较差等。由于种种原因,一般来说,当时或在热忱的学习下未多察觉或在反复号召全面学习苏联的条件下未便分析。

(五)教育学的"革命化"阶段(1966—1976年)

1966年,"文化大革命"开始,教育学开始了"革命化"的发展阶段。

"文革"开始后,在一片打倒声中,教育学、心理学被定性成"伪科学",一律予以停教,从此,教育学便开始从高等师范学校的课程体系中消失了。

大约在所谓"复课闹革命"后,"教育学"的名称才先后出现在师范院校的课程,课程名称改成了"毛泽东思想教育课"。其教学纲目往往是:"教育要革命","必须在教育领域对资产阶级实行全面专政","无产阶级的教育方针","坚持'五·七指示'和'七·二一指示'的道路","学校一切工作都是为了转变学生的思想","改革旧的教育制度、改革旧的教学方针和方法","教改的问题,主要是教员问题","工人阶级必须领导一切,加强党对教育工作的领导",以及"建国以来教育战线两条路线的斗争"等。这些专题都是介绍和讲解毛泽东的语录,因而教育学变成了"语录学"。

"文革"十年,教育学学科建设表现为停滞和倒退。教育学教材建设的指导思想是批判"封、资、修",教育学的内容组成是语录汇编。这十年,是教育学发展的灾难时期。十年只给人们留下了教育学的零星的"证明性"材料,如上海师范大学教育系教育学公共教学小组编的《凯洛夫修正主义教育思想批判(讲稿,修改稿)》(1972年版)、广西师范学院教育革命理论教研组编的《教育学讲义(试用稿)》(1973年版)、广东师范学院教育学教研室编的《教育学讲义(讨论稿)》(1974年版)和《彻底批判凯洛夫的〈教育学〉》(上海市出版革命组1970年版)等。

(六)教育学中国化的探索(1976—)

粉碎"四人帮"后,教育学教材建设迎来了蓬勃发展的春天。广大教育工作者迅速根据形势的发展和教学的需要,出版各类教育学讲座和教材。从1979年至1990年,各个类别、

[①] 初级师范学校教育学教学大纲(草案).北京:人民教育出版社,1954:1.

各个层次公开出版的教育学教材可谓风起云涌,共有 111 个版本之多[①]。近年来,陆续出版的仅是属于教育学原理性质的专著就有:厉以贤的《现代教育原理》(1988 年)、成有信的《现代教育引论》(1992 年)、孙喜亭的《教育原理》(1993 年)、陈桂生的《教育原理》(1993 年),叶澜的《教育概论》(1993 年),金一鸣的《教育原理》(1995 年)、《教育学原理》(1995 年)、石佩臣的《教育学基础理论》(1996 年)、黄济和王策三的《现代教育论》(1996 年),胡德海的《教育学原理》(1998 年),柳海民的《教育原理》(1998 年)、《学校教育原理》(2000 年),郑金洲的《教育通论》(2000 年),冯建军的《现代教育原理》(2001 年),柳海民主编的《现代教育原理》(2002 年)等。这些著作,无论其体系还是内容都达到了较高的水平,较以往同类教材有着明显的历史进步。

与此同时,这一阶段也注意了译介苏联、西方的教育学教材和属于教材性质的著作。如巴拉诺夫等编的《教育学》、哈尔拉莫夫著的《教育学教程》、奥恩斯坦著的《美国教育学基础》,大河内一男等著的《教育学的理论问题》,日本筑波大学教育学研究会编的《现代教育学基础》、范斯科德著的《美国教育基础——社会展望》、巴班斯基主编的《教育学》、布鲁纳著的《教育过程》、赞科夫著的《教学与发展》等。

今日中国的教育学教材建设正在继承传统、改革创新的道路上不断地进行改造和完善,同时通过学科内部分化,将其研究推向更深入的程度。

第三节 学习教育原理的意义与方法

一、学习教育原理的意义

(一)对教育改革发展的价值

教育原理指导和推动教育改革,促进教育的持续发展,主要体现在以下三个方面:首先,教育原理通过理性的剖析现实教育实践中存在的问题,理清教育改革的目标。其次,教育原理指明教育改革的方向。教育原理能够通过对教育现象的分析,把握教育规律,从而预测教育的未来发展趋势;能够通过对教育的历史和现实进行比较分析预测未来的发展趋势。最后,教育原理能够对历史经验进行提炼和总结,从而校正改革的方向和进程,最终引导教育改革走向成功。

(二)对教师的价值

首先,有助于教师树立正确的学生观,建立和谐的师生关系,促进教育正功能的发挥。教育原理要回答的基本问题是教育与人之间的关系和教育与社会之间的关系。教育与人的关系是教育中教学、教育管理的行为基础,关系到教师如何看待学生,如何组织课堂教学,如何辅导学生学习,以及如何处理教师与学生之间的关系。学习教育原理能够帮助人们正确地对待学生,树立正确的学生观,把促进学生的发展作为教育的目标,在学校教育中贯彻以学生为本,关心学生身心健康成长,因材施教,充分激发学生的学习潜能,建立起和谐、积极的师生关系,真正实现教育人和培养人的目标。英国著名社会学家、教育家斯宾塞说,"教育是以造就人的品质为目标的。"可见,树立以学生为本,把学生看成切实可教的未来人才

---

① 详见瞿葆奎.建国以来教育学教材事略[J].华东师大学报(教),1991(3):74.

的学生观是教育理应秉承的原则。

其次,有助于教师树立正确的教学观,掌握教学规律,提高教学质量。教学是教育的基本实现途径,好的教学可以教会学生知识技能、伦理道德、个性品质,避免学生重走老一辈的弯路,把学生培养成能够承担起社会发展重任的优秀人才。教学是什么,即教学的内涵、功能;教学为什么,即教学目的,教学的评价标准;谁来教,即教师资格;谁来学,即教学对象、学生的权利和义务;教什么,学什么,即教学内容;怎么教,怎么学,即教学组织形式、教学方法……对这些问题的理解和把握,就构成了教学观。教学观决定了教学能否成功,教学能否达到学校、家庭、社会和国家对人才的要求。教育原理包含对教学的基本认识、教学的应有态度、教学的实施办法等内容,学习教育原理能帮助师范专业的学生,或教育相关行业的从业者树立正确的教学观,指导教学实践工作。

(三) 对教育研究的价值

学习教育原理有助于树立正确的教育观,科学地审视教育中的教育现象和教育问题。

教育观指人们对教育以及与之相关的其他事物关系的总看法。具体而言,就是人们对教育者、教育对象、教育内容、教育方法等要素及其属性与关系的认识。教育观决定人们看待教育现象和教育问题的态度、立场。在每个人的成长经历中,总是直接或间接地参与到教育事件中,那么应该以怎样的态度和立场来审慎地评估遇到的这些现象和问题呢?教育观就是做出评价的立足点,正确的教育观能够保证评价的客观性、针对性、有效性;反之,则会误导教育实践,产生消极的影响。

(四) 对教育决策的价值

学习教育原理有助于掌握教育规律,根据教育规律做出科学的教育决策。教育理论在很大程度上决定着教育决策的正确与否。教育遵循其自身的客观规律,并不为人的主观意志为转移,教育工作者只有按照教育规律做事,才能办好教育。历史经验证明,教育规律早在人们认识它之前就已经存在并起作用了。遵循它,教育事业就能得以发展;反之,教育事业就会受挫。纵观我国的教育发展历史,1956年、1958—1960年、1978年三次教育"大跃进、大发展"之后的"大调整、大收缩"就是因为违背了"教育与社会生产力发展相互制约的规律"而导致的。而1981年以后,国家遵循教育规律的客观要求,制定了大、中、小学工作条例,促进了教育的稳步发展和教育质量的持续提升。

(五) 对家长的价值

20世纪80年代以来,英美的教育改革策略之一就是通过家长择校制度的建立,赋权家长以提高学校的教育绩效。教育原理对于家长的价值主要体现在:首先,可以帮助家长树立现代教育观念,做出正确的教育选择;其次,可以帮助家长参与到学校管理中来,形成家校合作,以形成家庭和学校的办学合力,形成全社会参与学校教育教学和管理的局面;再次,提高自身的教育能力,影响其子女的健康成长;最后,可以帮助家长为其子女创造良好的家庭教育环境。

综上所述,教育是与每个人都息息相关,直接或间接参与的社会活动。学习教育原理是教师、教育行政人员、教育研究者,乃至每个个体都应该掌握的教育基本知识;同时,也是教育实践改进,教育功能实现的客观要求。

二、学习教育原理的方法

（一）坚持以马克思主义、毛泽东思想、邓小平理论、"三个代表"重要思想和科学发展观为指导

马克思主义、毛泽东思想、邓小平理论、"三个代表"重要思想、科学发展观是指导我们思想的理论基础，也是我们学好和深入研究社会主义教育学的根本保证。它指导我们以马克思主义、毛泽东思想、邓小平理论、"三个代表"和科学发展观重要思想的立场、观点、方法来观察、分析、研究各种教育现象和教育理论，自觉地坚持教育学的社会主义方向，正确处理古今中外的关系。要重视马克思主义教育思想的学习，重视当前社会主义教育经验的学习，但也不可忽视对古代优秀文化教育传统的继承和发扬。中国的教育有着悠久灿烂的历史，许许多多杰出教育家的宝贵教育思想和丰富的教育经验，是我们建设有中国特色社会主义教育学可借鉴的宝库。我们应当批判地继承、发扬。同时，要面向世界，有分析、有批判地汲取和借鉴国外的教育经验与理论。

（二）贯彻学、思相结合，通过理论学习，促进教育反思

孔子曰："学而不思则罔，思而不学则殆"，又曰"吾日三省吾身"，可见，思考对于学习过程而言是不可或缺的重要环节。学习教育原理要把知识的学习与个人对知识、理论的反思相结合。通过教育原理及其他相关学科的课程学习和自主学习，掌握教育原理的基本知识和基本理论，为个人理解教育现象和教育问题提供知识基础。与此同时，不断地反思知识中的重点、难点，解决理论学习中遇到的问题，提高对教育的理解深度。

教育原理绝不是形而上的空谈理论，教育原理是对教育实践的经验总结，以及对理论和实践本身的再思考。所以，学好教育原理需要学习者培养自身思考的能力，提升思想的品位，在学习中引发思考。

（三）理论联系实际，促进教育理论的内化和实践能力的提高

学习教育原理的目的是为了更好地理解教育，树立正确的教育观、教学观、学生观，从而更好地组织教育实践活动。学习教育原理如果不能和教育实践相结合，那么就是空洞的理论学习，并不能积淀起教育的相关知识和能力。与此同时，教育原理所涉及的学生、教师、班主任、教育目的、教育内容、教育途径等教育实践范畴的知识，需要深入到教育第一线的学校、课堂中去了解。只有亲临教育场域，才能获得关于教育的最准确的认识。正如南宋诗人陆游在《冬夜读书示子聿》中所写："纸上得来终觉浅，绝知此事要躬行"。教育理论的书面学习是远远不够的，躬行于教育实践才能获得深层的教育知识和教育智慧。

（四）学好相关学科，全面、深刻地理解和掌握教育原理

随着科学技术的发展以及教育自身的发展，教育学与其他相关学科，如哲学、心理学、各学科教学法等的关系越来越密切，各学科之间相互渗透，相互补充，综合运用。教育原理是教育科学的基本学科，哲学、心理学的知识是教育科学的基础之一，各科教学法是教学部分的具体化，学好这些课程，有助于全面、深刻地掌握教育理论，也有利于教育科学作用的发挥。

本章小结

教育学	教育学是研究教育现象，揭示教育规律的一门科学。即教育学的研究对象是人类的教育现象，教育学的研究任务是揭示存在于教育现象中的教育规律
教育科学	教育科学是以教育现象为其共同研究对象的相关学科的总称，是由若干门教育学构成的学科总体。它包括属于基础学科的教育史和教育心理学，属于基本学科的教育原理、德育原理、教学论、学校管理学等，属于分类学科的学前教育学、高等教育学、成人教育学、特殊教育学、比较教育学、职业教育学等，属于交叉学科的教育人类学、教育经济学、教育政治学、教育社会学等。众多的学科组成了一个庞大的教育科学学科体系
教育现象	教育现象是人类各种教育活动的外在表现形式。它有三个规定性：① 教育现象是一种可以感知、可以认识的古今中外已经存在或正存在于现实中的存在物；② 教育现象是教育实践的表现物或正从事着的教育实践，它包括各种形式、各种类型、各种模式的教育事实、教育活动、教育问题、教育理论研究等；③ 教育现象是以教与学为主体形式的客观存在，不以教与学为主体形式的活动便不能称之为教育活动，与之相应，也就不能称其为教育现象
教育规律	教育规律是教育现象与其他社会现象及教育现象内部各个构成要素之间本质的、内在的、必然的联系或关系。从根本上看，贯穿教育活动的基本矛盾、基本规律是：教育与社会发展之间的矛盾或关系；教育与人的身心发展之间的矛盾或关系
教育原理	教育原理是普通教育学理论体系历史发展中渐次形成的分支学科，是教育科学体系中的基本理论学科，研究内容主要集中在对教育基本规律的揭示和阐明，它的研究任务是为具体学科提供一般的理论指导，在教育科学体系中处于基本理论学科地位
教育原理的基本问题	教育原理的基本问题是教育与人身心的发展、教育与社会的发展
教育学的萌芽	主要代表人物是柏拉图、亚里士多德、昆体良、孔子、荀子；思想著作有《学记》
独立形态教育学的产生与发展	1623年，英国哲学家培根首次在科学分类中将教育学作为一门独立的学科划分了出来，标志着教育学在科学体系中拥有了独立的学科地位 捷克民主主义教育家夸美纽斯1632年出版《大教学论》，这标志着独立形态教育学的开始 其他代表思想家的代表作品是英国洛克的《教育漫话》、法国卢梭的《爱弥儿》、法国爱尔维修的《论人及其智力和教育》、瑞士裴斯泰洛齐的《林哈德与葛笃德》、德国福禄培尔的《人的教育》、英国斯宾塞的《教育论》等 1806年，德国教育家赫尔巴特《普通教育学》的出版，标志着科学教育学的诞生
20世纪以来教育学的发展	20世纪主要的教育学流派有实验教育学、文化教育学、实用主义教育学、马克思主义教育学和批判教育学。20世纪教育学的主要特征是教育学问题领域的扩大、教育学研究基础的扩展、教育学研究范式的多样化、教育学的进一步分化与综合、教育学与教育改革的关系日益密切、教育学的学术交流与合作日益加强

教育学在中国的成长	教育学在中国的成长经过了译介日本教育学阶段、广泛传播西方教育学说阶段、介绍和学习苏联教育学阶段、探索教育学中国化阶段
学习教育原理的意义	学习教育原理对教育改革发展、对教师、对教育研究、对教育决策和家长均有重要价值
学习教育原理的方法	① 坚持以马克思主义、毛泽东思想、邓小平理论、"三个代表"重要思想和科学发展观为指导；② 贯彻学、思相结合，通过理论学习，促进教育反思；③ 理论联系实际，促进教育理论的内化和实践能力的提高；④ 学好相关学科，全面、深刻地理解和掌握教育原理

本章练习题

一、单选题

1. 教育学是研究（　　），揭示教育规律的一门科学。
   A. 教育问题　　　　　　　　B. 教育现象
   C. 教育行为　　　　　　　　D. 教育活动

2. 教育原理在教育科学体系中处于（　　）地位。
   A. 分类学科　　　　　　　　B. 应用学科
   C. 基础学科　　　　　　　　D. 基本学科

二、填空题

1. 教育科学是以_____为其共同研究对象的相关学科的总称，是由若干门教育学构成的学科总体。

2. 1623年，由英国哲学家_____首次在科学分类中将教育学作为一门独立的学科划分了出来，标志着教育学在科学体系中拥有了独立的学科地位。

三、简答题

教育原理的基本问题是什么。

本章参考文献

[1] 保罗·朗格朗.终身教育引论[M].北京:中国对外翻译出版公司,1985.
[2] 费正清.剑桥中国晚清史(下卷)[M].北京:中国社会科学出版社,1981.
[3] 顾明远.教育大辞典(第1卷)[M].上海:上海教育出版社,1990.
[4] 瞿葆奎.建国以来教育学教材事略[J].华东师范大学学报(教育科学版),1991(3).
[5] 瞿葆奎.教育学文集·教育与教育学[M].北京:人民教育出版社,1993.
[6] 全国科学技术名词审定委员会.教育学名词[J].中国科技术语,2012.
[7] 苏霍姆林斯基.给教师的建议(上)[M].北京:教育科学出版社,1980.
[8] 苏霍姆林斯基.给教师的建议(下)[M].北京:教育科学出版社,1980.
[9] 张焕庭.西方资产阶级教育论著选[M].北京:人民教育出版社,1979.

［10］中共中央马克思恩格斯列宁斯大林.马克思恩格斯选集(第3卷)[M].北京:人民出版社,1972.

［11］中国社会科学院语言研究所编.现代汉语词典(修订本)[M].北京:商务印书馆,1996.

第二章 教育的产生与发展

学习目标

1. 掌握关于教育起源的不同学说,了解不同学说的代表人物、理论主张及理论本身的合理性与局限性。
2. 了解不同时期教育发展的主要特点。
3. 当代世界教育发展的主要趋势。

建议学时

4学时

案例导读

案例呈现:

教育起源研究17年
郑金洲

在1978—1995年的17年间,教育起源问题颇受研究者关注。不仅在众多的《教育学》教科书及教育基本理论的有关论文中涉及,而且在中外教育史研究中也多有论及,横跨"史"与"论",兼及"历史"与"逻辑",是教育起源研究的独有特征。

1978年以来,教育起源研究大致可分为两个阶段。第一阶段是从1978年至1983年,研究者大多主张教育起源于劳动,与教育本质、教育规律及教育功能的讨论联系在一起,论者通过对教育起源于劳动的分析,探讨教育的生产属性,考察教育与生产劳动的关系,透析教育的经济功能。第二阶段是从1984年至今,许多研究者对"劳动起源说"提出了不同见解,"劳动起源说"的根深蒂固的地位受到挑战。围绕以上两文展开激烈的论争,教育起源的研究园地呈现出一派"盎然"的景象。

(来源:摘选于郑金洲.教育起源研究17年[J].纪念《教育史研究》创刊二十周年论文集(1),2009.)

资料分析:

教育的起源是教育研究不可回避的一个原初问题,也是每一个教育学者不断思考和探索的领域。关于教育的起源,不同的学者站在各自的视角得出了不少答案,形成了诸如"教育的生物起源说""教育的心理起源说""教育的劳动起源说"等观点。站在这些研究的基础上,新时期的教育学者对教育起源问题也在做着后续的探索。

教育活动缘何产生,不同历史阶段的教育呈现出何种时代特点,教育的发展与改革在当代社会呈现出何种面貌,这是每一个学习教育学的人都关心的问题。这些问题是如此的根本,以至于如果对它们缺乏了解,将无从认识"教育之源",更无法理解教育发生发展的特点与规律。本章内容围绕"教育的产生""教育的发展"和"当代教育的发展趋势"三个板块的内容展开论述,以期对上述问题做出简明的回答。

第一节 教育的产生

古今中外许多学者对于教育的起源做出过不同的诠释,产生了关于教育起源的多元认识,体现了不同时代的人们对教育起源的不同理解。通过透视这些不同的视角,人们可以研究出他们各自视角的合理性和局限性,并站在新的时代角度思考教育产生发展的基础。

一、生物起源论

教育的生物起源论者认为,教育起源于动物的生存本能活动。其主要代表人物有法国社会学家利托尔诺(Charls Letourneau,1831—1902年)和英国教育家沛西·能(Thomas Perey Nunn,1870—1944年)等。

利托尔诺最早提出教育的生物起源学说。他在《动物界的教育》一书中认为,教育是一种在人类社会范围以外,远在人类出现之前就已产生的生物现象。简言之,教育起源于一般的生物活动。按照他的观点,动物界的生存竞争和天性本能是教育的基础,动物正是基于生存与繁衍的本能才把"知识"和"技能"传授给小动物的,这种行为是教育的最初形式与发端,后来出现的人类教育不过是继承了动物界业已存在的教育形式,使其获得了新的性质而已。

利托尔诺的观点后来被英国教育家沛西·能推向了高峰。他在不列颠协会教育科学组大会上的主席演说词《人民的教育》中指出"教育从它的起源来说是一个生物学过程,不仅一切人类社会有教育,不管这个社会如何原始,甚至在高等动物中也有低级形式的教育",教育是"与种族需要、种族生活相应的、天生的",是"扎根于本能的不可避免的行为"。

教育的生物起源论是教育史上第一个正式提出的有关教育起源问题的学说,也是较早地把教育的起源问题作为一个学术问题提出来的学说。生物起源学说看到了人类教育与其他动物类似行为之间的相似性,但它把教育的起源归于动物的本能行为,把教育过程看成是按生物学规律进行的本能过程,这就忽略了教育的社会性,抹杀了人与动物的根本区别,因而是不正确的。

二、心理起源论

教育的心理起源论者认为,教育起源于儿童对成人无意识的模仿,其代表人物是美国教育家孟禄(Paul Monroe,1869—1947年)。

孟禄在《教育史教科书》一书中对教育起源进行了论述。他从心理学观点出发,提出原始社会的教育普遍采用的方法是简单的无意识的模仿,原始社会共同体中儿童对老年成员的无意识的模仿就是最初的教育。

教育的心理起源学说使教育从动物界回到了人类社会,提出模仿是教育起源的新说,有一定的合理性。但这种观点把教育完全归于无意识状态下产生的模仿行为,忽略了人的包括教育活动在内的一切活动都是由意识支配的有目的的行为,夸大了模仿在教育中的地位和作用,否定了教育活动固有的目的性和意识性,因而也是不正确的。

三、劳动起源论

马克思主义教育学对上述两种观点的错误之处进行了批判,提出了教育的劳动起源论。

劳动起源论认为,原始社会早期便产生了教育,教育起源于劳动。具体而言,教育是起源于劳动过程中社会生产需要和人的发展需要的辩证统一。劳动起源论主要以苏联的一些教育史学家和教育学家为代表。

劳动起源论重点在于强调:

首先,人类的教育是伴随人类社会的产生而一道产生的,推动人类教育起源的直接动因是劳动过程中人们传递生产经验和生活经验的实际社会需要。而且,教育产生于劳动是以人类语言和意识的发展为条件的。

其次,教育也起源于人的自身发展的需要。年轻一代在有意识有目的的教育过程中,成为能够适应社会生活的人,并使得人类世代积累的知识、经验、技能等精神文明得以延续。同时,从直接结果看,教育促进了儿童的身心发展和精神成长,使人趋于社会化与文明化。

在儿童成为具有劳动能力的社会成员之前,他们在长者以及其他有经验的人的言传身授下,习得各种生活生产知识经验和社会规范,并发展自身运用这些经验的本领和能力。在这个过程中,儿童首先完成了个体身心的发展,并最终适应于社会要求,满足于社会需要。此后,满足社会生活需要与实现个体身心的发展密切相连,同步进行,所以说教育起源于人的社会需要和人的自身发展需要的辩证统一。

四、其他起源论

在教育起源的问题上,除了影响力较大的上述三种学说之外,新时期的教育学者对教育起源问题进行了反思性思考,其中具有代表性的是教育的交往起源说、教育的需要起源说和教育的前身起源说。

教育的交往起源说认为教育起源于人类的交往活动,主要代表人物是叶澜等人。叶澜在其主编的《新编教育学教程》中提出"人类的教育活动起源于交往"。她认为教育虽然与生产劳动有关,但并不是生产劳动本身。教育中产生的关系是人与人之间的关系,而劳动中产生的关系是人与物的关系,因而教育只能是起源于人与人之间的交往。一旦交往的作用被人类意识到,并将此转化为以影响新生一代生长为直接目的的特殊活动时,教育活动就产生了。

教育的需要起源说是劳动起源说的逻辑延伸,它包括三种略有区别的主张:生产劳动的需要说,社会生产和生活的需要说,社会生活和人类自身发展的需要说。① 生产劳动需要说的主要代表人物是沙毓英。他认为教育是在劳动过程中,由于生产劳动的需要而产生的;由生产劳动的需要而产生的教育,从一开始便既与生产力,又与生产关系有密切联系。② 社会生产和生活需要说的主要代表人物是厉以贤、毛礼锐等。毛礼锐曾指出:"人们在根据历史唯物主义基本原理,联系教育发展的史实,深入研究这个问题的过程中,逐渐认识到教育起源不仅和劳动有关,而且还与人类赖以生存的物质生活有关,也就是社会生产和生活的需要产生了教育。"③ 社会生活和人类自身发展的需要说的代表人物是胡德海、孙培青等。胡德海曾指出:"研究教育的起源问题,不仅要从宏观的角度看到人类教育随人类社会而出现,实出于人类营谋社会生活的需要;同时,还要从微观方面看到,教育实出于发展个体的需要。"孙培青也曾指出:"人类社会特有的教育活动是起源于人类参与社会生活的需要和人类自身身心发展的需要。"

教育的前身起源说认为人类教育起源于古猿的教育,即古猿为了维持自己的类的存在而将自己固有的求生技能传授给下一代的行为。主要代表人物有孔智华等人。孔智华在其《人类教育并非起源于劳动》的论文中指出,人类教育在它产生之前就已经存在着一个和它密切联系的事物——人类教育的前身,这"前身"在一定条件下发生了质变,就变成了人类教育。而由于人类教育是随着人类的产生而产生的,因此,人类教育只能是起源于人类社会形成之前的古猿社会的古猿的教育。

此外,关于教育起源问题还存在许多其他的观点,例如教育的家庭起源论者认为教育起源于家庭父母对孩子的抚育;社会化影响起源论者认为教育起源于产生了语言后的原始人类对年幼一代所施加的社会化影响;超生物经验的传递和交流论者认为教育起源于人类在劳动过程中形成的超生物经验的传递和交流……关于教育起源的问题,新时期的学者仍然站在不同的角度进行着后续的探索。

第二节　教育的发展

摩尔根在《古代社会》中根据"生存技术"的进步,将人类历史分为蒙昧、野蛮、文明三个时代,其中前两个时代又分为低级、中级、高级三个阶段。

在人类社会发展的不同阶段,由于生产方式和社会文化的差异,教育呈现出不同的阶段性特征。在漫长的人类历史发展历程中,教育随着社会生产力和生产关系的变迁,也在不断对自身的内容、形式和手段等进行着变革,呈现出不同的阶段性特征。

一、原始社会的教育

原始社会是人类历史中最初的社会形态,也是一个漫长的历史阶段。原始社会的社会生产状况和社会生活方式,决定了原始教育的特点:

第一,原始教育的无阶级性。原始社会由于生产力水平低下,是没有私有制,没有阶级压迫和剥削的社会。部落中人与人关系的平等性决定了原始教育中没有阶级性。具体表现为每个社会成员都有享受教育的权利,人人接受教育的机会均等。

第二,原始教育主要为生产劳动服务。原始社会的生产力水平低下,为了满足人们基本的物质需求,教育活动主要以传授制造和使用生产工具的技能,以及传授渔猎、采集和原始手工业劳动的经验为基本内容,教育活动主要围绕着生产劳动进行,为生产劳动而服务。

第三,原始教育是在整个社会生产和生活中进行的。原始社会中教育还没有从社会生产和生活中分化出来,成为一种独立于劳动过程之外的专门活动,也没有专门从事教授活动的教师,教育不仅完全融合在生产实践中,而且还同其他上层建筑如政事、宗教、艺术等活动紧密结合。原始的教育活动主要是在生产实践中以及政事、宗教、艺术等活动中进行的。

第四,原始教育的教育手段极其原始和简单。原始社会尚没有形成正规的教育机构,也没有专职的教师和书本教材,当时的教育主要是以年长一代或有经验的人的言传身教为主要教育手段。

二、古代社会的教育

古代社会包括奴隶社会和封建社会两种社会形态。同原始社会相比,这两个社会历史阶段的生产力有了巨大的进步,并出现了社会阶级的划分,教育也获得了极大的发展。两个社会历史阶段的生产力发展水平和政治经济状况虽各不相同,但相同的剥削阶级社会形态、类似的落后生产工具、手工操作的劳动方式和自给自足的自然经济形态,使两个社会历史阶段的教育存在着一些共同的特征。

奴隶制社会的生产方式同原始社会相比,已有了较大的发展,金属工具逐渐代替了石制、木制、骨制工具,社会经济和商品交换得到发展并出现了城市。逐渐地,出现了城乡分离、脑力劳动和体力劳动的分离,精神活动和文化知识开始为奴隶主所垄断。

在中国,公元前221年秦统一了六国,自此建立了历史上第一个君主专制高度中央集权的封建国家;在世界史上,一般以公元5世纪西罗马帝国灭亡至17世纪中叶英国资产阶级革命为止的一千余年间为封建社会时期。其中,从5世纪末到14世纪上半叶为封建社会形成和发展的时期,史称中世纪;14世纪下半叶以后,是从封建社会向资本主义社会过渡的时期,史称"文艺复兴"时期。

封建社会的基础是封建的土地所有制,封建主和农奴是两个基本的社会阶级。封建统治阶级占有主要生产资料——土地和不完全占有生产者农奴。在封建主阶级内部,以分封土地为基础有着严格而分明的主从关系,从而形成鲜明的等级。教会不仅是社会政治、经济的主要统治力量,宗教神学思想在上层建筑和思想领域也居于主导地位。

古代社会教育的特点

尽管世界各国古代社会的起讫年代不同,但各国古代社会的教育却呈现出大体一致的特点。

(1)专门的教育机构和专职的教育人员。伴随着生产力的发展和社会分工的实现,自奴隶社会起出现了专门从事知识传授活动的知识分子和专门进行教育活动的场所——学校。学校的产生标志着教育步入了历史发展的新阶段。一般认为,在原始社会末期就有了学校的萌芽,但是,作为独立存在的社会实践部门,学校教育则是在奴隶社会才出现的,学校是奴隶社会政治经济交互作用、脑体分离、文化知识发展的共同产物。学校是专门的教育场所,须有固定的场地,专职的教育人员,特定的教育对象,有计划、有组织的教育活动,以及比较丰富、系统的教学内容,因而使教育从一般的生产和生活过程中分化出来成为一种独立存在的社会活动形式,从而大大提高了教育实践的专门程度,具备了独立的社会职能。

学校教育的产生是人类社会发展到一定历史阶段的产物,也是人类教育发展过程中的大飞跃。

(2)鲜明的阶级性与严格的等级性。在奴隶社会,教育具有鲜明的阶级性,非统治阶级的子弟不能或无权进入学校接受正规的教育。劳动人民只能在生产和生活中,通过长者或师傅的言传身教,接受自然形态的教育。到封建社会,各国教育除阶级性外,又呈现出鲜明的等级性和宗教性。等级性是指在统治阶级内部,统治阶级子弟也要按照家庭出身等条件进入不同等级的学校。宗教性主要是指在西方中世纪时期,教育被宗教所垄断,学校附设在教堂,教育目的是培养僧侣及为宗教服务的专门人才。

综上,在古代社会,教育是专门面向统治阶级的,即使是在统治阶级内部也存在严格的等级差别。古代社会的教育呈现出鲜明的阶级性与严格的等级性。

(3)教育内容更加丰富。文字的发展和典籍的出现丰富了教育的内容,但古代社会的教育内容依政治需要而定,重视社会的典章制度教育,而轻视生产知识的传授。同古代希腊、雅典的统治者崇尚文化学习,斯巴达统治者崇尚军事训练一样,古代中国一向把儒家经典奉为学生的必读教材。从奴隶社会的"六艺",到封建社会的"四书""五经",这些都是中国古代社会教育的主要内容。

(4)教育与生产劳动的分离和对立。阶级社会里,教育与生产实践相分离而成为统治阶级的特权。读书者把脱离劳动作为他们学习的基本追求,劳动者则为生活所迫,失去了受教育的权利。在这样的思想舆论与社会制度下,学校轻视体力劳动,造成整个社会的体脑分离,并最终形成"劳心者治人,劳力者治于人"的对立。

(5)教育方法崇尚书本、呆读死记、强迫体罚、棍棒纪律。中国古代社会的教育崇尚书本知识,呆读死记为当时教育的基本方法,且注重严酷的纪律和强迫下的反省,体罚盛行。

(6)官私并行的教育体制。古代官学分中央和地方两个层次。由封建王朝直接举办和管理,旨在培养各种高级统治人才的学校系统则为中央官学,如两汉时期的"太学";由地方官府所办的学校即为地方官学,如西周时期的"乡学"。与官学并行,行于民间的教育称为私学,私学起于春秋,私学的兴起把教育范围扩大到平民,促进了文化的下移与繁荣。官学和私学相互补充,相互影响,共同构成了我国古代社会的教育体系。

(7)个别施教或集体个别施教的教学组织形式。中国古代的官学和私学,大都采取个别施教或集体个别施教的教学组织形式,还未形成系统的集体施教的教学形式。西方的宫廷学校、职官学校等亦是如此。

三、现代社会的教育

现代社会是指以工业生产为经济主导成分的社会,是继农业社会或传统社会之后的社会发展阶段,又称工业社会。人类发展到现代社会,科学技术高度发达,社会分工更加精细,社会的流动性增强,业缘关系取代了血缘和地缘关系而成为社会关系的主要形式,个人发展的机会增多,社会的开放程度比以往增强。这样的生产力和生产关系的特征决定了现代社会的教育具有与原始社会和古代社会不同的特点。

(一)现代教育的特点

现代教育萌发于资本主义社会的开始,形成于资本主义社会和社会主义社会的发展时期。它以机器生产为标志,以商品生产和市场经济为基础。现代资本主义教育和社会主义教育,既有各自不同的性质,有为各自的社会制度决定的区别性外,亦有一些共同的特点。

1. 教育与生产劳动相结合是现代教育的基本特征

现代科学技术的发展和现代大工业生产的客观要求,使教育与生产劳动相结合成为一种必然。各个国家、各个社会,不管其是自觉的还是不自觉的,都离不开从业人员良好的专业素质,这就需要各种形式的教劳结合。

2. 教育的广泛普及和普及年限的逐步延长

现代生产不仅要求培养各种专门人才,而且要求每个劳动者,必须具有一定的文化修养。社会生产力水平越高,科学技术越发展,对劳动者教育程度的要求越高。教育的普及程度是一个国家发达程度的重要标志之一。

3. 教育形式多样化

现代社会教育已摆脱过去那种单一普通学校教育的落后局面,各种新的教育形式应运而生,除层次外,尤其表现在类别上种类繁多:职业教育、技术教育、在职学习和远距离函授等。电视卫星、计算机等先进传播媒体的出现,更使教育形式不断拓展。

4. 终身教育成为现代教育的共同特征

不论是出于人生价值的满足,还是迫于工作需要,终身教育越来越成为人们的共同追求。终身教育使学习化社会成为现实。

5. 教育内容、教育手段、教育观念、教师素质的现代化是现代教育的又一特征

追求教育与时代的同步适应是各国教育的共同目标,因为只有同步适应的教育才能使教育更好地促进社会发展,满足社会需要。

6. 人才培养的通才性和全面性

通才教育就是专业面要宽,专业基础知识要广博。全面教育,就是能全面掌握现代生产或现代管理的原理和工作技能,具有广泛的适应性。

(二)现代社会中资本主义教育的特点

1. 从法律上废除了封建教育的等级制,扩大和普及了学校教育

资本主义建立初期,资产阶级竭力反对给普通劳动人民以教育,但资本主义生产和他们赚取利润的需要又使他们改变了原来的主张,从而扩大了教育对象,实施普及义务教育。普及教育既是资本主义生产发展的要求,也是工人阶级争取民主、争取受教育权斗争胜利的结果。普及教育打破了历史上剥削阶级独占教育的传统状态。

世界上最早颁布义务教育法的国家是德国。早在16世纪后半叶,少数国家就颁布了《强迫教育法令》,如1559年和1580年威登堡和萨克森先后颁布了这样的法令。从17世纪开始,魏玛在1619年,法兰克福在1654年,威登堡在1629年又颁布新的法令,对儿童实行普及教育。魏玛1619年颁布的学校法令规定,8岁—12岁儿童都应到学校读书。到18世纪,普鲁士邦于1719年和1763年先后两次颁布实施强迫教育的法令,规定5岁—12岁儿童必须到学校接受教育,否则对家长课以罚金。[1]

英国于1870年颁布《初等教育法》,规定各学区有权对5岁—12岁儿童实施强迫教育。1876年又在修正后的法令中规定,家长送孩子入初等学校是一种义务,凡10岁以下的儿童如未受过教育不能当童工。1880年正式规定初等教育免费就学,1893年规定凡11岁以下儿童必须入学等。[2]

法国于1833年颁布《基佐法案》,规定每市镇设小学一所。1881年再颁布法令,规定实施普及义务初等教育。1881年和1882年费里出任教育部长后又主持制定了1881年—1882年的教育法令,定初等教育为义务教育,实施初等义务教育的小学实行免费。[3]

美国在1852年由马萨诸塞州率先颁布强迫义务教育法令,规定该州8岁—14岁儿童

---

[1] 参见王天一等编著.外国教育史(上)[M].北京:北京师范大学出版社,1984:183-184.
[2] 参见王天一等编著.外国教育史(上)[M].北京:北京师范大学出版社,1984:154.
[3] 参见王天一等编著.外国教育史(上)[M].北京:北京师范大学出版社,1984:177.

每年上课12周,违者罚款。到1898年,全国已有32个州实施强迫义务教育。在美国各州中,宾夕法尼亚州最早于1834年开始实施初等教育免费制度①,康涅狄格州于1890年实施全日制义务入学的规定。到1920年密西西比州颁布义务教育法令,全美各州都实行了义务教育。②

日本从1872年颁布"学制令",开始普及教育,规定儿童6岁入学,接受8年的普及义务教育。1880年颁布"教育令",将义务教育年限缩短到4年。

2. 学校教育系统逐步完善

资本主义社会以前,各国的教育基本是单一的普通教育,虽有一些专门学校,但规模很小,类型单一。进入资本主义社会以后,由于初等教育的普及和高等教育的发展,各级各类学校连成了一个统一的教育体系。纵向上,有学前教育、初等教育、中等教育、高等教育。横向上,有普通教育、成人教育、职业教育、特殊教育、继续教育、远距离教育等各种各样的教育形式。

3. 创立了新的教学组织形式——班级授课制

班级授课制的实行发源于16世纪的欧洲。16世纪初,在大西洋沿岸的北欧国家尼德兰,有一些由新教团体"平民生活兄弟会"主办的学校,"这类学校在16世纪初最先按照人文主义教育的原则改革了自己的教育工作。它的特点是数量多、学生人数多,有固定的分班制度,与意大利学校之各自为政,并无严密的组织形式的情况不相同。"③到1529年,德国的宗教改革领袖马丁·路德的助手梅兰克伦,在一份考察报告中建议各级学校"必须把儿童划分成不同的班级"进行教学。1538年,法国教育家斯图谟,在斯特拉斯堡古典文科中学里,"采用了比较严格的分级教学制度,全部中学分为10个年级,每级按固定的课程,固定的教科书进行教学。"④从这些记载中可以断定,到16世纪,班级授课制的教学形式已经出现并开始在实践中采用。1632年,捷克教育家夸美纽斯在《大教学论》中对班级授课制给予了系统的理论描述和概括,从而奠定了它的理论基础。伴随该书的出版流行,班级授课制开始为世界各国所了解和采用。18世纪,德国教育家赫尔巴特为代表提出教学过程形式阶段论,后来苏联学者提出了课程类型和结构的理论,使班级授课制在体系上进一步完善。

中国最早于1862年在北京的京师同文馆试用班级授课制,1901年清政府宣布废科举、兴学堂,逐步在全国各地实施班级授课制。班级授课制创立以来,陆续成为世界各国学校教学的基本形式,大大提高了教学效率。

4. 教学内容日益丰富

进入近代社会以后,由于生产力的发展和科学技术的进步,学校教育内容开始逐渐摆脱过去那种以人文科学为主的局面,自然科学知识陆续进入学校的课堂之中,特别是由于科学进步而引起的学科分化为学校课程的丰富提供了条件。数学、物理、化学、生物、天文学、地理学等自然科学成为学校的重要课程。同时,人文科学的内容也开始分化成各种学科,使知识更加系统化和富于人类学习的逻辑性。

---

① 参见成有信.九国普及义务教育[M].北京:人民教育出版社,1986:231-233.
② 参见王承绪,等.比较教育[M].北京:人民教育出版社,1982:107.
③ 曹孚,等,编.外国古代教育史[M].北京:人民教育出版社,1981:166.
④ 曹孚,等,编.外国古代教育史[M].北京:人民教育出版社,1981:166.

5. 教学设备和手段不断更新和发展

在古代社会,有黑板、书籍就是最好的教育条件。进入资本主义社会以后,由于科学技术的进步以及社会对教育作用的认识逐渐提高,人们开始研究新的教育手段,国家也开始改善教育的硬件条件以提高人才培养质量。于是,一些新的教学设备和教学手段开始出现并进入教学领域,如无尘粉笔、移动黑板、各种实验演示仪器、直观教具,以及现代化的声像设备、卫星电视教学等。

6. 教育的阶级性依然存在

资本主义社会虽是对落后、愚昧的封建社会的否定,但并未改变其社会制度的剥削性质。资产阶级在教育机会人人均等的旗帜下实行的实际是双轨学制。每一个社会成员由于其社会经济地位的不同,便实际决定了他们所受教育和教育机会、程度的不同。因此,资产阶级自我标榜的教育民主在教育实践中则是受教育权形式上的平等而实际上的不平等。

（三）现代社会中社会主义教育的特点

社会主义作为一种社会制度,是指以马克思主义为指导,由共产党领导,实行无产阶级专政的社会。它建立了以公有制为主体的生产资料所有制,人与人之间是平等、互助的合作关系,实行各尽所能、按劳分配的原则。1917年苏联十月革命的胜利诞生了历史上第一个社会主义国家,并由此而陆续形成了一个社会主义阵营。中国在共产党的领导下,经过旧民主主义革命、新民主主义革命及抗日战争、解放战争,建立了中华人民共和国,成为世界社会主义阵营中的一个重要成员。1990年苏联解体后,中国便成为社会主义国家的突出代表。为此,阐述社会主义教育的特点,当然应以对中国教育的剖析为主。

1. 以马克思主义作为指导思想

马克思主义是无产阶级及其政党的共产主义世界观最完整的理论形态,是全世界无产者、被压迫人民和被压迫民族的战斗旗帜和行动指南。马克思主义包括辩证唯物主义和历史唯物主义、政治经济学和科学社会主义学说,它为全世界无产阶级及其政党提供了完整而彻底的世界观,科学地阐明了自然、社会和人类思维的基本规律,为我们指明了社会发展的正确道路。

毛泽东思想是马克思主义在中国的运用和发展,是被实践证明了的关于中国革命和建设的正确的理论原则和经验总结,是中国共产党集体智慧的结晶。毛泽东在领导中国人民进行革命和建设的斗争中,根据中国的实际,为我们指出了一条发展社会主义教育的正确道路。在毛泽东思想中,其教育思想亦是十分丰富的。他所提出的教育方针、教育内容、教育制度、教育方法等思想至今仍是指导我国教育发展的重要财富。

邓小平理论是当代中国的马克思主义,是马克思主义在中国发展的新阶段。改革开放以来的社会发展实践证明,邓小平理论指导中国在改革开放中胜利实现社会主义现代化的正确理论。邓小平理论涵盖经济、政治、科技、教育、文化、民族、军事、外交、统一战线、党的建设等各个方面,具体包括中国社会主义的发展道路、发展阶段、根本任务、外部条件、政治保证、战略步骤、党的领导、依靠力量、祖国统一等内容。在邓小平理论中,教育理论占有重要位置。邓小平从世界主要发达国家走过的成功道路中,从社会发展规律中深刻论述了教育先行、保证投入、提高质量、重视德育、尊重教师、依法治教、加强国际交流等问题,号召全党把教育发展放在实现国家现代化根本大计的位置上来加以重视。当代中国的教育因为有了邓小平理论的指导,其社会地位逐渐提高,发展方向更加明确,未来使命更加清楚。邓小平的教育理论不仅是今天,也将是中国21世纪教育发展的根本指导思想。

2. 以人类的先进思想、健康向上的教育内容、科学的文化知识和优秀的精神文明教育年轻一代,使他们成为德、智、体等方面全面发展的社会主义事业的建设者和接班人

社会主义教育的一个根本指导思想是教育每一个受教育者向积极、向上、有利于社会发展需要的方向发展,有意识地利用科学、健康的教育内容去塑造每一个学生良好的精神境界。为了实现这一目标,社会主义教育对各级学校的教育内容及其教师的课堂讲授有着基本的要求,并对社会上流行的不利于学生良好品质形成的各种消极影响给予坚决的抵制,严禁其进入学校课堂。与此同时,社会主义教育还积极协调社会和家庭的各种教育因素,以期形成教育的合力,共同促使学生健康地成长。

3. 更好地实现了教育平等

在社会主义中国,教育再不是有产阶级的特权,每一个社会公民都享有同等的受教育权。新中国成立以来,国家为了实现人人受教育的目标,不断采取各种措施为适龄儿童创造受教育的条件,如调整学校布局,考虑学校布点,改善办学条件,增加教育投入,创设灵活的教学形式,加强教育督导,保证入学率、控制流失率,设立奖学金、助学金等,这些措施对推进中国教育民主化的进程起到了积极作用。改革开放的中国走向市场经济、实行高校招生并轨以后,由于人民生活水平的不断提高和国家相应配套政策的出台,依然保证了求学者的学习需求,不论是生活在城市的学生,还是地处偏远的农家子弟,一样可以走进大学共同学习。

4. 消除了民族和种族歧视,国家尤其重视少数民族教育的发展

中国是一个民族众多的国家,是一个多民族融合、聚居的大家庭。千百年来,各民族之间形成了互助友爱、平等协作、共同发展的良好传统。中华人民共和国成立后,为了促进各民族之间的团结和共同完成建设祖国的伟大事业,国家颁布了许多政策,采取了许多切实可行的措施,帮助少数民族人民共同走上繁荣富强的道路,教育是其中之一。多年来,国家对少数民族的教育发展给予格外的关注,在教育投入、招生标准、教师培训、工资待遇等方面都给予了倾斜、支持的政策,甚至派出内地教师直接进入课堂。这与资本主义国家的民族和种族歧视形成了鲜明的对比。

5. 实行教育与宗教分离,教育不受宗教影响

社会主义教育的一大特点是彻底实行了教育与宗教的分离,教育不受宗教左右。中国有多种宗教存在。每一个社会公民都有信仰宗教的自由。但教育是传授科学知识的阵地,国家不允许科学与迷信同时占领课堂,除极少数以研究为目的的专业外,任何学校均不开设宗教课,这是中国社会主义教育的一个突出特色。共产党人是无神论者。社会主义教育与宗教分离是与社会主义政治与宗教分离一致的。脱离宗教左右的社会主义教育可以使我们的教育内容更科学、更纯净,更有利于学生形成科学、正确的人生观和世界观。

第三节 当代教育发展趋势

教育的发展和特定社会的经济、政治、社会发展状态密切相关,随着新时期经济社会的快速发展,各国教育出现了新的发展趋势,教育理念、教育内容、教育目标都呈现出新的特点。本节内容重点探讨了中国教育发展与改革的基本趋势以及世界主要发达国家的教育发展趋势。

一、学习化社会成为国际教育潮流

学习化社会是现代社会以来备受各国关注的概念。1972 年,富尔向教科文组织提交的报告《学会生存》中就已经提出"终身教育"和与之关联度甚高的"学习化社会"的思想。近年来随着经济社会的高速发展,学习化社会成为世界很多国家追求的教育方式和目标。

拓展资源:

学习社会曾是依附终身教育而来的一种理想。在此社会中,提供所有社会成员在一生中的任何时间,均有充分的学习机会。因此,每个人均得通过学习,充分发展自己的潜能,达成自我的实现。

(来源:Javis. An international dictionary of adult and continuing education. London:Routiedge,1990,p199.)

学习化社会有如下三个根本特征:

第一,学习的终身性。终身教育思潮最初形成于 20 世纪 50 年代末 60 年代初的欧洲。它在英国 1944 年教育法令中已有反映。法国 1956 年议会立法文件中则首次使用了"终身教育"这一概念。[①] 然而,把终身教育理论推进为一种国际教育思潮,其直接的推动者是联合国教科文组织。代表人物是法国著名教育思想家和成人教育家保罗·朗格朗(Paul Lengrand),他对终身教育思想的阐述集中于其著作《终身教育引论》。

保罗·朗格朗指出,数百年来,社会把个人的生活分成两半,前半生接受教育,后半生工作,这是毫无科学根据的。教育应是个人一生中不断地学习的过程。今后的教育应当是能够在每一个人需要的时候以最好的方式提供必要的知识和技能。终身教育理念改变了传统的教育观念,在世界各国迅速引起共鸣。1965 年,联合国教科文组织国际成人教育促进委员会讨论终身教育提案,决定把终身教育作为全部教育工作的指导思想。1972 年,联合国教科文组织组织出版《学会生存》一书,特别强调终身教育和学习化社会两个概念,把学习化社会作为未来社会形态的构想和追求目标。自此之后,终身教育和学习化社会的理念就在国际社会迅速传播开来,成为许多国家、地区、社会团体推进和实施教育改革和发展的指导原则,成为社会发展和社会进步追求的一个重要目标。

拓展资源:

世界不再符合人们从童年起逐步建立起来的形象,它已变得为他们所不可理解,而且不久将变得带有敌意。如果要在生活的现实和每个人必然有的对生活的认识之间保持平衡,那就必须不断地从政治上和物质上按实物的本来面目和变化的动态来认识宇宙。如果人们做不到这一点,那他们就会变成自己生活环境的陌生客人,他们会认识不到自己生存的价值和特点,到头来甚至不再了解自己。解释这个世界的变化因素需要有灵活性和适应性,今天,获得这种灵活性和适应性比以往任何时候都重要。

(来源:保尔·朗格朗.终身教育引论[M].中国对外翻译出版公司,1985,22.)

---

① 吴式颖主编.外国现代教育史[M].北京:人民教育出版社,1997:642-643.

在终身教育思想的推动下,世界各国的职后教育体系迅速发展,成为学制体系的重要组成部分。在当今的信息社会中,随着科学技术的迅速发展,知识更新的周期急剧缩短,相应地对人的素质的要求也在不断提高。这个急剧发展的时代对学习的要求比以往任何时候都更强烈、更持久、更全面,全社会的人只有不断地学习,才能应对新的挑战。为适应知识和技术不断发展的要求,每个人都必须接受教育与训练,以适应时代发展的需要。学习就成为个人、组织以及社会的迫切需要。很多国家都对成人在职后接受继续教育的经费、假日、工资等做出了明确的规定,为开展继续教育提供保障,把成人继续教育纳入学校教育体系之中。

美国在社区学院和网络资源的推动下,在很大程度上推动了终身教育的完备与普及,为建设学习化社会奠定了坚实的根基。据统计,美国目前有各类高等院校 3 665 所,其中社区学院有 1 250 所,占全部高等院校的 34.1%;全国高等院校在校生 150 万,其中社区学院的学生 50 万,占总人数的 1/3。可见,美国的社区学院具有广泛的开放性,它逐渐成为了美国终身教育的一个重要载体。[①]

法国政府在推进终身教育发展、建设学习化社会的过程中非常重视各种终身教育法案和制度的建设。1956 年法国颁布了《终身教育草案》,1968 年法国政府又提出了"教育休假"津贴制度。1971 年法国颁布《终身继续教育法》《职业训练法》《技术教育法》和《企业主承担初等阶段职业技术教育经费法》这 4 部法律。实践证明,成人教育立法对法国成人教育的发展起到了重要的推动作用。法国的终身教育有了法律保障,同时也制定了相关的制度。在 1917 年通过的《终身职业教育法》就明确了带薪教育休假制度,以保证从事继续教育。[②]

第二,学习的全民化。"使终身学习成为每个人的现实"是学习化社会的另一个重要内容和目标。当代社会知识的增长和更新速度急剧加快,学校教育无法为个人提供满足终身需求的知识,初始教育只是就业之前的必要准备,对于个体而言,只有不断学习才能适应未来工作和生活。概括地讲,在学习化社会,人人都应获得接受高等教育的机遇,都应有机会获得相应的教育机会和教育资源,以适应当代社会经济社会发展的要求。

第三,学习的主动性。科学技术在 20 世纪突飞猛进的发展,使产业结构发生了巨大的变化,新兴行业不断涌现,传统行业逐渐萎缩,身处这样的社会之中,学习对于个人而言,必须由被动地接受教育,变成主动地学习。学习的主动性构成了学习化社会的重要教育样态,也是各国教育不断努力的目标。

二、教育的普及向教育的两端延伸

义务教育年限是学制规定的重要环节,自义务教育制度建立以来,世界各国就对义务教育年限做出了不同的政策规定,从最初的 3~4 年,到后来多数国家的 8~9 年,后来随着各国经济社会的快速发展,义务教育的年限在发达国家有延长的趋势。据 1997 年联合国教科文组织统计年鉴的统计表明,在世界 115 个国家和地区中,只有比利时、德国和新西兰 3 个国家实行了十二年义务教育,8 个国家实行了十一年义务教育(其中有一个国家部分实行十一

---

① 徐又红.我国终身教育体系的构建:美、英、法终身教育比较的启示[J].学术论坛[J].2008(3):202-204.
② 徐又红.我国终身教育体系的构建:美、英、法终身教育比较的启示[J].学术论坛[J].2008(3):202-204.

年);16个国家和地区实行十年义务教育。① 现以世界几个主要的发达国家为例,阐明义务教育的发展历程和趋势。

德国是最早推行义务教育的国家,其普及义务教育有着悠久的历史传统。早在1619年的德意志魏玛公国就公布了"义务教育规定",明确父母必须送6—12岁的儿童入学。1872年颁布的《普通教育法》规定6—14岁接受的8年初等教育为强迫义务教育,20世纪初,又实行了中小学一贯的教育制度。二战以后,德国经济迅速恢复,1959年联邦各州基本上都实行了8年半的免费义务教育。20世纪60年代初《汉堡协定》签订后,德国统一了学校教育系统,把魏玛宪法规定的8年义务教育延长至9年。进入20世纪70年代后期,为了适应社会快速发展的需要,德国又把义务教育的年限延长至12年,其中9年(个别州为10年)为全日制普通义务教育,3年为半日制职业义务教育。②

1870年《初等教育法》的颁布,标志着英国义务教育制度正式形成。1959年克鲁塞报告中又强烈要求延长义务教育年限,实现对全英国5—16岁儿童11年的义务教育。1963年中央咨询委员会又提出纽塞姆报告《我们的半个未来》("Halfour Future"),建议把英国的义务教育年限提高到16岁,到1972年前后,英国基本上实现了11年义务教育。③ 2007年,英国《独立报》报道,英国财政大臣戈登·布朗在英格兰议会召开的政府高级论坛会议上宣布,政府将采用各种新的经济措施,以保证所有青少年都能够安心在学校接受教育。政府已决定将英国青少年义务教育的法定结束年龄由16岁提高至18岁。④

1852年,马萨诸塞州颁布了美国第一个正式的义务教育法律,规定该州8—14岁的儿童每年上课12周,违者罚款。此后各州纷纷效法,相继颁布了强迫义务教育法。进入20世纪80年代后,国际间的竞争焦点集中到科技和教育上,为了提高本国的国际竞争力,保持科技领先水平,各国又相继出台了新一轮的教育改革计划。美国个别州也开始探讨将义务教育的年限延长,据美国《华盛顿邮报》2008年3月22日报道,美国马里兰州规定延长该州义务教育年限,中学生将在学校待到17岁,接受义务教育。⑤

我国实行九年义务教育制度。义务教育,是根据宪法规定,适龄儿童和青少年都必须接受,国家、社会、家庭必须予以保证的国民教育。在普及义务教育的历史进程中,我国各级政府付诸了许多努力。我国在1986年颁布了《义务教育法》。其实质是国家依照法律的规定对适龄儿童和青少年实施的一定年限的强迫教育的制度。2000年,我国在全国范围内实现了"基本普及九年义务教育,基本扫除青壮年文盲"(简称"两基")的目标;到2002年底,"两基"人口覆盖率达到91%。近年来,经过西部地区各级政府的不懈努力,西部教育发展迅速,成效显著,但教育发展的总体水平仍然偏低,发展很不平衡。2004年,为进一步推进西部大开发,实现西部地区"两基"目标,贯彻《国务院关于进一步加强农村教育工作的决定》(国发〔2003〕19号),特制定《国家西部地区"两基"攻坚计划(2004—2007年)》。自2006年9月1日起,新修订的《中华人民共和国义务教育法》(以下简称新义务教育法)开始实施。新《义务教育法》突出了政府实施义务教育的职责,把政府建立义务教育经费保障机

---

① 徐谨严.实施义务教育不可冒进[J].中国教育学刊,2002(10):29-32.
② 闫建璋.发达国家义务教育年限演变及其对我国的政策启示[J].现代教育论丛,2011(5):75-79.
③ 闫建璋.发达国家义务教育年限演变及其对我国的政策启示[J].现代教育论丛,2011(5):75-79.
④ 李茂林.英国拟延长义务教育年限[N].中国教育报,2007-2-26(4).
⑤ [美]孙岩.马里兰州议会支持学生义务教育年限延长为17岁的法案[J].比较教育研究,2008(6):94.

制摆在突出位置。2008年秋,我国实现了城乡义务教育全部免除学杂费。自此,我国终于让适龄儿童实现了"有学上"目标,实现了"有教无类"的社会理想。在实现了这个目标之后,我国的义务教育逐渐转入追求质量提升的轨道上了,一些地区(如陕西省吴起县、珠海市等)开始进行延长义务教育的尝试。2012年中国政府发布《人类教育史上的奇迹——来自中国普及九年义务教育和扫除青壮年文盲的报告》,庄严宣布,"公元2011年11月,中华人民共和国用事实向世界宣告:中国全面完成普及九年义务教育和扫除青壮年文盲的战略任务。","占世界1/5人口的中国用25年时间,实现了全民教育目标,实现了中华民族"有教无类"的千年夙愿和义务教育的百年梦想,为中华民族在新世纪实现民族复兴的伟大理想奠定了坚实的基础。"[1]

三、教育公平向纵深发展

在奴隶社会和封建社会,教育是统治阶级的特权,为社会的统治阶级所垄断。人类社会发展到现代社会后,伴随社会政治民主化进程的推进,教育打破了为少数人所垄断和掌握的局面,越来越多的人开始享有受教育权。具体表现为:

(一)教育普及化的开始为推动教育公平提供了前提条件

现代教育孕育初期,西欧许多国家的教育权垄断在教会手中。资产阶级登上政治舞台后,国家收回了教育权,自此便有了国家开办的学校和以国家法令的形式推行的初等教育的普及。从18世纪后半期开始,一些先进的资本主义国家先后通过了向全体民众普及初等教育的法令。普及教育是教育史上的一大转折,其第一次把教育面向全体国民,承认劳动人民可以接受学校教育并将其付诸实践。虽然这种教育从根本上说是为资产阶级社会发展服务的,但它仍是人类教育发展史上的一大进步。

进入现代社会后,随着社会民主进程的加快和社会民主制度的逐渐完善,由少数资产阶级经济利益主导的普及教育开始演变为提高全体国民素质的国家行为,一些国家的普及教育年限逐渐延长,到20世纪50年代前后,一些发达国家把普及教育的年限延长到11或12年不等,普及义务教育为推动教育公平提供了前提条件。

(二)"教育机会均等"口号的提出为推进教育公平提供了舆论支持

进入18世纪,"教育平等"的呼声响起。人人都有受教育的权利,在教育机会面前人人平等,这是教育平等的基本内涵。《联合国人权宣言》第26款对此的概括是,不论社会阶层,不论经济条件,也不论父母的居住地,一切儿童都有受教育的权利。随着人类文明的发展,教育机会均等的呼声也日益强烈。教育机会均等作为教育民主化的一个重要体现,已由一个教育问题演变成一个社会政治问题,得到各国政府的高度重视。

拓展资源:

(一)人人都有受教育的权利,教育应当免费,至少在初级和基本阶段应如此。初级教育应属义务性质。技术和职业教育应普遍设立,高等教育应根据成绩而对一切人平等开放。

(二)教育的目的在于充分发展人的个性并加强对人权和基本自由的尊重。教育应促

---

[1] 人类教育史上的奇迹——来自中国普及九年义务教育和扫除青壮年文盲的报告[EB/OL] http://www.qstheory.cn/kj/jysj/201209/t20120910_180593.htm.

进各国、各种族或各宗教集团间的了解、容忍和友谊,并应促进联合国维护和平的各项活动。

(三) 父母对其子女所应受的教育的种类,有优先选择的权利。

(来源:《联合国人权宣言》第 26 条.)

(三) 教育法治化的形成为促进教育公平提供了政策前提

教育民主化的发展与深化与教育法治化的形成密切相连。自 18 世纪起,一些发达资本主义国家开始陆续把义务教育的实施建立在教育立法的基础上。在人类教育发展史上,平等受教育的权利和机会只有在教育立法确立后,才有可能得以实现。教育立法是现代教育的重要标志,是教育民主化的根本保证,是国家干预和管理教育的一种重要手段。在现代社会,教育立法一经确立就迈出了教育民主的第一步,社会主义的教育法是社会主义教育民主的重要保障。

(四) 教育民主化的质量与水平不断提高成为许多国家教育发展的现实

人们往往从起点公平、过程公平和结果公平三个维度来阐释教育公平的内涵:① 确保人人都享有平等的受教育的权利和义务,这是实现教育公平的前提和基础;② 为适龄人群提供相对平等的受教育的机会和条件,这是对教育公平的进一步要求;③ 教育成功机会相对均等,即每个学生接受同等水平的教育后能达到一个最基本的标准,包括学生的学业成绩上的实质性公平及教育质量公平、目标层面上的平等。这是教育公平最理想的状态。

教育公平一直是世界很多国家的教育不懈追求的目标。教育公平的发展具有一定的相对性,它的实现依赖特定的社会条件。在现阶段,促进基础教育均衡发展成为当前实现教育公平的重要内容。以我国推动教育公平的实践为例,进入现代社会以来,我国政府和有关教育部门为了推动教育公平发布了许多相关的政策文件,尤其是最新发布的《国家中长期教育改革与发展规划纲要(2010—2020 年)》更提出"把促进公平作为国家基本教育政策",将推进义务教育均衡发展作为未来十年内义务教育发展的战略性任务,切实缩小教育的校际差距、城乡差距和区域差距,促进教育更加均衡地发展。

四、教育的现代化与信息化

"'现代化'一词是 20 世纪 50 年代以后才在西方社会科学研究中逐步流行起来的一个术语。它首先是由政治学家、经济学家、社会学家提出的。1951 年 6 月,由美国著名经济学家西蒙库兹涅茨创办的学术刊物《文化变迁》杂志的编辑部在芝加哥大学举行学术会议,讨论美国国家政策、世界经济发展平衡和贫困问题。"①,在这次会议上,学者们认为提出"现代化"一词用来说明从农业社会向工业社会的转变是比较适合的,现代化这个术语自此以后成为社会科学领域中的一个显性概念。现代化一般可以理解为"一个国家的社会、经济、科学技术以及相应的民族心理所达到的一种水平状态,它是一个动态的发展的过程。"②

---

① 卞文忠.现代化与可持续发展[M].哈尔滨:黑龙江人民出版社,2005:1.
② 王铁军.教育现代化论纲[M].南京:南京师范大学出版社,1999:25.

案例呈现：

全球教育界关注的教学模式　翻转课堂
苏州市草桥中学校

　　翻转课堂是从英语"Flipped Class Model"翻译过来的术语，也被称为"反转课堂式教学模式"，简称翻转课堂或反转课堂。

　　这种课堂教学模式最早起源于美国科罗拉多州一个山区学校——林地公园高中。林地公园高中的教师常常被一个问题所困扰：有些学生由于各种原因，时常错过正常的学校活动，且学生将过多的时间花费在往返学校的巴士上。这样导致很多学生由于缺课而跟不上学习进度。直到有一天情况发生了变化。2007年春天，学校的化学教师乔纳森·伯尔曼(Jon Bergmann)和亚伦·萨姆斯(Aaron Sams)开始使用屏幕捕捉软件录制PowerPoint演示文稿和讲解。他们把结合实时讲解和PPT演示的视频上传到网络，以此帮助课堂缺席的学生补课。更具开创性的是，两位教师逐渐以学生在家看视频听讲解为基础，节省出课堂时间来为在完成作业或做实验过程中有困难的学生提供帮助。不久，这些在线教学视频被更多的学生接受并广泛传播开来。

　　（来源：http://www.szcqzx.com.cn/ktyj/yxzb/xxzl9/201212/3871.html.）

案例分析：

　　目前，翻转课堂成为许多国家正在践行的教育现实。应当说，现代社会的信息化趋势，使"翻转课堂式"教学模式变得可行和现实。不仅教师可以利用互联网来授课，学生也可以通过互联网去使用优质的教育资源，不再单纯地依赖授课老师去教授知识。在翻转课堂模式中，教师和学生都在一定程度上摆脱了教学的时空现实，教学方式更加灵活。而这些没有现代化的信息技术做支撑是不可能实现的。

　　教育现代化指的是一个多重性目标的实现过程，它具体指的是教育的观念、内容、方法与手段以及校舍与设备，逐步提高到世界先进水平。就教育现代化的内容而言，具体包括教育观念现代化、教育内容现代化、教育装备现代化、师资队伍现代化、教育管理现代化等。就教育现代化的目的而言，它是为了培养出适应现代社会要求、能够参与国际经济竞争和综合国力竞争的新型劳动者。就教育现代化的目标而言，它是为了培养适应现代化要求的素质全面发展的综合型人才。

　　教育现代化一直是各国教育不懈追求的目标之一，教育现代化也将成为新世纪经济社会现代化的重要推动力。20世纪50年代，以机器大工业生产技术为基础的资本主义工厂制度开启了社会现代化的历史进程。社会现代化指人们利用近现代的科学技术，全面改造自己生存的物质条件和精神条件的社会变迁过程。社会现代化的发展在改变着社会物质生产生活的面貌，也在改变着人们的价值观念、思想意识以及生活方式等。社会现代化的根本因素是人的现代化，而人的现代化又必然要求教育的现代化。为此，世界众多国家都把实现教育的现代化作为本国社会现代化发展进程中的重要组成部分。在中国，邓小平同志于1983年提出"教育面向现代化"的口号，成为指导中国教育改革和发展的重要思想和方针。

　　从世界各国教育表现的总特征来看，教育现代化有两大基本表现：一是教育要尽可能适应现代社会发展对人才的需求;二是要实现教育自身的现代化。

进入现代社会后,生产力和科学技术的发展为教育目标的实现提供了物质保障的同时,又对现代教育提出了更高的要求,由此,各种各样的教育形式便应运而生。从横向看,有普通教育、职业教育、特殊教育、成人教育、远距离教育、卫星电视教育、在职学习、继续教育、各种分类的专业教育等,各种各样教育形式交织成一个纷繁多样的教育系统。而如此丰富的教育形式均是教育走向现代化的实践表征。可以说,对教育现代化的追求构成了当代教育改革与发展的重要内容之一,实现教育现代化是各国教育的共同追求。

五、教育改革常态化

当今社会正处于大发展大变革的时期,正处在经济社会改革发展的关键阶段,经济发展方式加快转变,文化建设日新月异,生态文明建设全面推进,人才竞争日趋激烈,这些都凸显了提高国民素质、培养创新人才的重要性和紧迫性。在这样的时代背景下,教育承载着新的历史使命,教育发展与改革成为社会发展的重要主题之一,教育改革的常态化已经成为当代教育发展的重要特征之一。现以美国和中国的教育为例,来阐明当代社会教育改革的常态化趋势。

进入20世纪80年以来,随着各国尤其是日本和西欧各国在经济和科技上的崛起,美国产生了新一轮的危机感,也使原先引以为骄傲的教育体制发生了动摇。美国高质量委员会于1983年提交了《国家在危险之中,教育改革势在必行》的报告,提出"开展高质量教育,建立学习化社会",提升教育质量,进而巩固美国在国际竞争中的领先地位;扩大教育机会,以实现人人平等;为彻底实现前二者,就要建立终身学习的教育制度,创造一个学习化社会。在经济竞争日趋激烈的情景下,教育在社会发展中的重要位置是美国历届政府的共识性问题,几乎每届总统无一不提出自己的教育改革方案和计划。比如,里根总统十分重视改革教育,支持高质量委员会《国家处在危险之中,教育改革势在必行》的报告,提出《投身学习,发挥美国高等教育的潜力》《国家为培养二十一世纪的教师做准备》等纲领性文件,成为全美六年之久教育改革的指南。被誉为"教育总统"的布什,抓住改革方案和教育拨款两头,签署了《全美教育目标报告》《美国2000年教育规划》,明确提出迈向二十一世纪的全国六大教育目标。可以说,改革是现代社会以来美国教育的常态性事件,改革成为美国教育发展与提升的重要途径。

我国现代社会的教育也是在不断发展变革中走过的。随着社会经济、文化的快速发展与转型,我国教育变革的步伐不断加快。其中影响较大的教育改革与发展文件有:1985年《中共中央关于教育体制改革的决定》、1993年《中国教育改革和发展纲要》、1999年《中共中央国务院关于深化教育体制改革,全面推进素质教育的决定》、2001年《国务院关于基础教育改革与发展的决定》、2010年《国家中长期教育改革和发展规划纲要(2010—2020年)》,这些教育发展与改革文件对教育实践起着引领作用,指引着教育改革的方向和重点。在这些文件的指引下,素质教育、第八次课程改革开始在全国范围内产生着广泛的教育影响。以教育改革与发展文件为引领,以学校为教育改革的实践场域,教育改革在全国范围内进行,"变化"成为教育唯一不变的特点,当代社会教育改革的常态化趋势逐渐凸显。

本章小结

生物起源论	教育生物起源论者认为,教育起源于动物的生存本能活动,其主要代表人物有法国社会学家利托尔诺和英国教育家沛西·能等
心理起源论	教育的心理起源论者认为,教育起源于儿童对成人的无意识的模仿,其代表人物是美国教育家孟禄
劳动起源论	劳动起源论认为,原始社会早期便产生了教育,教育起源于劳动,具体而言,教育起源于劳动过程中社会生产需要和人的发展需要的辩证统一。劳动起源论主要以苏联的一些教育史学家和教育学家为代表
教育的交往起源说	教育的交往起源说认为教育起源于人类的交往活动,主要代表人物是叶澜等人
原始社会的教育特点	原始教育的无阶级性;原始教育主要是为生产劳动服务的;原始教育是在整个社会生产和生活中进行的;原始教育的教育手段极其原始和简单
古代社会的教育特点	专门的教育机构和专职的教育人员;鲜明的阶级性与严格的等级性;教育内容更加丰富;教育与生产劳动的分离和对立;教育方法崇尚书本、呆读死记、强迫体罚、棍棒纪律;官私并行的教育体制;个体施教或集体个别施教的教学组织形式
学校最早诞生的历史年代	奴隶社会
世界上最早普及义务教育的国家	德国
班级授课制的发源地及时代	16世纪的欧洲
中国最早采用班级授课制的历史年代	最早于1862年在北京的京师同文馆试用
现代教育的一般特点	教育与生产劳动相结合是现代教育的基本特征;教育的广泛普及和普及年限的逐步延长;教育形式多样化;终身教育成为现代教育的共同特征;教育内容、教育手段、教育观念、教师素质的现代化,也是现代教育的又一特征;现代教育追求通才教育、全面教育,反映在培养目标上则是人才的通才性和全面性
学习化社会的特征	学习的终身性;学习的全民化;学习的主动性
当代教育的发展趋势	学习化社会成为国际潮流;教育普及向教育的两端延伸;教育公平向纵深发展;教育的现代化与信息化;教育改革常态化;高等教育的大众化

本章练习题

一、单选题

教育的心理起源论的代表人物是( )。

A. 孟禄　　　　B. 卢梭　　　　C. 利托尔诺　　　D. 马克思主义教育学者

二、填空题

1. 教育生物起源论者认为，教育起源于_____，其主要代表人物有法国社会学家_____。
2. 教育的心理起源论者认为，教育起源于_____，其代表人物是美国教育家孟禄。
3. 学习化社会的根本特征是_____、_____和_____。
4. 终身教育理论的代表人物是法国著名教育思想家和成人教育家保罗·朗格朗，他对终身教育思想的阐述集中于其著作《_____》。

三、简答题

1. 古代教育的特征是什么？
2. 请结合中国教育的发展实践，阐述教育改革常态化的发展趋势。

四、材料分析题

阅读下列材料，分析其中蕴含的教育思想，并围绕这种思想论述教育应如何主动回应现代社会发展与个人需求的挑战。

仅从数量上满足对教育的那种无止境的需求既不可能也不合适。每个人在人生之初积累知识，尔后就可无限期地加以利用，这实际上已经不够了。他必须有能力在自己的一生中抓住和利用各种机会，去更新、深化和进一步充实最初获得的知识，使自己适应不断变革的世界。

本章参考文献

［1］林琳. 中国古代教育史[M]. 哈尔滨：黑龙江人民出版社，2006.
［2］联合国教科文组织. 学会生存——教育世界的今天和明天[M]. 北京：教育科学出版社，1996.
［3］全国十二所重点师范大学联合编写. 教育学基础[M]. 北京：教育科学出版社，2002.
［4］王天一，等. 外国教育史[M]. 北京：北京师范大学出版社，1993.
［5］吴式颖. 外国现代教育史[M]. 北京：人民教育出版社，1997.
［6］叶澜、丁证霖. 新编教育学教程[M]. 上海：华东师范大学出版社，1991.

第三章　教育是什么

学习目标

    1. 掌握教育的基本含义及本质。
    2. 了解教育的构成要素。
    3. 理解教育形态的分类。

建议学时

    6 学时

案例导读

案例呈现：

2013，我对教育的一份担忧
王文格

    "把学生培养成学习的机器！"这是我到省内某所名校私下了解到的不敢公开的治校格言。该校一位老师偷偷告诉我，此乃该校成为名校的法宝之一。

    "不过，这里的升学率就是高！"这是当地百姓的口碑。老百姓的口碑好就说明学校办学水平高，社会的认可就是学校的成功。然而这个地方穷啊，问问当地其他学校的教师工资，问问百姓收入，真的难以启齿。有老百姓说，"让娃好好学，考上大学赶紧走出这个穷地方，一辈子不要回来！"由此看来，被上级重视和被人们奉为"法宝"的，被老百姓认死理的，依然是坚不可摧的"高升学率"。

    作为一名草根教师，我读了些书，便有一种"位卑未敢忘教育"的情怀，在这里要不客气地对这种所谓名校提出自己的反对意见，我坚决反对这种急功近利的做法！

    "把学生培养成学习的机器！"说白了就是"把学生培养成考试的机器！"中国的老百姓似乎都认可了这个传统观念，对教育的这条弊端早已默认并已达成共识。而那所学校正是基于这个共识，在教学管理中抓住了重中之重。"靠！拼！豁！"是手段，"天天（考），周周（考），月月（考）"是法宝，用不着丝毫的遮遮掩掩。毫无疑问，这应该是一所实事求是的学校，一所能"识时务者为俊杰"的学校！为了升学率，目前还有多少学校在把高升学率当成学校的生命线？

    一下子想起上个世纪三十年代的教育家陶行知先生的话来，用陶老先生的言论来诠释他们的做法吧：

"教育是农业，而不是工业。——教育要培养一棵棵有个性特点的麦苗而不是工业化流水线上千篇一律的产品。"那所学校的作为呢？教师不过是一群热衷于设计生产流水线的技师而已，根本不是"汗滴禾下土"的辛勤园丁。

学生是人，是活生生的有血有肉有灵魂有个性的人。而那些地方的教育者却将学生当作知识的容器，填食的鸭子，探物的机器人。即使学生全都升入高中，考上大学，将来又有什么大用呢？不知有多少文科理科状元在践行着"仲永"之道，我的家乡近年已有两名孩子因学成神经病被清华北大辞退了，愿今人莫再伤"仲永"！

教育真的没有那么复杂。把你有兴趣的事情尽着才能做好，把你喜爱的人儿尽着力气爱好，把你喜欢吃喝的东西尽着热情吃好，把你讨厌的人事尽着宽容躲好。虽然我们外在的躯体渐渐衰败，但我们内在的生命却日日更新。这应该就是教育的意思了。

让我们仔细反思一下十八世纪法国教育家卢梭的一段警告："大自然希望儿童在成人以前就要像儿童的样子。如果我们打乱了这个秩序，我们就会造成一些早熟的果实，它们既不丰满也不甜美，而且很快就会腐烂。我们将造就一些年纪轻轻的博士和老态龙钟的儿童。"

（来源：http://www.21ccom.net/articles/gsbh/zw/2013/1225/97614.html，2013-12-25.）

案例分析：

教育是什么是教育理论中的核心问题，教育活动中的学生观、课程观、教学观、教师观，所有这些观点都与如何理解和看待教育直接相关。对于要当教师的人来说，首先要明确的问题就是教育是什么。在这个案例中，作者表达了教育是培养人的活动的核心观点，批判了学校教育把儿童培养成机器的错误观点。

第一节 教育的概念

一、教育的词源含义

（一）汉语中"教育"一词的词源含义

探讨汉语中"教育"一词的词源，我们先从甲骨文中的"教"和"育"二字说起。

1."教"和"育"的字源

甲骨文的"教"是"𣪏"，篆文是"𡥉"与篆文的"学"即"𥥛"非常接近，两个字当中都有相同的符号"爻"。在《易经》中"爻"用来占卜，它的重要用途就是预测天地变化和人世的祸福吉凶。"爻"的另一种解释是绳索。综合以上两种说法，"爻"可以引申为人类千百年来累积起来的生产生活经验，在教育活动中，它指教育内容。"子"这个符号代表小孩。"攴"代表成年人的手持"鞭子或棍子"，意思是成人手拿教鞭，在现代指教的手段和过程。中国古代文字属于象形文字，因此"教"的甲骨文含义就是成人手拿教鞭演卜，监督强迫小孩学习之意。

金文中"育"字的左侧表示一戴头饰的妇女生育小孩之意，右侧表示婴儿刚从母体中分娩出来的样子。教育的本义为生育，引申为抚养、培养之义。

2. 中国古代典籍中关于"教"和"育"的论述

在中国古代典籍中,多有关于"教"的论述。但在不同的语境中,语义不同。概括起来,主要有下列六种:

第一,教育,例如《孟子·梁惠王上》:"谨庠序之教,申之以孝悌之义。"《中庸》:"天命之谓性,率性之谓道,修道之谓教。"第二,教导,指点,例如汉司马迁《报任少卿书》:"教以顺于接物,推贤进士为务。"第三,告诉,例如《吕氏春秋·贵公》:"此大事也,愿仲父之教寡人也。"高诱注:"教犹告也。"第四,教练,训练,例如《论语·子路》:"以不教民战,是谓弃之。"第五,政教,教化,例如《商君书·更法》:"前世不同教,何古之法?"第六,通"效",相仿,例如《韩非子·难势》:"尧教于隶属而民不听,至于南面而王天下,令则行,禁则止。"以上六种语义,均是"教"的去声用法,"教"的另外一种发音是平声,教,jiao,解释为:把知识或技能传授给人,例如《玉台新咏·古诗〈为焦仲卿妻作〉》:"十三教汝织,十四能裁衣。"

与"教"字的意义相关联,"育"字的含义有四种:第一,生育,例如《易·渐》:"妇孕不育,失其道也。"第二,抚养,例如《诗·小雅·蓼莪》:"拊我畜我,长我育我。"第三,培养,教育,例如汉匡衡《祷高祖孝文孝武庙文》:"思育休烈,以章祖宗之盛功。"第四,生长,成长,《礼记·中庸》:"致中和,天地位焉,万物育焉。"

在中国古代社会里,最早把"教"和"育"二字合为一体,连起来使用的是孟子。他在《孟子·尽心上》中说:"君子有三乐,而王天下不与存焉。父母俱在,兄弟无故,一乐也;仰不愧于天,俯不怍于人,二乐也;得天下英才而教育之,三乐也。"①许慎的《说文解字》将"教"和"育"释义为:"教,上所施,下所效也。"②"育,养子使作善也。"③"上所施"即在上者如父母兄长或老师等教者的传授,讲解,施教的活动,"下所效",即在下者如子女、晚辈或学生学习,听讲,模仿,效仿的活动。"养子使作善"即教育子女,使他们向好的方向发展。

如果把"教"和"育"两个字合起来解释,则为:在上者以良好的言行供在下者模仿,使在下者也形成善良的品质,这就是教育。教育是个模仿的过程,模仿的结果是成善,故被模仿者要先行成善,以身作则,身先垂范。荀子说:"以善先人者之谓教",意思是以善来影响别人,这就是教育。

自孟子使用了"教育"二字之后,在中国古代相当长的时间里,善以论叙施教闻名的诸多教育家们仍习惯于以单字的"教"或"育"来表达教育之意,这与古汉语的简练、概括特性直接相关。所以,在教育家荀子、董仲舒、杨雄、王充、韩愈等人的诸多教育论述中,"教"字出现的频率相当高,但"教育"二字却极为少见,只是在其他的著述中偶尔见到。如宋代的《儒林公议》卷下:"今朕建学与善,以尊士大夫之行,而更制革弊,以尽学才之才,其于教育之方,勤亦至矣。"《醒世恒言·三孝廉让产立高名》曰:"我当初教育两个兄弟,原要他自身修道,扬名显亲。"④程颢在《请修学校尊师儒取士札子》也曾说,"师道不立,儒者之学几近于废熄,惟朝廷崇尚教育之,则不日而复。"⑤王夫之也曾经说过,"善教育者必有善学者,然

---

① 杨伯峻.孟子译著(下)[M].北京:中华书局,1960:309.
② [汉]许慎.说文解字[M].南京:江苏古籍出版社,2001:69.
③ [汉]许慎.说文解字[M].南京:江苏古籍出版社,2001:310.
④ 罗竹风.汉语大辞典(5)[M].上海:汉语大辞典出版社,1990:447.
⑤ 程颢.二程集[M].北京:中华书局,1981:448.

后其教之益大。"①"学者不自勉,而欲教育者之俯从,终其身于不知不能而已矣。"②

总之,在中国古代,"教育"一词很少连在一起使用。当西方近代教育思想和教育制度传入中国时,西方注重教的话语体系与传统中国注重学的话语体系是相互抵触的,教育学的话语方式发生了巨大变化,发生了从"以学为本"到"以教为本"的转换。1902年,"教育"一词开始成为汉语系统中的一个常用词,我国出现了以"教育"为题的专论,至此,"教育"成为一个常用词。

（二）西文中"教育"一词的词源含义

在西方,"教育"一词,英文是 education,法文是 education,二者写法虽然一样,但读音不同。德文是 erziehung,均出自拉丁文 educere 一词。educere 这个词是由前缀"e"和词根"ducere"构成,"e"指从某个地方出来,"ducere"是引导,二者合起来就是引导或启发之意。德国教育家约瑟夫·多尔赫(Josef Dolch,1899—1971年)针对教育一词的动词词根(ziehung)含义指出:"它表示借助外力而对对象实施影响,从而使其从一种状态或现象向着靠近实施影响者的方向,亦即向着实施影响者所期望的更好的或者更加正确的方向改变。"而"教育"一词的动词前缀(er-),则表示实施影响者的一种"使对象或事务由低层次向高层次发展变化的观念或想法。"③从辞源上说,西文中"教育"一词含有"内发"之意,强调教育是一种顺其自然的消极活动,旨在把自然人所固有的或潜在的素质自内而外引发出来,成为现实的发展状态。无怪乎西方教育理念中"种子说""展开说""内发说""自然主义"之类的观念根深蒂固。这一点大不同于中国的教育理念。"④

西文"教育"虽然同源,但英语"education"在用法和语义上,与德语"erziehung"不尽一致。原因在于,德语除"erziehung"之外,另有"bildung"一词。"bildung"指文化知识和技能的授受活动。依照德国人和俄国人的用语习惯,知识和技能的授受过程与其说是"教育"活动,不如说是"教养"活动;像学校这样的机构与其说是"教育机构",不如说是"教养机构"。

此外,在现代英语中,"education"尚有一种特殊用法。它既指称"教育事态",表达"教育概念",又指各种关于教育的研究和陈述。前一种用法上的"education"大致与汉语"教育"一词相对应,后一种用法上的"education"则与汉语"教育学"一词相应。

总之,"教育"的用法存在三种特别明显的国别差异:中文"教育"有外烁的意向,西文的"教育"有内发的意向,德语、俄语中把传授知识和技能的活动称作"教养",不称之为"教育",中、英、法文中没有德、俄语意义上的"教养",汉语"教育",英语"education",法语"education"通常包含文化知识和技能授受之意,英语"education"可能指"教育",也可能指"教育学"。习惯于"教育"一词中文用法的人,在研读西文教育文献时,需要特别注意上述三国的差异。"⑤

---

① 王夫之.四书训义卷五,转引自王炳照主编.中国教育思想通史[M].长沙:湖南教育出版社,1994:24.
② 王夫之.四书训义卷五,转引自王炳照主编.中国教育思想通史[M].长沙:湖南教育出版社,1994:219.
③ [德]沃尔夫冈·布列钦卡.教育科学的基本概念[M].胡劲松,译.上海:华东师范大学出版社,2001:36-37.
④ 黄向阳."教育"一词的由来、用法和含义.转自瞿葆奎主编.元教育学研究[M].杭州:浙江教育出版社,1999:116.
⑤ 黄向阳."教育"一词的由来、用法和含义.转自瞿葆奎主编.元教育学研究[M].杭州:浙江教育出版社,1999:117-119.

二、教育的本质

（一）外国教育家对"教育"一词的解说

在西方教育思想史上具有长远影响的第一位教育家是苏格拉底。苏格拉底认为，教育是"使人得到改进"。人天生是有区别的，但不管这种区别有多大，教育能使人得到改进。教育的首要任务是培养品德。教人道德就是教人智慧，教人辨别事非、善恶，正确地行事，智慧就是道德。

亚里士多德认为，教育是"形成人的理性"，从而"使天性、习惯和理性协调统一"。他把人的灵魂分成三种：植物性灵魂、动物性灵魂和理性灵魂，必须使灵魂的三个部分在理性的领导下和谐共存，人才能成为人。

柏拉图作为古希腊哲学的理念论者认为，人的灵魂和肉体是分开的，作为人，并不能创造知识，至多只是发现知识，在人的灵魂中原本就有真正的知识，但是灵魂在装进肉体的时候，真正的知识因被扭曲或污染而丢失，因此，人的一项艰辛的任务就是努力回忆自己曾经知道的东西。这种观点被称为是"观念天赋论""心灵回忆说"。而教育的过程，就是理智控制欲望的过程。在理性主义者看来，学习是一种高度理智性的活动，在这个过程中，教育者要做的就是通过一定的方式帮助儿童提升智力水平，唤醒儿童知晓知识的意识形态。

捷克著名教育思想家夸美纽斯提出，教育是"使人有效率地从事现世生活并为来世生活做准备。"人经过教育所要达成的境界是："经过智慧、德行和虔敬的适当的滋润，可以有效率地从事现世的生活并正当地准备未来的生活"。[①]

法国教育家爱弥儿·涂尔干（Emile Durkheim，1858—1917年）在1911年指出："教育是成人一代对那些不能成熟地应付社会生活的年轻一代所施加的影响。其目的是，在孩童时期为青年一代的身体、智力和道德发展创造条件，并使之在上述方面达到政治社会的统一性和以特殊方式而产生的特殊环境所提出的要求"。

19世纪英国教育家斯宾塞（Herbert Spencer，1820—1903年）说，教育是"为我们的完美生活做好准备"，给各种情况下的各方面行为以正确指导，"即如何修身，如何养心，如何处事，如何立家，如何完成公民义务，如何利用天然的资源来增进福利，如何善用我们的才能，达到最高效用，以求人己皆利，要言之，如何经营完美的生活。"[②]

美国教育家杜威提出，"教育是生活的过程，是生长，是经验的改造与改组"。他针对当时已差不多相因成习的传统教育思想，独到地提出了他的教育主张。杜威认为："教育是生活的过程，而不是将来生活的准备。学校必须呈现现在的生活——即对于儿童来说是真实而生气勃勃的生活。像他们在家庭里、在邻里间、在运动场上所经历的生活那样。"[③]"学校应当把这些活动呈现给儿童，并且以各种方式把它们再现出来，使儿童逐渐了解它们的意义，并能在其中起着自己的作用。"[④]杜威在《我的教育信条》中说，"我相信——一切教育都是通过个人参与人类的社会意识而进行的。这个过程几乎是在出生时就在无意识中开始

---

① 张焕庭主编.西方资产阶级教育论著选[M].北京：人民教育出版社，1996：6.
② 张焕庭主编.西方资产阶级教育论著选[M].北京：人民教育出版社，1979：419.
③ 华东师大、杭州大学教育系编译.现代西方资产阶级教育论著选[M].北京：人民教育出版社，1981：6.
④ 华东师大、杭州大学教育系编译.现代西方资产阶级教育论著选[M].北京：人民教育出版社，1981：7.

了。它不断地发展个人的能力,熏染他的意识,形成他的习惯,锻炼他的思想,并激发他的感情和情绪。由于这种不知不觉的教育,个人便渐渐分享人类曾经积累下来的智慧和道德的财富。它就成为一个固有文化资本的继承者。世界上最形式的、最专门的教育确是不能离开这个普遍的过程。教育只能按照某种特定的方向,把这个过程组织起来或者区分出来。"

卡尔·雅斯贝尔斯(karl Jaspers,1883—1969年)是德国存在主义哲学家,在《什么是教育》这本教育哲学著作中,他颇为全面深入地论述了他所理解的教育。他说,"所谓教育,不过是人对人的主体间灵肉交流活动(尤其是老一代对年轻一代),包括知识内容的传授、生活内涵的领悟、意志行为的规范,并通过文化传递功能,将文化遗产教给年轻一代,使他们自由地生长,并启迪其自由天性。因此,教育的原则,是通过现存世界的全部文化导向人的灵魂觉醒之本源和根基,而不是导向由原初派生出来的东西和平庸的知识。①他还指出,真正的教育"是让受教育者在实践中自我练习、自我学习和成长,而实践的特性是自由游戏和不断尝试。"②他说:"在我看来,全部教育的关键在于选择完美的教育内容和尽可能使学生之思不误入歧路,而是导向事物的本源。教育活动关注的是,人的潜力如何最大限度地调动起来并加以重视,以及人的内部灵性与可能性如何充分生成,质言之,教育是人的灵魂的教育,而非理智知识和认识的堆集。"③

保罗·弗莱雷(Paulo Freire,1921—1997年)是巴西著名的教育学家,是20世纪批判教育理论和实践方面最重要和最有影响的作家之一,由于他开发的扫盲工作使他最初作为成人教育家闻名于世。弗莱雷提出教育即解放的思想,他认为在阶级社会里,统治阶层为了自己的利益建立了学校,通过学校再现他们的思想意识,学校就是要培养他们所需的人才。所以人的解放要从政治上来解放自己。在对成年人进行扫盲教育的过程中,就是要让"沉默文化圈"的"边缘人"勇于表达自己的心声,从文化上来解放自己;"灌输式教育直接或间接地强化了人对其所处境况的宿命论式的认识,而提问式教育则把人们目前的处境作为问题提出来"。④所以他提出"解放教育"或"提问式教育",目的就是要将教师和学生从"驯化教育"或"行储蓄式教育"的教学模式中解放出来;教育的最终目的是通过教育之船把人载向自由的彼岸,获得真正的解放。

(二)我国教育界对"教育"一词的认识

由于东西方思维方式和表达方式的不同,中国教育家们对"教育"一词的解说与西方教育家们的表述存在着很大的差别。综览古代和当代社会的教育研究成果,有关"教育"一词的认识主要有如下一些观点。

大教育家孔子认为,教育是一种重要的社会统治手段。他说:"道之以政,齐之以刑,民免而无耻;道之以德,齐之以礼,有耻且格"。⑤意思是说,用行政命令来诱导百姓,用刑法来整齐约束百姓,老百姓只是勉强克制自己避免犯罪而不知犯罪是可耻的事情;用道德来教育百姓,用礼教来约束百姓,老百姓不但有廉耻,而且人心归服。孔子认为,教育是提高人的整体素质和社会文明程度的根本手段。

---

① 雅思贝尔斯著.什么是教育[M].邹进,译.北京:生活·读书·新知三联书店,1991:3.
② 雅思贝尔斯著.什么是教育[M].邹进,译.北京:生活·读书·新知三联书店,1991:4.
③ 雅思贝尔斯著.什么是教育[M].邹进,译.北京:生活·读书·新知三联书店,1991:4.
④ [巴西]保罗·弗莱雷.被压迫者教育学[M].顾建新,等,译.上海:华东师范大学出版社,2001:16.
⑤ 王承绪编译.西方现代教育论著选[M].北京:人民教育出版社,2003:482.

荀子认为,教育是以善教人。《修身篇》说:"以善先人者谓之教,以善和人者谓之顺。以不善先人者谓之谄,以不善和人者谓之谀"。① 意思是说,用善的言行引导人叫教导,用善的言行来附和人叫顺应;用不良的言行来引导人叫欺骗误导,用不良的言行来附和人叫阿谀奉承。荀子认为,明确了彼此之间的区别叫方知,不懂彼此之间的区别叫愚昧。教育不仅要让受教育者明确前者的道理,也要让学生明确后者的不同,从而学习前者,拒绝后者。教育让人效仿善,让人形成善,这是教育的目的,也是教师的责任。

《中庸》里说:"天命之谓性,率性之谓道,修道之谓教,"意思是说,上天所命或赐予的叫性,顺从或发扬本性叫道,把道加以修明和推广,并使之实行叫教。换言之,修道就是教育,教育的作用叫"率性"。

蔡元培认为,教育是发展人的能力和完善人格。1922年,蔡元培任北京大学校长时,在其所发表的《教育独立主义》中指出,"教育是帮助被教育的人,使他能发展自己的能力,完成他的人格,于人类文化能尽一份子的责任,不是把被教育的人,造成一种特别器具,给抱有他种目的的人去应用的。"②

近现代教育家杨贤江从教育起源的角度,提出教育"是帮助人社会生活的一种手段。"他说:"自有人生,便有教育。因为自有人生,便有实际生活需要"。所谓生活的需要,其中一个重要的方面,就是衣食住的获得。这种生活是集体的、社会的,绝不是孤立个人的,"所以教育的定义应是社会所需要的劳动领域之一"。③

(三) 本书的定义

对于什么是教育,《美国教育百科全书》的表述是:"作为一个活动或过程,教育可能是正式的或非正式的,私人的或公共的,个人的或社会的,但是它总是在于用一定的方法培养各种倾向(能力、技能、知识、信仰、态度、价值及其品格特征)。"④《美利坚百科全书》"教育"条中写道:"从最广泛的意义说来,教育就是个人获得知识或见解的过程,就是个人的观点或技艺得到提高的过程。"⑤

《中国大百科全书·教育卷》从两个方面表述了什么是教育。"从广义上说,凡是增进人们的知识和技能,影响人们的思想品德的活动,都是教育。狭义的教育,主要指学校教育,其含义是指教育者根据一定社会(或阶级)的要求,有目的、有计划、有组织地对受教育者的身心施加影响,把他们培养成为一定社会(或阶级)所需要的人的活动。"⑥《教育大辞典》对教育的解释是,"传递社会生活经验并培养人的社会活动。通常认为:广义的教育,泛指影响人们知识、技能、身心健康、思想品德的形成和发展的各种活动。狭义的教育,主要指学校教育,即根据一定的社会要求和受教育者的发展需要,有目的、有计划、有组织地对受教育者施加影响,以培养一定社会(或阶级)所需要的人的活动。"⑦

这两个定义,从广义和狭义两个方面阐明了教育活动的特殊性,即教育是一种培养人的

---

① 王先谦.诸子集成(第三册)[M].石家庄:河北人民出版社,1986(4):14
② 郭齐家.中国古代教育思想史[M].北京:教育科学出版社,1987:400.
③ 郭齐家.中国古代教育思想史[M].北京:教育科学出版社,1987:411.
④ 张家祥,译.外国教育资料[J].1981(2).
⑤ 品千飞,等.世界教育博览[M].北京:知识出版社,1980:1.
⑥ 董纯才,等.中国大百科全书·教育卷[M].北京:中国大百科全书出版社,1985:1.
⑦ 顾明远.教育大辞典(增订合编本·上)[M].上海:上海教育出版社,1998:725.

活动,是由专职人员和专门机构施行的以发展受教育者的身心为直接目标的社会活动。以人的身心发展为目标和内容的活动规定性就把教育活动与社会的其他活动区别了开来,从而也就使我们能够明确地确定教育的本质和教育的科学定义。

按照逻辑学下定义的原理,被下定义=属+种差。教育的属是活动,同人类社会中的社会生产、社会政治、科学研究、文学艺术、军事防卫等同为社会实践活动形式。教育与其他社会活动的种类差别是人的培养。由此,教育的本质可以确定为:教育是一种培养人的社会实践活动。教育是通过培养人的活动而作用于社会,它的特定功能或基本职能是通过人类已有文明的传授促使受教育者从知之较少到知之较多,从智力的沉睡状态进入激活状态,使其沉睡状态的潜能发展为动态的潜能,最终成为一名合格的社会成员。

因此,本书将教育定义为:从广义上说,凡是增进人的知识和技能,影响人的思想品德的活动,都是教育;狭义的教育,主要指学校教育,是教育者根据一定社会(或阶级)的要求,有目的、有计划、有组织地对受教育者所进行的一种传授知识技能,培养思想品德,发展智力与体力的活动。

三、教育的本体意蕴与社会内涵

(一)教育的本体意蕴

1. 教育是一种社会活动

教育只存在于人类社会之中,动物界不存在教育现象。尽管在动物界,尤其是高等动物界的代与代之间也存在着类似于人类的"教育"和"教学",然而,这两种表面类似的现象在本质上是不同的。

(1)所谓动物的"教育"和"教学"完全是一种基于生存本能的自发行为,而不是后天的习得行为。它的产生与动物的生理需求直接相关,其内容也紧紧围绕生存本能。无论是鸟会飞、鸭游水,还是猫捉老鼠、动物表演等,都是建立在本能基础上的,而非教育的结果。人类的教育活动与动物相比,最大的差别在其社会性。人的教育需要不是直接产生于生物本能,而是产生于社会延续与发展的需要。教育一开始就是一种为了社会的活动。

(2)动物没有语言,不具备将个体经验积累起来向同类传递的能力。"动物不能把同类的不同特征汇集起来,它们不能为同类的共同利益和方便做出任何贡献。"[①]因此,所谓动物的"教育"只能一直停留在第一信号系统的水平上,它不可能有"类"的经验,也不可能进行个体之间的经验交流和传递,因而也就不可能通过"教育"使动物一代胜过一代。尽管一代代的老猫都"教"小猫捕鼠,但猫的本领始终不过是捕鼠而已,如需提高,则要经过人的训练才有可能。但是,"人则不同,各种各样的才能和活动方式可以相互利用,因为人能够把各自不同的产品汇集成一个共同的资源"[②]。人通过语言和其他自己创造的物质形式(如工具、产品),把个体的经验保存和积累起来,成为"类"经验。人类教育传递的正是人类社会共同体积累的类经验,不只是个体的直接经验。这些经验不是本能的产物,而是人类智慧的结晶。正因为如此,有史以来的二千多年中,人类自身的活动和社会产生了如此巨大的变化,这是高等动物中任何一种都无法比拟的。

---

① 马克思,恩格斯.马克思恩格斯全集第 12 卷[M].北京:人民出版社,1995:147.
② 马克思,恩格斯.马克思恩格斯全集第 12 卷[M].北京:人民出版社,1995:147.

（3）所谓动物教育的结果无非是小动物适应环境,维持生命,并独立生存,而人类教育的结果远远不止于此。人类教育不但使受教育者获得适应环境的经验,而且培养了人进一步改造环境,参与社会生活,创造财富,推动社会发展的能力,培养了人创造新经验的能力。这也是人类社会迅速发展的重要原因。

由此可见,教育是人类社会特有的活动。正像社会性是人与其他动物的本质区别,因此需要用"人"这个词把人与动物区别开来一样,社会性也是人的教育活动与动物所谓教育活动的本质区别,因此也需要用"教育"这个词把人的培育活动与动物的亲子本能的活动区别开来。

2. 教育是一种有意识的活动

马克思主义哲学和科学心理学的研究证明,动物只拥有生命物质最基本的反映形式——刺激感应性和动物的心理,只有人才有意识。动物对客观存在的反映依靠的是特定的感觉器官和结构简单的大脑。人不但通过特定的感官反映外在的刺激,更为重要的是,人能通过抽象的理性思维反映事物的本质和规律。动物即使经过训练也达不到这一点,这就说明动物是不具有意识的,动物的一切行为都是在本能的支配下产生的。而人却不同,即使年龄很小的幼儿,当他把自己与他人区别开来时,他便存在了意识,随之产生的一切活动都是有意识的参与。因此,人类教育中无论是生产经验的传授,还是社会行为规范的教导,都不是产生于人的本能需要,而是人们意识到的社会需要,在明确意识的驱动下产生的有目的行为。

3. 教育是人类特有的传递经验的形式

动物在其种系发展和后天生活中也有信息的传递,它们的信息和经验是以一种极为有限的信息方式而不是以教育和学习的方式传递的。在高等动物中,除本能外当然也有熟练和智力活动的存在。在年长的动物中也有对付同类和人类的丰富的经验与教训。这些后天获得的生存本领与经验,正因为没有意识和复杂的语言,便不能以教育这种传授方式为其他动物所掌握或进行历史性的存留,作为个体的经验只能随个体的死亡而消失。人却不同,遗传不是经验获得和智力发展的主要形式,人对经验和智力的获得主要通过后天的教育和学习的形式进行。人类有语言和文字,借助语言文字的信息载体功能,不仅可使人类的经验存在于个体系统之中,也可以存在于个体意识之外,脱离每个个体而独立存在;不仅可使人类获悉感官所及范围之内的经验,而且可超越时间限制和空间地域的阻隔,因此人类传递经验的这一特点证明了教育是一种社会现象。

4. 教育是以影响人的身心发展为目标的社会活动

人类的社会活动方方面面,有从事物质产品生产的工业、农业、建筑、冶金、医药、水产、林业等,有进行精神产品生产的文学、艺术、科学、宗教等。教育活动是有意识的以人为直接对象的社会活动,它不同于其他以物质产品或精神产品的生产为直接对象的社会生产活动。同时,教育与其他有意识的以人为直接对象的活动还有区别,教育以对人的身心发展产生影响为直接目标。这样就把教育活动和以保护人的身心健康、抵御疾病对人的身心危害的医疗活动,以及以满足人的各种需要为目标的社会服务活动区别开来了。

5. 教育对人的身心发展的影响以真、善、美为目的

教育不仅是个成人的过程,而且以成人为目的。人要成为人就必须接受教育,教育以培养人作为专门职能。教育在履行时以培养学生积极、向上、健康的品质和全面发展为宗旨,

这已成为世界教育的共同规律。教育以促进人的发展,实现推动社会发展为目标。为此,教育以人类文化的精华为内容,以真、善、美的崇高境界为宗旨,以人类的一切积极因素去教育学生,陶冶学生。并以正面的教育去抵制反面的教育,以积极的影响去消解消极的影响,必要时以制度的形式去阻止任何有碍学生健康成长,有碍社会进步等各种不良教育的存在和扩展。

(二)教育的社会内涵

1. 教育是人类认识世界的独特方式

关于人类认识过程的完整表述,毛泽东的精辟概括是:"从感性认识而能动地发展到理性认识,又从理性认识而能动地指导革命实践,……实践、认识、再实践、再认识、这种形式,循环往复以至无穷,而实践和认识之每一循环的内容,都比较地进到了高一级的程度。这就是辩证唯物论的全部认识论,这就是辩证唯物论的知行统一观。"①学生在教育过程中所形成的每一个认识,在宏观过程上,既遵循着人类认识世界的三大环节,同时,更由于学生是在教师的引导下和特定的过程中去认识客观世界,因此,这便使教育过程中的学生认识过程具有了自己独到的特点,使学生的认识朝着一条与人类总体不完全相同的认识道路:即从理性认识到感性直观再到教学实践,或从抽象的理论入手到感性理解再到教学实践。如果学生在教育过程中形成的任何一个认识都要遵循人类认识世界的一般过程,事事从感性、从生动的直观入手,复归或复演人类认识形成的一般道路,那么,要让学生在有限的时间内获得人类认识的全部精神财富是不可能的,有时也是不必要的。因此,学生只有走一条与人类总体认识不同的道路,只有站在人类认识的阶梯上,才有可能用20年左右的时间使他们的认识由零点达到当代认识的最高程度。

2. 教育是人类社会存在的条件

人类社会的存在和发展有赖于两个生产,即人的生产和物的生产。物的生产是人类社会存在的物质前提,人要生存首先要解决吃、喝、住的问题,教育要发展同样离不开一定的生产力所提供的物质条件。人的生产包括种的繁衍和精神生产。种的繁衍既有合适的数量,更有人口的质量。一个社会要保证人口数量合理,人口质量较高,就离不开教育的作用。因为教育是控制人口数量的手段,是提高人口质量的途径。精神生产包括人类经验的总结和传递、人类政治伦理的继承和传播。没有精神生产,人类会陷于愚昧。陷于愚昧的人类又会使物质生产变得极其贫乏。因此,人类社会要进步,人类自身的生产要变得优化,社会物质生产要变得丰富,都离不开教育对人的培养。

3. 教育是人类文明进步的根本途径

文明是人类在改进世界实践活动中所创造的成果的总和。教育在人类社会发展的各个历史阶段,由于其所具有的精神生产和人才培养的独到功能,它不仅承担着传播、承担着人类文明的重任,更通过传授的方法让社会的文明为一代代受教育者所接受,从而改善人类自身的蒙昧与野蛮状态,推动人类社会走向更高一级的文明阶段。教育不仅是代际文明传递的桥梁,更是国家间文明借鉴的有效途径。一个社会的教育越是发达,越能够提高人口素质,提高社会的文明进步程度。反之,教育越是落后,人口的素质就越低,社会的文明进步程度也就越差。

---

① 毛泽东.毛泽东选集(第一卷)[M].北京:人民出版社,1966:285.

4. 教育是人类社会生活质量的重要尺度

生活质量是个多维的概念,它不仅包括生活的物质层面,还包括非物质层面,甚至还包括基本的生活结构。生活质量建立在一定的物质条件基础之上,包括社会提高国民生活的充分程度和国民生活需要的满足程度,以及社会全体成员自身及其生存环境的认同感。教育已经成为衡量一个社会或一个人生活质量的重要尺度。因为能否接受教育或接受教育的程度已在相当大的程度上影响到个人获取社会资源和改善生活质量状况的能力,影响到个体的就业、职位、晋升可能性和发展潜能,从而影响到个人的社会地位、收入和掌控命运的能力。一个接受了较高教育程度的人就拥有更大的生活选择空间,就能更顺利地实现其个人价值和体现人生价值。反之,一个文盲则只能被动地听从命运的安排,永远生活在社会的最底层,其生活质量又从何谈起。

第二节 教育的构成要素

要素是指构成活动必不可少的、最基本的成分。认识教育的基本要素是认识教育内部结构的基础。教育活动作为人类活动的基本方式之一,与生产活动有着高度的类似。但生产活动的结果是物质产品生产,而教育活动的结果则是精神产品与人的生产,这又使二者有了根本性的区别。二者的根本性区别决定了教育活动结构研究,绝不能机械套用马克思的劳动过程理论,而应从当代教育基本理论研究的最新成果中,特别是应从教育活动本身的客观实际中,通过静态与动态、横断与纵剖的多角度深层分析来产生比较客观、比较科学的结论。

从宏观角度看,教育活动由教育主体、教育目标、教育内容、教育手段、教育环境、教育途径六个要素构成;从微观角度看,教育活动由教育者、受教育者、教育内容和教育手段四个要素构成。本书主要指微观上的构成要素。

我们知道,在教育活动中存在着"教"与"学"两种活动,更确切地说,是"教"与"学"两种活动构成了教育。虽然参与教育活动的所有人都有"教"与"学"的责任或义务,但各自的职责重点不同,一部分人主要以"教"为职责,一部分人主要以"学"为职责。

一、教育者

在教育活动中以教为职责的人是教育者。教育者是指直接对求教者的素质发展起影响作用的人,包括学校的教师、管理人员、兼职教师、家庭教师、家长。其中学校教师是教育者的主体和代表。

教育过程不同于对人的身心发展发生影响的其他过程,它是教育者的有目的的活动过程。所以,离开了教育者及其有目的、有意识的活动,也就谈不上教育。教育者是教育实践活动中人的因素,而且是一个基本要素。教育者不仅是教育实践活动的一个基本要素,而且是教育实践活动的主体。他把受教育者作为"教"的对象,以教育影响为手段,把引导和促进受教育者身心的发展变化作为活动目的,力求使自己"教"的对象的身心发展合乎社会的变化。因此说,教育者作为教育活动中人的因素,是教育实践活动的主体,更确切地说是"教"的主体。

教育者在教育过程中的主体性有多方面的表现:

（1）教育者是社会文化和价值取向的传播者。他们在传道、授业、解惑的过程中必然要给学生以特定社会文化和价值取向的陶冶。教育者作为社会的代表，他们承担着社会所赋予的教书育人的任务。在教师的知识结构中内化着他们所处社会的文化内涵、社会习俗、生活方式、价值观念、行为模式以及文化传统和文化视野。这一切，都会在教师的教育活动中有意无意地表现出来，对学生的社会化发展产生一定的影响。

（2）教育者是科学知识和社会文明的传授者。教育者作为经过专门训练，以育人为职责的人，他们要通过自身的努力，按照课程计划和课程标准的要求，将其所承担学科的基础知识、基本理论和基本技能传授给学生，教师还要以先知者、解惑者的身份和义务给学生以悉心的指导，高质量地完成教学的任务。

（3）教育者是教育活动的设计者、组织者和实施者，对整个教育活动的展开起领导作用。教育者要保证教学的高质量和学生发展的高水平，他们会在教学过程展开之前，借助自己以往和他人的成功教育经验，结合教育对象的身心发展特点，联系要传授的教育内容，认真研究教育和教学过程的总体设计和安排，以期获得最优的教育效果和学生评价。

（4）教育者是学生学习与发展的指导者。在学生学习的整个活动和整个过程中，他们会根据培养目标和教育者的职责规范，帮助受教育者确定学习动机，激发学习兴趣，选择学习方法，确立努力方向，给学生以咨询、指导的作用，确立与学生之间良好的互动关系，并以平等、合作、互助的方式出现在学生面前。

（5）教育者也是一个具有自我提高能力的学习者。他们可以根据社会的发展变化和人类知识剧增的现实，根据学生求知、求实、求异、创造的需要，不断地丰富与完善自己，实现教学相长。一个优秀的教育者会与学生一起进步。学生代表社会发展的未来，他们思想活跃，富于强烈的求知欲和进取意识，思想观念富有鲜明的时代特征。教学过程中，教师是知识的传播者，同时也是新知识的学习者。教师在用智慧照亮学生的同时，并没有毁灭自己，而是在学生的激励下不断地发展着自己。

二、受教育者

在教育过程中以学为职责的人被称为受教育者。在广义的教育中，所有为提高自身素质而处于学习状态的人都是受教育者；在狭义的教育中，受教育者特指教师"教"的对象——学生。

随着世界范围内终身教育（lifelong education）和全民教育（education for all）的实行，教育对象的范围已经扩展到一个人从生命形成（胎教）到死亡的整个一生和全社会不分种族、性别、宗教、民族和阶级的所有人，其中学校里的学生是受教育者的主体和代表。

教育对象在教育过程中的地位表现为：

（1）学生是教育的对象，是教育的客体。在教育过程中，受教育者首先是教育对象，教育的客体存在于教育活动的要素之中。

第一，在教育过程中，受教育者首先是一个求知的个体。他们从无知到有知，从知之不多到知之较多，需要教师的传授和扩展。在教师的引导下，他们可以逐渐认识客观自然和人类自身，可以逐渐使自己的认识由个体的认识水平过渡到人类总体的认识水平。第二，受教育者是一个不成熟的个体。在教师的教育下，受教育者逐渐获得品德的完善和行为的养成，逐渐实现由个体的生物人向本质上的社会人转变。第三，受教育者是一个缺乏技能的个体。

只有在教师的培养训练下,受教育者才能逐渐掌握各种生产和生活的技能,实现由消费的个体向生产的社会成员的转变。第四,受教育者也是个可塑性很强的个体。中小学生正处在身心发展的关键阶段,他们的身体处在生长的两个高峰期,他们的心理处在知识积累、道德形成、个性完善的阶段,身心的健康发展有赖于教师的正确指导和教育的积极影响。

(2)学生是学习的主人,是教育的主体,要倡导主体性教育。主体性即主体的本性或属性。人的主体性是人作为活动主体的质的规定性,即人所具有的独立性、自觉性、能动性、需要性、选择性、创造性等特性。关于学生主体性的有关理论请参阅本书第六章内容。学生在教育过程中主体地位的实践表现主要体现在:

① 受教育者是教育任务完成的主体。教师的教学任务是否完成,不是看应讲授的内容讲授完了没有,教师对讲授的内容理解了没有,教师对作业或考试的内容懂了没有,判断的唯一标准是学生对教学内容的内化、理解和熟练应用程度。

② 受教育者的身心发展特点制约着教师的教,这也是其主体性的表现。任何年龄阶段的学生都有着不同的身心发展特点和个性特点。教育者在面对不同年龄的教育对象时,必须从教育对象的身心发展实际出发确定内容的组织、输出方式、语言特点、教学方法等,才能保证教学的成功,而不能无视教育对象的差异,一个模式教下去。

③ 受教育者及其活动是学校职能部门及其管理的中心。学校的正常运行需要多个职能部门的辛勤工作。这些部门有:教务处、教导处、团委、学生会等。但不论学校行政有多少个职能部门,这些职能部门有多少行政工作,它们都是为保证学生的正常学习和教师的正常教学活动而设立的,学校里的一切行政管理都是围绕学与教的活动而进行的。在这里,学生的发展及为促进学生的发展而展开的教学活动是学校一切活动的中心,学校的一切活动、一切工作都要以学生为中心。

④ 受教育者是学校和教师评价的主体。对学校教育质量和教师教学质量有多个环节进行着全程的监控,如学校的教学指导委员会、学校督学、教务处、各学科的听课与评课以及学生对教师的评价。在这些评价中,最有说服力的评价来自学生。因为学生是教育服务的对象,教育服务的质量高低、优劣,学生有最直接的体验,因而也最有发言权。另一方面,学生的发展质量更是衡量学校和教师教学质量的重要依据。

⑤ 受教育者是学校存在的主体。过去很多人误以为,有了学校,有了教师,就有了学生。然而在学校发展过程中我们看到的现实是,学校与学生互为存在的条件,尤其在学校数量剧增、学生自己择校的情况下更是如此。一方面,如果学校具有足够的吸引力,尤其是具有很高的教育质量和良好的治校方略,能够满足学生学习的需求和发展目标时,它可以吸引很多学生去就读。另一方面,学生又是能够进行选择的人。他们在决定上何种学校,选择哪个老师乃至哪个学习领域时,会有他们自己的考虑。在这种情况下,学生就成了学校存在的主体。换言之,是学生的存在决定了学校的存在、教师的存在。

⑥ 受教育者的主体性还体现在每一个教育对象都有他们各自的独立性、选择性、需要性和创造性,有他们个人的兴趣、爱好和主观能动性。受教育者的这些主体性特征,制约着教师教学活动的质量、对学生的吸引力以及取得学生积极配合的程度。受教育者在接受教育的过程中,除了积极地聆听、接受、理解之外,还有选择、评价、重组、创新、开拓的能力。一般情况下,受教育者对教育者的教育和指导会积极地顺应,但也会有抵制。当教育内容传授方式符合教育者的学习需求并易于理解时,就会产生吸引和内化,否则就会引起受教育者的

抵制,使教学和学习的任务难以完成。

学生的主体性是个动态的发展变化过程。学生的主体性是人所固有的,自从他们来到人世,其主体性就逐渐地发展着。但当学生由家庭生活过程一进入学校教育过程便进入了主体自失的状态,此时,更多体现的是教师的主体性。伴随学生年龄的增长和自主学习能力的增强,学生的教育主体性才逐渐发展起来,进而逐渐进入到自尊的、自重的、自为的乃至自由的主体性。到此状态,学生的教育主体性已上升到主导的地位,而曾经居于主导地位的教师主体性则降到了指导的地位。这是理想的教育目的达成的境界。

三、教育内容

教育内容是学校基于一定社会的生产力和科学文化技术发展水平,向学生传授的知识和技能、灌输的思想和观点、培养的习惯和行为的总和。教育内容在学校中的具体表现形式是课程标准和教科书。

教育内容的组成丰富多彩。从其涉及的范围来说,包括人类社会各种领域的知识、经验和技能技巧;从其价值来说,它具有发展人的智慧、品德、体力、审美能力和劳动能力等方面的作用;就其表现形态来说,有物质的、符号的、精神的、行为的。因此,不要把教育内容与学校的课程所包含的内容等同起来,更不能把教育内容看作是教材,后者包含在前者之中,前者的内涵与外延要比后者丰富得多。由于教育活动的多样性和各类教育活动的具体教育目标的不同,教育内容就有不同类型的组合。教育内容在教育活动中的地位是:

首先,教育内容是联系教育者和受教育者的中介。教育活动的基本矛盾是一定社会所提出的教育要求同受教育者身心发展现有水平的差距,这是教育活动得以存在和进行的内在基础。人类文明的延续一般是以两种方式进行的,一种是以一定的物质载体的形式记录下来,如图书、音像、光盘等;另一种则是以人脑的形式记录下来。后者是人类文明继承和发扬的一种能动的形式,其特点在于不仅能保存人类长期积累起来的文明成果,而且能在原有文明的基础上创新、发展。教育内容作为一种特殊的中介形式把教育者和受教育者联系起来,通过教育内容难度的自然延伸,使受教育者由不知到知,由知之较少到知之较多,由继承到发展,由个体认识水平上升到人类认识水平,最终把人类的过去和未来联系起来,达到教育的目的。

其次,最佳的教育内容是目的性与对象性的统一。教育内容作为联系教育者和受教育者的中介,能否解决教育过程的基本矛盾,关键在于教育内容本身选编的科学性。而制约教育内容选编科学性的因素主要有两方面:一是一定社会前进的要求。作为国家来说,这种前进的要求主要通过教育目的的形式表达出来,这种要求包括素质的全面性和内容本身的先进性与逻辑性。二是个体身心的发展规律,而个体的身心发展规律既有共性又有个性。因此,教育者要根据受教育者的实际情况,安排教育的内容和进程,选择教育内容的难度,增减教育内容的分量,发掘教育内容的价值,最终达到目的性与对象性的统一。

教育内容包括教育目标,因为教育目标是教育活动所要达到的预期结果,也是衡量教育活动效果的标准,是教育内容传授的出发点和归宿。教育活动既然是人类的一种有意识的活动,那么在活动之前便都有明确的活动目标,这是人的活动与动物活动的一个本质区别。在教育内容中,目标与内容的一体化表现为:目标主导下的内容选择、内容安排、内容设计、内容传授、内容实现的结果等。

四、教育手段

教育手段是指教育者将教育内容作用于受教育者所借助的各种形式与条件的总和,它包括物质手段、精神手段等。

物质手段主要是进行教育时所需要的一切物质条件,可分为教育的活动场所与设施、教育媒体等。教育的活动场所与设施在学校中主要指校舍、教室、操场、实验室、校办工厂、农场等的数量与内部的设备装置。教育媒体是教育活动中两个主体(教育者与受教育者)之间传递信息的工具。由此可见,教育媒体是教育内容的载体,也是教育中其他信息的载体。然而,同样的教育内容可使用不同的媒体。随着媒体的发展,教育的组织形式、方法、效果等都会发生变化。教育媒体具有多种形式,包括从最简单的实物、口头语言到图片、书面印刷物、录音磁带、录像带、电影、电视、计算机多媒体等。它们的形式随着人类科学技术的发展,教育活动的日趋普及化、个别化而越来越丰富多彩和综合化。

精神手段包括教育方法、教育途径。教育方法包括教育者的教法和受教育者的学法。就教育者的教法而言,有语言的方法、直观的方法与实践的方法;就受教育者的学法而言,有发现式和接受式两大类。

拓展资源:

电子白板:现代教育媒体

电子白板是一种安装在教室内的全新多媒体教学设备,通常由台式计算机、触摸式白板、投影仪、音响、话筒等电子设备组成。其最大特点是可以像普通白板或教学黑板一样直接用笔书写。在真实的教学情境中,电子白板的作用主要体现在以下几个方面:

- 无需粉笔

教师和学生用外形像粉笔的白板笔甚至手指,就完全替代传统粉笔的功能,这样既可以避免粉笔产生的各种危害,又节省了资源,全面实现健康、环保、节能的教学模式。

- 丰富多彩的多媒体资源

可以使用丰富多彩的多媒体资源,并且可以随时书写或标注。教学过程可以轻松保存成教学录像发给学生,学生无需边听讲边做笔记,教师之间也可以相互交流和研究教学录像,提高教学水平。

- 强大的计算机多媒体工具

扩展、丰富了传统计算机多媒体的工具功能,更提高了视听效果。电子白板中的拖放、照相、隐藏、拉幕、涂色、匹配、即时反馈等功能模块,大大提高学生的注意力和理解力,激发学生兴趣,调动学生积极参与到教学过程中来。

(来源:http://baike.baidu.com/link?url=mW1P8OLyWgq6UUoEHbvT3qtQRG4qk8k5fhMvgviS9rY4GDRf-e2qpRUDwetHTUg6X.)

五、各个构成要素之间的关系

从以上我们对教育活动构成要素及其作用的分析中可以看到,教育者、受教育者、教育内容、教育手段四要素是开展教育活动必不可少的,它们在活动中相互作用,相互联系,相互影响。在教育活动中,在四者都具备的情况下,主体因素是教育活动成效大小的决定因素。

而充分发挥主体的作用,关键是要处理好主客体的内部关系。对教育者而言,他要研究认识三个客体:学生、教育内容和教育手段。教育者的任务是将既定的教育内容通过一定的手段传授给学生。对受教育者而言,他认识的客体是一个:教育内容。他的任务是在教师的指导下通过一定的手段学习和掌握既定的内容,也就是将外在客体转化为内在主体的东西。

在这四个要素中,主要的关系是教育者与受教育者的关系,这在教育活动中表现为教与学的关系。教包括两层含义,即传授知识、传递思想、启发诱导、感化影响,也就是传授知识、思想与教给学生如何学习、修养的方法。学也包含着两层含义:即学习掌握人类积累下来的精神财富和学会学习及修养的方法。教与学的主要形式是学校的教学活动。教与学的矛盾是教育活动的基本矛盾。教育者代表社会所提出的教育要求与受教育者身心发展水平之间的差距,是推动受教育者发展的动力。

第三节 教育的形态

教育是一种社会存在,它的最主要的宏观特征就是形态。形态是事物在一定条件下的表现形式。教育形态是教育活动在特定时空条件下的表现形式,是教育领域中哲学的内容和形式、理论和体系的具体的历史的统一。教育的形态是指由教育者、学习者和教育影响三个基本要素构成的教育系统在不同时空背景下的变化形式,也是"教育"理念的历史现实。[①] 教育形态按照教育活动的规范程度划分,可分为制度化教育和非制度化教育。

一、制度化教育与非制度化教育

(一)制度化教育

制度化的教育主要是指正规教育(formal education),指向形成系统的各级各类学校,是指具有层次结构的,按年龄分级的教育制度,它从初等学校延伸到大学,并且除了普通的学术性学习以外,还包括适合于全日制职业技术训练的许许多多专业课程和机构。非制度化教育在很多情况下又称为正规教育,正规教育是指由教育部门认可的教育机构(学校)所提供的有目的、有组织、有计划、由专职人员承担的、以影响入学者的身心发展为直接目标的全面系统的训练和培养活动,有一定的入学条件和规定的毕业标准,通常在教室(课堂)环境中进行,使用规定的教学大纲、教材,其特点是统一性、连续性、标准化和制度化。[②] 正规教育亦称"正式教育",与"非正规教育""不正规教育"相区别,一般指学校教育。教育实体从简单到复杂、从游离状态到形成系统的过程,正是教育"制度化"的过程,学校教育系统的形成,意味着教育制度化的形成。所以"制度化教育"主要是从学校角度制度的角度分析教育的形态的。

拓展资源:

伊凡·伊里奇于1971年发表《非学校化社会》,倡导"非学校化运动"。伊里奇批判"制度化了的学校教育歪曲教育的基本内核和精神实质,束缚学生自主性的发展与发挥。他说:"'学校教育'使学生混淆了教与学、升级与教育、文凭与能力以及说话的流畅性与叙述新事物

[①] 全国十二所重点师范大学联合编写.教育学基础[M].北京:教育科学出版社,2002.
[②] 陈乃林,孙孔懿.非正规教育与终身教育[J]教育研究,2000(4).

的能力之间的关系。'学校教育'使学生把学校想象为提供服务之地,而非获得价值之所。"

(来源:张人杰.国外教育社会学基本文选[M].上海.华东师范大学出版社,1989:462.)

总之,制度化教育是人类教育的高级形态,它的出现是人类教育文明的一大进步,也积极推动了人类总体文明的进步。今天我们所谈论的种种"教育"和"教育改革",基本上是指的是制度化教育。从总体上来看,制度化教育具有这些特点:有固定的校舍,有稳定的教育周期,有统一的学制和人才培养目标,有固定的教师和学生。制度化教育相当于当今学校教育中的学历教育。

(二) 非制度化教育

非制度化教育是相对于制度化教育而言的,指在正规教育体制以外所进行的有目的、有计划、有组织的教育和培训活动。非制度化教育是那些没有形成相对独立的形式的教育,这种教育是生产或生活高度一体化,没有从日常生活或生产中分离出来成为一种相对独立的社会机构及其正规化的行为。在我们的学校产生以前的教育就属于这种非制度化教育,就是在人类社会已形成一个高度复杂网络的今天,非制度化教育也仍然存在,只是它在个体发展和整个教育系统中的地位和所起的作用已经非常有限了。

非制度化教育是指在正规教育体系之外所进行的有组织的、有系统的教育活动。它以受教育者的实际需求为导向,注重具体经验而不是抽象理论,着重于事业和技术,人们可以学到所需要的特定的职业技能,更好地参与生产、生活和创造,提高自己的社会地位和生存价值,这种直接的目的具有吸引力。非制度化教育是有组织的,但不是充分制度化的;是系统的,但不是完全常规化的,在教学内容和教学方法上具有较多的灵活性。非制度化教育基本上是在校外进行的,虽然有一些机构是专门用以进行非制度化教育的,但是在内容上、方法上、形式上比制度化教育具有较少的正规性。非制度化教育对受教育者一般没有年龄、资历的限制,对教育者也没有固定不变的资格标准。对于受教育者个人来说,由于可以利用业余时间参加学习,基本不影响工作或生产劳动,不仅能大大降低个人的教育成本,而且能从学习中获得某种收益。更重要的是,非制度化教育是全社会的事业,并不只是教育部门的事情。其他各种经济的、社会的和政治的机构,都可以举办制度化教育。正是由于非制度化教育具有的诸多优越性,使之在成人扫盲、职业教育、继续教育和闲暇教育等方面都发挥了重要作用。随着科学技术的发展,在终身教育理论思潮风靡全球的影响下,教育手段、内容和组织形式等都发生了很大的改变,此时制度化教育的代表——学校教育受到各界的挑战。像库姆斯的非正规教育观念和伊里奇的非学校化社会理念都是对制度化学校教育的挑战,网络和知识获得的开放性的现实也表明单靠制度化教育是不能构建学习型社会的,制度化教育与非制度化教育在为共同促进教育事业和人类社会进步方面是一致的,所以二者应发挥合力才能为人的一生发展提供最大机会和可能。

案例:

新东方:非制度化教育的成功典范

新东方,全名北京新东方教育科技(集团)有限公司,是目前中国大陆规模最大的综合性教育集团。公司业务包括外语培训、中小学基础教育、学前教育、在线教育、出国咨询、图书出版等各个领域。除新东方外,旗下还设有优能中学教育、泡泡少儿教育、精英英语、前途出国咨询、迅程在线教育、大愚文化出版、满天星亲子教育等子品牌。新东方作为非正规教育的成功典范，不仅创造了巨大的市场财富，同时成为学校教育的补充力量，深受广大家长、学生好评。

新东方的培训学校业务主要为英语培训。英语培训始于1995年，迄今已经形成比较完备的三大项目培训体系，包括以新概念教材为主线的新东方新概念项目培训体系，第三代混合式听说学习产品倍学口语培训体系以及基于实用、商用和学术沟通能力的口译、翻译等证书培训体系。英语培训为学生提供更好的语言环境，弥补学校英语课程少的巨大缺陷，在一定程度起到辅助学校教育、提高学生英语成绩的作用。

（来源：http://baike.baidu.com/view/30188.htm?fromtitle=新东方教育科技集团&fromid=6378607&type=syn.）

二、实体教育与虚拟教育

实体教育和虚拟教育是按照教育活动的存在形式划分的两类不同的教育形态，随着科学技术、信息技术的发展，我们开展教育活动的形式不再只局限于传统的课堂教学、耳闻目染和言传身教的模式，多媒体、网络技术、电视、广播的广泛应用给传统教育（实体教育）提出了新的挑战，同时也产生了一种全新的教育形态——虚拟教育。从一定程度上讲，实体教育和虚拟教育都是一定社会发展的产物，是在社会政治、经济和文化发展到一定阶段而产生的，它们都对一个社会教育的发展有着不可磨灭的作用。比较起来实体教育和虚拟教育各有自己的优势、特点，同时也存在一些不合理的因素和缺陷。

（一）实体教育

实体教育是指在一个现实的空间里，根据现实空间的要求来规范人们的行为的一种教育。从实体这个词的本身来理解，"实"和"虚"是相对的，实体指的是具体的独立存在的事物和东西，实体是自立体、自在自为的具体事物。那么实体教育，即指在一个实在、现实、具体的环境中，具备承担教育者角色的人对那些需要受教育和学习的人的身心施加适当的，符合一定社会环境和历史进程的，体现一定阶级利益的活动。从某种角度讲，它基本上包含了在信息时代来到以前的所有教育形态（学校教育、家庭教育以及社会教育），在网络教育产生后，为了更好地区分，才将这种传统的教育定义为实体教育。

在实体教育中，主要是教师与学生面对面地交流。教师在上课时通过语言、形体动作、手势、板书、示范等影响着学生，就是说教师的一举一动、一言一行都可能成为学生模仿的对象。那么，教师的治学态度、方法、才能、人品、世界观等均对学生产生着潜移默化的影响。教师以自身的人格魅力，在传输知识的同时，为学生树立了学习的榜样。这方面虚拟教育是无法代替的，虚拟环境是一个相对自闭的环境，纯粹的网络和虚拟空间学习是通过一套网络设备完成相互交流，人与人直接交往的机会急剧减少，人们之间的关系是一种虚拟的人际关系，虚拟并不等于现实。实体教育能够提供给学生一个真实的环境，学生在真实的环境中发展他的操作能力和交际技能，学生的能力在教师的引导下可以得到全面发展；而虚拟教育的学习者面对的始终是一台学习终端机器，或者是教师上课的画面，这种情况很难对教育质量进行检测，难以培养全面发展的人。

（二）虚拟教育

虚拟教育是教学活动可以在很大程度上脱离物理空间和时间的限制，以当下的电子技术、信息技术以及网络空间为媒介而展开的一种教育形态。随着生产力的发展和社会的变迁,我们来到了一个被一些人称为信息社会的新时期,特别是因特网给我们的社会带来的新的特点,我们的生活空间比过去更大了。以多媒体和国际互联网为代表的当代信息技术,正以惊人的速度改变着人们的生存方式和学习方式,并导致发达国家和地区的教育越来越走向网络化、虚拟化、国际化、个性化,这使我们拥有了一个非常重要的虚拟空间,虚拟教育就是在这样的背景下产生的。虚拟教育借助互联网平台,教育教学过程发生的场所变成了虚拟化的教育环境,包括虚拟教室、虚拟实验室、虚拟校园、虚拟学社、虚拟图书馆等。现代许多信息技术公司也提供了丰富的虚拟学习的平台。

拓展资源:

<h3 style="text-align:center">Blackboard 网络教学平台</h3>

Blackboard 网络教学平台立足于教学系统,定位在网络辅助教学工具,并围绕教学中必需的业务系统展开相关功能。功能包括内容资源管理、教学、交流工具、考试测验、统计分析、系统管理、教学 OA 等功能,其每个功能描述如下:

1. 内容资源管理:组织和学习课程内容,提供参考书目和外部链接。支持各类文件格式,例如 Microsoft Office、PDF、HTML、Audio、Video、Multi-Media 等。教师可以通过 Blackboard 发布课程和补充教学课程内容。Blackboard 支持 McGraw-Hill 和 Person Education 等全球最大的教材提供商的原版教材和电子资源包。

2. 教学:Blackboard 可按照课程时间表开放或关闭课程来进行教学,并在教学过程中使用各种教材、课件、工具等辅助教学。

3. 交流工具:Blackboard 提供讨论区、电子邮件和数字收发箱等各种交流工具,为教学创造协作学习的环境。同时提供按照小组讨论的功能。

4. 考试测验:Blackboard 提供作业提交和测试评估系统,作业系统具有自测、测验、考试、调查和作业提交记分功能。

5. 统计分析:Blackboard 能够跟踪统计学生的学习进度、分数,并生成统计报告。可以统计到学生对某个页面的点击数、访问时间、停留时间以及在讨论区发表的文章数等,从而为教学改进提供参考数据,并为学校提供教师考核的数据。

6. 系统管理功能:Blackboard 具有系统管理员的管理统计功能,并可以生成各类统计报表。

7. OA 功能:Blackboard 具有发布通知功能、Web 邮件功能、文件发布功能,可以实现教学 OA 的功能。

(来源:http://dwzy.xbmu.edu.cn/jsjx/c4-1.aspx.)

三、社会教育、家庭教育和学校教育

从教育活动的存在范围看,可以将教育形态划分为社会教育、家庭教育和学校教育三种类型。这种分法最早是见于苏联的一些教育学著作中,我们一直沿用至今。社会教育是指在广泛的社会生活和生产过程中所进行的活动;家庭教育是指以家庭为单位进行的教育活动;学校教育是指以学校为单位进行的教育活动。

(一) 社会教育

社会教育的概念有广义和狭义之分,从广义而言,泛指一切增进人们的知识、技能、身体健康以及形成或者改变人们思想意识的活动。这个概念说明社会教育是和社会政治、经济、文化等并列的一种社会实践活动。这是一种"大教育"观,它不仅包括了狭义的社会教育,同时也包括了家庭教育和学校教育。即社会教育的广义概念等同于教育的广义概念,二者是完全相同的关系。

狭义的社会教育,则是指学校教育和家庭教育之外的一切社会文化机构以及有关的社会团体或组织对社会成员(学生和人民群众)所进行的教育。它是一种全民教育和终身教育,是学校教育和家庭教育的延续和补充。狭义的社会教育仍然还有狭义和广义之分,狭义的是指学校教育和家庭教育之外的一切社会文化机构对学生实施的教育;广义的是指学校教育和家庭教育之外的一切社会文化机构对学生和人民群众实施的教育。我们这里所讲的社会教育是指狭义的社会教育,它可以使学校教育、家庭教育从"封闭式"走向"开放式",使学校教育这一个系统与整个社会系统发生密切的联系,有利于培养学生的社会适应性与活动能力,有利于培养他们的创新能力和探索精神。

案例:

"当当城"儿童职业体验馆——社会教育的表现形式

"当当城"儿童职业体验馆位于吉林省长春市欧亚卖场4楼,为少年儿童制定个性化的成长指导课程是"当当城"所独有的特色服务。"当当城"儿童职业体验馆以体验式教育和角色扮演为基础,让孩子以角色扮演的方式体验60种职业,使孩子在一个团结友爱的氛围下认知社会、了解社会分工,品尝工作的快乐并按劳取酬(虚拟货币),培养克服困难的勇气,提高综合素质;同时解决家长对孩子成长历程中可能存在的困扰,让孩子在挫折中成长,在历练中成长,在困难中成长,磨炼孩子的意志品质,树立信心。

"当当城"儿童职业体验馆内拥有与真实城市一样的形态和景观,有模拟设定的社会规则和文化,具备社会管理系统、社会生产系统、社会服务系统,根据不同领域的体验需求引进不同的专业器材:科学仪器、电视节目制作设备、医疗器械、食品加工设备、飞行模拟器等,让孩子的兴趣爱好得以充分发挥。在"当当城"儿童职业体验馆,孩子们还可以参与社会管理,维护社会秩序,还可以提出自己的价值理念和职业理想,并跟其他的小朋友一起分享。"当当城"儿童职业体验馆拥有自己的文化价值体系,倡导少年儿童独立自主,通过工作获得劳动成果和成就感。通过各种角色扮演活动,让孩子学会自己选择、决策、执行,让孩子们学会诚信、尊重、责任、关爱、协作、勇敢,更加具有创造力。

(来源:http://www.chinahr.com/company/32911145.html.)

(二) 家庭教育

家庭是进行家庭教育的实体,它是一种特殊的社会组织形式,是以婚姻为基础、以血缘为纽带而形成的社会生活的基本单位,是社会中最小的细胞。家庭具有教育功能,家庭作为人降生后首先归属的社会群体,使未成年人初步掌握母语,养成一定的生活习惯,自然接受亲情之爱,并主动爱亲人,从而奠定人格和个体社会化的初步基础。

家庭教育的广义是指:在人类社会家庭生活中,家庭构成人员之间的持续不断的一种教育和影响活动。它既包括家庭成员之间自觉的或非自觉的、经验的或意识的、有形的或无形的多重水平上的影响,又包括家庭的社会背景、家庭的社会方式和家庭环境因素对其成员产生的无主体影响。家庭教育的狭义是指:父母或其他年长者在家庭中自觉的、有意识的对子女进行的教育。它是家庭生活的重要内容,是父母的一种永恒的社会义务和责任,是贯穿于日常生活之中的,有计划和无计划相结合的教育。

家庭教育实质上是一种建立在一定婚姻关系、血缘关系或收养关系基础上,融于家庭生活中,自然而然进行的,终生的教育过程。首先,以家庭教育起源为依据的家庭规范的教育,是建立在一定婚姻关系、血缘关系或收养关系基础上的教育。教育者和受教育者之间并不是一种教育和受教育的关系,而是一种血缘关系、隶属关系和情感关系,家庭教育是为了充分地满足成员的个人愿望并实现其利益需求的。其次,家庭教育是融于家庭生活中、自然而然进行的教育。家庭是人类社会生活的基本组织形式。在家庭中进行的一切活动,都是从生活的角度出发,以生活需要为轴线进行的,因此,可以说家庭教育是生活教育。另一方面,家庭教育是在家庭中分散的、随机进行的非形式化的教育,没有统一的教学计划、教学内容,而且没有固定的模式、时间和地点。一般有教育者随机而教。最后,家庭教育是一种终生的教育过程。人最初所受的教育就是家庭教育,这个教育过程要一直延续到他告别这个世界为止。而且前代人的遗嘱、遗愿等也在不同程度上影响着后世人的行为。这种长期的终生的教育,对年幼者人格的形成产生强烈的、持久的影响。

案例:

信息时代家庭教育面临四大挑战

今天教育孩子面临一系列挑战,第一,信息化时代动摇了成年人的权威地位。小时候父母常说,我过的桥比你走的路都多。我们真信。今天倒过来了,很少有父母敢这样对孩子说话,反而好多孩子敢对父母说,你懂什么呀?为什么?我们进入了一个信息化时代,电子产品、网络玩得最好的是孩子,他们什么都不畏惧,什么都好奇,什么都可以玩得好。

第二,独生子女时代给教育带来挑战。在座的年轻父母可能有人在考虑生二胎,但你们有没有想到,你要二胎,还要听一下老大的意见?调查发现60%的老大不同意。我们小时候父母要生弟弟妹妹,会跟我们商量吗?但今天,你突然觉得这个事情有点复杂。

第三,大家发现没有,现在的小学生过情人节也很积极,不是小狗小猫的感情,是很认真,很动感情的,你不能小瞧,为什么?今天的孩子性发育提前了四到五年,现在女孩9岁就开始发育了。网络化时代,他们接收的性信息非常多,性教育变得刻不容缓,而我们没有做好准备。

第四,应试教育带来巨大的压力。新华社有过报道,银川一个13岁的女孩小学毕业典礼的当天上吊自杀,遗书说,爸妈,我是差生,我没考好,我死了,可以给你们省10万块钱。父母悲痛欲绝。当地上不了重点就得花钱,6年大概花10万块。这就叫童年恐惧,任何生命在恐惧状态下都难以正常生长。

教育的问题很多,我认为特别重要的四大建议或者原则是:第一,教育的核心是培养健康人格。第二,好的关系胜过许多教育。第三,习惯决定孩子一生。第四,孩子健康成长需因性施教。

(作者:孙云晓,本文经过编者整理)

(来源:http://edu.qq.com/a/20140723/015596.Htm.)

（三）学校教育

学校教育实际上是从狭义的角度来解释的教育，其含义是教育者根据一定社会（或阶级）的要求，有目的、有计划、有组织地对受教育者的身心施加影响，把他们培养成为一定社会（或阶级）所需要的人的活动。

学校的产生，一般地说是在奴隶社会。有了学校，便使教育成为人类社会实践活动中的一个相对独立的专门领域，从而大大提高了教育实施的专门程度，具备了独立的社会职能。据中国古籍记载，中国奴隶社会已有庠、序、校、瞽宗等，后期还发展了政治与教育合一的国学、乡学体系。到封建社会，学校体制趋于完备。如唐代已有相当完备的学校体系，京都的儒学有弘文馆、崇文馆、国子穴、太学、四门学，京都的专门学校有律学、书学、算学、易学、天文学以及音乐学校、公益学校。地方学校有按行政区划分的府、州、县学和由私人办的乡学。在西方，古希腊的斯巴达、雅典产生了文法学校、弦琴学校、体操学校以及青年军训团等教育机构。古埃及的王朝末期产生了宫廷学校。中世纪时期虽闭塞落后，但也出现了教会学校、世俗封建主的宫廷学校以及后来的城市大学和行会学校。

当代社会，关于学校发展也有诸多说法。

第一，特色学校发展观。19世纪末20世纪初，欧美新教育运动中涌现一批特色学校。如欧洲第一所新学校——英国雷迪的阿博茨霍尔姆学校及利茨的德国田园教育之家、帕克的昆西实验学校、帕科赫斯特的道尔顿制中学、杜威的芝加哥大学实验学校等。20世纪70年代开始，受非学校论、终身教育思想、选择制教育以及教育信息化和现代科学技术的影响，追求教育的个性化、学校的多样化和特色化成为各国教育改革的重点。在我国，20世纪90年代以来，伴随素质教育改革的纵深发展，创建特色学校，走个性化、特性化的发展之路，不仅是社会发展对学校的要求，也是学校自我发展的理想追求。我国学者则主要从学校的整体、学校的某一个方面、学校的办学声誉与发展历史等方面理解特色学校。

第二，自主发展观。20世纪80年代以来，在全球化教育改革与学校重建大潮中，学校自主发展与自治的理念和实践，已经成为各国共同的教育策略选择。20世纪90年代以来，随着国家政治体制改革与经济体制改革的推进，并在教育管理体制的国际性改革浪潮影响下，我国教育管理体制改革在价值取向上确立了"以学校发展为本"的逻辑起点，自主发展成为当代学校发展的走向。学校自主发展实质是学校依据自身发展实际、在对教育规律的把握、对学生身心发展规律以及社会发展需要和学校发展现状的正确认识基础上的自主的选择与决定的发展观念。若想实现自主发现，需要转变国家与政府的角色，重新界定各级政府在教育领域中的角色和作用，从外部给学校"松绑"，坚持把权力下放到学校。重视学校自身的改革，提高学校自主发展的能力。

第三，优质学校发展观。20世纪70年代以来，西方出现了优质学校改革运动，之后，创建优质学校，尽可能为民众提供优质教育成为各国教育改革的共同趋势。如美国的蓝带学校，英国的灯塔学校和特色学校，我国香港和台湾的优质学校计划以及内地的示范性高中建设。优质学校就是能够提供优质教育的学校，以追求卓越为目标在各方面均有良好绩效的学校。包括校长的领导、学校教学成就、学生学习成就、全体教职员工的专业发展以及学校文化和价值等。美国有特许学校模式，所谓的特许学校（Charter School）是获得州或学区特别注册授权开设的新型公立学校。特许学校以自治为主要特征，在经费使用、教师聘用、课程设置等方面尤为突出，在学校管理方面，教学实践、学生成绩、学生行为、学生到校率、学校任务的完成、学校管理、学校财政都必须与特许立法规定保持一致。英国有绿色学校模式，绿色学校(Eco-Schools)，又称生态学校，这类学校以科学的态度和方法从课程中选出环境问题，并将其纳入到学校的日常教学活动之中，以灵活多样的教学手段帮助学生认识和理解环境问题的重要性，深刻影响学生的意识和理念，使其今后在个人和家庭生活中重视环境问题。比利时布鲁塞尔有生活学校模式，生活学校创建于1907年，其创建人是比利时的著名教育家奥维德·德可乐利。其理论基础就是德可乐利的教育思想：认为学校要加强与生活的联系；重视儿童的本能与兴趣；重视环境的作用。

当前，我们要实现家庭教育、学校教育与社会教育的统合，就是实现家庭教育、学校教育和社会教育三位一体，通过不同的侧面、不同的渠道和方法，对学生进行教育，突出各自的教育特点，增强三者各自的教育力度，融合三者之间的关系，形成一个既有分工又能协调一致的教育网络。[①] 从整个教育系统来看，教育是一项包括家庭教育、学校教育和社会教育的全方位的系统工作。每种教育形式都是整体教育系统中的一个组成部分，缺少任何一个方面，都会影响教育的效果。从三种教育之间的关系来看，家庭教育是学校教育、社会教育的基础、起点，学校教育，社会教育是家庭教育的拓展、深化。社会教育是使未成年人实现社会化和实现个性化必不可少的条件，同时也是使成年人实现继续社会化的条件。在整个培养社会人的过程中，家庭教育、学校教育和社会教育相互影响、相互促进、相互配合。他们之间不存在任何隶属关系，各有相对独立的地位和各自独特的功能，但从总体上看，三者都是为了教育人、培养人，有着共同的教育目标。但要有效实现教育目的，促进人的全面素质的发展，必须以学校教育为主导，进行这三种教育的统合。在青少年的成长中，学校、家庭和社会分别从不同的方面起着不同的作用，学校教育、家庭教育和社会教育也各自承担着独有的教育职能，由于各自对青少年进行教育的侧重点不同，对学生施加教育影响的角度也会不同。因此，只有各尽其职、相互协调，才能保证整个教育系统的协调，这是教育本身存在的一种不容忽视的客观规律。另一方面，"三教"各有优势，又各有局限性。如果三种教育配合不好，不仅会使教育的作用由于相互抵消而削弱，影响学校教育的质量和效果，而且更会影响孩子未来的健康发展。因此，要达到教育的预期目的和长远目标，必须充分发挥整体教育的合力作用，必须高度重视三种教育相结合的问题。

本章小结

教育	教育是一种培养人的活动，从广义上说，凡是增进人们的知识和技能，影响人们的思想品德的活动，都是教育。狭义的教育，主要指学校教育，其含义是教育者根据一定社会(或阶级)的要求，有目的、有计划、有组织地对受教育者的身心施加影响，把他们培养成为一定社会(或阶级)所需要的人的活动
教育者	教育者是指直接对求教者的素质发展起影响作用的人，包括学校的教师、管理人员、兼职教师、家庭教师、家长

---

① 赵琴.学校教育与家庭、社会教育[M].广州：广东高等教育出版社，2003：211.

续表

受教育者	在广义的教育中,所有为提高自身素质而处于学习状态的人都是受教育者;在狭义的教育中,受教育者特指教师"教"的对象——学生
教育内容	教育内容是学校基于一定社会的生产力和科学文化技术发展水平,向学生传授的知识和技能、灌输的思想和观点、培养的习惯和行为的总和。教育内容在学校中的具体表现形式是课程标准和教科书
教育手段	教育手段是指教育者将教育内容作用于受教育者所借助的各种形式与条件的总和,它包括物质手段、精神手段等
正规教育	正规教育是指由教育部门认可的教育机构(学校)所提供的有目的、有组织、有计划、由专职人员承担的、以影响入学者的身心发展为直接目标的全面系统的训练和培养活动,有一定的入学条件和规定的毕业标准,通常在教室(课堂)环境中进行,使用规定的教学大纲、教材,其特点是统一性、连续性、标准化和制度化
非正规教育	非正规教育是相对于正规教育而言的,指在正规教育体制以外所进行的有目的、有计划、有组织的教育和培训活动
实体教育	实体教育是指在一个现实的空间里,根据现实空间的要求来规范人们的行为的一种教育
虚拟教育	虚拟教育是教学活动可以在很大程度上脱离物理空间及时间的限制,以当下的电子技术、信息技术以及网络空间为媒介而展开的一种教育形态
社会教育	社会教育的狭义是指:学校教育以外的一切文化教育设施对青少年、儿童和成人进行各种教育活动
家庭教育	家庭教育的狭义是指:父母或其他年长者在家庭中自觉地、有意识地对子女进行的教育
学校教育	学校教育是教育者根据一定社会(或阶级)的要求,有目的、有计划、有组织地对受教育者的身心施加影响,把他们培养成为一定社会(或阶级)所需要的人的活动

本章练习题

一、单选题

所谓教育要素是指构成教育活动必不可少的（　　）。
A. 最基本的因素　　　　B. 所有因素　　　　C. 一般因素　　　　D. 特殊因素

二、填空题

1. 概括地说,教育的本质就是_____。
2. 从微观角度看,教育活动由_____、_____、_____和教育手段四个基本要素构成。
3. 依据实施教育的机构所做的划分,教育的基本形态有_____、_____和学校教育。
4.《说文解字》中"教"的含义是"_____","育"的含义是"_____"。
5. 美国教育思想家杜威认为教育即_____,教育即_____,教育即_____。

三、简答题

1. 教育手段的基本含义是什么?
2. 举例说明什么是非正规教育。

四、论述题

家庭教育的实质是什么。

本章参考文献

[1] [巴西]保罗·弗莱雷.被压迫者教育学[M].顾建新,等,译.上海:华东师范大学出版社,2001.

[2] [德]沃尔夫冈·布列钦卡.教育科学的基本概念[M].胡劲松,译.上海:华东师范大学出版社,2001.

[3] 陈乃林,孙孔懿.非正规教育与终身教育[J].教育研究,2000(4).

[4] 郭齐家.中国古代教育思想史[M].北京:教育科学出版社,1987.

[5] 华东师大,杭州大学教育系.现代西方资产阶级教育论著选[M].北京:人民教育出版社,1981.

[6] 马克思,恩格斯.马克思恩格斯全集(第12卷)[M].北京:人民出版社,1995.

[7] 瞿葆奎.元教育学研究[M].杭州:浙江教育出版社,1999.

[8] 全国十二所重点师范大学.教育学基础[M].北京:教育科学出版社,2002.

[9] 王承绪.西方现代教育论著选[M].北京:人民教育出版社,2003.

[10] 王冬桦,王非.社会教育学概论[M].北京:教育科学出版社,1992.

[11] 叶澜.教育概论[M].北京:人民教育出版社,2000.

[12] 张焕庭.西方资产阶级教育论著选[M].北京:人民教育出版社,1996.

第四章 教育与社会的发展

学习目标

1. 了解教育与社会关系的几个理论。
2. 理解教育的社会制约性。
3. 理解并掌握教育的社会功能。

建议学时

6 学时

案例导读

案例呈现：

自 2001 年《国务院关于基础教育改革与发展的决定》提出"因地制宜调整农村义务教育学校布局"以来，县域学校数由 2001 年的 464 962 所减少到 2010 年的 241 010 所，减幅达 48.17%；县域教学点由 2001 年的 113 656 个减少到 2010 年的 66 736 个，减少 41.28%。

吴之如　绘

（来源：中国教育报 2012-08-14）

案例分析：

当经济社会发展、学龄人口数量结构和流动状况发生变化的时候，原有的布局就会出现"不合理"的状况，地方政府及教育行政部门应就这些变化对一定空间范围内的学校布局进行重新规划，这一过程就是学校布局调整。

因此，我们可以看出，教育中的学校布局是和人口的数量、结构、布局息息相关的，同时教育受到人口因素制约的同时，也发挥着自身的社会功能。因此学校布局的调整不能仅仅以办学效益为唯一指标，重要还在于优化学校布局，调整的目的是要保证孩子就近上学的权利和公平接受教育。

教育与社会发展是教育学的基本问题之一。教育与社会发展的关系即教育与社会各构成要素之间的相互制约关系或彼此之间的作用与反作用。

人类社会从其诞生的那天开始就处在不断的发展变化之中。简单地说，所谓社会发展，即社会由低级向高级的递进，社会物质文明及精神文明的发展进化以及社会由一种形态向另一种形态的转变。根据历史唯物主义的基本原理，社会发展即生产力和生产关系的矛盾运动，生产力决定生产关系，生产关系的总和构成的社会经济基础决定社会的上层建筑。教育，从其存在的社会属性来看，属于社会上层建筑范畴，因此教育就必然地要与生产力和生产关系发生联系，受其影响制约又反作用于生产力和生产关系。

进一步分析，社会是由自然环境、人口和生产方式三个要素构成的，生产方式包括生产力和生产关系，故研究教育与社会发展的问题，也就是研究教育与自然环境、人口、生产力和生产关系之间的基本联系或关系。社会各要素对教育的影响和制约问题，即表现为教育的社会制约性，教育对社会各要素所产生的种种作用，表现为教育的社会功能。

第一节 教育与社会关系的几个理论

教育与社会各个要素（包括经济、政治、文化等）之间存在着紧密的联系，"教育独立论""教育万能论""人力资本论""筛选假设理论""劳动力市场理论"等从不同的角度阐述了教育与社会各构成要素之间的关系。

一、教育独立论

"教育独立论"的主要代表人物是我国近代著名教育家蔡元培。在我国，这一思潮萌发于"五四"之前，兴盛于20世纪20年代。1922年，蔡元培在《教育独立议》上阐述了"教育独立论"这一思潮的基本观点，他主张：教育应脱离政党，脱离社会而独立，应该把教育的事业完全教给教育家来办。具体来说，"教育独立论"的主要观点是：① 教育经费独立；② 教育行政独立；③ 教育学术和内容独立；④ 教育脱离宗教而独立。然而，应该看到，"教育独立论"把教育和政治的关系完全对立起来，认为教育应该脱离于政治，不仅在理论上是不正确的，在实践中也是行不通的。教育的确具有相对独立性，但并不具有完全的独立性。

教育是帮助被教育的人，给他能发展自己的能力，完成他的人格，于人类文化尽一份责任。而不是把被教育的人，造成一种特别器具，给抱有他种目的的人去应用的。所以，教育事业应当完全交给教育家，保持独立的资格，毫不受各派政党或各派教会的影响。

——蔡元培

二、教育万能论

"教育万能论"的主要代表人物是18世纪的法国启蒙思想家、唯物主义哲学家爱尔维修(1715—1771年)。事实上,这一思潮可以追溯到古希腊哲学家柏拉图。爱尔维修"教育万能论"的主要观点是:教育对人的成长起决定性作用,否认遗传对人的成长的应有作用。人的才智差别根源于人所处的不同环境、后天的不同机遇以及所受的不同教育,"人受了什么样的教育,就会成为什么样的人""教育是包括自然环境和社会环境等一切生活条件的总和""教育是万能的,它甚至还能创造天才"。然而,"教育万能论"也有它的局限性:它虽然看到了教育在人的发展中的独特作用,但是没有看到人的发展的复杂性,夸大了教育对人的发展的作用,具有一定程度的"乌托邦"色彩。

三、人力资本论

"人力资本论"的主要代表人物是美国学者、教育经济学理论基础奠基者舒尔茨(1902—1998年)。1960年12月,舒尔茨在美国经济学会第73届年会上所做的"人力资本投资"的演讲被称为人力资本理论创立的宪章。

大量翔实的证据证明,人力资本特别是教育具有经济上的重要性。最有说服力的证据或许就是,教育程度高或技能好的人总能获得比其他人更高的收入。在发达国家,例如美国是这样,在不发达国家,例如印度或古巴也是这样;100年前的美国是这样,现在也是这样。事实上,没有哪个国家能够在不对劳动力进行大量投资的情况下保持经济的持续发展。

——加里·贝克尔

舒尔茨认为,人力资本是完全不同于物力资本的新概念。人力资本是指凝结在人身上的知识、技术、体力、能力和综合实力。或者可以把人力资本理解为在社会活动和生产活动过程中,当做"资本"来运用和运作的人类素质。从经济学的角度,人力资本投资是指在人身上所有的旨在提高劳动者技能和素养的投资。人力资本还可以理解为人口质量投资,是一种能力资本、人口素质资本。[①]

舒尔茨在其1971年出版的《人力资本投资:教育和研究的作用》和1981年出版的《人力投资:人口质量经济学》两本专著中系统阐述了人力理论。

首先,舒尔茨认为人力资本包括量与质两个方面:量的方面指一个社会中从事有用工作的人数及百分比、劳动时间,一定程度上代表着该社会人力资本的多少;质的方面指人的技艺、知识、熟练程度与其他类似可以影响人从事生产性工作能力的东西。

其次,舒尔茨认为人力资本是投资的产物。人力资本投资两个方面:正规教育和有组织的研究活动。

最后,舒尔茨认为人力资本的积累是社会经济增长的源泉。舒尔茨认为人力资本与物力资本投资的收益率是有相互关系的,人力资本与物力资本相对投资量,主要是由收益率决定的。舒尔茨在1929—1957年,采用余数分析的方法,研究美国教育投资跟美国经济发展及经济增长之间的关系,对其开展定量研究和实证分析。研究结果表明,美国各级教育投资对经济发展和经济增长的平均收益率是17%,人力资本投资的经济收益率是最高的。

---

① 林荣日.教育经济学[M].上海:复旦大学出版社,2001:42-43.

人力资本理论在加深人们对教育与经济发展之间的关系的认识具有重大的贡献。在这一理论和经济发展需要的相互刺激下,教育的经济主义思潮获得了极大的张力。但是,人力资本理论有不足:① 教育增长与经济增长并不总是成正比的。② 教育、教育产品不能像商品、经济组织那样进行严格而准确的成本核算和费用分摊,更难以计算它的即时"利润"。③ 经济增长是受多因素变量制约的,教育水平仅仅是其众多因素之一,而且相当多的时候也不是决定性因素。④ 人力资本理论着重从经济角度衡量和研究教育问题,容易忽视教育的主体价值。

四、筛选假设理论

20世纪60年代到70年代,西方各国普遍经济不景气,人们开始发现,很多国家在之前增加的对教育的大量投资并没有达到预期的效果,反而使大量的受教育者失业,这在一定程度上引发了社会问题、经济问题和教育问题。伴随着这些问题的到来,也引发了经济学家们的深思,于是许多新的观点应运而生,筛选假设理论就是在这一时期诞生的新理论。

1973年,美国学者斯宾塞发表《筛选假设——就业市场信号》,首次提出了筛选假设理论,对舒尔茨等人的人力资本理论提出了挑战。

筛选假设理论认为,教育的经济价值体现在基本假设、信号、标识与筛选之中。筛选假设理论使雇主把求职者的教育程度当信息。在劳动力市场上,筛选假设理论主要探究雇主是如何筛选求职者的。筛选假设理论把看得见的一般不能改变的特征(如性别、民族等)理解为标识,把个人可以控制和改变的特征(如受教育程度)叫信号。筛选假设理论主要考察的是教育的信号功能,认为雇主在劳动力市场中可以凭借标识和信号,特别是凭借教育信号了解求职者的能力。在招聘求职者时,筛选假设理论会让雇主们倾向性地认为,具有高学历的求职者的劳动生产力比具有低学历的求职者的更高。雇主在雇用求职者时,会给能力较高的求职者支付较高的工资,而给能力较低的求职者支付较低的工资。这就很好地解释了随着教育的发展,很多国家出现的"文凭膨胀"现象。

案例:

高校扩招与毕业生就业困境

年份	招生数(万人)	增加比例(%)	毕业生数(万人)	增加比例(%)
1985	61.9		31.6	
1990	60.9	-1.62%	61.4	94.30%
1995	92.6	52.05%	80.5	31.11%
2000	220.61	138.24%	94.98	17.99%
2005	504.4581	128.67%	306.7956	223.01%
2010	661.7551	31.18%	575.4245	87.56%

注:数据来源于《中国统计年鉴(2011)》,http://www.stats.gov.cn/tjsj/ndsj/2011/indexch.htm。

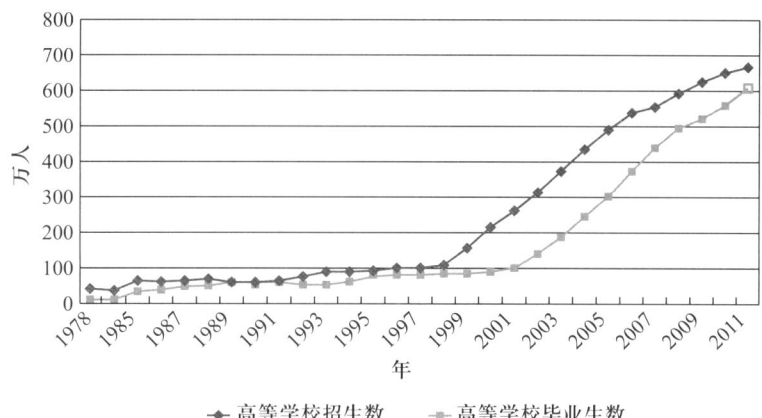

── 高等学校招生数　── 高等学校毕业生数

案例分析:

我国高等教育开始了超常规规模扩张的历程。1999年普通高校的招生规模突然从1998年的108.4万人,增加到159.7万人,之后的几年更是以年均60万人的速度递增,之后出现了大学生就业难和"毕业即失业"的现象。根据筛选理论,雇主显然并不仅仅把大学看作培养人才,为其输送有技能员工的机构,同样也很看重大学的筛选功能。总体而言,能够考上大学的从业者在个人能力上要高于进入劳动力市场的高中及其以下学历毕业生。所以在雇主对求职者缺乏更深入了解和无法获取其更完整信息时,学历文凭便是个人能力最好的代理变量。因此,雇主可能更愿意选择大学生,只要大学生愿意接受,他们往往能够进入高中毕业生的岗位。但是从根本上,这样的就业与劳动力市场技能需求不匹配,出现了就业市场中的"文凭"信号失灵和"文凭膨胀"。

人力资本理论和筛选假设理论都从不同的角度探讨教育与经济的关系,探究教育对经济发展和经济增长的巨大作用和突出贡献。人力资本理论更为突出和强调教育的经济功能,筛选假设理论突显教育的信号功能,都具有其合理价值。

五、劳动力市场理论

"劳动力市场理论"的主要代表人物是多林格(P. Doering)、戈登(D. Gordon)、卡诺依(M. Carnoy)等。该理论出现于20世纪70年代,其原型是在20世纪60年代对城市低收入人口的经济研究中产生的。他们认为:人力资本关于教育与工资关系分析得不正确,关于教育水平与个人收益成正相关的论断不全面,因其没有考虑"劳动力市场内部结构"对于个人收益的重要影响。

"劳动力市场理论"的主要观点是:第一,劳动力市场被严格地分割为一级部分(primary sector)和二级部分(secondary sector)。第二,一级部分工资的决定机制是公司的制度及规则。此部分和外部劳动力市场之间缺乏劳动力流动,结果是一级部分的工作稳定,收入较高,福利较好,且职业变换主要依靠一定规则下的晋升机制,教育在此部分有回报。第三,二级部分工资的决定机制是劳动力的供求机制。此部分工作不稳定,收入低,几乎没有福利待遇,流动性大,职业前景暗淡,教育在此部分没有回报。第四,劳动力在两个部分之间几乎不存在流动,并且在二级部分中的劳动者工作极不稳定,经常在就业、失业和退出劳动力市场三者之间变动。

劳动力市场理论强调劳动力市场不是一个竞争性的整体,而是由许多被制度或社会组织结构分割的一系列市场构成的,收入差异除了劳动力的个体差异之外,主要的原因是不同市场中存在不同的运行机制,直接结果就是对相同人力资本的回报产生差异。

第二节 教育的社会制约性

教育作为一种社会活动,一方面受到生产力发展水平、政治经济制度、文化、人口和科技等社会构成要素的制约,同时,教育也能在生产力、政治经济制度、文化、人口、科技等方面的发展起到促进作用。

一、社会及其构成要素

(一)社会的涵义

社会是一个使用广泛且概念模糊的词语。我国古代虽然有"社"与"会"这两个字,个别古籍中也曾出现过"社会"这两个字的连用,但其涵义与我们现代意义上的社会不尽相同。

我们如今使用的社会的概念,是近代日本学者在翻译西语"society"时,将其译为"社会"两个汉字,后来近代留日的中国学者将此概念引入到汉语之中而来的。从社会学的概念而言,社会就是一群享有共同地域和共同文化的相互作用着的人。[①] 基本上所言社会,应该具有二个基本条件:人们共同占有同一块地域,同时,地域中的人们还必须彼此间发生相互作用。

在归纳人们使用的社会的概念的时候,会发现前后矛盾和不一致之处,比如我国的"五年计划"为"国民经济与社会发展计划",经济与社会就是并列使用的概念,此时所使用的社会概念是一个"小社会"概念,而马克思曾经指出:所谓社会就是全部社会关系的总和。马克思所说的,显然属于"大社会"概念。

(二)社会的构成要素

社会由自然环境、人口和生产方式三个基本要素构成。大凡要形成一个社会,这三者便缺一不可。其中,对社会发展起决定作用的是物质生活资料的生产方式。

自然环境是人类社会发展的必要条件之一。人类要生产出自己所需的物质资料,就必须由自然界提供材料。自然界给人类提供了生息的场所,提供了生命所需的物理成分和人类生活繁荣幸福的物质资源。人的存在离不开自然,人类教育的发展同样离不开自然的物质保障。

人口也是社会物质生活的必要条件之一。人口数量的多少、质量的高低、增长的快慢、聚居的密度等,都对社会发展起着加速或延缓的作用。只有使人口发展和物质生产同发展之间保持适当的比例关系,且不断提高人口的素质,才能促进社会的发展。

社会物质资料的生产方式,是社会发展和变革的最后决定力量。生产方式包括生产力和生产关系两个方面。生产力和生产关系的矛盾运动是社会经济发展的根本原因。生产方式之所以是一切社会发展和变革的决定性力量,是因为物质资料的生产是人类赖以生存的

---

① 伊恩·罗伯逊.社会学(上册)[M].北京:商务印书馆,1990:103.

基础。有了这个基础,才能谈得上政治、法律、宗教、科学、文化等,就是自然环境和人口也都必须通过生产方式的作用才能最终影响于社会生活。因此生产方式不但在物质生活诸条件中起决定作用,决定着社会物质生产过程和人们的物质关系,而且决定着社会的精神文化和人们的思想关系,决定着整个社会生活的性质、面貌和发展变化,所谓社会存在决定社会意识的真谛恐怕就存在于此。

二、教育的社会制约性

教育在社会中并不是一个"真空"存在,受到生产力、政治经济制度、文化、科技等社会因素的影响和制约作用;另一方面,教育也能在经济、政治、文化和科技等方面对社会发展起到促进作用。

(一)自然环境对教育发展的影响和制约

人类社会的自然环境或地理环境包括地理位置、气候、地貌和各种自然资源等人类存在和发展所依赖的各种自然条件的总和。不同的自然条件对教育发展有着不同的影响。有的自然环境有利于教育的发展,有的则不利甚至阻碍和限制着教育的发展。所以,不同的自然环境具有加速和阻滞教育发展的作用。处于良好地理条件中的教育,如气候温和、资源丰富、交通便利、雨量充沛、灾害稀少等,就要比处于气候恶劣、资源贫乏、交通困难、雨量稀少、灾害频发等条件中的教育发展得快,发展得好。例如城市与农村、沿海发达地区和内陆贫困地区、城市中心文化社区与生产社区就存在教育差异,不同的地理条件决定着不同的教育条件,不同的教育条件进而决定了不同的教育质量。儿童的入学率、巩固率、毕业率都与地理环境有着直接的关系。一个七岁小孩,每天都要爬山越岭跋涉二十几里路去上学,这样不便的地理条件必然有碍教育的普及;同样,处于地理贫瘠、经济落后的家庭,温饱尚成问题,儿童的教育问题便无法解决。

人类是整个自然界的一部分。人类教育的发展受自然环境的影响,还表现在教育同样受到生态平衡规律的制约。严重的环境污染导致疾病流行,呼吸困难,学校正常的教学秩序必然受到影响,从而导致教育质量下降,失学人数增多,使教育进程不能顺利完成。所以,无论是地理位置、气候条件、交通状况、资源多寡等都以不同的方式、从不同的方面制约着教育发展的规模、速度、质量等。人虽然不是环境的消极的产物,但对环境的这种影响我们必须给予客观的承认。

(二)生产力对教育的制约和影响

构成社会的第三个要素是社会物质资料的生产方式。生产方式是人们为维持自身生存而必须获得生活资料的谋取方式。社会生产是一个社会存在和发展的基础。生产力和生产关系构成社会生产的两个方面。其中,生产力是社会生产中最为活跃和有革命性的因素。生产力的发展推动和决定着社会政治经济的发展,同时也制约和推动着教育的发展。

1. 生产力的发展为教育发展提供了基础性条件

无论办什么样的教育,总要有一定的时间保障,同时还需要包括一定的人力、物力和财力在内的经济条件,发展这些教育所不可缺少的基础性条件都是由社会生产力的发展提供的。教育者和受教育者在从事教育活动时,都需要在一定时间内、在不同程度上脱离社会物质生产劳动,而他们赖以生存的物质条件是由生产力的发展来保障的。在原始社会,生产力水平极其低下,因而没有产生学校这种专门的进行教育活动的机构。到了奴隶社会,人类生产力发展水平的提高,使一部分人脱离社会物质生产过程成为可能,因此才有了学校。随着生产力发展水平的不断提高,越来越多的人从物质生产中解放出来,而且使每个物质生产劳动者的劳动时间逐渐缩短和闲暇时间逐渐增多成为可能,因此每个人在人生中的一定时间内接受学校教育成为一种可以实现的现实。现代国家之所以能够发展普及义务教育和在职教育,就是因为有了生产力高度发展所提供的基础性条件。

2. 生产力发展状况影响劳动力素质需求与教育目的

教育是培养人的过程,至于培养什么样的人,这首先是由政治经济决定的。但由于一定的政治经济总是建立在一定的生产力发展水平之上,所以在确立培养人的规格和内容时就必然受到生产力发展水平的影响。

历史的经验证明,生产力水平越高,它对劳动者的科学技术素养的要求越高。我们知道,在奴隶社会和封建社会,学校教育主要不是培养劳动者,而是培养社会统治者,那时的学校教育缺乏生产性特征。这是因为,那时的生产力发展水平还没有达到这样的高度,即要求每一个劳动者都拥有高度的科学知识素养。但是,到机器大工业发展起来以后,生产劳动的科技含量越来越高,对劳动者的要求也越来越严格,以至接受一定程度的学校教育成为进入劳动过程的不可缺少的条件。这是近代以来世界各国大力发展学校教育,学校开始把直接从事生产劳动的工人以及与生产劳动密切联系的工程师、技术人员和管理人员列入培养目标的主要原因。我们社会主义的教育目的被确定为培养德、智、体等方面全面发展的劳动者,正反映了现代生产力的发展水平和发展需要。以上这一切说明,学校教育目的必须反映生产力的要求,受生产力发展的制约,这是一个普遍规律。不管封建主义和资本主义的生产关系怎样限制和制约这一规律的实现,生产力的要求终究要在教育目的中得到反映。

3. 生产力的发展制约着教育教学内容的选择

传播和继承人类已有的生产经验是教育活动原初的价值取向,这一价值取向决定了生产力的发展必然制约着教育教学内容的选择。在经济不发达的古代社会里,教育内容主要是传授直接的生活经验和生产经验,学校开设的课程门类很少,课程结构和课程内容也相对比较简单,主要是哲学、宗教、道德、语言等人文学科以及统治阶级所需要的统治术,与生产力直接联系的自然科学和技术方面的课程内容极为贫乏。生产力的发展所引起的人类科学知识的不断积累既为教育教学内容的丰富和更新创造了可能,同时它又要求教育培养出来的人能够适应当时生产力发展状况和发展需求。因此,随着生产力的进步,学校的教育教学内容也发生了明显的变化。到了现代社会,学校中自然科学和生产技术方面的内容大大增加,学校的课程门类增多,形成了完整的学科门类体系,课程结构也不断完善,以至科学教育构成学校教育的主体性内容。所以,教学内容的发展历程证明,学校的课程,特别是自然科学方面的内容是直接受制于生产力发展的。没有生产力和科学技术的进步就不能有教学内容的补充和更新。

拓展资源:

在生产力的推动下,课程内容的变迁

在西方,奴隶社会时期,如古希腊,有以体育和军事训练为主要教学内容的斯巴达;也有以读、写、算和音乐、体育为主要教学内容的雅典。欧洲封建社会的学校,大都由教会举办,以宗教教义为主要教学内容。在资本主义时期,普通学校的教学内容,有的偏重拉丁文、希腊文等古典语文,有的偏重数学、物理等实用学科。由于生产的发展和科学的进步,学校教学内容日益丰富。设置的学科种类日渐增多,其中也包括职业训练的学科。

在中国,奴隶社会的教学内容主要有礼、乐、射、御、书、数六艺。封建社会的教学内容主要有"五经"和"四书"。而生产经验和生活实用知识、技能的传授在广大劳动人民当中,主要依靠父子相传或师徒授受。虽然有时也把实用科学如医学、数学等列为教学内容,但很不普遍。直到近代,由于生产力的发展和"富国强兵"的需要,才把数学、物理、化学、博物等自然科学列入学校的教学内容。

4. 生产力的发展影响着教学方法、教学手段和教学组织形式的改革

古代社会里,落后的生产力以及由此决定的简单的经济组织形式,决定了学校教育只能采取个别施教,师生间口耳相传单相授受,学生用呆读死记的方式方法进行知识的传承。进入工业社会以后,随着科学技术的不断进步和生产力发展要求的改变,学校教育的组织形式首先有了革命性的变革,出现了班级授课制。相应地,教学方法、教学手段也出现了并且还在不断强化着科学化、现代化的走向,电影、电视、录音录像、电子计算机等现代化教学设备在学校中的应用越来越广泛。历史的发展证明,生产中的技术手段直接影响着教育手段,只有具备了现代化的生产技术手段,才会有现代化的教育手段。

5. 生产力的发展还决定着教育发展的规模和速度

不能否认,教育事业发展的规模和速度为一定的阶级利益和要求所制约,统治者办教育的前提是他们认识到教育对他们的统治有利。但另一方面,我们应当看到,生产力的发展水平对教育事业发展的规模和速度具有直接的影响和最后的决定作用。这是因为,生产力发展水平决定了一个社会所能提供的剩余劳动的数量。这种剩余劳动数量与社会中可能受教育和办教育的人口之间有着直接的联系。此为其一。其二,生产力的发展水平又直接制约着一个国家在教育经费方面的支付能力,这种支付能力不仅表现在教育经费的绝对数值上,而且也表现在国民总收入中教育经费所占比例上。教育经费投入的数量直接影响着教育发展的规模和速度。其三,生产力的发展不仅为教育的发展提供了物质的前提和可能,而且也对教育事业的发展提出了需要,这种需要集中体现于两方面,一方面社会要求教育能够保证提供足够数量和质量的人力资源;另一方面,社会个体在文化教育方面的需要也是随着生产力的提高而不断增长的。不断满足社会和个人在文化教育方面日益增长的需要,这是教育事业发展的重要动力。

(三)社会政治经济制度对教育发展的制约和影响

教育发展的历史证明,教育同社会生产的发展并不表现为完完全全的同步现象。在某些社会生产比较发达、生产力水平较高的国家里,教育并不一定先进;相反,在某些社会生产比较落后,生产力并不发达的国家里,教育也并不一定落后,如18世纪的英国同当时的德国、法国、美国等一些后起国家的教育发展相比就是这样。这些事实说明,教育同社会生产发展所以有不同步现象,其根本原因或直接起决定性作用的因素是社会关系。社会生产对教育的作用虽然是根本的,但它并不直接决定教育,直接决定教育的是社会关系。社会关系指人们在共同活动过程中结成的相互关系的总称。社会关系的基础是生产关系,一定生产关系的总和构成社会的经济制度以及由经济制度决定并为它服务的政治制度。二者合一,简称为社会的政治经济制度。社会政治经济制度对教育的决定作用是多方面的,概括地说,

主要是：

1. 政治经济制度的性质决定教育的社会性质

一定的教育具有什么性质，这是由那个社会的政治经济制度性质直接决定的。教育发展的历史证明：有什么样的社会关系就有什么样的教育。欧洲古代中世纪教育的神学性是由于宗教僧侣对教育的垄断；近代资本主义教育的阶级性，则由资本主义的物质生活方式所决定。这是马克思、恩格斯在《共产党宣言》中所揭示的教育的普遍特征。而列宁根据俄国当时的实际也指出，俄国教育的等级性完全是由俄国社会制度的封建等级决定的。资产阶级的社会关系性质，决定了"学校完全变成了资产阶级统治的工具"。

2. 政治经济制度决定教育的宗旨和目的

教育的根本目的是培养人。但是在一定社会中，培养什么样的人，具有什么样的政治方向和思想意识，为谁服务，这是由一定社会的政治经济制度决定的。教育目的是一个社会的政治经济制度对教育所提出的主观要求的集中体现，它直接反映着统治阶级的利益和需求。因而，在政治经济制度不同的社会里便有着不同的教育目的。社会中占统治地位的阶级，为了确保教育能够培养出他们所需要的人才，总是利用他们掌握的国家机器，直接控制教育，为教育确定培养人的规格标准，选择教育内容，提出道德要求等，使教育为特定的社会关系服务。

3. 政治经济制度决定着教育领导权

教育领导权是判断和确定教育性质的最主要标志。政治上的统治者同时也是教育上的统治者，统治阶级依靠其掌握的政治、经济权力，同时掌握教育的领导权。统治阶级对教育的领导权的把握主要表现在：第一，通过国家权力机构对教育实现控制或管理。政府、执政党从组织上对教育机构实行直接领导，尽管领导的组织形式或方式各不相同，有的实行中央集权制，有的实行地方分权制。统治阶级会通过国家机器，以各种不同的手段，颁布政策法令，制定教育的发展规划和发展战略，规定教育的方针和路线。同时直接制定教育法律法规，决定教育者的培养和任用。所有这一切，都以强制的手段监督执行，以此将教育牢牢掌握在自己的手中。第二，利用经济力量的控制来达到对教育的领导。国家权力机关通过教育经费的划拨和投放间接实现对教育的领导和管理，控制教育发展的规模和速度，决定教育机构的兴衰存亡。与此同时，统治阶级中的个别人还常用发放教育经费或为教育捐款等形式有效地控制教育管理权。第三，以思想宣传上的优势力量来影响或控制教育。由于统治阶级在社会生活中处于统治地位，所以统治阶级的思想必定是统治思想。统治阶级能够利用国家的宣传机器，将自己的思想价值观念传播于社会，并实际左右教育的发展方向。

4. 政治经济制度决定着受教育权

受教育权是判断和确定教育性质的重要标志，它是由政治经济制度决定的。在一个社会里，要哪些人受教育，达到什么程度，受什么样的教育，教育的结果如何，这都是由社会关系中占统治的社会力量决定的。由于社会生产力发展所提供的基础性条件的制约，一个社会的受教育机会是有限的，并非所有的人都能够同时进入学校学习，在经济不发达的古代社会就更是如此。那么，是什么决定着这有限的受教育机会的分配呢？是社会政治。对每一个社会成员来说，他所拥有的受教育机会主要是由他的政治地位决定的。虽然说，经济地位对一个人的受教育机会的把握和利用有着实质性的影响，但这种影响只有在社会政治地位有所保障的前提下才能谈得上。从社会的角度说，教育机会的分配就是受教育权力的分配，受教育权的差别实质体现着社会政治地位的差别。

5. 政治经济制度决定着教育管理体制

教育管理体制直接受制于社会关系。教育发展历史上,不同社会政治经济制度历来决定着不同的教育体制。法国、日本等高度的中央集权决定了学校管理体制的集中统一;美国地方分权的政治经济制度同样决定了美国教育的分权制,各州有权根据各州实际确定颁布各种教育法规,而不是中央一统到底。中国强调发挥中央和地方两个方面的积极性,因而在教育上实行大政方针上的集中统一,具体实施上的地方分级管理,既有中央的集中,又有地方的灵活。这些都是不同社会关系和政治经济制度的反映。

(四) 社会文化对教育的制约和影响

教育历来与文化紧密相连。文化是教育发展的肥沃土壤和源泉,教育则又是文化丰富和完善的重要手段。自古至今,文化的定义不计其数,几乎每一个言及文化的人对它都有独特的界定。一般地说,文化泛指人类在历史过程中所创造的物质财富和精神财富的总和。我们这里无意具体梳理文化概念,单将文化限制在人类所创造的精神财富之一面,并在此范围内探讨文化对教育的影响或制约作用。即使如此,我们也可以发现,文化与前面所谈的政治,与后面将论及的科学技术等都有着千丝万缕的联系。

1. 文化对教育具有价值定向作用

文化的核心是文化价值观,它明确了在一个文化系统中什么是有价值的,什么是没有价值的;什么是应当的,什么是不应当的。所以,文化价值观是文化的深层底蕴或内核,它决定着人们的价值取向和行为取向,因而对教育也具有价值定向作用。不同的教育在很大程度上是由不同的文化价值观支配和决定的。同是资本主义国家,生产力水平也差不多,但由于其文化的民族性差异,致使各国教育的价值取向各不相同。

拓展资源:

不同国家的教育价值取向

美国的教育是在努力培养"民主社会"中确能适应生活需要的理想的公民;西欧各国的教育,尤其是中学,大体上是较富有阶级性,而其目标是很少带有实用性和功利性的。英国着重涵濡文化、陶融品格及形式心能之训练,以养成绅士风范。法国注重普遍教养及理智训练,其目的在造就才智出众的英俊。德国学校教育则以培养德意志文化及为国为民,服务国家之精神为原则。日本之中学教育,战前是基于"皇国之道"以培养忠君爱国之中坚分子,战后则以人格之完成为目标,造就和平国家及社会之主力,故须养成爱护真理与正义,尊重个人价值,重视劳动与责任,充满自主精神及身心健康之中等国民。

(来源:林本.现代的理想中学生[M].台北:台湾开明书店,1974,221.)

一个社会的教育是以保存或传承现有文化成果作为主要的,甚至是唯一的价值取向,还是在继承现有文化的同时致力于传统文化的转型并创造新文化,取决于社会总体的文化价值观。在古代社会,无论东西方,社会文化都呈封闭和保守的倾向,故而古代的教育大都以传承已有文化成果为自己的历史使命,而对新文化的传播少有顾及。而在现代社会,生产力的革命性发展以及不同文化体系间的广泛交流,使得不断更新和创造新文化成为时尚,所以现代教育具有了开放性、革命性、创造性的价值选择。在保存传统文化成果这一功能定位的基础上又增加了传播新思想、创造新观念、促进传统文化转型等新的价值期望。在一百年前还坚持"天不变,道亦不变"的中国,如今却努力通过教育来扩大以开放、进取、科学、民主等为主要价值旨趣的新兴文化,正说明社会文化对教育的价值定位的制约作用。社会文化对教育的价值取向的制约作用非常明显,它影响着教育的目的、目标、内容及师生关系等。文化价值观的任何变化都会直接影响教育的发展和变化。

2. 文化类型影响教育目标

文化类型不同,教育的目标也会不同。任何社会的教育目标都是社会统治阶级利益的集中体现,是统治阶级主观意志的产物。人的意志和决断决定于人的需要和价值取向。所以,教育目标中主观成分越多,其受文化的影响也就越大。例如,中国古代社会的主流文化是以儒学为核心的伦理性文化,反映在人才培养上则强调教育的目的是"在明明德,在亲民,在止于至善",通过修己正人,达到"明人伦"的目的。西方文化则是一种知识型文化,故主张"知识就是力量",注重通过知识学习达到对真理的认识。

3. 文化观念影响教育观念

文化观念是长期生活在统一文化环境中的人们逐渐形成的对自然、社会和人本身比较一致的观点和信念。教育观念是存在于人们头脑中对教育现象和教育问题的认识、观点和看法。文化观念对教育观念的制约主要表现在两方面:① 文化观念制约着人们对教育的态度和行为。例如,同在工业化历史进程中,具有大工业意识的国家便十分重视教育的发展,重视人口素质的提高对其社会高质量发展的重要作用,日本、德国就是如此;相反,传统和保守的社会则把社会发展归之于政治制度的作用,结果必然导致社会发展进程的缓慢,英国就是这样。② 文化观念影响教育思想的产生和发展。任何教育家的教育思想都是在一定的社会文化背景中孕育起来的,是其世界观和价值观的反映。例如,中国近代教育史上黄炎培的职业教育思想、晏阳初的平民教育思想,都是他们所处时代的社会需要的反映。西方教育史上夸美纽斯、卢梭、裴斯泰洛奇的"自然教育"原则,是资产阶级上升时期要求"肯定人性、削弱神性"的社会潮流的反映。

4. 文化传统影响教育内容和教育方法

第一,文化传统影响教育内容。文化传统典型地反映了一定民族文化的特定内涵。不同民族积淀成不同民族文化传统,不同民族文化传统又塑造了不同教育。例如,中国古代社会长期重农抑商、追求仕途,导致教育内容主要以典章制度为主,很少涉及自然科学和生产知识;而英国一向崇尚人文精神,直至今日古典人文课程仍占相当大的比例。

第二,文化传统影响教育方法。例如,中国传统文化中所谓的"书读千遍,其义自现""听君一席话,胜读十年书"等反映到教育方法上,学校便把教师的系统讲授看作获取知识的最佳途径,把读书看成是获得真知的唯一源泉,故而倡导"多教多得,少教少得,不教不得"。

(五)科学技术对教育发展的影响和制约

首先应当申明的是,科学技术是第一生产力,同时科学技术还是人类所创造的文化的一部分,所以我们在这里讨论科技进步和教育的关系与前面论及的生产力与教育、文化发展与教育等话题并非无涉。但由于科学技术在现代的发展不仅涉及人与自然的关系,而且越来越涉及人与人、人与社会的关系,它的存在具有独立的文化形态和运动规律,因此我们有理由将它与教育的关系作为独立的考察对象进行专门认识。科技与教育在当今世界被人们视为社会发展的两大支柱。一种普遍的认识是:国与国间的竞争主要是经济的竞争,经济的竞争就是科技的竞争,科技的竞争就是教育的竞争。科技和教育对于各国生存和发展的重要性日益为人们所认识,所重视。在这样的背景下,科技和教育的关系也就成为人们关注的焦点。科学、技术和教育之间的关系在历史上经历了一个从联系不紧密到紧密、从联系不深刻到深刻的过程,以至如今出现科学、技术、教育一体化的趋势。虽然说,在古代社会里,科学、技术和教育也有联系,比如中国古代的墨家以科学技术为主要教育内容,古希腊教育中有算术、几何、天文等课程,但和现代社会里科技与教育一体化相比,这种联系是简单而肤浅的。可以这样说,现代科技进步对现代教育的影响是越来越广泛、越来越深刻了,以至我们说到科技进步时就不能不论及教育,说起教育时无法回避科技教育这个主题。

1. 科技进步是现代教育发展的根本动因

现代科技进步从根本上改变了社会生产和社会生活的基础,社会生产出现了科学化、智能化趋向,社会生活出现了文明化和知识化的趋向,它们的共同基础是现代科学技术的发展。现代科技的发展以及它给社会生产、社会生活带来的全面而深刻的影响,根本改变着社会对人的素质所提出的要求。具体地说,建立在现代科技基础之上的现代生产要求每一个直接或间接参与到生产过程中的劳动者都要具备相应的科技素养。同时,由于现代科技广泛渗透或应用于现代社会生活,所以具有一定的科技素养成了人充分地享受生活的必备条件。科技发展对人的素质所提出的新要求最终反映到了教育的变革上,从而引起人们对传统教育的改造,并且引发了教育的现代化。现代教育正是人们在自觉适应以科技进步为基础的现代大生产和现代社会生活要求的过程中发展起来的,它反映了科技进步的需要。

2. 现代科技知识已成为现代教育的主要内容

就像上面所阐述的那样,由于现代生产和现代生活已广泛渗透了科技的成分,具备现代科技素养已是时代对人提出的一个基本要求,所以在学校教育中进行科技教育就显得非常必要。这是现代科技知识成为学校教育内容的一个原因。另一方面,总体来说,古代的科学和技术是分离的,科学充满了思辨的色彩,而技术总是和生产生活经验相联系。自科技革命发生以来,科学和技术日益走向联合,至今已呈现一体化的发展趋势。而且,现代科学技术早已蜕出了思辨和经验的茧缚,发展出自己与社会生产生活密切联系的独立性、系统性知识体系。这使现代科技知识作为教与学的客体进入现代教育过程成为可能。当然,促使这种可能性向现实性转化的根本原因是现代科技在生产和生活中的广泛应用及由此对人的素质所提出的革命性要求。从现代科技发展的历程来看,它的每一次跃进都触动着学校教育内容的神经。从18世纪后半期到19世纪第一次产业革命过程中,科技大规模地、广泛地变成直接的生产力,科学技术以其巨大的威力证明着自己的社会价值,而且在学校教育领域不断扩大着自己的阵地。此间,产业革命的浪潮汹涌之处,以传授自然科学知识为己任的新式学校不断建立,过去主要是带领年轻人学习人文社会学科知识的古典学校也大都努力调整着自己自觉转变的步伐。发生于19世纪末到20世纪中叶的第二次产业革命,以及20世纪中叶以来的第三次产业革命,同样对传统的教育内容体系形成前所未有的冲击,其结果就是现代科技知识成为现代学校教育的主要内容。

3. 科技进步改变了教育技术

教育的技术基础和社会的科技进步是紧密联系在一起的。如果说文字的出现使教育的专门化成为可能,那么印刷术的发明创造则彻底改变了以手工书写为工具所带来的教育的封闭性和保守性,使教育的大众化、世俗化成为可能。20 世纪以后,特别是 20 世纪中叶以来,科技进步对教育技术发展的影响有目共睹。在现代科技基础之上,教学上所采用的新工艺、新技术,使整个教育体系发生了巨变。电影、电视、收音机、录音机、程序教学机、电子计算机等新式教学媒体,已使传统的"黑板加粉笔"的教育技术内涵有了彻底的改变。可以说,建立在现代科技加速度发展基础上的教育的高科技化,从目前来看还未有穷期。科学技术在教育过程中的广泛应用,一方面极大地提高了教学双方活动的主动性和积极性,提高了教师的教学能力和学生的学习能力;另一方面也极大地提高了教育效率,促进了教育的大众化和普及化,使现代教育越来越成为开放的、平等的教育,加速了教育民主化的进程。在卫星、广播、电视大规模传播科学文化知识的背景中,任何人在任何地区、任何时间都能够满足学习需要。相应地,传统意义上的正规学校教育在整个现代教育系统中所占比重有了很大的变化,以多元化为总体特征的社会立体教育网络、教育结构正在形成。可以肯定地说,随着科技的进步以及它所带来的教育技术基础的改变,在不远的未来,教育这个话题将有超乎想象之大。

案例:

MOOCs 来了,教育如何改变?

MOOCs("大规模网络开放课程"的英文缩写,中文译为"慕课")近年来引起了国际社会的广泛关注。在美国,在欧洲,甚至在中国,MOOCs 已经成为高校、媒体、企业等共同关注的热门话题。

所谓"慕课"(MOOC),顾名思义,"M"代表 massive(大规模),与传统课程只有几十个或几百个学生不同,一门 MOOCs 课程动辄上万人,最多达 16 万人;第二个字母"O"代表 open(开放),以兴趣导向,凡是想学习的,都可以进来学,不分国籍,只需一个邮箱,就可注册参与;第三个字母"O"代表 online(在线),学习在网上完成,无需旅行,不受时空限制;第四个字母"C"代表 course,就是课程的意思。

MOOC 是新近涌现出来的一种在线课程开发模式,它发端于过去的那种发布资源、学习管理系统以及将学习管理系统与更多的开放网络资源综合起来的旧的课程开发模式。通俗地说,慕课是大规模的网络开放课程,它是为了增强知识传播而由具有分享和协作精神的个人组织发布的,散布于互联网上的开放课程。

这一大规模在线课程掀起的风暴始于2011年秋天,被誉为"印刷术发明以来教育最大的革新",呈现"未来教育"的曙光。2012年,被《纽约时报》称为"慕课元年"。

MOOCs的到来,令传统实体大学陡增危机感。教室和车厢一样拥挤,授课顺序和路线一样固定,教师和司机一样傲慢,学生和乘客一样无奈。"这则公交隐喻,形象地描述了传统大学课堂。MOOCs来了,在网络社会自有的发展规律中,数百年形成的象牙塔大学,会不会有结构性变革,成为很多人心中的疑问。在信息技术高速发展的形势下,传统大学的功能与使命是否应当改变?传统大学如何推动自身改革与发展?科技正在用自己的力量改变着教育。

(来源:http://www.qstheory.cn/kj/jyll/201309/t20130926_275039.html.)

第三节 教育的社会功能

教育对于任何一个国家或者社会的发展都具有主要的价值和作用,一方面,教育可以促进人的发展,另外一方面,教育通过培养人来实现社会功能。

一、教育的功能概述

(一)教育功能的含义

功能是一个多学科研究的概念。在哲学上,功能是指由事物的结构所决定的该事物的特性和能力;在社会学上,功能是指某一活动或社会系统所发挥的作用与价值。在经济学上,它是指社会经济活动所表现出来的职能。尽管不同学科对于功能的理解有一定的差异,但对它的理解应该把握以下几点:

第一,功能是事物得以存在的重要标志。不同事物的结构是不尽相同的,其性能、作用也有区别,因此,事物之间的区别(或者说事物的质的规定性)是通过功能实现的。它在该事物及其活动中具有特定的作用,而这个作用是由其结构来决定的。在这个意义上,讨论事物的功能,无论在理论上还是实践上都是有价值的。

第二,事物演进、变化和发展的过程,实质上就是其功能的演进、变化和发展。

第三,事物的功能是在与其他事物的交互作用和联系中实现的。换言之,就事物本身而言,功能是潜在的。它要得以展现出来并得以演进、变化和发展,就只能在与其他事物的相互联系中实现。

基于"功能"的概念,可以把教育功能界定为教育本身所具有的的作用。由于教育是培养人的社会实践活动,这一本质决定了教育既是一个相对独立的系统,又是一个复杂开放的系统。教育功能在系统内部表现为教育对个体发展的影响和作用,在整个社会系统中表现为教育对社会发展的影响和作用,因此,教育功能可以进一步解释为:教育本身具有的对个人的发展以及对社会的维持与发展所能够产生的作用和影响。

在理解"教育功能"的含义时,应当厘清教育功能与教育价值以及教育职责的关系。

教育功能与教育价值以及教育职责是有区别的。教育价值是教育主体与教育客体之间相互作用的产物,是在教育主体需要和教育客体得以满足的过程中产生和发展起来的。它所揭示的是教育能够满足主体的一定需要的属性,也就是教育对主体的意义。因此,教育价值表达的是人们对"好"教育的一种期待,它反映了理想的"教育应该是什么",表现出的是一种"应然"状态;而教育功能反映出的是一种"实然"状态,它是教育价值在教育实际中所释放出来的实际结果。因此,"应然"状态的教育价值与"实然"状态的教育功能存在区别①。教育功能也不同于教育职能。职能是职责赋予的能力,而职责又是人为赋予的,带有一定的价值期待,因此职能就具有了主观性。基于此,教育职责所指的实质上就是教育应当实现的任务和作用,强调教育的职责,它是从社会期待出发,由主观愿望确定的,具有主观性。而教育功能是一种实然的结果,这种结果可能是期待中的,也有可能是超越预期的。

(二)教育功能的分类

正如有学者所指出的那样:"功能本来就是一个中性的概念。"②对于教育功能,可以依据不同的标准对其进行分类。

1. 从作用的对象看,可分为个体功能和社会功能

以教育作用的不同对象为依据可以将教育的功能划分为个体功能和社会功能。教育的个体功能指的是教育对社会中个体的生存与发展所具有的作用和效能。教育作为一种培养人的活动,其目的和价值在于促进人的全面发展,基于这种理想追求而在教育实践过程中产生的对人的实际影响,便是教育的个体功能,它又被称为教育的本体功能或教育的固有功能。教育的个体功能受到来自教育活动内部的师资水平、课程设置、内容新旧等方面的制约,还受到社会所处状态的影响。教育的社会功能是指教育对社会的存在和发展所产生的作用和效能,具体体现在它对人口、经济、政治、文化等社会现象的影响上。教育作为社会结构的子系统,它通过培养人进而影响社会的存在和发展,严格地说,它不是教育自身的功能,而是教育培养的人参与到社会实践活动中而发生的功能,因此,教育的社会功能又被称为教育的衍生功能。

教育的个体功能和社会功能是相互制约和相互影响的。在历史上,曾出现过以卢梭为代表的个体功能论者,也有以赫尔巴特为代表的社会功能论者。纵观教育发展史,这两种观点实际上是割裂了教育的功能。从社会历史的进程看,社会进步与个人发展是一个事物的两个方面,互为条件,互为因果,而不是截然对立的。因此,总的来说,教育的个体功能与社会功能是统一的。当然,在某种具体的历史条件下,它们二者之间可能存在矛盾,但它们在一定的历史条件下是以独特的、具体的形式整合的。

2. 从作用的方向看,可以分为正向功能和负向功能

20世纪50年代末,美国社会学家默顿提出了功能分析的一个维度,即将功能分为正向功能和负向功能。他认为,"社会功能系指可见的客观结果,而不是主观意向(目标、动机、目的),若不能区分客观社会后果与主观意向,则必然导致功能分析上的混乱。"③也就是说,社会功能是客观的,它本身无所谓好坏之分,但由于"主观意向"的原因,使之具有了正向、负向之别。他认为,正向功能即有助于一体系之顺应或适应的可观察到的客观后果,负向功能即削弱一体系之顺应或适应的可观察到的客观后果。

按照默顿的思想,教育的正向功能是指教育对社会发展和人的身心发展所产生的积极促进作用。我们通常所言及的教育功能主要是教育的正向功能。教育的负向功能是指与教育目标、教育主体愿望相反的客观效果,是教育对社会发展和个体发展所产生的阻碍作用或

---

① 全国十二所重点师范大学联合编写.教育学基础[M].北京:教育科学出版社,2008:12,31.
② 胡德海.教育学原理[M].兰州:甘肃教育出版社,1998:301.
③ 默顿.论理论社会学[M].何兴凡,等,译.北京:华夏出版社,1990:104-105.

消极影响。在教育现实中有多种表现,如因教育结构失调而造成的毕业生学非所用或大材小用;为提高教育质量而造成的学业负担过重等。

教育的正向功能与负向功能是一个比较复杂的问题,其复杂性主要表现在两个方面:一是对教育功能的评判具有主观性,使本来"客观"的问题变得"不客观"了;二是教育的正向功能与负向功能有时是能够被人清楚地感知和反省的,但有时觉察不到。

3. 从作用的呈现形式看,可以分为显性功能和隐性功能

显性功能和隐性功能也是默顿提出的分析功能的一个维度。默顿指出,显性功能是主观目标与客观结果相符的情况,是有目的实现的功能;隐性功能与显性功能相对,指这种结果既非实现筹划,亦未被觉察到,是主观愿望之外的意外结果。

按照默顿的这一思想,教育功能也可分为显性和隐性。显性教育功能是依照教育目的,教育在实际运行中所出现的与之相符合的结果。如促进人的全面和谐发展、促进社会的进步,就是显性教育功能的表现。隐性教育功能是伴随着显性教育功能所表现出来的非预期的功能,如教育再现了社会的不平等、复制了现有社会关系等,都是隐性功能的表现。显性与隐性的区分是相对的,一旦隐性的潜在功能被有意识地开发、利用,就转变成显性教育功能。

20世纪70年代,日本学者柴野昌山以默顿的"正向功能""负向功能"与"显性功能""隐性功能"这两对功能概念为基轴,将学校教育功能分为四大类(见表4-1)。

表4-1 柴野昌山关于教育功能的分析

类别		主观意向	
		显性	隐性
客观结果	正向	A	B
	负向	C	D

在这一框架中,教育功能被分为A、B、C、D四类。其中,A代表正向显性功能,B代表正向隐性功能,C代表负向显性功能,D代表负向隐性功能。

二、教育的社会功能

教育的根本职能是通过人的培养而促进人的社会化进程的实现。但教育不是为培养人而培养人,而是通过培养人,把其职能向前引申一步,产生促进社会物质生产、社会经济、政治、科学技术、精神文明发展的社会作用。

(一)教育的经济功能

教育的经济功能就是教育系统对一定社会经济发展所起到的作用。事实上,在资本主义上升时期,资产阶级经济学家就已注意到教育的经济效果。亚当·斯密认为:"学习是一种才能,须受教育,须进学校,须做学徒,所费不少。这种才能,对他个人自然是财产的一部分,对于他所属的社会,也是财产的一部分。工人增进的熟练程度,可和便利劳动、节省劳动的机器和工具同样看做社会的固定资本。学习的时候,固然要花一笔费用,但这种费用,可以得到偿还,赚取利润。"[①]随着科技的迅猛发展和当代经济发展中科技含量的大幅度提高,

---

① 亚当·斯密.国民财富的性质和原因的研究[M].郭大力,王亚南,译.北京:商务印书馆,2003:257-258.

当代经济的增长方式开始发生显著变化。当代经济增长已有依靠物质、资金、资源的粗放型增长模式转变为依靠技术、知识和人力资本的集约型增长模式。经济增长模式的转变使教育的重要性日益彰显。对于教育的经济功能,主要可以从以下几个方面认识:

1. 通过提高劳动者素质促进经济发展

> 劳动生产力是由多种情况决定的,其中包括:工人的平均熟练程度,科学的发展水平和它在工艺上应用的程度,生产过程的社会结合,生产资料的规模和效能,以及自然条件。
> ——马克思

在这五个因素中,都与人的因素有关。而教育担负着培养劳动力的任务,是社会再生产的必要条件,也是经济增长的必要条件,在经济发展中,具有举足轻重的作用。具体表现如下:

① 教育可以把潜在的劳动力转化为现实的劳动力。劳动能力是劳动者体力和智力的总和,但它不是自然形成的,而是通过教育才得以形成,并适合于一定的生产劳动需要。当人还不具有任何生产劳动知识和技能的时候,他只拥有一种可能的、潜在的劳动力,只有通过教育,才能把这种可能的、潜在的劳动力转化为现实的劳动力。如马克思所说:"教育会生产劳动能力。"①

② 教育可以改变劳动能力的形态,提高劳动者的生产能力。

第一,教育可以提高生产者对生产过程的理解程度和劳动技能、技巧的熟练程度,从而提高工作效率。据苏联的一些经济学家统计,一个熟练工人接受一年的科技文化教育,比工人在工厂工作一年平均能提高工作效率1.6倍。

第二,教育可以使生产者合理操作、使用工具和机器,注意对工具、机器的保养和维修,减少工具的破坏率。只有懂得工具和机器原理、性能的人,才能合理地使用它们。教育为劳动者提供了这方面的基础知识或专门知识,并在一定程度上培养了劳动者用理智的态度对待工具的意识。因此,一般地说,劳动者的文化训练程度与工具的损坏率成反比。

第三,教育可以使生产者提高学习知识和技能的能力,能缩短学习新技术或掌握新工种所需的时间。通过教育,劳动者获得的不只是具体的知识和技能,而且提高了他们的学习能力。在当今社会,提高人的一般学习能力尤为重要,它能够使人较快地掌握新技术、新工艺,以适应生产高速发展变化带来的职业和工种变换的需要。

第四,教育可使生产者提高创新意识和创新能力。据国外一些企业统计,受过完全中等教育的工人在技术创造上的积极性,比没有受过同等教育而工龄相同的工人要高四五倍。

第五,教育可使生产者提高加强生产管理的愿望与能力。现代社会生产效率的提高需要劳动者对管理的参与。教育程度的提高,能够使人们对自己的力量更有信心,同时,希望劳动安排得更合理、更科学,并能够参与生产管理。

2. 教育是促进经济发展的重要因素

在传统落后的社会观念中,教育被认为是一种纯粹的消费事业,但随着社会的发展和科技的进步,人们普遍认识到教育的实施是一个国家发展经济的长久之计,它可以为社会带来

---

① 马克思恩格斯全集(第26卷)[M].北京:人民出版社,1972:210.

经济价值。世界上许多国家近几十年的经济发展史证明,在现代化生产中,推动经济发展的不再是劳动力的数量或延长劳动时间和增加劳动强度,而主要是提高工人的熟练程度和科学技术在生产上迅速应用的程度。

教育则是以培养人为己任的社会活动,它通过发挥自身独有的功能来提高劳动者的劳动熟练程度,从而提高劳动生产率,起到促进经济发展的作用。

拓展资源:

教育促进经济发展

在机械化的初级阶段,生产中体力劳动与脑力劳动的比例是9∶1;在中等机械化程度阶段,生产中体力劳动与脑力劳动的比例是6∶4;在自动化生产阶段,生产中体力劳动与脑力劳动的比例是1∶9。

1960年,美国经济学家、诺贝尔获奖者舒尔茨提出的"人力资本"成为当今经济学、教育理论中的重要范畴。舒尔茨提出了人力资本收益率测算法:(本阶段毕业生与前阶段毕业生的工资差/本阶段的教育费用)×100% = 本阶段教育收益率。运用这一公式,舒尔茨推算出美国各级教育的收益率为:初等教育为35%,中等教育为10%,高等教育为11%。同时他进一步算出美国在1929—1957年的国民经济增长额中,约有33%是教育投资所做出的贡献。此外,他通过对美国二战后农业生产的增长进行推算,发现只有20%是由物力资本投资带来的,其余80%则主要是教育与科学技术的作用。

3. 教育可以生产新的科学知识、新的生产力

学校,特别是高等学校不仅是传授知识的教育单位,承担着再生产科学知识的任务,同时也是从事科学研究的重要基地,担负着生产新的科学知识、新的生产力的任务。通过科学研究,一方面生产出新的科学知识,发挥精神生产方面的作用;另一方面形成科学—技术—生产体系,在实验室里研制出许多新的生产工艺,直接参与物质生产过程,推动生产力的发展。

(二)教育的政治功能

政治是上层建筑领域中各种权利主体维护自身利益的特定行为,以及由此结成的特定关系,它是人类历史发展到一定时期所产生的一种重要的且复杂的社会现象。一般来说,政治的表现形态分为三种:政治的管理、机构形态;政治的活动形态;政治的观念形态。政治的管理和机构形态主要是国家的政治制度、法律制度和各级政府机构、各个党派等;政治的活动形态主要是指各阶级、各党派所进行的各种活动;政治的观念形态包括反映政党、政权、各阶级利益的路线、方针、政策以及与之相关的理论与学说。可以说,政治对社会生活的各个方面都有着重大的影响和作用,任何社会成员或组织都与政治发生着一定的关系,教育也不例外。一方面,教育作为一项社会事业受到政治的制约;另一方面,教育作为一种政治手段,在影响社会生活、维护社会稳定、促进社会发展方面起到了不容忽视的作用。

1. 教育具有维护社会政治稳定和促进社会变革的功能

作为社会现象,教育的政治功能首先表现在它对维护社会政治稳定发挥着十分重要的作用。《礼记·学记》中就曾明确提出:"古之王者,建国君民,教学为先。"意思就是,教育是治国安邦的关键,可以"化民成俗",而这正是教育的基本功能之所在。从历史来看,即便是

通过法制的手段实现对社会政治控制也是借助教育的力量完成的,法的控制在本质上也是通过法治思想的教化实现的。因此,自古以来,任何国家或政权都无一例外是以教育作为维系政治稳定的基本途径。

2. 通过培养一定社会所需要的合格公民和政治人才去实现教育的政治功能

教育是培养人的活动。人不仅是生产力的重要因素,而且是社会的一员。在阶级社会里,无论哪个国家,掌握政权的阶级总是利用他们手中的权力支配教育的优先权,利用社会占统治地位的思想和道德去培养年轻的一代,以使他们具有统治阶级所需要的思想品德和知识技能,具备政府所需求的政治观、世界观和人生观。这是自古以来的一条不变法则。

3. 通过宣传统治阶级的思想意识,制造一定的社会舆论为政治服务

教育特别是学校教育,存储着社会舆论最丰富的思想资源,古今中外各种思想、观点、理论等在学校场所中均有,为制造舆论提供了渊源。因此,历代统治者都十分重视通过教育制造社会舆论来影响广大群众。学校历来是知识分子和青少年集中的领域,他们思想敏锐,有见解,有学识,是新思想、新文化的发源地。通过教育者和受教育者的言论、行动、讲演、文章以及学校的教材、书刊等,起到宣传思想、制造舆论、动员民众、影响政治生活的作用,以此为一定的政治经济服务。

4. 通过教育制度,实现对受教育者的阶级或阶层的选拔,使原有的社会政治关系得以延续和发展,或者加速改变旧的社会政治关系

教育制度的政治性质是由国家政权的性质决定的,但一种教育制度一旦形成,它就具有相对的独立性,并能反过来对政权的巩固起反作用。

5. 教育推进着政治民主化

政治民主化是现代社会政治发展的必然趋势。一个国家的政治是否民主,取决于该国的政体,但同时也与人民的文化素质、教育水平密切相关。教育政治功能的一个内容就是促进政治的民主化。一个国家的教育普及程度越高,公民素质越高,就越重视民主的价值,推崇民主的措施,同时在政治生活和社会生活中积极履行民主的权利,承担相应的义务。

(三)教育的文化功能

文化是人类的创造物,文化的创造过程本身就是教育的过程。教育的文化功能便是指教育对文化的传承、选择、交流及发展创新等方面所起的作用。教育对社会文化的功能主要有以下几个方面:

1. 教育的文化传承功能

文化传承是文化在时间上的延续、空间上的扩展和代际间的传递。文化是人类创造的社会信息,因而也是人类的独有信息。它与动物生存信息的最大不同之处是:文化独立于人体之外,不能靠生物遗传方式去为他人获得,而只能通过"社会遗传",特别是教育的方式使其得到延续和发展。由此,教育成为文化传承的主要手段。

① 教育通过教育者和受教育者的共同活动实现文化的传承。在教育活动中,教育者将人类积累起来的文化,经过选择、加工成教育语言和文字的形式,在与受教育者的共同活动中传递给受教育者。于是上一代的文化被传递到下一代,为他们所继承、接受、理解、掌握,成为他们知识经验的新成分。文化的传承在教育过程中得以实现。由于学校教育过程是有目的有计划有组织的活动,教育过程中的文化传递具有系统化、集中化、高效化等特点,因此,教育成为社会中传递文化的最重要的手段。

② 教育通过使人类掌握文化传递的手段和工具实现文化的传承。人类通过教育不仅获得文化,继承文化,而且教育亦可使受教育者掌握获得文化的工具和手段。通过教育,受教育者首先掌握了语言和文字,这是获得文化的基本工具,也是创造和发展文化的重要手段。伴随着社会和科学技术的发展,各种新的文化传媒不断涌现,如电视、电子计算机等,教育一边利用这些传媒高质高效地进行文化传播,同时,也把使用这些传媒的方法交给了学生。于是,学生可利用这些新的工具和手段去获取课堂以外的文化。

2. 教育的文化选择和整理功能

文化是构成教育活动的背景和内容,但并非所有的人类文化都能够进入教育活动中。只有符合真、善、美标准的文化,才有可能进入到教育活动中。这就意味着教育需要对文化进行选择和整理,把人类最基本的、最精华的文化传授给下一代。文化选择是文化变迁和文化演进的起始环节,表现为对某种文化的自动选择或排斥。教育虽然是文化传递的手段,但教育又不等同于文化传递,它不是对所有文化的传递,而是有所选择地进行文化传递。

3. 教育的文化交流功能

文化是一定时期特定地域的人们的共同创造物,具有时代性和地域性,各个民族、各个国家地区都有自己的文化特质。随着社会的发展,特别是日新月异的科学技术的影响,文化的时代性、地域性已被打破,文化的开放性是大势所趋,它也使文化交流成为必然。因此,文化交流实际上是指一定社会价值体系下,不同文化之间相互影响、吸收和融合的过程,具有双向性或多向性。文化的交流是文化发展的主要动力,因为不同文化的交融和碰撞可以开拓人们的视野,增进对不同文化的接触和了解,同时,在文化的交流中会诞生新的观点、智慧、理论,从而推进文化的创新和发展。历史上,文化交流与传播的途径有迁徙、贸易、教育、战争等,教育是其中一个十分重要的途径。

案例:

三次"留学潮"

第一次留学潮

1847年,19岁的容闳经过98天的海上颠簸来到了纽约,后前往耶鲁大学留学。1854年毕业后,为了说服清政府向美国派留学生,他放弃在美国可以从事优越工作的机会,返回中国。经过18年的辛苦奔波,才在曾国藩、李鸿章的帮助下,于1872年到1875年率领120名10岁到15岁的幼童到美国留学。按照容闳的设想,中国如果每年都向国外派遣数量可观的留学生,坚持100年,则中国现代化建设中对高级人才的需求就可以解决,古老的旧中国就可以慢慢变为美国那样强盛的新中国。

第二次留学潮

第二次留学潮和第一次留学潮间隔仅10年左右,就在五四运动时期出现了。这次留学潮以留美、留法、留苏为中心,当然留英、留德、留日等也有较大的发展。从总体上观察,这期间的北洋政府对出国留学是采取放任的态度,这给企图"放洋"的青年以一定的自由度;辛亥革命后军阀混战的黑暗局面,又迫使许多有头脑的学者重新思考中国的前途和命运,出国留学自然是解决这一问题的重要途径之一;1915年的新文化运动,高扬了科学、民主的大旗,给传统思想以巨大的冲击,更新观念,吸收世界新文化是多数年轻留学者的追求;经过第一次世界大战,中国人的世界观和竞争意识大大增强,这也促使一部分青年去经风雨,观

"洋潮";五四之后中国革命浪潮的重新突起,为献身革命而出国探求新知,成为革命队伍中的一股热潮。

第三次留学潮

1978年的改革开放,拉开了第三次留学潮的序幕。1978年6月23日,邓小平在听取清华大学的工作汇报时明确指出:"我赞成留学生的数量要增大","这是五年内快见成效,提高我国水平的重要方法之一。要成千成万地派,不是只派十个八个"。"邓小平的指示吹响了青年学生走向世界的号角,迎来了中国历史乃至世界历史上从未有过的留学大潮。经过近30年的曲折发展,中国有80多万人到国外留学,遍布103个国家和地区,涌现了一大批中国现代化建设的卓越人才。

(来源:http://union.china.com.cn/gaige/txt/2008-06/10/content_2279469.htm.)

4. 教育的文化创新功能

交流是文化的生命力之所在。实际上,交流本身就是一个综合创造的过程,不可能是简单的复制。教育的文化交流功能表明它具有文化创新功能,通过教育,使各种文化要素不断得以丰富和发展,重建新文化。

总之,文化的生命不仅在于它的保存和积累,还在于它的更新和创造,只有时时更新的文化才能源远流长。教育的生命也不仅在于反映现实的社会状况,适应固有的文化模式,而且要随着科学技术的发展和社会的变迁,在人类已有的旧文化模式中,有所更新和创造,使之适应新的社会环境。因为社会是向前发展的,文化也是向前发展的,文化必须不断发展才会有强大的生命力。如果只有文化积累,没有文化创造,我们在人类的精神领域里充其量只能重复一些前人已经做过的事,而没有任何新的建树。因此,教育为了人类的生存和社会的延续,必须时时更新与创造文化。只有通过文化创新,才能既延续人类优秀的文化传统,又创造出适应今日和明日之世界的文化。

本章小结

教育独立论	"教育独立论"的主要代表人物是我国近代著名教育家蔡元培。他主张:教育应脱离政党、脱离社会而独立,应该把教育的事业完全教给教育家来办。具体来说,"教育独立论"的主要观点是:① 教育经费独立;② 教育行政独立;③ 教育学术和内容独立;④ 教育脱离宗教而独立
教育万能论	"教育万能论"的主要代表人物是18世纪的法国启蒙思想家、唯物主义哲学家爱尔维修。他的主要观点是:教育对人的成长起决定性作用,否认遗传对人的成长的应有作用
人力资本理论	"人力资本论"的主要代表人物是美国学者、教育经济学理论基础奠基者舒尔茨。他的主要观点:首先,舒尔茨认为人力资本包括量与质两个方面;其次,舒尔茨认为人力资本是投资的产物;最后,舒尔茨认为人力资本的积累是社会经济增长的源泉
筛选假设理论	1973年,美国学者斯宾塞发表《筛选假设——就业市场信号》,首次提出了筛选假设理论。筛选假设理论认为,教育的经济价值体现在基本假设、信号、标识与筛选之中

续表

劳动力市场理论	"劳动力市场理论"的主要代表人物是迈克尔.皮奥雷、马克.J多林格等。"劳动力市场理论"的主要观点是:第一,劳动力市场被严格地分割为一级部分和二级部分;第二,一级部分工资的决定机制是公司的制度及规则;第三,二级部分工资的决定机制是劳动力的供求机制;第四,劳动力在两个部分之间几乎不存在流动,并且在二级部分中的劳动者工作极不稳定,经常在就业、失业和退出劳动力市场三者之间的变动
教育的社会制约性	自然环境:人类社会的自然环境或地理环境包括地理位置、气候、地貌和各种自然资源等人类存在和发展所依赖的各种自然条件的总和。不同的自然条件对教育发展有着不同的影响 生产力发展水平:生产力是社会生产(包括生产力和生产关系)中最为活跃和有革命性的因素。对教育的影响和制约体现在,为教育发展提供了基础性条件;影响劳动力素质需求与教育目的;生产力的发展制约着教育教学内容的选择;影响着教学方法、教学手段和教学组织形式的改革;决定着教育发展的规模和速度 社会政治经济制度:社会关系和政治制度二者合一简称社会政治经济制度。对教育的决定作用体现在,决定教育的社会性质;决定教育的宗旨和目的;决定着教育领导权;决定着受教育权;决定着教育管理体制 文化:文化是教育发展的肥沃土壤和源泉,教育则又是文化丰富和完善的重要手段。对教育的影响和制约文化对教育具有价值定向作用;文化类型影响教育目标;文化观念影响教育观念;文化传统影响教育内容和教育方法 科技:科学技术是第一生产力。对教育的影响和制约体现在,科技进步是现代教育发展的根本动因;现代科技知识已成为现代教育的主要内容;科技进步改变了教育技术
教育的社会功能	教育的经济功能:教育的经济功能就是教育系统对一定社会经济发展所起到的作用。主要表现在,通过提高劳动者素质促进经济发展;教育是促进经济发展的重要因素;教育可以生产新的科学知识、新的生产力 教育的政治功能:政治是上层建筑领域中各种权利主体维护自身利益的特定行为,以及由此结成的特定关系,它是人类历史发展到一定时期所产生的一种重要的且复杂的社会现象。政治对社会生活的各个方面都有着重大的影响和作用体现在,教育具有维护社会政治稳定和促进社会变革的功能;通过培养一定社会所需要的合格公民和政治人才去实现教育的政治功能;通过宣传统治阶级的思想意识,制造一定的社会舆论为政治服务;通过教育制度,实现对受教育者的阶级或阶层的选拔,使原有的社会政治关系得以延续和发展,或者加速改变旧的社会政治关系;教育推进着政治民主化 教育的文化功能:文化是人类的创造物,文化的创造过程本身就是教育的过程。教育的文化功能便是指教育对文化的传承、选择、交流及发展创新等方面所起的作用。主要功能体现在,教育的文化传承功能;教育的文化选择和整理功能;教育的文化交流功能;教育的文化创新功能

本章练习题

一、填空题

1. 教育的个体功能又被称为_____;教育的社会功能又被称为_____。

2. 教育能够对社会和人的身心发展产生的积极促进作用,这被称为教育的_____。

3. 最早提出教育的正负功能的是美国社会学家_____。

二、简答题

1. 什么是教育独立论?

2. 为什么说社会政治经济制度影响教育发展?

3. 教育具有哪些文化功能?

三、论述题

1. 请论述人力资本理论的贡献以及局限性。

2. 请以筛选假设理论为基础,解释目前的"文凭膨胀"问题。

3. 结合实际,列举当前教育对学生发展起负向功能的表现,试分析原因并提出解决问题的对策。

本章参考文献

[1] 1997年全国教育事业发展统计公报[N].中国教育报,1998-04-18.

[2] 胡德海.教育学原理[M].兰州:甘肃教育出版社,1998.

[3] 林本.现代的理想中学生[M].台北:台湾开明书店,1974.

[4] 林荣日.教育经济学[M].上海:复旦大学出版社,2001.

[5] 马克思恩格斯全集(第26卷)[M].北京:人民出版社,1972.

[6] 默顿.论理论社会学[M].何兴凡,等,译.北京:华夏出版社,1990.

[7] 全国十二所重点师范大学联合编写.教育学基础[M].北京:教育科学出版社,2008.

[8] 亚当·斯密.国民财富的性质和原因的研究[M].郭大力,王亚南,译.北京:商务印书馆,2003.

[9] 伊恩·罗伯逊.社会学(上册)[M].北京:商务印书馆,1990.

第五章 教育与人的身心发展

学习目标

1. 了解人的本质、特性与人的身心发展的含义。
2. 掌握人的身心发展的概念和身心规律。
3. 正确认识遗传、环境与教育在人的身心发展中的作用。

建议学时

6学时

案例导读

案例呈现：

1920年，印度一位名叫辛格的牧师，他从狼洞里发现两个由狼哺育的女孩，大的约八岁，小的约一岁半。他将两个女孩救回家。开始，她们有口不会说话，有脚不能直立行走；饥饿时像狼一样嗥叫。她们回到人类社会以后，虽然经过辛格夫妇的辛勤抚养训练，但效果甚微。小女孩取名为阿玛拉，不久死去。大女孩取名卡玛拉，虽经过整整九年的训练，但当卡玛拉十七岁时的时候也仅仅学会了不完整的四十五个单词。她的智力也只有三四岁孩子的水平。

相关的一个事例是，日本体操家池田夫妇在大儿子出生后，他们花费大量心血教儿子练习"幼儿体操"。不久，儿子就能在地上翻筋斗了，到小学二年级时已经显示出超常的体操才能。由此，池田夫妇自信儿子是继承了他们的天赋和才能，并断言能力在于遗传。于是，他们对第二个儿子便没有进行任何形式的训练。结果他们的二儿子什么体操也不会做。

（来源：①［印］辛格,陈苏新,等,编译.狼孩——对卡玛拉和阿玛拉的抚养日记［M］.吉林人民出版社,1982.

② 潘洪亮,等,主编.情境·教育·启迪［M］.郑州：大象出版社,1999:14.）

案例分析：

人的身心发展是人关于人的一个核心问题。人的身心发展不仅依赖于先天的遗传，也依赖于后天的教育。教育之所以重要，在于教育不仅能促进社会的发展，也能够促进人的身心发展，即教育既具有社会发展功能，也具有个体发展功能。前面的内容探讨了教育与社会发展的关系，揭示了教育的社会功能。但是，仅仅了解教育与社会发展的关系还不够，还必须了解教育与人发展的关系。

教育的对象是人，教育的直接作用是影响人的身心发展，教育的价值与功能最终是通过受教育者个体品质的形成而实现的。教育能促进人的身心发展,但同时又受人的身心发展规律所制约。研究教育与人发展的关系就是要按照这种关系中存在的客观规律组织与开展教育活动,使教育更好地促进人的身心发展,更好地发挥社会功能。教育离开了人的身心发展,其一切价值和功能都将是空谈。

本章重点探讨以下问题:首先揭示了什么是人的身心发展,其次探讨了人的身心发展的基本规律,简要介绍了关于人的身心发展的几种重要观点,并研究了影响人身心发展的主要因素——遗传、环境和教育,论证了教育在人身心发展中的主导作用,分析了影响教育主导作用发挥的各种条件。

第一节 人的发展概述

从最一般的意义上说,发展是指事物有规律的运动变化过程。世界上的一切事物都不是一成不变的,都有着由小到大、由简单到复杂、由低级到高级、由旧质到新质、由成长到衰亡的有规律的变化过程。人的身心发展也一样。教育是培养人的社会活动,人之所以需要经由教育才能成为人,就在于人是处于不断发展中的。一个人从出生时的懵懵懂懂,到经过不断学习,不断发展,最终成为社会意义上的真正的人,教育是必不可少的途径。要想了解什么是人的身心发展,首先要了解"人"。

一、人的特性

人的特性主要包括以下几方面:

(一) 自然属性

与动物相比,人类之间在自然属性上的差别最小,自然属性是人类之间最抽象的共同性。在人类初期更是如此。这正如马克思所说的:"搬运夫和哲学家之间的原始差别要比家犬和猎犬之间的差别小得多。"[1]人作为动物中的一类,其属性中无法抽掉其作为动物一面的自然属性,这种自然属性成为人性发展的自然基础和最一般的部分。人有哪些自然属性呢?人类最基本的属性就是以本能的需要为基础的食欲、性欲和自我保存这三种基本机能。正如古人所云,"饮食男女人之大欲存焉"[2],"食色,性也"[3]。自我保存的本能也具有同样普遍的意义,否则就无法维持生命体的存在。

食欲、性欲和自我保存这三种自然属性,从其起源的基础看,它们是与动物性相互沟通的;但是,从其发展和表现看,又与动物不同。不能将人的自然本性简单归结为一般动物性,因为在人的自然属性中融合着社会和文化的因素,在其非理性的本能中融合着人所独有的理性能力。人之所以能做到这一点,是由于人有与动物不同的生物组织和肉体结构,还有因其组织、结构的不同而产生的不同功能。在组织、结构上,人在动物学分类中属单独一科——人科。他的直立姿态、双足运动都是灵长类所不能比的。双手的解放,使人有了与动物觅食不同的满足食欲的方式——生产劳动。而"一当人们自己开始生产他们所必需的生

---

[1] 马克思恩格斯选集,(第1卷)[M].北京:人民出版社,1972:124.
[2] 礼记·礼运
[3] 孟子·告子上

活资料的时候,他们就开始把自己和动物区别开来"①。

(二) 社会属性

人的社会属性即人在社会性上与动物相区别的独特性。人的社会性包括如下几方面。

(1) 社会性的最基本的一层涵义是人类共生关系中的相互依存性。它规定了脱离社会的单个人是无法生存的。社会对于个体来说是一个首要的前提,它并不以个体的意志为转移。历史证明,人类文明史中没有任何一种生活不是以社会的生活为基础的。人一出生来到人间,便处在特定的人群、团体和社会中,并与社会建立起这样或那样的联系。脱离了社会,脱离了社会化的存在,他就无法成为一个人,"狼孩"就是生动的一例。英国作家笛福在《鲁宾逊漂流记》中为我们塑造了一个远离社会的人为生存而斗争的形象,但鲁宾逊时刻盼望遇救,以重返人类社会,恰好说明了他对社会生活的依赖、留恋和渴望。随着社会化程度的提高,人对社会的依赖程度也就越高。

(2) 人际关系中的社会交往性。交往是人们在社会生活的人际关系中发生的各种往来、接触和联系。苏联社会心理学家安德列耶娃指出:"在人类社会中,交往是团结个体的方式,同时也是发展这些个体本身的方式。"人类通过交往,实现各种信息的传递,使彼此了解诸如观念、见解、理想、方法、习惯、行为、作风等。交往也是社会个体意识和自我意识形成的重要条件,是人的本性、才能、价值展现的重要途径,是人与人之间的相互作用与促进。可见,交往是人的社会属性之一,是人求得自身发展与完善的必要过程。有交往才有认识、了解、比较、评价和人自身的不断进步和发展。

(3) 人伦关系中的道德性。道德性是人在与他人、社会发生联系并进行交往的过程中依据某种行为规范而行事的限定性。道德是靠社会舆论的力量规范人的言行,其判断与衡量的标准有善与恶、真与假、美与丑等。人的道德性使人的社会性不论内容还是形式都与动物截然区别开来了。因为在动物王国里无伦理道德可言。人则不同。人能够在善恶美丑之间做出选择,从而使自己的行为具有道德的性质。

(三) 精神属性

人不仅与动物共有类同的生物组织,即肉体的物质属性,更有动物肉体所不具有的意识、思维、想象、目的性等精神属性。人因为有精神的创造,才有了人类社会的进化、发展和今天这般异彩纷呈的高度文明。正如美国心理学家马斯洛所说:"精神生命是人的本质的一部分,从而,它是确定人的本性的特征,没有这一部分,人的本性就不完满。"②

根据辩证唯物主义的观点,人的精神活动有哪些特征呢?

第一,人的精神活动具有能动性和创造性。人的精神活动的能动性表现为人对外部世界反映的目的性、主动性和选择性上。人从来不是消极地适应客观现实。人总是在明确的目的性和计划性下,通过积极地改造客观环境,从而使客观世界更好地为人类服务。人的精神活动的创造性则表现为人具有创造和超越现实的能力。人可以通过智慧的努力,变换现实存在,创造现实中不曾直接存在的东西,如人类借以生产的各种工具,借以思维的各种文字、思想,借以生活的各种物品等。正如美国哲学家拉兹洛所说的,"智力可以驰骋于广阔的空间和漫长的时间,既可以思考过去的事情,又可以思考将来的事情,还可以思考遥远的

---

① 马克思恩格斯选集,(第4卷)[M].北京:人民出版社,1972:24-25.
② 马斯洛,等.人的潜能与价值[M].林芳,译.北京:华夏出版社,1987:223.

地方发生的事情。"①

第二,人类精神活动的另一个重要特性是自我意识。在反映客观现实中,人不仅能够认识外部客体,而且也能够认识自我本身,认识自己的生理、心理世界,把自己从周围世界中区别出来,看清自己和他人、和世界的关系。由此出发,人类就开始了从自在向自为、从生物本能向自由自觉发展的历程,从而也开辟了人类自我控制、自我教育和自我完善的可能。

第三,价值定向性是人类精神活动的又一个重要特征。人类的活动,无论是认识还是实践,都是追求价值、实现价值的过程。不能取得或实现价值,人类就不会给自己提出认识世界和改造世界的任务。追求价值作为人类活动的一般目的,直接决定着主体活动的指向性,影响着主体对客体的选择。人的全部激情、意向和活动过程,无不服从经过选择了的价值目标。

人的自然属性、社会属性和精神属性构成了人性的完整结构。它们在总体上紧密联系,相互促进,相互补充,共同发展。

二、人的本质

人的本质概括来说就是指人之所以为人的特有的质的规定性。马克思指出:"人的本质不是单个人所固有的抽象物,在其现实性上,它是一切社会关系的总和"②。人的本质观同教育思想密切相关,对人的本质认识不同,教育思想也就不同。科学地认识人的本质,对于确立正确的教育思想具有重要意义。

(一) 人是自然性与社会性的统一

人的自然性是指人是自然存在物,具有自然属性。但人的自然属性和动物的自然属性是有区别的,这种区别表现在劳动和自我意识上。

人的社会性是指人是社会存在物,具有社会属性。人的社会性也表现在两个方面。首先,从历史的角度看,人的生存和发展不仅取决于生理遗传,而且取决于"社会遗传"。动物的每一代、每一个体都要从起点开始,而人的身心发展则是递进的。其次,从现实的角度看,人具有相互依存性、交往性和道德性。相互依存性规定了人脱离社会是无法生存的。人一出生就处在特定的人群和集体中,集体生活或社会生活对人来说是一种内在需要。

人的自然性与社会性统一的观点,是科学地进行教育的出发点。教育培养人不能脱离社会关系,必须依据社会关系的需要并在社会关系中进行。这是教育的客观规律。

(二) 人是受动性与能动性的统一

人既具有受动性,又具有能动性,人既是主体,又是客体,是二者的统一。人的受动性是能动性的前提和基础,但从根本上说人的本质在于人的能动性。

人的受动性和能动性统一的观点是科学教育观的客观依据。正因为人具有受动性,对人的本性的改变和塑造才是可能的。也正是因为人性的可塑性,人的身心发展才具有巨大的潜力,教育在人的身心发展中才能发挥重要作用。同时,人还具有能动性,因此,在重视社会条件和教育对人的身心发展作用的基础上,还要把教育同人的自觉积极性结合起来。

---

① [美]拉兹洛.用系统的观点看世界[M].北京:中国社会科学出版社,1985:87.
② 马克思恩格斯选集(第二版),第1卷[M]北京:人民出版社,1995:56.

(三) 人是共性与个性的统一

人的共性是指存在于人类一般之中,贯穿于人类一切历史阶段之上,使人根本有别于动物的特性。人之所以具有共性,其原因在于人的体质、人的心理发展的继承性和社会生产力、社会精神文化发展的继承性。

个性是单个的人所具有的属性或特征的总和,它表示的是某个人区别于其他人的特殊性。由于每个人的先天素质不同,社会生活的经历和受教育的条件不同,所以每个人都具有各自的独特性。如有的人擅长运动,有的人爱好文艺;有的人擅长数学计算,有的人擅长于语言表达;有的人热爱集体,有的人自私自利;有的人孤陋寡闻,有的人博学多才。

人的共性与个性统一的观点要求在教育上一方面要坚持统一的教育目的,实施全面教育,使每个人都获得全面发展;另一方面要坚持在个人全面发展的基础上发挥个人特长。只有既面向全体、坚持统一的教育目的,又因材施教,发展个性,才是科学教育观的体现。

三、人的发展

人的发展是人的哲学的最高范畴。研究人是为了人,是为了人的全面、自由和谐的发展。有关人的哲学的一切其他方面,都是在人的身心发展这一主题下展开的。因此,人的身心发展在人的哲学中占有十分重要的地位。

从哲学的角度看,人的发展是指"作为目的本身的人类能力的发展"。这里所说的人类能力是指人这个类属所具有的实现和确证自身主体性的全部本质力量。这种力量蕴藏于人类的每一个体身上,并通过个体能动的活动方式展现出来。人的活动分为实践活动和认识活动两种基本形式,因此,从外延上看,人的主体能力包括主体实践能力和认识能力两部分。前者指人们运用物质工具改造客观外部世界,与自然实现物质交换的能力,即实现创造性劳动的能力,它表现在人的劳动方式、劳动技能、劳动效率等诸方面;后者指人们利用概念、语言文字符号工具反映外部世界和主体自身的能力,如注意力、判断力、记忆力、意志力、思维力及审美能力等。所有这些能力构成了人把自己从自然中提升出来成为主宰万物的主体的根本条件。所以,作为主体人的身心发展,从根本上说就是人的主体能力的发展。

第二节 人的身心发展规律与教育

人是处于不断发展过程中的人,人的身心发展离不开教育,教育是人的身心发展中必不可少的一环。人的身心发展有规律可循,教育只有遵循人的身心发展规律,才能起到促进人的身心发展的作用。

一、人的身心发展的含义

探讨人的身心发展与教育的关系,首先需要明确什么是人的身心发展。

(一) 人的身心发展的概念

人的身心发展,指的是一个人从出生到成年期间在身心两个方面所发生的积极变化。人是一个自然实体,也是一个社会实体,是自然属性和社会属性的统一。在教育学领域,人的身心发展便自然归于身体和心理两个方面的发展上,即人的身心发展。

人的身心发展贯穿于人的整个一生。人出生后从婴幼儿期、儿童期、少年期、青年期、中年期、老年期,直至死亡,都在人的身心发展概念之内。人的身心发展不能只包括成长时期,人从新生到成熟是发展,从成熟到衰老也是发展。所以,现代教育的概念已不再仅限于儿童和青少年,已涉及人的一生。终身教育概念的产生,就说明了教育与人的身心发展观念的新趋势。

人的身心发展不仅是量的增长或单纯的量变,而且包括从低级到高级,从简单到复杂,从旧质到新质的变化、完善过程。所以,发展包括量变和质变两个方面。发展与成长(成熟)不同。"成长"一般多用于身体、心理方面的变化过程,"发展"多用于心理、精神、性格方面的变化过程。"成长"一般意味着因细胞繁殖而导致的身体量的增加,"发展"则包括生理方面由一种形态转变为另一种形态,也包括心理方面反映活动范围的扩大、反映方式的改善和提高的过程。

1. 生理层面的发展

身(生理)的发展包括肌体的正常发育和体质的增强两部分。肌体的发育指有机体的骨骼、肌肉、神经系统、呼吸系统等肌体的生长;体质的增强指肌体生理功能的增强,如力量、速度、灵敏、耐力、韧性、健康状况的增强等。身体健康发育的标志是各项生理指标合乎健康的标准。不达标准和超标准都是不健康、不正常的表现。

2. 心理层面的发展

心(心理)方面所发生的积极变化也包括两个方面:一是认知因素的积极发展变化,如感觉的精确性、知觉的全面性、记忆的理解性、思维的深刻性等;二是各种非认知因素的积极发展变化,其中包括情感、意志、兴趣、需要以及个性等的发展变化。上述这些发展变化的对象化则表现为学生知识的扩展、技能的提高、能力的增强、思想品德的不断成熟和个性品质的逐渐形成。

3. 身心发展的统一性

人的身心发展是统一的。身体发展是心理发展的物质基础。因为脑是心理的器官,心理是脑的机能,心理的发展不仅寓于身体发展之中,而且随着身体的发展而发展。因此,身心是人的身心发展不可分割的两个方面。教育促进人的身心发展,必须促进人身心的和谐发展。

(二) 人的身心发展的动力

人的身心发展不仅是一个自然成熟的过程,更是一个自觉地有目的人的活动。那么,人发展的动力是什么？这也是教育学必须要明确的重要问题。人的身心发展动因主要有以下观点:

1. 内发论

内发论认为,身心发展的动力来自于个体自身的内在需要,身心发展是自然而然的成熟和完善过程。从历史上看,性善论、遗传决定论、成熟论、人本主义心理学一般都强调身心发展的内在因素。

孟子是中国古代内发论的代表。他是性善论者,认为人的本性是善的,万物皆本我心,"恻隐之心,人皆有之。羞恶之心,人皆有之。恭敬之心,人皆有之。是非之心,人皆有之。恻隐之心,仁也。羞恶之心,义也。恭敬之心,礼也。是非之心,智也。仁、义、礼、智,非由外铄我也,我固有之也。"[①]他认为,教育在于遵循人性的自然发展,为其提供有利的外在条件,

---

① 孟子·告子章句上

唤醒人对自己善良本性的自觉。

中国古代的道家也具有内发论倾向。道家哲学的本体论就是"道法自然"的思想。老子说:"人法地,地法天,天法道,道法自然。"①道作为宇宙的最高法则是自然而然,自然无为的。老子说:"辅万物之自然而弗敢为。"②也就是说,"道"师万物所遵循的自然,不要人为限制。

西方的教育也具有内发论的传统。古希腊的教育思想家认为,知识的种子存在于每个人的心灵之中,教师的作用就是帮助学生自己发现真理,帮助心灵走向光明。所以,苏格拉底提倡运用"产婆术",柏拉图认为真正的教育就是将存在于学生身上的潜在能力引发出来,亚里士多德把教育看成一个内在发展的过程,是自我展开和自我实现的过程。也就是说,教育的过程是一个身心自然运作的过程,他们反对外在的强制。

卢梭也认为,人天性本善,出自造物主之手的东西都是好的,因此,他提出自然主义的教育主张。精神分析学派的创始人弗洛伊德认为,人的性本能是最原始的自然本能,它是推动人的身心发展的潜在的、无意识的、最根本的动因。美国心理学家格赛尔强调成熟对于人的身心发展的决定作用。他认为,人的身心发展受特定的顺序支配,这一顺序是由基因决定的。当代人本主义心理学家也认为,生长和发展是人的本能。马斯洛指出,人有使自己趋向于更健康、更道德、更智慧、更美好和更幸福的自我实现的潜能和需要,这种需要存在于人的机体内,是在让你的生物性本能残余的基础上进化的一种新的本能,即"似本能"。罗杰斯也认为,自我实现的倾向是唯一的、根本的人类动机。正如郁金香会本能地逐步生长得苗壮一样,人类也趋向于其生长、完善和实现人的身心发展的最高境界。

2. 外铄论

外铄论认为,人的身心发展主要依靠外铄力量的推动,包括环境的刺激和要求、他人的影响、学校的教育和训练等。外铄论者一般忽视个体的内在需要,或者认为,外在力量可以支配内在的需要。性恶论、环境决定论、教育万能论、行为主义心理学都持外铄论的观点。

我国古代思想家荀子师性恶论者。他认为:"今人之性,生而有好利焉,顺是,故争夺生而辞让亡焉。"③西方中世纪宗教哲学也认为,人生而有罪,故需要惩罚、奴役。近代的一些哲学家如社会生物论者也把战争、丑恶归于人性的攻击和自私、贪婪,主张社会的良好发展必须改造人性。英国哲学家、教育家洛克是教育万能论者,他认为,人的心灵如同白板,它本身没有内容,可以任意涂抹、刻画,一切发展都来自后天。他尤其重视教育对个体发展的作用,认为人类之所以千差万别,主要由于教育之故。行为主义心理学家华生更是典型的外铄论者,他认为,个体可以用特殊的方法任意加以改变,或者使他们成为医生、领袖、银行家,或者使他们成为乞丐、盗贼,全然不顾个体的内在需要。据此,行为主义心理学认为刺激直接引起反应,有什么刺激就能引起什么反应。由于外铄论认为人的身心发展来自外在的力量,所以它比内发论更加强调教育对个体发展的重要性,更加注重教育的价值。

3. 差距论

辩证唯物主义认为,人的身心发展既不是纯粹的外界刺激造成的,也不是纯粹内在的自

---

① 老子二十五章
② 老子六十四章
③ 荀子·性恶

发的需要造成的,发展是内因和外因的矛盾统一,是主体反映外因,通过内部矛盾的对立统一而实现的。在影响个体发展的因素中,社会环境包括教育对个体发展的要求是外因,外因通过个体的实践活动,成为个体发展的一种需要,这一由外部要求转化而成的新的需要代表着个体发展的"应然"水平,是尚未达到,但可能实现的水平,它与个体已有的素质,已达到的"实然"水平之间存在着差距,这种差距是一种矛盾,矛盾的统一,即"应然"的水平变成"实然"水平,这意味着发展的一个阶段性完成。个体在外界环境的要求下再形成新的"应然",进而再推动个体的发展,这是一个无限的过程。所以,在教育实践活动中,受教育者身心发展的动力表现为:教师代表社会提出的教育要求与受教育者身心发展现有水平之间的差距是个体身心发展的动力。

对个体来讲,发展的动力只能来自于内部,"事物发展的根本原因,不是在事物的外部而是在事物的内部,在于事物内部的矛盾性。"[①]"唯物辩证法认为外因是变化的条件,内因是变化的根据,外因通过内因而起作用。"[②]发展的动力来自个体发展的可能水平与现实水平之间的差距所构成的矛盾。但是,个体可能的发展水平不是自发的,而是来自于外部环境所提出的要求,这种要求只有转化为个体发展的一种需要,才能与已有的发展水平构成矛盾。

所谓需要,就是个体的生理方面的自然需求和个体社会方面的需求和愿望在人的头脑中的反映。人的需要不是随意产生的,总是以满足需要的客观条件为基本前提的,人所处的现实社会生活环境是人的需要发生的现实基础。人要生存发展,总会有各种现实的需要。就需要的性质看,有的是机体的自然的、生物性的需要,如饮食的需要、安全的需要等;有的是人的社会性需要,如人为了适应社会生存和发展所产生的社会交往的需要和生产劳动等社会实践的需要,价值实现的需要等。人的许多需要是自然需要与社会需要的统一体。如人的衣食住行就既有自然需要的一面,也反映着社会需要的一面。穿衣的审美性,饮食的色香味,住的舒适,行的方便就反映着社会的需要层面,具有了享乐、名誉、地位和审美等的价值。或者说,一个社会人的自然需要也已经不再是纯粹的自然状态,已打上了社会的烙印,具有一定的文化和历史的特性。

拓展资源:

马斯洛需要层次理论

马斯洛需求层次理论(maslow's hierarchy of needs),亦称"基本需求层次理论",是行为科学的理论之一,由美国心理学家亚伯拉罕·马斯洛于1943年在《人类激励理论》论文中所提出。

马斯洛理论把需求分成生理需求(physiological needs)、安全需求(safety needs)、爱和归属感(love and belonging,亦称为社交需求)、尊重(esteem)和自我实现(self-actualization)五类,依次由较低层次到较高层次排列。

[①] 毛泽东选集(第1卷)[M].北京:人民出版社,1991:301.
[②] 毛泽东选集(第1卷)[M].北京:人民出版社,1991:302.

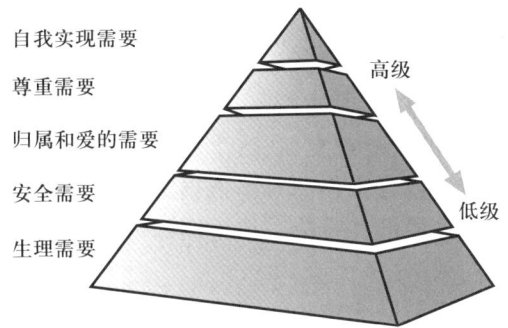

（来源：百度百科 http://baike.baidu.com/view/690053.htm? fr=aladdin.）

人的需要是有差异性的。由于历史条件和社会关系的不同，人的需要的层次与水平，需要的性质和方向，都有着极大的差别。人的需要也是会发生变化的。一旦人的社会关系发生了变化，所处的生活条件发生了变化，人便会随之产生新的需要，从而促进人的新发展。

人的身心发展是由于内在需要的实现与满足。但首要的是要激发人的新需要，并依靠教育等条件来满足人的身心发展的各种层次与水平的需要。教育对人的身心发展是重要的，教育不仅可以适当规范需要的性质和方向，还可以帮助人获得实现需要的目的和方法。正由于此，人们才把教育看作是变社会需要为个体需要，实现人的需要的重要手段。

二、人的身心发展规律

人的身心发展的一般规律是指不同个体在身心发展过程中表现出来的共同规律，它是由人的机体成熟规律和各种外部条件的发展状况相互作用所决定的，不是个人的意志可以改变的。教育要获得预期的效果，必须首先了解这些最基本的规律，了解自己的教育对象，在此基础上合理地设计教育活动。概括起来，个体身心发展的一般规律表现在以下几方面：

（一）个体身心发展的顺序性

人从出生到长大成人，身心的发展是一个由低级到高级，由简单到复杂，由量变到质变的连续不断的发展过程。在这一过程中，不仅整个身心发展具有一定的顺序性，身心发展的个别过程和特点的出现也具有一定的顺序。

在身体方面，身体的发展是沿着从头部向下肢和从中心部位向全身的边缘方向进行的。骨骼和肌肉的发展，先是发展大骨骼、大肌肉，随后才发展小指骨和小肌肉。神经系统结构的发展是先快后慢，初生婴儿脑重量390克，为成人脑重的1/3，但这时婴儿的体重只达到成人的5%，儿童生长到6岁，大脑重量达1 200克左右，是成人脑重的90%，以后的发展便缓慢下来。生殖系统的发展则是先慢后快，儿童10岁以前发展是不明显的，到了青春发育期则迅速发展。

在心理方面，儿童心理的发展总是由具体思维发展到抽象思维；从机械记忆发展到意义记忆；先有高兴、恐惧等一般情感，后有理智感、道德感等。可见，人的身心发展是逐渐的、有顺序的、连续的、由低级水平到高级水平的发展。

个体身心发展的顺序性要求教育工作要循序渐进，一切知识技能的传授、智力的发展、体质的增强、思想品德的培养，都是遵循由具体到抽象、由浅到深、由简到繁、由低到高的顺序，既不要"拔苗助长""陵节而施"，也不要压抑学生的发展。循序渐进并不意味着消极地迁就学生现有的发展水平,而是要向学生不断提出高于现有发展水平又是学生经过努力能够达到的要求,以此来促进学生身心的发展。

(二) 个体身心发展的阶段性

人的成长是一个持续不断的发展过程,在这个总的发展过程中,不同年龄阶段表现出一些不同的特征,这些特征构成了教育工作的基本依据。换言之,儿童发展的阶段性决定了教育工作的针对性,对不同年龄阶段的儿童应采取不同的内容和方法。如果千篇一律,不看对象,教育工作就不会收到好的效果。

关于如何划分年龄阶段,目前尚无定论。一般都是根据生理年龄,结合心理发展特点来划分的。通常划分为乳儿期(零岁至一岁)、婴儿期(一岁至三岁)、幼儿期(三岁至六岁)、儿童期(六岁至十一二岁)、少年期(十一二岁至十四五岁)、青年初期(十四五岁至十七八岁)。

拓展资源:

皮亚杰注重智慧和认知结构的变化,他按照儿童智慧发展阶段将儿童的发展分成四个大的阶段:感知运动阶段(零岁至一岁半、二岁);前运算阶段(一岁半、二岁至六七岁);具体运算阶段(六七岁至十一二岁);形成运算阶段(十一二岁至十四五岁)。

埃里克森则关注儿童的行为模式,将儿童的行为模式、心理社会因素以及冲动的投放部位等结合起来划分为八个发展阶段。十七岁前五个阶段,即信任对怀疑(一岁半前);自主对羞怯(一岁半至三岁);主动对内疚(三岁至五六岁);勤奋对自卑(六岁至青春期);同一性对角色分离(十一二岁至十七岁)。

个体身心阶段性的发展表现为前后相邻的阶段进行着有规律的更替,在前一个阶段准备了向后一个阶段的过渡。每一个发展阶段都经历着一定的时间,在这段时间内,身心发展主要表现为数量的变化,一个时期后,就由量变发展到质变,把身心发展推进到一个崭新的阶段。因此,不论在生理上、心理上,还是在行为方式上,每两个阶段都有很大差异。如童年期学生的思维特点具有较大的具体性和形象性,抽象思维能力还比较弱。少年期的学生,抽象思维已有很大发展,但经常需要感性经验作支持。青年期的学生,抽象思维居于主导地位,具有一定的独立性、批判性和创造性。

个体身心发展的阶段性决定了教育工作必须根据不同年龄阶段的特点分阶段地进行。在教育、教学的要求、内容和方法上不能搞"一刀切",既不能把小学生当中学生看待,也不能把初中生和高中生混为一谈。与此同时,还应看到各年龄阶段又是相互联系的,不能人为地截然分开,要注意各阶段间的"衔接"和"引渡"工作。例如,对初入学的儿童要考虑到他们具有的学前期的特征,而对十一二岁的儿童则又应考虑到已具有的少年期的特征。

(三) 个体身心发展的不均衡性

个体身心发展的不均衡性表现在两个方面:

一是同一个方面的发展,在不同的年龄阶段发展是不均衡的。例如人的身高、体重有两个增长高峰,第一个高峰出现在出生后的第一年,第二个高峰在青春发育期。在这两个高峰期内,身高体重的发展较之其他年龄阶段更为迅速。又如,人的大脑发展最迅速的时期是出生后的第五个月到第十个月之间。其后,脑的发展又经历了两个显著的加速期,一个在五六岁之间,另一个在十三四岁之间。

二是不同方面发展的不均衡性。有的方面在较早的年龄阶段就已达到较高的发展水平,有的则要较晚的年龄阶段才能达到较为成熟的水平。如生理方面和心理方面的发展就是不均衡的。人的生理成熟以性机能成熟为标志,现代女性的性成熟一般自十二三岁始,至十六岁~十八岁止,男性一般比女性成熟的起始年龄推迟二三年;心理上的成熟则以独立思考的能力、较稳定的自我意识和个性的形成为标志。此外,个体社会性方面的成熟,以独立承担社会职业和家庭的义务为标志。

在现代,由于社会发展对个体要求的提高,学习年限延长,独立生活和工作期限也后推,这使人的心理成熟、社会性成熟也向后推移。另一方面,由于食物营养的改善和社会文化的影响,个体生理成熟的年龄却提前了,这样使本来就存在的身心发展的不平衡性表现得更为突出。

针对个体身心发展的不均衡性,心理学家提出了发展关键期或最佳期的概念。所谓发展最佳期是指身体或心理某一方面的机能和能力最适宜于形成的时期。在这一时期中对个体某方面的教育可以获得最佳成效,并能充分发挥个体在这方面的潜力。

拓展资源:

美国心理学家布鲁姆为了寻找个体智力发展的最佳期,曾对上千名婴幼儿进行跟踪研究,得出的结论是:5岁以前是儿童智力发展最迅速的时期,如果把17岁时人所达到的智力水平定为100%,那么4岁时他已经获得了50%,8岁时获得80%,8~17岁获得20%。他的研究得到国际上的公认。心理学的研究还提出了2~3岁是学习口头语言的最佳期;4~5岁是开始学习书面语言的最佳期;学习外语应从10岁以前就开始;学习乐器在5岁左右为最佳。

认识个体身心发展的不均衡性,对教育、教学工作具有十分重要的意义。当代许多心理学家、教育学家一致认为,在智力发展的关键期内,环境和教育对智力发展影响1年的效果,超过其他时期8年~10年的效果。因此,为了有效地促进个体身心的发展,教育、教学工作要抓住关键期,以求在最短的时间内取得最好的效果。

(四)个体身心发展的个别差异性

在个体的身心发展中,由于遗传、环境、教育和自身主观能动性的不同,存在着个别差异。

首先表现为不同儿童同一方面的发展,其速度和水平是不同的,即人们常说的"聪明早慧"或"大器晚成"。有的儿童身心某些方面的发展在较早的年龄就表现出来,如同样是抽象思维,有的儿童在七八岁时,他的抽象思维已有较好的发展,有的儿童的抽象思维十四五岁才才有显著发展。

其次,个别差异表现在不同方面发展的相互关系上。如有的儿童第二信号系统较第一信号系统占优势,他们的数学能力较强,但绘画却很差;而另一些儿童则相反,他们的绘画已经达到相当的程度,而数学却不能达到一般的要求。再次,个别差异还表现在不同儿童所具有的不同个性心理倾向上。如同年龄的儿童具有不同的兴趣、爱好和性格等。

教育工作者不仅要认识学生发展的共同特征,还应充分重视每个学生的个别差异,做到因材施教,有的放矢,能够发挥每个人的潜力和积极因素,选择最有效的教育途径,使每个学生都能各得其所地获得最大限度的发展。

(五)个体身心发展的互补性

互补性反映个体身心发展各组成部分的相互关系。

它首先指机体某一方面的机能受损甚至缺失后,可通过其他方面的超常发展得到部分补偿。如失明者,通过听觉、触觉、嗅觉等方面的超常发展来补偿。机体各部分存在着互补的可能,为人在自身某方面欠缺的情况下依然能与环境协调,能继续生存与发展提供了条件。事实上,不同机能之间的协调互补,使得人以整体的方式与环境相互作用在正常人身上同样存在,只是由于它们的自然、平常而不被人们意识到,一旦缺失后,它就以惊人的方式显现出来了。这种显现还使人们看到了人体器官各种机能的巨大发展潜力和可塑性。

互补性其次指心理机能和生理机能之间的互补。人的精神力量、意志、情绪状态对整个机体能起到调节作用,能帮助人战胜各种困难、战胜残缺与不足,使身心依然得到发展。相反,如果一个人的心理承受能力极差,缺乏自我调节能力和坚强的意志,即使身体健康,也可能失去信心。

个体身心发展的互补性要求教育者首先要对全体学生,特别是生理或心理机能发生障碍、学业成绩落后的差生树立起坚定的信心,相信他们可以通过其他方面的补偿性发展来达到与一般正常人一样或相似的发展水平。其次要掌握科学的教育方法,特别是善于发现他们的优势,扬长避短,长善救失,激发他们自我发展的信心和积极性,通过他们自己的精神力量来达到身心的协调、统一发展。

第三节 影响人身心发展的主要因素

人是一个处于不断发展中的复杂的生命体。影响人的身心发展的因素也十分复杂,这就需要对此问题做深入探讨,以厘清教育在人的身心发展中到底起什么作用,从而合理定位教育,以使教育在促进人的身心发展中"到位而不越位",并且从教育的角度,综合考察诸种因素的不同作用,发挥教育的能动性,以形成合力,使人获得尽可能充分的发展。

一、人的身心发展影响因素的几种观点

影响人的身心发展因素是多种多样的。但这些因素究竟有哪些,其作用和相互关系怎样,既是教育学非常关心的重要课题,也是迄今仍没有定论,分歧较大的问题。各种观点的分歧主要表现在对因素数量及其作用性质和相互关系上。下面就对各种不同观点做一简单介绍。

(一)"二因素论"

这是西方学术界一百多年来关于人的身心发展因素的基本看法。这种观点认为人的身心发展主要是由遗传和环境两种因素的相互作用所决定的。但在说明两种因素的关系时,有人认为遗传因素起决定作用,而另一些人则认为环境因素对人的身心发展起着决定作用。

苏联教育家巴拉诺夫等人编写的《教育学》也把影响人发展的因素分为两大类:一类是生物因素,包括遗传素质以及遗传素质以外的某些生理特点及健康状况等;另一类是社会因素,包括社会、家庭、学校和自然、文化以及人际关系等环境因素。并认为这两大因素对人的

身心发展共同起着交互影响作用。我国南京师范大学教育系在1984年编写的《教育学》也采用了这一分类方法。

(二)"三因素论"

"三因素论"是在批判二因素论基础上发展起来的观点。认为人的身心发展是由遗传、环境和教育三个因素所决定的。这种观点把教育作为一种特殊环境从一般环境中分离出来,把教育看作是一个独立的因素。这一类观点应以凯洛夫主编的《教育学》为代表。这种观点认为在人的身心发展中,遗传是人发展的物质基础,环境是人发展的决定性因素,而学校教育在人的身心发展中则起着主导作用。随着凯洛夫《教育学》在中国的传播,"三因素论"曾一度成为我国教育理论界所公认的观点。

(三)"多因素论"

随着人们对教育理论研究的深入,近些年我国教育理论界对传统的"三因素论"提出了异议,认为三因素并没完全揭示出人的身心发展的所有因素,起码忽视了人的主体方面的因素。因此有人主张应在三因素基础上增加人的主观心理因素,即"四因素论"。[①] 另外还有人提出反馈调节也应是人的重要发展因素,这就成为"五因素论"。[②] 甚至更有人提出了"综合因素论"。

(四)"二层次三因素论"

这种观点实质上突破了过去那种仅从形式上增加因素数量的做法,力图从方法论上着手,突出从动态上和人的主体意义上以及从因素结构上分析人的身心发展因素及其关系。并据此认为人的身心发展因素分为可能因素和现实因素两个层次。在可能因素中又分为个体自身的条件因素和环境条件因素;而现实因素则是指发展主体所进行的各种类型和各种水平的活动。[③]

上述各种关于人的身心发展因素的观点,对于进一步探讨人的身心发展因素问题具有重要借鉴价值,各家观点无论在内容结构上还是从思想方法上都给人以诸多启迪。但各种观点也还都有自身之不足,尚未能全面科学准确地揭示清楚人的身心发展因素及其相互关系。"二因素论"只重遗传和环境因素,否定了教育是影响人发展的独立因素,这无疑在因素分类上降低了教育的地位。"三因素论"虽把教育从环境因素中分离出来,但在分类标准上给人以混乱之感,且"三因素论"对人的身心发展因素概括也并不全面。最明显不过的就是对人的身心发展具有重要意义的主体能动因素和主体的活动因素都被忽略了。"多因素论"尽管提出新的因素以弥补"三因素论"之缺陷,但对各因素却缺乏整体结构意义上的全面系统分析。而至于"二层次三因素论",以方法论为突破口,用科学系统的观点对"三因素论"进行了整体结构性的改造。其明显的不足就是也把教育排除在人的身心发展独立因素之外,尽管在论述上对教育作用给予了肯定,但仅仅把教育作为一个"特殊的活动因素"包含在"活动因素"之内,这在实际上还是贬低了教育在人的身心发展中的地位。由此可见,人的身心发展因素的划分,还是一个教育理论中的急待解决的重要课题。

本书所采用的观点,是目前比较通用的"三因素"说。

[①] 王道俊,王汉澜主编.教育学[M].北京:人民教育出版社,1989:43-56.
[②] 汪幼芳,朱本著.关于儿童身心发展因素问题的探讨[J].教育研究,1983(7).
[③] 叶澜.教育概论[M].北京:人民教育出版社,1991:205-239.

二、遗传素质在人的身心发展中的作用

遗传是指个体从上代继承下来的生理解剖上的特点,如机体的结构、形态、感官和神经系统的特点等。这些遗传的生理特点,也叫遗传素质。在遗传下来的生理解剖特点中,生理特点指功能特点,如出生后感觉的灵敏度、知觉的广度、注意的持久性、记忆的强度、思维的灵活性等。解剖特点是指结构特点。

人生来就具有作为人的"类"的共性特征。例如,人的身体形态和机体构造,人的肤色、头发和眼睛,人的各种感觉器官的功能特性,尤其人的高级神经活动系统的特点等,都是与生俱来的。这些生理方面的特征制约着种族间的差异以及人与人的差别。人的这些生物特性都是通过遗传基因传递下来的。据生物学研究,在生物的细胞内存在着自身繁殖能力的遗传单位,即基因。现代分子遗传学的研究已表明,这些携带遗传信息的基因,是由脱氧核糖核酸(DNA)构成的。它在细胞的染色体上有序地排列着。人类个体从自己祖先获得的各种特性,就是通过遗传基因这个载体实现的。今天,生物学界正致力于基因的研究,破译遗传基因密码的时代已经到来。

(一)遗传素质对人的身心发展的作用

1. 遗传素质是人发展的物质基础和前提条件

人的存在和发展必须以人的自然机体为前提和基础,否则就谈不上人的存在和发展。如果人生来就没有视力,不可能成为画家;生来没有听力,也很难成为音乐家;而如果没有大脑的生理机能,人也就不会有人的言语和思维等心理功能。这一切都足以表明,人的遗传素质是人赖以存在和发展的物质基础,它为人的身心发展提供可能性的前提。

恩格斯曾经指出,即使最低级的野蛮人的手,也能做几百种任何猿手所模仿不了的动作。尤其是人的神经系统和大脑的构造与机能,对于人的身心发展具有特别重大的意义。因为人的大脑是人所特有的一块非常复杂的物质。它的外形有点像两个合在一起的拳头,大脑的最外边有约 1 到 4 mm 厚的大脑皮质,是大脑的表层。在大脑皮质上有一百几十亿个神经细胞(即神经元),神经元一般分为细胞体(或称胞体)、轴突和树突三部分。神经元通过树突接受外来刺激(信息),经细胞整合后再通过轴突将信息传递出去。一般的学习就是神经元凭借这种对刺激的反应功能和传导功能而建立的千百万个暂时的神经联系。因此,从脑的生理机能而言,人脑组织的复杂性,提供了人的接受教育和发展各种才能的可能性,亦即区别于动物的巨大的发展可能性。

遗传素质为人的身心发展所提供的潜力是巨大的,至今尚未被人彻底认识。仅以大脑神经系统为例,据研究,人的大脑神经细胞(神经元)有 140 亿~150 多亿。而人类所能够开发利用起来的却只有 10% 左右。人的大脑机能的潜力是十分巨大的,仍等待着人类去开发。现在一些学者也正加紧对人脑及人脑的开发研究。

2. 遗传素质的成熟程度,制约着人的身心发展过程和阶段

人的遗传素质不是静态的,它也有一个成熟发展的过程。人的身心发展的阶段性,正是人的遗传素质成熟程度的表现。人的遗传素质成熟程度是学习和教育的条件,超越人素质发展程度的学习和教育是难以获得成功的。人的身体器官的结构和机能都是随年龄而发展的。教育和训练虽然可以开发人的潜能,但也必须适应素质的发展程度。人的一些活动能力,总是随着素质的成熟程度而表现出来的。婴儿 3 个月会翻身,6 个月会坐,1 岁左右会

走,这些都是对素质成熟程度的说明。

案例:

格塞尔以单卵性孪生儿的登梯实验,来说明人的素质成熟程度同教育的关系。格塞尔(1880—1961年)曾选定单卵孪生姊妹二人做登梯训练。对姊妹甲从生后第46周开始训练登梯,每天练习10分钟,经过6周的训练后,同姊妹乙比较,甲用26秒完成登梯动作,乙则用了45秒。从第52周开始对乙也做登梯训练,两周后再次测验,乙只用10秒钟就完成了登梯动作。这个实验无疑说明遗传素质的成熟阶段是教育的重要条件。

教育只有根据素质的成熟程度及时施教才会事半功倍。据生理学对人脑的研究,儿童在3周岁时脑细胞的发育就已经达到了成人的60%,具备了对外部刺激的积极接受能力。到6周岁,脑细胞已发育完成80%,这时如以游戏化的方式教儿童音乐、美术、语言文字等,会收到很大成效。到8周岁时,脑部发育已完成90%,已具备了较为系统的学习能力。而12~13岁的少年,其大脑的发育已接近成人的水平,虽然儿童身心发展还比较脆弱,尚须对儿童的大脑进行保护,但已经具备了接受较高程度的系统教育。可见,素质的成熟程度对教育有着重要的制约作用。

3. 遗传素质的差异性,在一定程度上影响着人的个别特点的发展

人的遗传素质具有共性的"类"的特征,但也具有一定的差异性。如人的机体就存在着遗传的差异,人的身高、肤色、面孔等都不一样。人的心理也存在着与生俱来的差异,儿童的视觉、听觉等感觉器官的灵敏度有着遗传差异;儿童在记忆、注意、思维等心理过程方面也存在遗传的差异;特别是在高级神经活动类型及其活动过程的强度、灵活性及兴奋与抑制的平衡性等方面也存在着差别。我们都会发现,有的孩子生来好动,有的生来安静;有的儿童智力发展较快,有的儿童智力发展比较迟缓,这些都在一定程度上同遗传素质及其成熟水平有关。人的先天的遗传素质的差异性,使人的后天发展具有自己的独特特点。尽管后天的环境和教育可以在一定程度上缩小或改变人与人的先天差异,但这些遗传来的差异毕竟会在一定程度上影响着人的身心发展,也制约着教育培养人的重点和方向。

(二)反对"遗传决定论"

总之,遗传素质对人的身心发展有着重要作用,是人发展的内在根据之一,对遗传素质的作用不能否定。但也不能因为遗传素质为人的身心发展提供物质基础和可能性,就因此夸大遗传素质的作用,把人的身心发展完全归因于遗传因素,甚至认为人的智力,乃至人的道德善恶都是在胚胎中形成的。

案例:

英国学者高尔登(1822—1911年),运用家谱分析法,在977名英国名人中发现有332人的直系亲属也是名人;而同样977名普通人中,只有1名亲属成名。因而高尔登认为个人的能力乃由先天得来。近些年美国社会生物学界有人主张"基因决定文化","基因决定人的一生最适合的职业"。有的诺贝尔物理奖得主还公开声称黑人智力天生低于白人。美国有的社会生物学家甚至认为人的侵略性、犯罪倾向也都取决于人的与生俱来的生物特质。这是一种典型的遗传决定论观点。

1. 遗传素质仅仅是人的身心发展的物质基础和前提条件

遗传只是为人的身心发展提供可能性,并不最终决定人的身心发展。而遗传素质所提供的可能性,只有通过一定的社会环境和教育影响才能获得应有的发展。从遗传素质到智慧才能,要经过一个复杂的发展过程。印度的"狼孩"一例证明,人虽有优于禽兽的遗传素质,有发展的极大可能性,但若离开了社会生活条件和教育的影响,人依然会同禽兽一样,没有语言、思维,只能消极地适应环境。由此可见,遗传素质并不能从根本上决定一个人的身心发展,遗传素质上的差异也不能决定一个人后天成就的大小。一个遗传素质较差的儿童,未必终生无所作为。在现实条件下,不同的教育条件、教育程度或教育专业方向,在很大程度上作为一种实际的驱动机制产生着各种不相同的现实的人——文盲、工程师、艺术家,并直接导致了他们身心发展在水平、性质、领域等方面的种种差别。

据报道,美国加利福尼亚州在1980年设立了一家"诺贝尔精子银行",这里收集了一些历届诺贝尔获奖者和各界杰出科学家的精子。到1987年,已有39个孩子出生。可是人们并没有发现直接有力的证据来证明高智商的父母就一定能培育出绝顶聪明的后代。[1]

2. 人的遗传素质虽然有差别,但就正常人来说差别并不大

人的遗传素质大部分处于常态。对遗传素质处于常态的人来说,它在人的身心发展中便不起决定性作用。然而,对处在常态两端的各占3%~5%的个体来说便常常具有决定性的作用。先天的生理缺陷或弱智决定了一个儿童终生处于低能状态,而对超常儿童来说,则因他具备了一般人不具备的极优越的天资,而使其处于发展的先天优势地位,并使他人无可比拟,当然,这一优势要受到相应条件的限制。

亚当·斯密就曾说:"个人之间天赋才能的差异,实际上远没有我们所设想得那么大;这些十分不同的、看来是使从事各种职业的成年人彼此有所区别的才赋,与其说是分工的原因,不如说是分工的结果。"[2]马克思在充分肯定斯密的观点后进一步补充说:"搬运夫和哲学家之间的原始差别要比家犬和猎犬之间的差别小得多,他们之间的鸿沟是分工掘成的"[3]。

3. 遗传素质对人的影响在人的身心发展的不同阶段作用不同

苏联心理学家鲁利亚指出,至学龄中期,人的复杂的心理活动方式,遗传已对它几乎没有影响。原因有二:一是发展作为从潜在到现实的过程随时间推进,潜在已成现实或潜在错过了变为现实的过程,潜在因素的作用就变弱了。二是随着个体的发展,影响个体发展的因素逐渐增多与增强,人的心理发展也趋向高级复杂,故遗传的作用就相对减弱。

由上可见,各种"遗传决定论""预成论"和所谓的"种族血统论"等都否定了社会环境、实践活动和教育的重要作用,都是错误的。

三、环境在人的身心发展中的作用

人总是生活在现实的社会环境中,在社会环境的影响下形成和发展。环境,一般指直接或间接影响个体形成和发展的全部外在因素。这些外在因素主要包括社会环境和自然环

---

[1] 美国新闻与世界报道,1987年4月13日.
[2] 马克思恩格斯选集(第1卷)[M].北京:人民出版社 1972:124.
[3] 马克思恩格斯选集(第1卷)[M].北京:人民出版社 1972:124.

境。自然环境指环绕着人类并影响人类生存与发展的自然界,主要有大气、土壤、水、岩石、植物、动物、太阳等。社会环境指人类在自然环境基础上创造和积累的物质文化、精神文化和社会关系的总和,如民族文化、生产方式、生活方式、社区机构、家庭亲友、科学教育、公共场所、社会风气、流行思潮和各类社会教育等。它是人类世代创造的产物,也是年轻一代身心发展的基础。人从出生起就面对现实社会而不能选择,只有认识、适应这个现实的社会环境,人才能生存并获得自身的发展。

（一）环境对人发展的作用

1. 社会生产力的发展水平决定着人的身心发展程度和范围

一定发展水平的生产力创造和决定一定水平的物质生活条件。人是在一定物质生活条件下生活着、发展着,人的身心发展程度和范围直接为这种物质生活条件所制约。原始社会,生产力不能提供任何剩余产品,决定了人的身心发展是十分低下的。现代生产力能够提供丰富的物质生活资料,人们的发展就有了更大的自由,就可以达到空前的高度。

2. 社会关系影响着人的身心发展的方向和性质

社会关系包括家庭关系、亲戚朋友关系、同事邻里关系等,最主要的是人们之间经济、政治关系(在阶级社会里表现为一定的阶级关系)。这些客观存在的性质不同,给人的身心的影响也就不同。资本主义的"人不为己,天诛地灭"的社会存在决定了必然产生"人都是自私的"社会意识;社会主义提倡的共产主义道德决定了必然产生助人为乐、舍己为人的社会观念。

3. 社会的精神文化影响着个体的身心发展内容

不同的社会精神文化可能给人以不同的行为习惯、思想品德、人生观、世界观和理想信念等的影响。优良健康的精神文化可以给人以积极向上的身心发展内容,反之则可能形成人畸形、变态的心理。

4. 社会环境的不同还可能造成个体发展上的巨大差异

不同的生活、文化条件和教育条件,可能导致年轻一代身心发展的不同水平。即使是智力优异的个体,处在一个生活艰难、教育水平低下的环境里,也可能成为被埋没的人才,这样的事例在我们周围有许多。

5. 环境因素对人影响的特点是带有一定的自发性和偶然性

环境不像学校教育那样有计划、有目的,但也不能因此而低估它的作用。因为人除了生活在家庭和学校之外,还有相当一部分时间是与亲戚朋友、邻里交往的,并在各种各样的社会活动、文娱活动、劳动活动中度过的。通过交往与活动,人们受到了来自各个方面的影响,由于这些影响具有耳濡目染、潜移默化的性质,因此,它具有一定的深刻性,有的甚至终生难忘。

既然社会环境是多种因素的复合体,其中就有积极的因素,也有消极的因素。青少年学生由于缺乏明确的信念以及辨别是非的能力,加之好奇心、模仿性、求知欲强,因而很容易接受它们的正反两个方面的影响。"近朱者赤,近墨者黑","昔孟母,择邻处"等教育格言,都是长期教育实践的总结。

（二）反对"环境决定论"

环境对人的影响是广泛的、潜移默化的,同时又是无目的、无系统、偶然零碎的,因而有时是相互矛盾、相互抵消的。但人与动物的根本不同之点在于人有主观能动性,人对环境的作用和影响不是消极被动地接受,人在接受环境影响的同时,又凭借自己的经验和创造能力,积极地改造环境,利用环境。

案例:

1987年8月27日《光明日报》登载:辽宁省台安县农村发现了一个"猪孩"。这个小女孩名叫王显凤,出生后不久父亲去世,母亲又因大脑炎后遗症生活不能自理,年幼的王显凤因无人照料,就同家里的猪为伍:抢吃猪奶、猪食,像猪一样爬,发出猪一样的叫声……九岁的孩子智力水平仅相当于三岁小孩,不会说一句完整的话。"猪孩"的新闻在中央电视台播出后,引起社会的极大关注。小女孩被接到鞍山市,鞍山市教育局派人进行专职抚养教育。在新的环境中,经过二年多的训练,小女孩的智商值由原来的39提高到了68,并认识了600多个汉字,学会了简单的加减法,会写信、唱歌、跳舞,以及讲简单的故事等。这说明遗传素质固然重要,但不起决定作用。

(来源:潘洪亮,等.情境·教育·启迪[M].郑州:大象出版社,1999:15-16.)

环境决定论者把人看成是环境的消极适应者,片面夸大环境的作用。我国古代墨子说:"染于苍则苍,染于黄则黄,所入者变,其色亦变。"① 荀子说,"蓬生麻中,不扶自直;白沙在涅,与之俱黑。"②

拓展资源:

华生(1878—1958)在《行为主义》一书中这样写道:"给我一打健康的儿童,一个由我支配的特殊的环境,让我在这个环境里养育他们,我可担保,任意选择一个,不论他的才能、倾向、爱好如何;他父母的职业及种族如何,我都可以按照我的意思把他们的训练成为某一类专家——医生、律师、艺术家、大商人,甚至乞丐或强盗。"这种观点夸大了环境的作用,最终导致环境决定论。

(来源:杨清.简明心理学辞典[M].长春:吉林人民出版社,1985:184.)

四、教育在人的身心发展中的作用

教育对人的身心发展具有重要作用,这一点早已为历史上的许多思想家和教育家所认同。我国古代的孔子提出的"性相近,习相远",就充分肯定了教育对人发展的作用。荀子在《劝学》篇中也指出:"干越夷貊之子,生而同声,长而异俗,教使之然也。"③ 大教育家夸美纽斯在《大教学论》中写到:"只有受过一种合适的教育之后,人才能成为一个人"。④ 法国的启蒙思想家卢梭则说:"植物的形成由于栽培,人的形成由于教育"。⑤ 德国古典哲学家康德则认为:"人只有靠教育才能成人,人完全是教育的结果。"⑥

---

① 墨子·所染
② 荀子·劝学
③ 荀子·劝学篇第一
④ [捷]夸美纽斯.大教学论[M].傅任敢,译.北京:人民教育出版社,1979:36.
⑤ 张焕庭.西方资产阶级教育论著选[M].北京:人民教育出版社,1979:95.
⑥ 康德教育论[M].上海:商务印书馆,1926:5.

(一) 个体个性化与个体社会化

学校教育促进人身心发展的功能,主要体现在个体个性化与个体社会化两方面。

1. 个体个性化

个体个性化是指个体通过教育与自身实践,逐步形成具有一定倾向性的相对独特和稳定的心理特征的过程。人的个性包括三个方面:

(1) 个性倾向性,指人对社会环境的态度和行为的积极特征,它是推动人进行活动的动力系统,是个性结构中最活跃的因素,决定着人对周围世界的认识和态度的选择和趋向,决定人追求什么,包括需要、兴趣、理想、信念、世界观等。

(2) 个性心理特征,就是个体在其心理活动中经常地、稳定地表现出来的特征,主要是指人的能力、气质和性格。

(3) 自我意识,指个体对所有属于自己身心状况的意识,包括自我认识、自我体验、自我调控等方面,如自尊心、自信心等。在个性系统中,自我意识具有调节、调控的作用。

教育学的"个性"概念应该从以下几方面理解:

第一,个性的独特性。这主要体现着一个人在身心、才智、德行、技能诸方面别于他人的特性的总和。无区别、无特点也就没有个性。诸如,有的人擅长运动,有的人热衷文艺;有的人擅长于数学计算,有的人善于语言表达;有的人孤陋寡闻,有的人多才多艺,如此等等。人的这些差异就构成了一个社会人的个性特征。但是,人的个性并不脱离人的共性,是在共性基础上形成的。例如,一个正常人都有思维能力、想象能力、观察能力、记忆能力等共同的智力特征,但是每个人在这些方面又有自己的独特特点。有的人在智力上表现出较强的记忆力,有的人则观察力突出,还有的人则可能具有丰富的想象力。这些智力特征的形成同一个人的智力总体是分不开的。又如,一个正常人都有运动能力,但总有人在某些运动能力方面具有专长。

第二,个性的稳固性。一个人的个性是指比较稳固持久的特征。个体偶然表现的特征不是个性特征。当然,个性的稳定性也是相对而言的,不是一成不变的。由于人的个性是在社会条件和教育影响下形成的,因而随着个体生活条件的变化与实践活动的改变,人的个性必然相应随之发生变化。正是由于人的个性具有可变性,才使教育对人的个性培养塑造具有重要作用。但是既然成为一个人的个性,总是有其相对稳定性的一面。偶然性的特征不能代表个性。

第三,个性的社会性。人的个性是一种社会历史现象,都是在社会影响下形成的。人的本质在其现实性上是一切社会关系的总和,没有超社会超历史的个人,也绝没有超社会超历史的个性。个性总要体现在人们相互之间的交往关系中。人们在社会交往中,形成人们的动机、理想、信念和世界观。个人离开了社会和交往,个性便失去了存在的基础,也就不会形成人的个性。所以,个性是历史的,具有社会性,它是人在同社会的积极交往与相互作用中形成的。

第四,个性的总和性。人是完整的社会个体,他的个性是由相互联系、相互制约的各个方面构成的统一整体。不仅人的个性心理结构、个性倾向性和个性心理特征是紧密联系、相互作用形成的统一个性心理整体,如人的个性心理特征——气质、性格、能力等并不是孤立的,它要受人的动机、理想和世界观等个性倾向性的制约;而且人的身心活动、道德情操以及特殊技能的掌握等个性特征的发展等,相互之间也是密切相连的。人的个性是个体反映在身心、才智、德行和技能等种种方面特征的总和,不能孤立认识。

个体个性化是教育功能的重要方面。任何人都有个性,都是一种个性化的存在。这就要求教育要尊重学生个体的差异性和独特性,依据学生的不同的个性因材施教,促进其全面发展。人的身心发展不是单纯地适应社会的过程,而是自觉地在适应社会的基础之上力求改造社会的过程。

2. 个体社会化

个体社会化指个体将社会行为规范、准则内化为自己的行为标准,以适应社会生活的过程,这是由生物人变为社会人的过程。社会化的主要类型包括:初始社会化(儿童时期理解社会角色和文化)、预期社会化(学习将来要扮演的角色)、继续社会化、逆向社会化(晚辈传授知识和规范给长辈)、再社会化(人们有意忘掉以前的价值观和行为模式、接受或产生新价值观和行为模式)。

狭义的社会化指人从出生到其成为基本合格的社会成员的过程,广义的社会化则是一个贯穿人一生的过程。从个人与社会的关系来看,人的社会化就是个体吸收社会经验,由二者的分立走向二者的融合;这种融合是以个体减少自己的与生俱来的生物性、学习群体和社会的文化、发展自己的社会性、把自己整合到群体中去的过程。人的社会化不是削弱人的生物机能,而是使人的行为少受生物本能的影响,而更多地受社会文化、社会规范的影响,即在他参与群体生活、社会生活时用群体规范指导自己的行动,以实现与他人的合作。教育是个体社会化的重要途径。

3. 个性化与社会化的关系

人的身心发展既是一个社会化的过程,也是一个个性化的过程,社会化是社会个体发展自我个性化的基础,个性化使社会化在同质性的基础之上保持了社会发展的多样性。也可以说,没有个性的社会化与没有社会的个性化都是不存在的,弱化了其中一个方面,另一个方面也必然发展不充分。

(二)教育在人的身心发展中的主导作用

人的身心发展离不开教育,教育是培养人的有效手段,是不可替代的。教育对人的身心发展之所以具有如此重要的意义,其原因就在于在影响人发展的诸多因素中,教育是起主导作用的因素。

1. 学校教育具有明确的目的性和方向性,是专门培养人的活动

学校教育能根据一定社会政治经济和生产力发展的需要,按照一定的方向,选择适当的内容,采取有效的方法,利用集中的时间,对人进行系统的教育和训练,使人获得比较系统的文化科学知识和技能,形成一定的世界观和道德品质。

2. 学校教育还具有较强的计划性和系统性

学校教育是在各种严格的规章制度的制约下进行的。它保证了教学的良好秩序,把人的身心发展所需要的一切时间和空间全部纳入到可控的程序之内,保证了教学得以顺利、有节奏地进行。同时,学校教育又具有系统的学习内容。这些内容既考虑了社会政治经济对人才规格的需要,又考虑了知识的逻辑顺序和学生的年龄特点与接受能力。这样就保证了人才培养的高质量与高效率。

3. 学校教育还具有高度的组织性

学校教育主要是通过专门的教育机关——学校进行的。学校是按照一定的教育目的组

织起来的,它有比较完整的组织机构,又有经过教育和训练的专职教育工作者,把受教育者按照一定的教育要求组织在专门的教育过程中进行教育和训练。因而,它对年轻一代身心发展的影响和作用,就比其他任何社会生活条件都大得多、有效得多。

4. 教育可控制和利用各种环境因素对人的自发影响,充分发挥个体遗传上的优势,限制和排除一切不良环境因素的干扰,利用和发展一切积极因素的作用,以确保个体发展的方向

根据儿童的遗传素质,教育有意识地发挥他的长处,弥补他的短处,使先天的遗传素质向有利于儿童成长的方向发展。

(三)教育主导作用有效发挥的条件

教育的主导作用并不是万能的,把教育视为人发展的决定因素,就夸大了教育的作用。因为人的身心发展并不是单纯由教育决定的,而是各种条件综合作用和人多方面实践活动的结果。教育既不能超越它所依存的社会条件,凌驾于社会之上去发挥它的主导作用,又不能违背儿童身心发展的客观规律任意决定人的身心发展。前面讲到,教育的发展或发展教育必须适应现有生产力发展水平和社会经济的需要,考虑生产力发展和政治经济对教育的要求。同理,进入教育的微观领域,教育要发挥它的育人作用,也必须考虑与之有关的若干因素和条件。

1. 受教育者自身的主观能动性

人与动物不同,人是一个能动的个体,具有主观能动性。主观能动性是指人的主观意识对客观世界的反映和能动作用。从意识方面来说,它体现为人的需要、动机、目的等主观积极性;从外部表现来说,则体现为人作用于客观事物的自觉活动。人具有主观能动性,说明人作为教育的对象,并不是消极被动地接受教育的。外在的教育影响不是原封不动地移植给学生的,学生对外在的教育影响能否接受、接受多少,总是根据自己的需要和知识经验加以选择,并通过自己的内部矛盾斗争做出相应的反应。在教育过程中,学生如果没有学习愿望,厌恶学习,懒于思考,心不在焉,缺乏学习动力,各种外在的教育影响就难以转化为学生的精神财富。但是,人的主观能动性并不是自发产生的,往往需要一定的外部刺激来激发,因此,教育者要善于调动学生的主观能动性。外因是变化的条件,内因是变化的根据,外因通过内因起作用,只有借助学生的主观能动性这一内因,教育才能更好地发挥主导作用。

环境和教育对人的影响作用的大小与人的主观能动性有着直接的关系。人的主观能动性是人的一种内在需要和动力,是一种积极的学习动机和渴望。当受教育者具备了积极的求教动机时,环境和教育的外因才能发挥相应的作用。学习者的学习积极性越高,教育的作用就越大。教育中的"教学相长"只有在教育者和受教育者两个积极性发出合力时才会产生。

2. 教育的自身状况

教育主导作用发挥的程度和能力的大小,与教育自身的条件也有很大的关系。这些条件包括教育的物质条件、教师的素质、管理水平以及相关的精神条件等。

(1)物质条件。指校舍、图书资料、教育仪器设备、运动场地及其他设施。充足、配套、先进的物质条件,为教育主导作用的发挥提供了可能性。如照明、通风、音响效果良好的教室,有利于学生的身体健康,有利于学生集中注意力和提高学习效果;充实而丰富的图书资

料有利于学生开阔视野、扩展知识面,培养自学能力;先进的仪器设备如录音机、录像机、幻灯机、计算机、实验室、语音室等有利于学生深刻领会和牢固掌握知识,激发学习兴趣,启迪思考,培养动手能力,训练开拓、进取精神,养成科学态度和作风。

(2) 教师队伍。教师既是教育活动的参与者,又是教育活动的设计者和领导者,在教育活动中居于主导地位。因此建立一支数量足、结构合理、队伍稳、素质高的教师队伍是教育主导作用发挥的关键因素。从结构上看,男女教师,语文、数学、音乐、体育、美育、劳动教师和老中青教师的比例要适应教学需要。从数量上看,在总量上要满足教育教学要求,在学历层次上小学教师要基本达到中师水平,并逐渐提高到专科水平。从素质上看,要有现代的教育观念,如现代的人才观、学生观、质量观、创新观和超前观等;要有广博的文化科学知识,如扎实的专业知识、广泛的文化知识和精深的教育学心理学知识;要有良好的思想道德品质,如科学的世界观、崇高的理想、热爱教育事业的奉献精神,以及开拓进取与合作精神;要有娴熟的教育教学能力,如认识能力、传播能力、组织能力、设计能力、科研能力和获取信息的能力等。

(3) 教育管理。科学有效的管理是教育主导作用发挥的有力保证。现代学校是一个多层次、多结构、多系列、多因素的有机集合体,是一个复杂系统。只有充分运用管理的决策计划、组织实施、评价总结等环节实行科学的、民主的、现代的、规范的管理,切实做到管理目标明确、管理组织有序、管理过程优化、管理效果最佳,才能充分调动师生员工的积极性、主动性和创造性,使教育资源发挥最大效益。

3. 家庭环境的影响

家庭环境的影响因素归结起来可分为家长的职业、文化程度、家庭结构、经济条件等以及家庭教育方式、家长教育态度、家庭气氛、家长期望等主观因素。教育只有充分认识家庭影响的重要性,并采取一定的有效措施去争取和改善家庭环境的影响,才能充分发挥其主导作用。

(1) 家长的职业类别。家长的职业类别不同,职业习惯、生活方式、工作方式就不同,由此也形成了不同的家庭环境、家庭学习条件和学习气氛,这些对儿童的学习成绩、道德面貌和个性发展有很大影响。

(2) 家长的文化程度。家长的文化程度不同,家庭的文化氛围、对子女学习的指导能力、教育的自觉程度和教育方式就不同。高等文化水平的家长,更倾向于民主型的教育态度,而中等、初等文化水平的家长较多倾向于放任型、溺爱型或专制型的教育态度。

(3) 家庭的经济状况。家庭的经济状况直接与子女的物质生活、学习环境、健康条件相关。经济极端贫困的家庭,不能为子女提供必要的学习条件,而过于优越的家境则容易使子女养成养尊处优的品性。

(4) 家庭的自然结构。家庭结构在其完整性上可分为常态家庭和非常态家庭。非常态家庭是影响儿童学习和个性发展极不利的因素。

(5) 家庭的气氛。它是一种潜移默化的影响力量。调查表明,民主、平等、和谐的家庭气氛对人的身心发展有利;专断、紧张、冲突、平淡的家庭气氛对人的身心发展会产生不良影响。

(6) 家长的期望水平。家长的期望水平对子女有一种隐蔽的强化作用,使他们或在自觉意识水平上,或在自发无意识水平上受到激励。一般说来,家长对子女期望水平越高,子女对学习成就的追求越强烈。

4. 社会发展状况,包括社会生产力发展水平、社会政治经济制度的进步程度、整体的社会环境、民族心态、文化传统、科学技术发展状况等

(1) 生产力水平。不同的生产力发展水平既给教育提供了不同程度的物质保障,又向教育提出了不同程度的发展要求,教育主导作用的发挥离不开生产力提供的双重前提。

(2) 科技发展。科学技术的每一次重大进步,不仅带动着教育内容的改革与更新,而且还推动着教育技术的现代化。教育内容的选择和教育技术利用的状况又直接影响着教育主导作用发挥的程度,影响着教育的质量和效益。

(3) 社会环境。在和平、民主、开放、发展的社会大环境下,教育的主导作用一般能得到较充分的发挥。当社会面临战乱动荡、经济萧条、政治黑暗、民不聊生的境遇时,教育的主导作用便会削弱甚至丧失。

(4) 社会文化传统和民族心态。文化传统是一定区域、一定社会生活共同体中的人们在历史过程中生成、积累、稳定下来的心理、艺术、道德、社会组织形式等方面的因素与特征的组合体,它赋予了人们特定的心理素质、思维方式、价值观念和风俗习惯。社会文化传统弥漫于整个社会中,强烈地影响着一个民族的民族心态和民族价值取向,影响着人们生活的方方面面,影响着人们对教育内容和教育方式的选择。教育只有利用优秀的文化传统,利用积极、健康的民族心态影响学生,才能更好地发挥主导作用。

(5) 公民整体素质。公民整体素质的高低,直接影响社会的文化氛围。在一个公民素质低下、文盲充斥、犯罪蔓延、道德沦丧、物欲横流的社会里,教育对理想、崇高和真善美的追求便会异常艰难。相反,在一个文明的社会中,教育的主导作用会得到充分的发挥。

总之,教育的主导作用不是无条件产生的,它要受到多方因素的制约。教育如能得到社会各方面条件的积极配合,它就能充分发挥出促进人的身心发展和社会发展的独特作用。

本章小结

人的自然属性	与动物相比,人在自然属性上的特质,是人们最抽象的共同性,它包括食欲、性欲和自我保存这三种自然属性
人的社会属性	人的社会属性即人在社会性上与动物相区别的独特性。包括人类共生关系中的相互依存性、人际关系中的社会交往性、人伦关系中的道德性
人的精神属性	人不仅与动物共有类同的生物组织,即肉体的物质属性,更有动物肉体所不具有的意识、思维、想象、目的性等精神属性。人的精神活动具有能动性和创造性,具有自我意识和价值定向性
人的本质	人的本质概括来说就是指人之所以为人的特有的质的规定性。人的本质是自然性与社会性、受动性与能动性、共性与个性的统一
人的身心发展	人的身心发展,指的是一个人从出生到成年期间在身心两个方面所发生的积极变化。它包括生理和心理两个方面

续表

内发论	内发论认为,身心发展的动力来自于个体自身的内在需要,身心发展是自然而然的成熟和完善过程。从历史上看,性善论、遗传决定论、成熟论、人本主义心理学一般都强调身心发展的内在因素
外铄论	外铄论认为,人的身心发展主要依靠外铄力量的推动,包括环境的刺激和要求、他人的影响、学校的教育和训练等。外铄论者一般忽视个体的内在需要,或者认为,外在力量可以支配内在的需要。性恶论、环境决定论、教育万能论、行为主义心理学都持外铄论的观点
差距论	辩证唯物主义认为,人的身心发展是内因和外因的矛盾统一,社会环境包括教育对个体发展的要求是外因,外因通过个体的实践活动,成为个体发展的一种需要,这一由外部要求转化而成的新的需要代表着个体发展的"应然"水平,是尚未达到、但可能实现的水平,它与个体已有的素质,已达到的"实然"水平之间存在着差距,这种差距是一种矛盾,矛盾的统一,即"应然"的水平变成"实然"水平,这意味着发展的一个阶段性完成。个体在外界环境的要求下再形成新的"应然",进而再推动个体的发展,这是一个无限的过程。所以,在实践活动中,外部环境对个体发展所引起的新的需要与个体已有发展水平之间的差距是个体发展的动力
个体身心发展的顺序性	人从出生到长大成人,身心的发展是一个由低级到高级、由简单到复杂、由量变到质变的连续不断的发展过程。在这一过程中,不仅整个身心发展具有一定的顺序性,身心发展的个别过程和特点的出现也具有一定的顺序
个体身心发展的阶段性	人的身心发展在不同年龄阶段表现出一些不同的特征,这些特征构成了教育工作的基本依据。儿童发展的阶段性决定了教育工作的针对性,对不同年龄阶段的儿童应采取不同的内容和方法
个体身心发展的不均衡性	个体身心发展的不均衡性一是同一个方面的发展,在不同的年龄阶段发展是不均衡的,二是不同方面发展的不均衡性
个体身心发展的个别差异性	在个体的身心发展中,由于遗传、环境、教育和自身主观能动性的不同,存在着个别差异。首先表现为不同儿童同一方面的发展,其速度和水平是不同的,其次,个别差异表现在不同方面发展的相互关系上。教育工作者应充分重视每个学生的个别差异,做到因材施教
个体身心发展的互补性	互补性反映个体身心发展各组成部分的相互关系。它首先指机体某一方面的机能受损甚至缺失后,可通过其他方面的超常发展得到部分补偿。互补性其次指心理机能和生理机能之间的互补
遗传	遗传是指个体从上代继承下来的生理解剖上的特点,如机体的结构、形态、感官和神经系统的特点等
环境	环境指直接或间接影响个体形成和发展的全部外在因素
个体个性化	个体通过教育与自身实践,逐步形成具有一定倾向性的相对独特和稳定的心理特征的过程
个体社会化	个体将社会行为规范,准则内化为自己的行为标准,以适应社会生活的过程,这是由生物人变为社会人的过程

本章练习题

一、单选题

1. 在人的身心发展上持内发论观点的是（　　）。
   A. 荀子　　　　B. 巴甫洛夫　　　　C. 孟子　　　　D. 李斯
2. "一两的遗传胜过一吨的教育"，这是一种（　　）。
   A. 教育万能论观点　　　　　　　　B. 遗传决定论观点
   C. 环境决定论观点　　　　　　　　D. 实践决定论观点
3. 个体将社会行为规范、准则内化为自己的行为标准，以适应社会生活的过程，是（　　）。
   A. 个体个性化过程　　　　　　　　B. 个体成熟化过程
   C. 个体自主化过程　　　　　　　　D. 个体社会化过程

二、填空题

1. 从教育的角度看，人的身心发展包括_____和_____两个方面。
2. 人从出生到长大成人，身心的发展是一个由低级到高级、由简单到复杂、由量变到质变的连续不断的发展过程，这反映人的身心发展具有_____。
3. 个体通过教育与自身实践，逐步形成具有一定倾向性的相对独特和稳定的心理特征的过程，这是_____过程。

三、概念题

1. 人的身心发展
2. 差距论
3. 个体个性化
4. 个体社会化

四、简答题

1. 人的身心发展的动力是什么？
2. 简要分析遗传决定论的观点。
3. 简要分析教育万能论的观点。
4. 简要分析环境决定论的观点。

五、论述题

1. 发挥教育对人的身心发展的主导作用的条件是什么？
2. 人的身心发展的规律有哪些？如何遵循规律进行教育？

本章参考文献

[1] 潘洪亮,等.情境·教育·启迪[M].郑州:大象出版社,1999.
[2] [捷]夸美纽斯.大教学论[M].傅任敢,译.北京:人民教育出版社,1979.
[3] [德]康德.教育论[M].上海:商务印书馆,1926.
[4] [美]拉兹洛.用系统的观点看世界[M].北京:中国社会科学出版社,1985.

［5］［美］马斯洛,等.人的潜能与价值［M］.林芳,译.北京:华夏出版社,1987.

［6］马克思恩格斯选集［M］北京:人民出版社,1995.

［7］毛泽东选集［M］.北京:人民出版社,1991.

［8］王道俊,王汉澜.教育学［M］.北京:人民教育出版社,1989.

［9］汪幼芳,朱本.关于儿童身心发展因素问题的探讨［J］.教育研究,1983(7).

［10］［印］辛格.狼孩——对卡玛拉和阿玛拉的抚养日记［M］.陈苏新,等,编译.长春:吉林人民出版社,1982.

［11］叶澜.教育概论［M］.北京:人民教育出版社,1991.

［12］杨清.简明心理学辞典［M］.长春:吉林人民出版社,1985.

［13］张焕庭.西方资产阶级教育论著选［M］.北京:人民教育出版社,1979.

第六章　学校及其制度

学习目标

1. 理解学校的概念和性质,了解学校产生与发展的过程。
2. 理解学校教育制度的含义,当代学制发展的一般趋势以及学校教育制度确立的依据。
3. 掌握我国的学制类型及改革趋势。
4. 运用学校教育制度的相关知识来分析我国当前学校教育制度的有关问题。

建议学时

6

案例导读

案例呈现：

学校教育制度：生成、演进与走向

欧阳光华

学校教育制度的生成是一定历史阶段的产物。近代社会以前,虽然存在着各式各样的教育机构,而且这些教育机构之间也存在着等级与程度的不同,但不同学校之间并无明确的衔接与转换关系,同一层次的学校亦无明确的分工与协同,各种教育机构之间处于分散游离状态,并未形成严格意义的学校教育制度。近代社会以后,随着公共教育制度的诞生,学校的数量与类型大量增加,需要一定的规范来确立与协调各级各类学校之间的关系,于是现代学校教育制度应运而生。

(来源:当代教育科学,2005(2).)

案例分析：

学校与教育制度之间存在着密不可分的关系,随着社会的不断进步和发展,学校数量的日渐增多在一定程度上催生了学校教育制度。

第一节 学校概述

一、学校的概念和性质

（一）学校的概念

"学校"一词对于人们来说并不陌生，它伴随着人们从童年到成年的一路成长，然而，什么是学校呢？却鲜有人们能够用准确的语言表达出来。《教育大辞典》中关于学校的定义是这样的："人类进行自觉的教育活动、传递社会知识文化，有目的、有计划、有组织地为一定社会培养所需人才的机构"①。学校作为这样一种机构，它的产生不是自发的而是社会发展到一定历史阶段的产物。"学校的出现标志着人类教育活动开始进入一个自觉自为的历史时期，作为社会事业的学校教育，不仅为社会政治、经济生活所需要，且对社会发展的作用亦更显著更重要。在中国，'学校'二字始见诸《孟子·滕文公上》：'设为庠序学校以教之。庠者，养也；校者，教也；序者，射也。夏曰校，殷曰序，周曰庠；学则三代共之。'学校名称即本于此。但中国长期封建社会所办的官学，如汉代的太学、鸿都门学；唐代中央设立的国子学、太学、四门学、律学、算学，地方设立的州学、县学等，一般均称'学'。私学自汉以后名称渐多，有经师大儒讲学的'经庐''精舍'，宋代兴起的书院和进行初等教育的书馆、学馆、义学、冬学、村塾等。清末兴办近代教育，光绪二十八年（1902）的《钦定学堂章程》规定称学堂。辛亥革命后，1912～1913年国民政府教育部颁行的学制（称《壬子癸丑学制》），始统一改成学校。在西方，school一词源于拉丁文schla和古希腊文skhole，有'闲适安逸之所'之意，指唯有具备闲暇条件的休闲者方可驻足其间。此意与学校产生须具有的客观社会条件，如社会生产力有所发展，社会财富有所增加，致使部分人可脱离生产劳动专事脑力劳动，社会上从此有了专门从事教育活动的教者和学习生活的学者正相符合。可见学校初期只能为社会中脱离生产劳动的贵族及其子弟等少数人所独享。古代希腊斯巴达和雅典设有体操学校、文法学校、弦琴学校等。欧洲中世纪教会主宰学校，设有主教学校、僧侣学校。12世纪出现大学，后又出现行会学校和城市学校。到了资本主义社会，出现完科中学、职业（技术）学校。劳动人民子女开始进入学校受教育。学校适应人类社会生活不断趋于复杂而产生，并随社会的发展而发展，其自身的结构日趋严密与完善，出现较为完整有序的学校教育体系，成为人类社会发展中一项重要的社会事业。"②可见，"学校"一词的由来经历了一段漫长的历史发展。随着社会的不断进步，学校所体现的意义也在不断地发生变化。

（二）学校的性质

无论是学习还是研究学校，都要对学校有一个正确的认识，这种认识不能流于表面，而是要做到深入、具体、清晰。因此，学校的性质就显得尤为重要，同时，学校的性质也是学校区别于其他社会组织的显著特点。

1. 学校具有规范性

规范性是指凡是有人群的地方，每个人的一言一行，一举一动都有一定的规矩和标准，

---

① 顾明远.教育大辞典（增订合编本）[Z].上海：上海教育出版社，1998：1822.
② 顾明远.教育大辞典（增订合编本）[Z].上海：上海教育出版社，1998：1822-1823.

学校的规范性主要体现在教师的职业道德规范和学生的行为规范上。教师遵守职业道德规范,才能保证教师真正做到教书育人;学生遵守行为规范,才能使学生良好地投入到学习成长中去;学校只有做到规范才能保证学校的各项事务都能有序地进行。因此,学校的规范性是极其重要且必要的。

2. 学校具有强制性

所谓强制性是指必须依照法律适用,不能以个人意志予以变更和排除适用的一种性质,它的特点是主体没有自行选择的余地。学校的强制性主要体现在义务教育阶段,根据宪法规定,适龄儿童和青少年都必须接受国家、社会、家庭必须予以保证的国民教育,其实质是国家依照法律的规定对适龄儿童和青少年实施的一定年限的强迫教育的制度。义务教育的强制性特点在一定程度上来说使学校具有了强制性。

3. 学校具有公益性

"美国社会学家布劳(P.M.Blau)和斯科特(Scott)根据受益者的类型将组织分为:互利组织、赢利组织、服务性组织、公益组织四类"[①],学校便是其中的公益组织,彰显着公益性。公益,顾名思义:公共的利益。学校的公益性体现在它的"有教无类",即学校所面对的是所有人,人人都有接受教育的权利,维护的是公共的教育利益。

二、学校的产生与发展

学校的出现标志着人类教育水平的显著提升,是人类文化发展史上的一个里程碑。我国的学校最早出现于商代,西方国家的学校则最早出现于公元前8~7世纪。学校的产生不是偶然的,它伴随着一定的社会条件:第一,人类的文化已经发展到不通过学校,这些文化就不能被下一代青少年所掌握的程度;第二,社会物质资料生产的水平已经发展到能够使一部分人从直接的物质生产活动中脱离出来而专门从事脑力劳动,这种脑力劳动与体力劳动的分离不仅能够推动教育和社会的进步,同时也是学校产生的必要条件;第三,文字的出现也催生了学校,文字是记载人类所总结出来的一切社会生活经验的工具,也是大量、准确地传递社会生活经验的载体,只有文字才能促进学校的产生;第四,国家机构的建立,也在客观上要求有专门的经验机构来培养官吏和知识分子,因为统治者迫切需要培养自己的继承人以及强化对被统治者的思想统治。学校便在这一系列的社会条件下产生。

(一)学校的萌芽

学校最初是萌芽于原始社会末期。在原始社会,无论是男孩还是女孩在8岁以前都被安放在一起,由妇女进行看管。过了8岁,男孩则由成年男子进行看管,学习男人应尽的职责和任务;女孩则继续由妇女进行看管,学习女人应做的事情。这些就意味他们在接受着年长一代对他们的教育,他们不仅要学习生活的经验,如何来照料自己,同时还要参加各种社会劳动和学习部落之间的各种礼节。那么,久而久之便形成了一种原始社会儿童接受教育的机构,经考证,这一机构被称为"青年之家"。"青年之家"便是学校的萌芽。

(二)学校的产生

在奴隶社会初期,随着社会生产力的不断提高,出现了体力劳动与脑力劳动分离的情况,且伴随着文字的出现,古代东方国以及我国都相继出现了学校。

---

① 郝婕.学校的性质[J].青年与社会,2012(6).

在古代东方国家,目前发现的最早学校是位于现在伊拉克卡边西亚省尼善尔以南的苏美尔学校。据记载,苏美尔学校的办学目标是为寺院和宫廷培养缮写人员。还有其他像古代埃及的"宫廷学校""书吏学校""寺庙学校",古代印度的"吠陀学校""古儒学校""森林学校",古希腊的"竖琴学校""体育学校""音乐学校",古罗马的"法律学校""建筑学校",中世纪西方的"教会学校"等,都是世界其他国家古代学校的典型。

我国的学校早在距今4000多年前的五帝和虞舜时期就已出现。董仲舒曾指出:"成均,均为五帝之学。"①由此可以得知,当时的学校名为成均。据记载,成均乃乐师作乐的地方。到了夏朝,生产力的显著提高为学校的产生提供了条件。《礼记·王制》②中说到:"夏后氏养国老于东序,养庶老于西序。"《汉书·儒林传序》③说:"夏曰校。"这些说明夏朝时的学校有庠、序、校。商朝时期,在已有学校的基础上又多了学和瞽宗。

无论是古代东方各国还是我国的学校,其基本理念都包括:第一,学校是阶级统治的工具,在选择和传承文化的同时,承担着为统治阶级培养人才和教化或愚弄百姓的双重任务,具有鲜明的阶级性、等级性或宗教性。第二,学校与社会生产劳动相脱离,主要传递一些与社会生活相关的军事、道德或宗教知识,人文学科在学校中占据主要位置。第三,古代学校不同类型和阶段之间是不连续不系统的,也没有形成统一的学制。第四,教师在学校生活中占据绝对权威的地位,师生之间存在着基于政治或宗教利益的严重人身依附关系。

(三) 学校的发展

随着社会的不断进步和发展,学校也在不断发展并逐步形成了学校的组织体系,并且在不断完善当中。不论是西方各国还是我国,学校的发展都经历了一段漫长的历史。表 6-1 和表 6-2 分别反映了西方和我国近代以前学校的发展概况。

表 6-1 西方学校发展概况④

历史时期	教育目标	教学人员或机构	学生	教学方法	课程
希腊时期前 1600—前 300 年	雅典:形成和谐发展的个人 斯巴达:塑造士兵和军事领导人	雅典:私人教师、学校的智者和哲学家 斯巴达:军事教师、教练	年龄在 7~20 岁的男性公民	初等学校主要是训练、背诵和记忆 高等学校主要是讲座、讨论和对话	雅典:读、写、算、戏剧、音乐、体育、文学、诗歌 希腊:训练、军歌和谋略
罗马时期前 750—前 450 年	形成管理和军事技能,增强对帝国的责任感	私立学校和私人教师 修辞学校	年龄在 7~20 岁的男性公民	训练、背诵、记忆、演说	读、写、算、十二铜表法、法律、哲学

---

① 《春秋·繁露》:中国汉代哲学家董仲舒的政治哲学著作,推崇公羊学,发挥"春秋大一统"之旨,阐述了以阴阳、五行为骨架,以天人感应为核心的哲学-神学理论,宣扬"性三品"的人性论、"王道之三纲可求于天"的伦理思想及赤黑白三统循环的历史观,为汉代中央集权的封建统治制度,奠定了理论基础。
② 儒家经典著作四书之一《礼记》中的一篇,集中了中国古代国家法原则和制度之大成,具有纲领性的意义。
③ 《汉书》为中国第一部纪传体断代史,全书有十二"纪"、八"表"、十"志"、七十"列传",《儒林传》就是七十"列传"中的一传。
④ 郑金洲.教育通论[M].上海:上海师范大学出版社,2000:59-60.

续表

历史时期	教育目标	教学人员或机构	学生	教学方法	课程
阿拉伯时期700—1350年	培养对伊斯兰教的宗教信仰，掌握数学、医学和科学	宫廷学校、寺院	年龄在7~20岁的上层社会的男性公民	初等学校以训练、背诵和记忆为主 高等学校以模仿和讨论为主	读、写、算、宗教读物、科学研究
中世纪500—1400年	形成宗教信仰，重新确立社会秩序	教区、教堂和主教学校，大学，师徒制，骑士	来自上层阶级或主教区的男性儿童，教区的妇女，年龄在7~20岁	初等学校以训练、背诵和记忆、唱圣歌为主 大学以情景分析和辩论为主	读、写、算、自由艺术、哲学、神学、技术、军事谋略、"骑士七技"
文艺复兴1350—1500年	培养人文主义者和朝臣	古典人文学科的教师和拉丁文法学校、"吕克昂"	年龄在7~20岁的上层社会和贵族家庭的男性公民	对希腊、罗马古典学科的记忆、翻译和分析	拉丁语、希腊语、古典文学、诗歌、艺术
宗教改革1500—1600年	形成对特定宗教教义的信仰	贫民学校和文科中学	平民学校中年龄为7~12岁文科中学中为来自上层社会的7~12岁的儿童	平民学校以记忆、训练、灌输、问答为主 文科中学以翻译、古典文学分析为主	阅读、书写、数学、教义问答、宗教观念与仪式、拉丁语和希腊语、神学

近代以来，西方出现了文科中学，与之前的学校相比，文科中学的组织更为规范，对教师的要求以及对学生的入学标准都更为严格，它标志着现代学校的形成，但组织更为严密的学校系统还没有形成。

进入到18世纪以来，由于受到资本主义经济的影响学校出现了新的类型——实科中学。与文科中学最大的不同是，实科中学重视自然科学的教学，且兼具普通教育与职业教育。实科中学最早在德国出现，随后在欧洲许多国家都相继出现，成为了学校系统的重要组成部分，学校系统也随之形成。[1]

从下表中可以看出，虽然我国的学校在经历了各个朝代的发展后，类型和层次都渐趋多样化，但是，其学校的系统性却远不如今天。清末"废科举，兴学校"以后建立的学校，才开始了真正意义上的学校教育。[2]

---

[1] 蒲蕊.教育学原理[M].武汉:武汉大学出版社,2010:280-283.
[2] 蒲蕊.教育学原理[M].武汉:武汉大学出版社,2010:286.

表 6-2　我国近代以前学校发展概况①

朝代	学校类型	教师	学生	学习内容
夏商	"校""庠""序" "庠""序""学" "大学"（右学）"小学"（左学）"瞽宗"			以习射为主 "六艺"（礼、乐、射、御、书、数），教育初具形貌
周	国学 小学 大学（"辟雍"，又称"大池"或"射卢"，"泮宫"） 乡学 "庠""序""塾"	大司乐、乐师、师氏、保氏、大胥、小胥、大师、小师等 大司徒、小司徒、乡师、乡大夫、州长、党正、父师、少师等	8～15岁贵族子弟 15～20岁贵族子弟	"六艺"（礼、乐、射、御、书、数），教育相对完备
春秋	官学废弛、私学兴起	士	贵族及平民子弟	形式多样，其中儒家主张学习《诗》《书》《礼》《乐》《易》《春秋》
汉	官学 太学（中央） 鸿都门学和宫邸学（中央） 郡国学校（地方） 私学 书馆（又称书舍） 经馆（又称精舍、精庐，程度相当于太学）	博士 书师 经师	年龄在18~60岁称"博士弟子""诸生"等 八九岁入学及门弟子（又称授业弟子、著录弟子）	经书（今文经书派），太学中所设为今文经学 《急救篇》《仓颉篇》《论语》《孝经》等经书
魏晋	官学 太学 国子学 专科学校（史学、文学、律学、书学、佛学、道学等） 郡国学校 私学	国子祭酒、博士、助教	弟子、门人、寄学、散住	《论语》《诗》《周易》《尚书》《礼记》《春秋公羊传》等

---

① 郑金洲.教育通论[M].上海：上海师范大学出版社，2000：61-63.

续表

朝代	学校类型	教师	学生	学习内容
隋唐	官学（中央） 国子学 太学 四门学 书学 算学 律学 医学 弘文馆 崇文馆 官学（地方） 京都学 都督府学 州学 县学 私学	祭酒、博士、助教、学官、学士（大学士、直学士、学士）	入学年龄14—25岁，入学资格有严格的等级限制。学生称生徒、贡生、俊士等，一般修业年限为九年	因形式多样，学习内容各不相同，四门学以上为《周礼》《礼记》《仪礼》等；书学以《说文》《字林》为专业；算学学《九章》《孙子》等；律学学律令；弘文馆学书法、经史等；医学学《本草》《脉经》等；地方学校主要修习经学、医学。 多样化
宋	官学（与隋唐大致相同，增设画学、武学、宗学，并出现"小学"） 私学（以蒙学为主，称蒙馆、家塾、"冬学"） 书院	学官、学士、博士、助教等	小学与私学入学年龄为8—12岁，其余为14岁以上，入学资格限制放宽 无明确的年龄限制	《三经新义》等 经书（重义理阐发）
元明	国学 地方乡学 社学 私学 书院	博士、助教等	15岁以下入私学或社学，其中8步进入蒙学学习阶段，称"小学"或"义学"等	"四书""五经"、《三字经》《百家姓》《千字文》等
清	国子监 州府县学 社学 私学 书院	博士、助教、学正、学录等	国子监学生有"监生""贡生""荫生"之分，入学是取得身份的重要途径	"四书""五经"、性理、习字等

三、学校的类型与职能

自学校产生以来，随着时间的推移和社会的发展进步，学校也在不断地发展和变化当中，其中一个非常显著的特点就是学校的种类不再单一，类型趋于多样，当然职能也在随着类型多样的基础上而有所不同，每类学校都在发挥着属于各自的应有之用。如果要将学校的类型进行划分,可以按照纵向和横向的划分方法来划分。

(一) 纵向类型

1. 幼儿园及其职能

幼儿园是专门培养幼儿的教育机构,它不是学校,但具有类同学校的育人功能。德国的教育家福禄培尔(F.W. Frobel,1782—1852)于1837年在布兰肯堡创建了一种新型的学前教育机构——"幼儿园",这是世界上第一所真正意义上的学前教育机构。之后,幼儿园的名称普遍被全世界采用,幼儿园由此成为了我国学校的一种类型。

幼儿园,我国旧称蒙养园、幼稚园,用于对幼儿集中进行保育和教育,通常接纳三至六周岁的幼儿。幼儿园的任务是为解除家庭在培养儿童时所受时间、空间、环境的制约,让幼儿身体、智力和心情得以健康发展。可以说幼儿园是小朋友的快乐天地,可以帮助孩子健康快乐地度过童年时光,不仅学到知识,而且可以从小接触集体生活。幼儿园具有基础性、启蒙性、生活性、活动性以及潜在性等特点。幼儿园教育作为整个教育体系基础的基础,是对儿童进行预备教育(性格完整健康、行为习惯良好、初步的自然与社会常识)。我国幼儿园的主要职能是使幼儿在体、智、德、美等方面都得到发展,成为社会主义事业的建设者和接班人。

2. 小学及其职能

小学,是人们接受最初阶段正规教育的学校,属于初等教育,是基础教育的重要组成部分。初等教育机构最早产生于十六世纪的德国,由城镇主办,教习实用知识和新教教义。十七世纪初,这种学校逐渐增多,成为实施义务教育的机构。现代学堂和教育制度是西方传教士和中国留日学生引入中国的。我国教授学童识字的"小学",古代也叫"蒙学",包括教育阶段及教育场所两种含义。教育内容主要是识字、写字和封建道德教育。教材一般为《蒙求》《千字文》《三字经》《百家姓》《四书》等,没有固定年限,采用个别教学,注重背诵、练习。现阶段小学阶段教育的年限是6年,有些地区仍是5年,一般6~12岁为小学的适龄儿童。

小学的主要职能是为学生接受下一阶段的教育打下良好坚实的基础,做好与中等教育的良好有效的衔接。

3. 中学及其职能

中学,分为初级中学与高级中学,属于中等教育的范畴。初级中学一般是指九年义务教育的中学,高级中学是指高中非义务教育阶段的中学。中学,是"中等学校"的简称,属于一个大的学校类型,所传授的知识高于小学,低于大学,处于"中等地位"。学生就学的年龄,一般在11、12岁至17、18岁阶段。无论初级中学还是高级中学,都有重点中学和非重点中学之分,重点中学的命名,要具备一定的条件,经过一定的程序,由具有审批资格的政府行政机关审批。在我国,初级中学的3年教育,一般已经纳入九年义务教育,免收学杂费,按户籍所在地划片,就近入学,到非户籍所在地中学就读被称为"择校",要缴纳一定的"择校费"。现今,高级中学暂未纳入义务教育范畴,学生入学,以县级乡镇区划为单位,各中学划片招生或按考生自愿招生,未被录取的落榜生要就读高中,一般要缴纳"议价费",费用的多少视学校教学水平而定,教学水平以升入大学特别是名牌大学的学生人数而定。随着我国综合国力的增强,高级中学将来也会被纳入到义务教育范畴。

中学的职能与小学阶段职能不同的是,它在传授知识,培养学生德、智、体、美全面发展的同时还担负着升学的重要职能。中学是学生迈向高等教育的重要阶段,尤其是高级中学,是培养学生走进高等学府的必经之路。

4. 大学及其职能

大学,泛指实施高等教育的学校,指提供教学和研究条件以及授权颁发学位的高等教育组织。在我国,大学含两个层次,一个是大学本科,一个是大学专科。大学本科又包括一本、二本、三本,实际上并无差别,其学历都在本科层次。本科重点偏于学术型,专科重点偏于技术型。大学本科学制一般为4~5年,大学专科一般为2~3年。

大学的主要职能包括:培养高素质的人才,进行科学研究、发展科学,为社会服务,文化传承及其创新。

(二) 横向类型

1. 普通教育学校及其职能

普通教育学校主要是指以升学为目标,以基础科学知识为主要教学内容的学校。前面提到的纵向类型中的学校都属于普通教育学校,职能等在这里就不过多赘述。

2. 特殊教育学校及其职能

特殊教育学校,由政府、企业事业组织、社会团体、其他社会组织及公民个人依法举办的专门对残疾儿童、青少年所实施的义务教育机构。特殊教育学校一般是使用经过特别设计的课程、教材、教法和教学组织形式及教学设备的,对有特殊需要的儿童进行旨在达到一般和特殊培养目标的教育的学校。

特殊教育学校的主要职能是最大限度地满足社会的要求和特殊儿童的教育需要。发展他们的潜能,使他们增长知识,获得技能,完善人格,增强社会适应能力,成为对社会有用的人才。

3. 业余学校及其职能

业余学校指为提高工人、农民、干部等的政治、文化和科学、技术水平,在业余时间进行教育的学校。这类学校一般有业余初等学校、业余中学、业余中等专业学校和业余高等学校(夜大学、函授大学、广播电视大学等)。修业年限从几周至几年不等。教学形式有面授、函授、广播、电视、自学考试等,对象主要是成人。

业余学校的主要职能是满足成人自由支配学习时间,为人们提供终身教育的机会。

四、学校文化

(一) 学校文化的概念

学校存在着文化是教育领域当中人们所普遍认可的,然而,关于学校文化的定义,不同的人却有着不同的理解。很多学者都是从不同的角度入手去界定学校文化,但是,他们都一致认为学校文化的核心是学校各群体所具有的思想观念和行为方式。柳海民在《现代教育学原理》[①]中是这样定义学校文化的:学校文化即学校组织文化,它是指围绕着学校教育教学活动所建立起来的一整套价值观念、行为方式、语言习惯、制度体系、知识符号、建筑风格等的集合体。

(二) 学校文化的特点

1. 学校文化是一种亚文化

亚文化,又称副文化,指与主文化相对应的那些非主流的、局部的文化现象,指在主文化

---

① 柳海民.现代教育学原理[M].长春:东北师范大学出版社,2002:265-266.

或综合文化的背景下,属于某一区域或某个集体所特有的观念和生活方式,一种亚文化不仅包含着与主文化相通的价值与观念,也有属于自己的独特的价值与观念。文化是一个非常大的概念,社会生活的各个领域都有文化,都与文化相通,教育也不例外。因此,教育文化又成了文化当中的一个领域,学校文化作为教育文化的一部分就体现出了亚文化的特点。

2. 学校文化是一种综合性文化

学校是一个小的社会组织,它是由教师、学生、行政人员等要素所构成的,作为教师有教师的文化,作为学生有学生的文化,作为行政人员又有行政人员的文化。所以,一个大的学校文化就是这些要素部分文化的综合,是它们的合力构成了一个完整的学校文化。

3. 学校文化是一种整合性文化

前面提到,学校文化当中又分为不同的子文化,虽然这些文化都作为个体独立地存在着,但是,学校有着明确的价值取向和各项要求,各种子文化无论怎样发展都要以学校的指导思想为核心。因此,学校文化具有整合性的特点。

（三）学校文化的功能

学校文化具有直接和巨大的教育意义。学校的文化从一定意义上来说彰显着学校的各项指导思想,它能够从各个方面对学校的各方面工作及学生施加影响。良好、积极向上的学校文化能够促进学生身心的健康发展以及学校各项工作的顺利开展,不良的学校文化则对学生的身心发展有着巨大的破坏作用,同时也会影响学校各项工作的效果。"良好的学校文化氛围不仅包括学生闲暇生活的安排,而且也包括学生科学思维的训练、知识结构的调整、创造能力的培养、社会责任感的激励和学校学术研究氛围等。"①因此,在学校的建设当中,一定要将学校文化的建设摆在突出的位置,建设良好的学校文化,对学校日后的发展有着不可估量的作用。

第二节　学校教育制度概述

一、学制的概念

学校教育制度是教育制度的基本组成部分,处于核心地位。学校教育制度,简称学制,指一个国家各级各类学校的系统,具体规定着学校的性质、任务、入学条件、修业年限以及它们之间的协调关系。

不同的国家在不同的历史时期有着不同的学校教育制度,当今世界上的学校已经形成了一个复杂而又庞大的系统,我们可以按照一定的特点对其进行分类。"按教育程度分,有学前教育、初等教育、中等教育、高等教育机构;按教育类型分,有普通教育、专业教育等教育机构;按受教育的时间分,有全日制、半日制、业余教育等机构;按教育手段或场所分,有面授、函授、广播、电视、网络等教育机构;按教育对象的年龄分,有学龄前教育、学龄期教育、成人教育机构;按举办者分,有国家、地方政府、社会组织和公民个人办的教育机构。"②没有这些学校教育机构和相应的规章制度,教育就不可能完成培养人的任务。因此,学校教育制度

---

① 柳海民.现代教育学原理[M].长春:东北师范大学出版社,2002:266.
② 王道俊,王汉澜.教育学[M].北京:人民教育出版社,1999:130.

在整个教育制度中起着至关重要的作用。

二、学校教育制度建立的依据

学校教育制度是社会历史的产物,它的建立受到社会各方面因素的影响。

首先,社会生产力的发展水平和科学技术的发展状况影响着学校教育制度的建立。在生产力水平低下,主要以手工劳动为主,科学技术还不发达的古代社会,劳动力并不需要经过学校的培养。古代虽然也有学校教育,但是被统治阶级所垄断,限制在狭小的范围之内,学校的类型也比较单一,学校教育的结构与制度都处于不完备的初级阶段。随着生产力水平的日渐提高,科学技术的快速发展,自然科学的各个部门开始从哲学中分化出来,逐渐要求学校培养各种专门的人才,于是学校类型也开始丰富起来。到了资本主义社会,以机器为主的大工业生产的出现,使得科学技术在生产中得到了广泛的应用,自然科学得到了空前的发展。与此同时,学校教育也受到了前所未有的挑战:一是普遍要求工人接受一定的学校教育,掌握适合大工业生产所需要的知识和技能,以此来适应大工业生产的发展;二是为了满足大工业生产的需要,要求建立适合大工业生产的职业教育来培养不同层次的各种专门人才。当前教育结构中义务教育的普及,职业教育的迅速发展以及这些发展趋势在学制上的反映,都是由生产力和科学技术的发展所决定的。因此,社会生产力和科学技术的发展是建立学校教育制度的重要依据。

其次,社会政治与经济制度也是影响学校教育制度建立的重要因素。国家的政治权力机关制约着学校教育制度的颁布与实施。一国的政治与经济制度是该国各项政策制定与实施的前提和基本准则。同样,对于关系着人才培养的种类与层次的教育结构和学制问题,也必然要以政治和经济制度的要求为准则。主要表现在国家要规定各级各类学校的性质和任务以及受教育者的入学资格等方面。放眼世界,古今中外学制的制定与实施都在遵循着这一基本原则。封建社会的学校教育就是为统治阶级培养人才;现代的资本主义制度下,学制除了要适应生产力和科学技术的发展之外,就其为什么人服务而言显然是受到资本主义的政治和经济制度制约的,是为资产阶级服务的。当前我国要遵循本国的政治和经济制度的要求,调整教育结构,改革教育制度,使我国的学校教育系统在数量、质量、层次等方面培养出来的人才能够符合国家发展的需要,能够符合社会政治与经济制度的要求。

第三,人的身心发展规律同样制约着学校教育制度的建立。人是教育的对象,教育制度的建立必须充分考虑到教育对象的特点。人在一生当中会经历不同的发展阶段,不同的阶段其身心的发展都会呈现出不同的特点和规律。为了能够符合学生的身心发展特点,各国在制定学校教育制度,规定入学年龄与修业年限,确定各类学校的分段与衔接等方面都必须要考虑到学生的身心发展特点及规律。"心理学与脑科学的研究证明:一般人在六岁时大脑重量已达成人的90%,余下的10%是在其后十年中长成的,六岁至十六七岁是可能接受系统科学知识,身心迅速成长的重要时期。因此,大多数国家都把儿童的入学年龄规定为六岁,把其后的十至十二年作为基础教育阶段。到十六岁以后,随着身心发展的全面成熟,进入专门的职业技术教育阶段。再如对智力超常儿童的教育,实验研究表明,儿童智力发展上的差异是普遍现象,智力超常儿童需要给予特殊培养。因而,各国在学制上都做出一些特殊的规定,允许智力超常学生跳级,实行特殊招生,设立特殊学校与特殊班级,使特殊教育成为教育结构中的一个组成部分。"① 这些都说明人的身心发展规律是学校教育制度建立的依据之一。

第四,学校教育制度的建立,不仅要吸取原有学制改革中的有益成分,还要借鉴国外学制的有益经验。纵览中外教育发展史,每个国家的学校教育制度都有其形成和发展的历史过程,在制定学制的过程中,既不能脱离本国学制发展的历史,也不能只顾本国而忽视了汲取其他国家学制改革的有益经验。在同一社会制度下,由于各国的社会生产力和社会发展程度都有所不同,学制的历史发展也不一样,其学制也因此会有所差异。然而,在不同的社会制度下,在学制上也会存在相同的形式,比如,我国就曾借鉴美国的"六三三"学制。因此,只有从实际出发,具体问题具体分析,才能对一个国家的学校教育制度进行科学的分析和制定。

三、学校教育制度的基本内容

(一) 小学教育制度

小学教育是学校教育的最基础的阶段。世界各国也都把小学教育作为学习基础的科学文化知识的阶段,认为小学是普及基础知识的重要时期。从世界范围看,小学教育的入学年龄一般在5~8岁,大部分国家是6岁,我国《新义务教育法》(2006)规定儿童6周岁入学,条件不具备的地区,可以推迟到七周岁。世界各国规定的小学教育修业年限基本为五年或六年,其中六年制小学是主要形式。目前,随着各国义务教育年限的延长,为了更好解决小学与初中的衔接问题,各国都在逐步取消小学升入初中的入学考试,实行免试入学。

(二) 初中教育制度

初中教育是学校教育中的第二个阶段。各国初中的修业年限一般为三年或四年,初中承担的主要任务仍然是基础知识的传授。但是,在部分发展中国家,"由于经济和社会发展水平的限制,初中结束后会有一个比较大的分流,因此,这些初中也会进行一些职业教育,这些职业教育只是附带的。"② 目前,各国都已经实施了义务教育制度,这就使各国的初中教育和小学教育已经成为了义务教育的组成部分。大部分国家的初中入学基本上没有限制。由于目前大部分国家的义务教育还没有延长到12年,义务教育到初中阶段结束就已经截止了,所以,这些国家的初中升高中要进行入学考试。

(三) 高中教育制度

高中教育的修业年限一般为三年,高中毕业后,学生要经过考试升入大学继续接受教育。"各国对于高等学校的入学考试制度是有区别的:一种是将高中学习与入学考试紧密结合,如我国的高考;另一种是高中的学习与入学考试是分开的,如美国的SAT考试。"③

高中教育制度与小学和初中的教育制度有很大的不同。高中除有普通高中,还有职业高中、中等专业学校、中等职业学校和成人中等教育。普通高中主要是进行科学文化知识的传授以及为高一级学校输送人才,职业高中主要是培养具备实践技能的专业人才,因此,高中教育的职能因为学校类型的不同而有所区别,对不同类型学校的偏重程度在各国也存在

---

① 柳海民.教育原理[M].长春:东北师范大学出版社,2006:235.
② 柳海民.现代教育原理[M].北京:人民教育出版社,2006:388.
③ 柳海民.现代教育原理[M].北京:人民教育出版社,2006:388.

差异。

（四）大学教育制度

大学不同于学校教育的其他阶段，大学除了教学培养人之外，还担负着科学研究与服务社会的职能，因此，大学的教育制度具有一定的特色，有很多制度是其独有的。比如：学术制度，倡导学术自由；教学制度，主张学校自治；管理制度，奉行管理自主的原则；人事制度，实行岗位管理，也就是说学校不是根据老师能教什么而开什么课程，而是根据岗位的需要选择合适的人。

四、当代学制发展的一般趋势

当今社会，科学技术在推动生产力不断向前发展的同时已经成为影响社会发展的重要因素，给社会政治、经济、文化、军事等带来了一系列的变化。为了适应这种日新月异的变化，各国都在对学校教育制度进行变革，因为教育是一个国家民族的基石，教育的发展程度已经成为衡量一个国家综合国力的重要标志之一。无论是发达国家，还是发展中国家，其对学校教育制度进行的改革都呈现出了一些明显的趋势。

（一）重视学前教育与"幼小衔接"

目前，各国都十分重视学前教育并且注重与小学教育的良好衔接。现如今儿童的早期教育已经成为人们热切关注的问题。许多研究都已表明，一个人一生智力的发展，在很大程度上都取决于儿童的早期教育。早期教育是指对0—6岁的儿童进行有组织、有目的的教育活动，其中，3—6岁是儿童智力发展的关键期。因此，各国都非常重视学前教育。同时，随着人口剧增所导致的社会就业的竞争以及人们生活水平的提高，家长也普遍重视学前教育，望子成龙的心理有力地推动了学前教育事业的发展。各国在建立和完善现代教育体制的过程当中，已经普遍把学前教育纳入到了学制体系。学前教育作为基础教育的重要一环，要与小学有着良好的连贯且密切的衔接。因此，为了更好地解决幼儿园与小学的衔接问题，保证输送给小学的儿童具有一定的发展水平和教育水平，各国都很重视幼儿园入小学的准备工作。如：美国的幼儿园招收5岁儿童，是专门为入小学做准备的，在这里，5岁儿童接触一些基本的读、写、算知识，并形成初步的学习兴趣和适应集体生活的能力；英国的幼儿学校招收5—7岁的儿童，属于义务教育阶段，幼儿学校的教师对儿童进行一些简单的知识教育和智力训练，培养儿童对学习活动的兴趣，为幼儿从托儿学校向小学过渡打下较好的基础。由此，我们可以看出，学前教育的重要性以及各国普遍重视学前教育的必要性。

（二）义务教育年限向两端延伸

在当代的学制改革中，义务教育向两端延伸是一个非常重要的趋势。它主要体现在两个方面：一是降低初等教育的入学年龄，二是延长义务教育年限。义务教育是依据法律规定，适龄儿童和少年必须接受，国家、学校、家庭和社会必须予以保证的国民教育。义务教育是世界各国现代化进程中或迟或早都要经历的一个过程，是教育普及化的一种普遍形式，具有强制性、免费性、公共性、普及性和基础性等特征。19世纪，德、美、英、法、日等主要资本主义国家，相继颁布了普及义务教育的法令，从此开始以立法的形式来普及义务教育。德国是最早颁布义务教育法令的国家，1763年就已经颁布了有关义务教育的法令，1872年帝国政府又颁布了《普通学校法》，规定6—14岁儿童的8年初等教育为强迫义务教育阶段，到了19世纪后期，德国基本上实施了6—14岁儿童的普及义务教育。1870年，英国颁布《初等教育法》,规定 5—12 岁儿童必须进入小学。1882 年,法国规定对 7—13 岁的儿童实行强迫入学制。由此可见,大部分国家都规定 6 到 7 岁为入学年龄,义务教育的年限一般为 6 到 8 年。目前,许多国家已经将初等义务教育逐渐延长到了 9 年,部分国家将义务教育延长到了高中阶段。义务教育的发展水平已逐渐成为衡量一个国家文明程度的标志之一。我国 2006 年新修订的《中华人民共和国义务教育法》的第二条明确规定:"国家实行九年义务教育制度。"近年来我国大部分地区实行 6 周岁入学,个别地区实行 7 岁入学。义务教育的年限在两端延伸中不断延长。

(三)普通教育与职业教育的有机结合

加强职业技术教育,寻求普通教育与职业教育的有机结合是当前学校教育制度改革的重要趋势。普通教育是以升学为主要目标,以基础知识为主要教学内容的教育;职业教育是以就业为主要目标,以从事某种职业或生产劳动所需要的知识和技能为主要教学内容的教育。20 世纪以前,以英国为代表的许多国家都普遍实行了双轨制的教育制度,即普通教育和职业教育是两个平行的系统,这"二轨"不相通也不相接。这样,双轨制就使得职业教育的学生缺乏升入大学甚至是一流大学的机会,而普通教育的学生则因未受到最基本的劳动技能训练,进而缺乏适应社会生产和生活的能力。二战以后,各国开始重视职业教育与普通教育的相互渗透。比如说,在普通中学增加职业性课程,为普通中学毕业生做好就业准备;同时在职业教育中增加普通教育课程,以此来提高职业教育的水平,增加学生的适应能力。在现代社会的快速发展中,科学技术的日新月异使得大量新兴的产业都属于技术密集型产业,对劳动力科学文化知识的要求也越来越高;普通教育中的学生则备受升学压力而死读书、读死书,贫于职业能力,使得学校培养与社会需求缺乏有效衔接。因此,实现普通教育与职业教育的有机结合,使它们朝着综合统一的方向发展是基本趋势,即所谓"职业教育普通化,普通教育职业化"。

(四)高等教育的大众化

当代学制发展日趋高等教育的大众化。高等教育"大众化"是衡量高等教育发展阶段和水平的一个概念。20 世纪 70 年代美国教育学家马丁·特罗(Martin Trow)从西方国家高等教育大众化的发展事实出发,根据大学适龄人口(18—22 岁)的入学率,将高等教育发展分为三个阶段,即:精英阶段,其入学率低于 15%;大众化或大众阶段,入学率为 15%~50%;普及或普及化阶段,入学率为 50%以上。20 世纪 40 年代末,世界一半以上国家的大学生不足 1000 人,大约有四分之一的国家根本没有高等教育。到了 20 世纪 90 年代末,几乎所有国家都至少拥有一所高等院校,而中国、日本、韩国、美国、英国等 21 个国家的大学生甚至超过了 100 万人。据联合国教科文组织的统计,1985—1997 年高等教育的毛入学率,世界平均从 12.9%上升到了 17.4%,发展中国家从 6.5%上升到了 10.3%,而发达国家已从 39.3%快速上升到了 61.6%,2002 年我国高等教育的入学率首次达到了 15%,高等教育以前所未有的速度发展,从精英教育阶段走向了大众化阶段。世界各国也逐渐达成共识:高等教育已经成为表征国家实力和社会总体发展水平的标志之一。

在实现高等教育大众化的过程中,各国也对学制进行了一些有益的尝试,如高等教育逐渐发展成多层级。高等教育在得到空前发展的同时,其结构和体制也发生了改变。大部分国家的高等学校形成了三级体制:一是初级层次。这是学习时间为二至三年的初级学院,美国称作社区学院,日本则称为短期大学,德国叫做高等专科学校,这种类型的学校学习时间短,投入少,发展迅速,由于职业性强而深受社会的推崇,它在高等教育发展中占有很大的比重。二是中级层次。这是学习时间为四至五年的综合性大学,是高等教育的基础部分,这种类型的学校在学术和研究上要求非常严格,主要培养学术与研究的高级专门人才。三是高级层次。这是指大学的研究生院,学习时间为三年或两年,设置硕士、博士学位的课程,主要是培养硕士和博士这些科学研究的高级人才。

随着高等学校的迅速增多,学校类型也日益多样化。除有全日制的高等学校外,还有学生在校时间不固定的函授、广播、电视、网络大学等多种形式。这种时间灵活,相对开放的大学在高等教育的发展过程中越来越起着非常重要的作用。

拓展资源:

	精英(英才)阶段	大众化阶段	普及化阶段
毛入学率	15%以下	15%~50%	50%以上
高等教育观	视为少数人的特权	被视为有资格者的权利	被视为一种义务
高等教育功能	培养学术精英与统治阶层	培养广泛的精英,重点是技术英才	为发达工业社会大多数人的生活准备
教育内容与课程	高度结构化和专门化(必修制、学制)	模块化、半结构化、灵活性、学分制	仍有模块课程、非结构化,课程之间的界限被打破
教学形式与师生关系	重师承关系的导师制、个别指导或讨论教学	师承关系弱化,以课堂讲授为主,辅之以讨论式教学	形式更加多元化,更多地运用现代教育技术和手段
学生的就学方式	中学毕业后直接进大学、住校且连续学习取得学位、辍学率低	多数学生中学毕业后直接入学、入学更容易、水平参差不齐、辍学率较高、住校与走读相结合	延迟入学现象较普遍、辍学者增加、多数学生有就业经历、大部分走读
教育机构的特点与界限	共同标准、高度统一性、相似性	标准多样性、更具综合性	无共同标准、更加多样化
院校规模	校均规模2千~3千人、学术小社会	师生总数达3万~4万人、住读走读相结合的大学城	规模不受限制、教学时间集中、联系松散
领导与决策	少数英才决策	决策程序更民主并受相关利益集团影响	公众及各种利益集团更多地介入决策
学术标准	共同的、较高的标准	标准相对多样化	标准更加多样化
入学选拔原则	选拔性的(以中等学校的成绩或高考成绩来选拔)	准选拔性的(成绩标准加非学术标准)	非选拔性的(对有升学愿望和资格的所有人开放)

续表

	精英（英才）阶段	大众化阶段	普及化阶段
学校管理形式	学术人员兼任行政职务、选举或任命制、任期制	主要由专业管理人员承担	高度专业化的管理人员大量出现
学校内部管理	教授治校、元老教授垄断管理	中青年教职员和学生享有一定管理权	广泛的民主参与
高校与社会的分界	界限分明、封闭的大学	界限淡薄、开放的大学	界限消失、大学社会一体化

（来源：http://baike.baidu.com/view/137967.htm? fr=aladdin.）

（五）终身教育体系的建构

终身教育是指人的一生是一个不断学习的过程。终生教育的观念和理论是在成人教育的经验基础上发展形成的。自从法国成人教育家保罗·郎格朗提出终身教育思想以来，终身教育在国际上产生了广泛的影响。1972 年联合国教科文组织出版了《学会生存》一书，从此终身教育在整个世界范围内成为改革成人教育和学校教育并使之一体化的基本指导理论，目前许多国家均致力于构建能够满足公民在任何情况下都可以自由学习的终身教育体系。相对于传统的教育体系来说，终身教育是主张教育贯穿人的一生的，不受年龄、家庭等的任何阻碍。随着终身教育思想的不断发展，使得继续教育被人们重视起来。为了适应现代科学技术的不断发展，要求人们要进行继续教育，不断地接受教育。因此，终身教育普遍被各国重视起来。比如说：法国就于 1971 年制定了一项关于终身教育的法案。终身教育体系的建构带来了教育观念、教育体系、教育目标和教育方式等的一系列深刻变革。终身教育也必将成为学校教育制度发展的重要趋势。

拓展资源：

终身教育所意味的，并不是指一个具体的实体，而是泛指某种思想或原则，或者说是指某种一系列的关系与研究方法。概括而言，也即指人的一生的教育与个人及社会生活全体的教育的总和。

——保罗·朗格朗

终身教育应该是个人或诸集团为了自身生活水平的提高，而通过每个人的一生所经历的一种人性的、社会的、职业的过程。这是在人生的各种阶段及生活领域，以带来启发及向上为目的，并包括全部的正规的（formal）、非正规的（non-formal）及不正规的（informal）学习在内的，一种综合和统一的理念。

——R.H.戴维（曾任联合国教科文组织教育研究所专职研究员）

终身教育应该是学校教育和学校毕业以后教育及训练的统和；它不仅是正规教育和非正规教育之间关系的发展，而且也是个人（包括儿童、青年、成人）通过社区生活实现其最大限度文化及教育方面的目的，而构成的以教育政策为中心的要素。

——E.捷尔比（曾任联合国教科文组织终身教育部部长）

（来源：http://baike.baidu.com/view/58186.htm? fr=aladdin.）

第三节 我国现行学校教育制度

一、改革开放以来的学制改革

我国的学校教育制度历史悠久,在商代时就已产生,并经过了历代的发展和完善。由于1840年鸦片战争的爆发,我国逐步沦为了半殖民地半封建社会,面对敌人的船坚炮利,清政府不得不对延续了几千年的封建教育制度进行变革,于是,从清末开始建立了现代的学校教育制度。1904年清政府正式颁布并实施了中国历史上第一个学制——《癸卯学制》(《奏定学堂章程》)。民国时期,政府分别于1913年和1922年颁布了两次学制,前者是模仿日本的学校教育制度,后者模仿了美国的学校教育制度,其中,1922年学制基本沿用到新中国的成立。新中国成立后对学校教育制度进行的改革使得我国的学制发展迈入了一个崭新的时期。1978年党的十一届三中全会以来,我国的学制进行了一系列的改革,主要体现在以下的相关决议中:

(一) 1985年《中共中央关于教育体制改革的决定》

1985年5月27日,我国颁布了《中共中央关于教育体制改革的决定》,其中有关学制改革的内容有:

1. 加强基础教育,有步骤地实施九年义务教育

我国基础教育薄弱,有必要通过实施九年制义务教育来加强我国的基础教育,从而为实现我国建设富强、民主、文明的现代化国家的理想做出一份贡献。义务教育,是根据宪法规定,适龄儿童和青少年都必须接受,国家、社会、家庭必须予以保证的国民教育。其实质是国家依照法律的规定对适龄儿童和青少年实施的一定年限的强迫教育的制度。义务教育又称强迫教育和免费义务教育。义务教育具有强制性、免费性、公共性、普及性和基础性的基本特点,已经成为现代社会生活和生产所必须,是现代文明的一个标志。由于我国地区之间经济发展的不平衡,导致了教育、文化也随之发展不平衡,因此《决定》认为要对我国实施分步的九年制义务教育,具体实施办法是将我国划分成了三类地区:一是约占全国人口1/4的城市、沿海各省中的经济发达地区和内地少数发达地区,二是约占全国人口一半的中等发展程度的镇和农村,三是约占全国人口1/4的经济落后地区,依次来分步实施。在此基础上,指出了社会、学校、家庭三者各自对九年制义务教育实施所要承担的责任和义务。同时,还指明了我国实施九年制义务教育的重点和难点是在农村地区,这样就要对农村地区的义务教育加大关注度和投入力度,切实保证《决定》的有效实施。《决定》还明确了,在实行九年制义务教育的同时,要努力发展幼儿教育,发展盲、聋、哑、残人和弱智儿童的特殊教育。在《决定》之后,于1986年4月颁布了《中华人民共和国义务教育法》,当中规定:凡年满六周岁的儿童,不分性别、民族、种族都应当入学接受九年制义务教育。这样一来,就进一步加强了九年制义务教育的实施,保证了我国的基础教育质量。

2. 调整中等教育结构,大力发展职业技术教育

由于我国自古以来的"劳心者治人,劳力者治于人"的根深蒂固的传统思想,使得我国的职业技术教育始终没有明显的进展,虽然职业技术教育问题已经被重视并强调了很多年,但是局面依旧没有打开。但是,职业技术教育又是我国社会主义建设所必不可少的一部分。

二者已然成为了一个非常尖锐的矛盾。《决定》明确指出:"社会主义现代化建设不但需要高级科学技术专家,而且迫切需要千百万受过良好职业技术教育的中、初级技术人员,管理人员,技工和其他受过良好职业培训的城乡劳动者。没有这样一支劳动技术大军,先进的科学技术和先进的设备就不能成为现实的社会生产力。"作为我国整个教育事业最为薄弱一环的职业技术教育,一定要采取切实有效的策略来改变这种状况,争取使职业技术教育有一个跨越式的发展。因此,我国广大的青少年要从中学阶段开始分流:初中毕业后,一部分学生升入普通高中,一部分学生升入职业高中,在高中阶段接受职业技术教育。要充分发掘现有中等专业学校和技工学校的潜力,扩大招生规模,同时要有计划地将一批普通高中改为职业高中,或者在普通高中增设职业班等。这样,基本能够使大多数地区的各类高中阶段的职业技术学校招生数相当于普通高中的招生数,以此来扭转目前中等教育结构不合理的状况。只有中等教育结构趋向合理,职业技术教育才能够取得进展。

3. 改革高等教育招生与分配制度,扩大高等学校办学的自主权

高等教育在我国的整个教育体系当中占据着举足轻重的地位,它担负着培养高级专门人才和发展国家科学文化的重大任务。《决定》指出,我国高等教育发展的战略目标是:到本世纪末,建成科类齐全,层次、比例合理的体系,总规模达到与我国经济实力相当的水平;高级专门人才的培养基本上立足于国内;能为自主地进行科学技术开发和解决社会主义现代化建设中重大理论问题和实际问题做出较大贡献。因此,为了有效地实现这个目标,要对高等教育体制进行合理的改革。首先要改革高等教育的招生与分配制度,具体实施以下三种办法:一是国家计划招生,这部分学生的毕业分配,实行在国家计划指导下,由本人选报志愿、学校推荐、用人单位择优录用的制度。二是用人单位委托招生,毕业生应按合同规定到委托单位工作。三是可以在国家计划外招收少数自费生,毕业后可以由学校推荐就业,也可以自谋职业。其次就是要扩大高等学校的办学自主权。在执行国家相应的政策等的前提下,学校拥有了更多属于自己的权利,这样能够使学校根据自身的情况谋求更好的发展,有利于高等学校的长久和快速发展,也使得高等教育迈入了一个新的时期。

4. 对学校教育实行分级管理

实行基础教育的管理权由地方负责的原则,省、市(地)县、乡分级管理的职责划分由省、自治区、直辖市决定。中等职业技术教育也主要由地方负责。高等教育实行中央、省(自治区、直辖市)、中心城市三级办学的体制。中央除制定大政方针及宏观政策外,具体的政策、计划等的制定和实施,以及具体的责任和权利都归地方所有。同时,学校开始实行校长负责制,并逐步建立和健全校务委员会和教职工代表大会等制度。

5. 加强领导,学校逐步实行校长负责制

为了加强党和政府对教育工作的领导,成立国家教育委员会负责掌握教育的大政方针,统筹整个教育事业的发展,协调各部门有关教育的工作,统一部署和指导教育体制的改革。学校逐步实行校长负责制,要建立和健全以教师为主的教职工代表大会制度,加强民主管理和民主监督。

(二) 1993年《中国教育改革和发展纲要》

为了使教育能够更好地发展,更好地迎接21世纪,1993年2月13日中共中央印发了《中国教育改革和发展纲要》(下文简称《纲要》),其中有关教育制度的内容有:

1. 各级各类教育发展的总目标——"两基""两全""两重"

即全国基本普及九年义务教育,全国基本扫除青壮年文盲;全面贯彻党的教育方针,全面提高教育质量;集中力量建设好一批重点学校和一批重点学科。

2. 调整教育结构

为了有效实现上述目标,对教育结构进行了适当调整。《纲要》明确了基础教育、职业教育、高等教育、成人教育四种类型。基础教育是提高民族素质的奠基工程,必须大力加强。各级政府要从本地区的实际出发,坚持实事求是的原则,认真贯彻执行《中华人们共和国义务教育法》,把普及九年义务教育的目标真正落到实处。职业技术教育是现代教育的重要组成部分,是工业化和生产社会化、现代化的重要支柱。各级政府对此要高度重视起来,认真贯彻执行各种方针,充分调动起各产业及社会各界的积极性,真正实现职业教育的快速发展。高等教育担负着培养高级专门人才、发展科学技术文化和促进现代化建设的重大任务。作为我国整个教育体系中至关重要一环的高等教育,为了更好地迎接21世纪的到来,要积极探索高等教育发展的新路子,使得高等教育的结构更加合理,质量得到显著提高,规模得以进一步发展。成人教育是传统学校教育向终生教育发展的一种新型教育制度,对不断提高全民族素质,促进经济和社会发展具有重要作用,要积极发展。同时,还要重视和扶持少数民族的教育事业,重视和支持残疾人教育事业,积极发展广播电视教育以及现代化教学手段,进一步扩大教育的对外开放,加强国家间的教育交流与合作。

3. 改革办学体制

我国传统的办学体制是由政府统一包揽的,现阶段就要改变这种办学体制。逐步建立以政府办学为主体,社会各界共同办学的体制。基础教育应以地方政府办学为主;高等教育要逐步形成以中央、省(自治区、直辖市)两级政府办学为主,社会各界参与办学的新格局。职业技术教育和成人教育主要依靠行业、企业、事业单位办学和社会各方面联合办学。国家对于社会力量办学应该采取积极鼓励、大力支持、正确引导、加强管理的方针,欢迎社会各界积极办学。

4. 改革高校的招生和毕业生就业制度

首先,改变全部按国家统一计划招生的体制,实行国家任务计划和调节性计划相结合的制度。国家仍然要提出一个宏观调控的招生总量目标,在保证能够完成国家任务的前提下,逐步扩大招收委托培养和自费生的比重。其次,改革学生上大学由国家包下来的做法,逐步实行收费制度。高等教育是非义务教育,学生上大学原则上均应缴费。最后,改革高等毕业生"统包统分"和"包当干部"的就业制度,实行少数毕业生由国家安排就业,多数由学生"自主择业"的就业制度。

5. 改革和完善投资体制

当前教育经费非常紧缺,所以要增加教育经费,增加教育投资是落实教育战略地位的根本措施。要逐步建立以国家财政拨款为主,辅之以征收用于教育的税费、收取非义务教育阶段学生学杂费、校办产业收入、社会捐资集资和设立教育基金等多种渠道筹措教育经费的体制。各级政府要认真贯彻并努力实现《中共中央关于教育体制改革的决定》所规定的:"'中央和地方政府教育拨款的增长要高于财政经常性收入的增长,并使按在校学生人数平均的教育费用逐步增长'的原则以及切实保证教师工资和生均公用经费逐年有所增长,"即"三个增长"。

(三) 1999 年《中共中央国务院关于深化教育改革全面推进素质教育的决定》

1999 年 6 月 13 日又一部引领中国教育迈入 21 世纪的纲领出台,即《中共中央国务院关于深化教育改革全面推进素质教育的决定》(下文称《决定》),该《决定》不仅明确了素质教育的内涵,亦提出了与落实素质教育有关的教育制度改革方向的要求。

关于素质教育的内涵《决定》指出,实施素质教育,就是全面贯彻党的教育方针,以提高国民素质为根本宗旨,以培养学生的创新精神和实践能力为重点,造就有理想、有道德、有文化、有纪律的,德智体美等全面发展的社会主义事业建设者和接班人。《决定》的主要内容有:

(1) 明确基本普及义务教育和基本扫除青壮年文盲是全面推进素质教育的基础,是教育工作的"重中之重"。各地要从本地实际出发,改造薄弱学校,提高义务教育阶段的整体办学水平。加大对贫困地区和少数民族地区的扶持力度,继续加强发达地区对少数民族贫困地区的教育对口支援工作,切实解决农村初中辍学率偏高的问题,同时大力提高义务教育阶段残疾儿童少年的入学率。

(2) 调整现有教育体系结构,扩大高中阶段教育和高等教育的规模。在确保"两基"的前提下,积极发展包括普通教育和职业教育在内的高中阶段教育,为初中毕业生提供多种形式的学习机会。通过多种形式积极发展高等教育,拓宽人才成长的道路,给广大毕业生们多一些选择的机会。

(3) 构建与社会主义市场经济体制和教育内在规律相适应、不同类型教育相互沟通相互衔接的教育体制。高等学校和中等职业学校要创造条件实行弹性的学习制度,放宽招生和入学的年龄限制,允许分阶段完成学业。大力发展现代远程教育、职业资格证书教育和其他继续教育。完善自学考试制度,形成社会化、开放式的教育网络,为适应多层次、多形式的教育需求开辟更为广阔的途径,逐渐完善终身学习体系。

(4) 继续完善基础教育主要由地方负责、分级管理的体制;切实落实和扩大高等学校的办学自主权;深化学校内部管理体制改革,进一步精简机构,减员增效。

(5) 进一步解放思想、转变观念,积极鼓励和支持社会力量以多种形式办学,满足人民群众日益增长的教育需求,形成以政府办学为主体、公办学校和民办学校共同发展的格局。

(6) 加快改革招生考试和评价制度。为了改变"一考定终身"的局面,改革考试和评价制度势在必行。逐步建立具有多种选择的、更加科学和公正的高等学校招生选拔制度。同时,在普及九年义务教育的地区,实行小学毕业生免试就近升学的办法。

(7) 切实加大教育投入,逐步实现国家财政性教育经费支出占国民生产总值 4% 的目标,同时,要不断完善多渠道的筹措教育经费的体制。

(四) 2001 年《国务院关于基础教育改革与发展的决定》

2001 年 5 月 29 日,我国颁布了《国务院关于基础教育改革与发展的决定》,有关教育制度的内容主要体现在以下几个方面:

1. 确立基础教育在社会主义现代化建设中的战略地位,坚持基础教育优先发展

(1) 明确了教育的任务:坚持教育必须为社会主义现代化建设服务,为人民服务,必须与生产劳动和社会实践相结合,培养德智体美等全面发展的社会主义事业建设者和接班人。

(2) 明确了基础教育的发展目标:坚持将普及九年义务教育和扫除青壮年文盲作为教育工作的"重中之重",进一步扩大九年义务教育人口覆盖范围,初中阶段入学率达到 90%

以上,青壮年非文盲率保持在95%以上;高中阶段入学率达到60%左右。

(3) 基础教育改革进一步深化,素质教育取得明显成效。

(4) 大力发展高中阶段教育,促进高中阶段教育协调发展。有步骤地在大中城市和经济发达地区普及高中阶段教育。挖掘现有学校潜力并鼓励有条件的地区实行完全中学的高、初中分离,扩大高中规模。鼓励社会力量采取多种形式发展高中阶段教育。保持普通高中与中等职业学校的合理比例,促进协调发展。鼓励发展普通教育与职业教育沟通的高级中学。

(5) 重视和发展学前教育。

2. 进一步完善农村义务教育管理体制

(1) 加强农村义务教育是涉及农村经济社会发展全局的一项战略任务。农村义务教育量大面广、基础薄弱、任务重、难度大,是实施义务教育的重点和难点。解决好我国的农业、农村和农民问题,也要依靠农村教育。因此,要大力发展农村教育,重视和加强农村义务教育,提高劳动者的整体素质,加快农村经济和社会的快速发展。

(2) 实行在国务院领导下,由地方政府负责、分级管理、以县为主的体制。

(3) 针对薄弱环节,采取有力措施,巩固普及九年义务教育成果。地方各级人民政府要把农村初中义务教育作为普及九年义务教育巩固提高的重点,将残疾儿童少年的义务教育作为普及九年义务教育巩固提高工作的重要任务,同时,还要重视解决流动人口子女接受义务教育问题。

(4) 因地制宜调整农村义务教育学校布局。按照小学就近入学、初中相对集中、优化教育资源配置的原则,合理规划和调整学校布局。

(5) 规范义务教育学制。"十五"期间,国家将整体设置九年义务教育课程。2005年基本完成向"六三"学制过渡。有条件的地方,可以实行九年一贯制。

(6) 抓住西部大开发有利时机,推动贫困地区和少数民族地区义务教育发展。

3. 改革考试评价和招生选拔制度

改革考试的内容和方法,小学成绩评定应实行等级制;中学部分学科实行开卷考试,重视实验操作能力考查。学校和教师不得公布学生考试成绩以及按考试结果公开排队。推进高等学校招生考试和选拔制度改革。在科学研究、发明创造及其他方面有特殊才能并取得突出成绩的学生,免试进入高等学校学习。

4. 推进办学体制改革,促进社会力量办学健康发展

义务教育坚持以政府办学为主,社会力量办学为补充;学前教育以政府办园为骨干,积极鼓励社会力量举办幼儿园;普通高中教育在继续发展公办学校的同时,积极鼓励社会力量办学。《面向21世纪教育振兴行动计划》中也明确提出了认真贯彻国务院对于社会力量办学实行"积极鼓励,大力支持,正确引导,加强管理"的方针,今后3～5年,基本形成以政府办学为主体、社会各界共同参与、公办学校和民办学校共同发展的办学体制;要制定有利于吸纳社会资金办教育和民办学校发展的优惠政策;社会力量办学要纳入依法办学、依法管理的轨道;公办学校办学体制改革,要在政府教育行政部门的指导下进行试点等。

案例：

三鑫：社会力量办学的成功范例

中山市纪中三鑫双语学校创办于 2001 年 9 月，是中山市三鑫贸易有限公司与中山纪念中学联合举办的一所民办体制学校，是中山市一级学校。几年来，学校秉承"祖国高于一切，才华奉献人类"的精神，以"办人民满意的优质教育，育社会需要的创新人才"为办学宗旨，以"德育为首，双语见长，和谐发展，创新铸魂"为办学目标，目光远，气魄大，投入高，条件好，机制新，管理强，班子团结进取，教师凝聚力强，在求真务实中夯实教育基础，在开拓创新中谋求学校发展，在探索实践中全面实施素质教育，走师资强校、科研促教、特色办学的可持续发展之路，教育效益突出，社会高度认可，深受学生喜爱，家长欢迎。年轻的纪中三鑫双语学校以发展速度快、品牌知名度高，竞争实力强实现了腾飞，成为社会力量办学的成功范例。

（来源：http://www.zsnews.cn/ZT/zssx/showcontent.asp? id=536112.）

5. 依法完善中小学教师和校长的管理体制

落实《中华人民共和国教师法》规定的中小学教师的管理权限。改革中小学校长的选拔任用和管理制度。高级中学和完全中学校长一般由县级以上教育行政部门提名、考察或参与考察，按干部管理权限任用和聘任；其他中小学校长由县级教育行政部门选拔任用并归口管理。推行中小学校长聘任制，明确校长的任职资格，逐步建立校长公开招聘、竞争上岗的机制。实行校长任期制，可以连聘连任。积极推进校长职级制。

案例：

地方教育制度创新

——四川省成都市青羊区"学校民主管理委员会制度"建设

当前，公办中小学管理制度上存在如下问题：政府对学校的制约过度，限制了学校的自主办学权；校长的选举与任命缺乏民众基础，容易形成校长主要对上负责，忽视教师、学生、家长利益的局面；家长和社区难以参与学校管理。

2003 年 11 月，成都市青羊区决定从 2004 年开始，尝试让学校的事务由"学校民主管理委员会"（以下简称"民管会"）来进行决策和监督。"民管会"由教职工、家长、社会人士、高中学生、教育行政机构的代表等成员组成，是对学校事务进行民主决策、民主管理、民主监督和咨询的学校最高级的自治性组织。

"民管会"所承担的一项重要职权，是直接推选学校校长，并报请教育行政部门核准后聘任，同样，对不合格的校长，"民管会"有否决的权利——只要有三分之二的民管会成员认为校长在职期间不称职，那么校长将被"民管会"弹劾，经区教育局的审核，校长将"下岗"。在校长选聘和"下岗"的过程中，评价工作主要由外部聘请的教育专家担任，"民管会"履行程序监督的职权，以保证程序公开。

"民管会"的建立使得学校与政府的角色发生变化，政府逐渐成为基础教育的协调者和推进者而非决策者，在推进学校民主决策，优化学校管理结构，促进学校自主发展方面起到了积极作用，同时也推进了学校、家庭和社区的合作，奠定了学校民主化进程的基石，也促进了学校管理的规范性,完善了学校的管理制度。实践证明,青羊区的学校"民管会"是政校关系的一个积极创新。

(来源:http://www.docin.com/p-802266744.html.)

二、当前我国的学制改革实验

百年大计,教育为本。教育不仅是一个民族的基石,同时也是一个国家综合国力的集中体现。因此,教育在一个国家的发展当中占据着非常重要的地位。然而,随着社会的不断发展,教育也该随之不断地向前发展,面对时代发展对教育提出的新要求,教育将要进行新的改革,这种教育改革当中也包含着学校教育制度的改革。我国当前主要针对基础教育进行了学制改革实验。

(一)六三学制

六三学制是指实行小学六年,初中三年的学制。这一阶段的教育主要是传授基础的科学文化知识,使学生德、智、体、美、劳得到全面发展。该学制源于我国1922年的学制改革,主要是模仿美国的学制,一直沿用至今成为我国最主要的学制。因此,六三学制是我国目前的主导学制,也是基本学制。六三学制应该充分利用小学六年这段较为充沛的时间,合理且全面地安排课程,并且要将音乐、美术、体育等课程充分地重视起来。初中三年应该主要关注于学生知识的学习、智力的发展、良好品德的养成以及身体的健康成长,必须充分发挥教师的主导作用,认真地安排课程并提高课堂教学质量,在此基础上,还要开展各类丰富多彩的业余校园文化活动,以此来全面提高学生的素质。

六三学制有利于普及我国的义务教育,由于我国大部分农村都是五三学制的学校,为了实现全面普及我国九年义务教育的目标,在小学阶段增加一年,改五三学制为六三学制是最为合理也最为可行的。同时,义务教育决定了我国的初中不适宜办成普通教育与职业教育相混合的形式,在基础教育中夹杂着职业教育,会使得学制变得混乱。"六三学制存在的一些诸如小学六年时间过长、初中三年课程梯度大和难点多等问题,其成因是复杂的,不能仅仅归因于该学制,其中还有小学基础差、师资水平不高、教育思想不端正、办学条件差等原因。因此,应当在加强教育改革和实验上予以解决。"[1]

(二)五四学制

五四学制是指实行小学五年,初中四年的学制。该种学制最早是在1981年提出来的,同样是以传授基础的科学文化知识以及全面发展学生的德、智、体、美、劳为主要任务。由于该学制改革的难点和重点在初中,因此,实验集中对初中进行了一些改革,主要有:调整课程设置,在加强语、数、外三科的基础上,加强音、体、美的教学,同时要控制教学进度,分散难点;加强教材建设;加强劳动技术教育,使得劳动与教育之间得到密切的结合;试行初四分流制度,也就是初中前三年接受相同的教育,第四年根据学生的意愿重新分班。

五四学制有利于普及义务教育,在个别经济不发达的地区,小学教育年限缩短一年能够缓解教育经费短缺的问题,同时,节省下来的教育经费能够满足更多贫困小学的需求;五四学制有利于素质教育的开展,初中三年使得初中阶段时间较短,学生课业负担相应变重,学生的业余时间变少,不利于其参加课外活动进而发展其他方面的潜能。如果将初中阶段增

---

[1] 柳海民.现代教育原理[M].北京:人民教育出版社,2006:430.

加一年,学生的课业负担相对减少,则更有利于学生的全面发展;五四学制还有利于职业教育的发展,"有些农村地区迫切希望提高劳动者的素质,也需要大量的技术人才,但由于输送出去的大学生一般不肯回来,回来的中学生又无专业,缺少技能,所以,必须在普通教育阶段引进职业技术教育"①,所以,在初中阶段延长一年,在这一年中学习一定职业技术教育内容。但是,我国基础教育所存在的种种问题也并非五四学制一条途径所能解决的。同时,"实行五四学制并非国际惯例,更不是国际趋势。因为,自1960年以来国外改制的事实表明,西方主要发达国家的小学、初中学制均稳定不变,美国、日本、加拿大、澳大利亚等国均为六三制。美、日、韩三国的经济成就有目共睹,三国政府自20世纪80年代中期以来先后花大力气组织研究了本国的教育改革问题并写出了详尽的正式报告,但都没有提到他们施行多年的六三制本身有什么弊病,更没有有悖于教育规律或青少年成长规律之类的说法。因而,国际上并不存在'小学年限缩短、中学年限延长'的趋势。"②

目前,六三学制和五四学制在我国都存在,二者所体现出的各自的优缺点也比较明显,给我们研究义务教育的学制改革提供了诸多的思考。因此,各地应实事求是,根据本地区的实际情况来选择适合本地区的学制。

案例:

"六三"学制改革迫在眉睫

张倩

17日上午11时许,齐方国委员向市政协六届四次会议提案组提交了一份提案,建议东营市义务教育阶段尽快改革六三学制。"这虽然是我自己提的建议,但是各县区的学校和教育局都有这个想法。"齐方国对记者说,据他调查,东营所实行的六三学制其实不符合现实情况和发展要求。

据齐方国介绍,1993年东营市普及义务教育,到2003年10年时间里一直实行五四学制。2003年秋季开始,东营市全面实施新课改,由五四学制向六三学制过渡。2006年秋季,东营市全部由五四学制改为六三学制。"鉴于当时东营市校舍和师资情况,整个东营市的六年级仍然留在初中部,由初中部管理,使用过渡教材,这导致了一系列矛盾的出现。"齐方国说。

在提案中,齐方国总结了自2006年实行六三学制改革以来东营遇到的问题。

一是六三学制小学阶段的课程设置和中学课程设置的衔接非常不科学,是造成差生的最直接因素。"以英语为例,六年级英语比七年级英语还难,而且不是一个教材体系的,导致了许多学生学完六年级之后,就不愿意学习七年级的课程了。"

二是六三学制使学生心理发育滞后于生理发育。齐方国说:"由于经济发展,人们生活水平提高,小学生的身体发育较20年前更快,但心理发育明显滞后,本该接受初中教育的孩子,在现在学制的制约下只能在小学部接受教育,很不合理。"

三是现行的六三学制中,六年级仍设置在中学,这本身就存在问题。"第一是初中老师难以适应小学教学,第二是科学等实验课实验器材不配套。六年级设在初中,如果学校专门

---

① 柳海民.现代教育原理[M].北京:人民教育出版社,2006:431.
② 刘远碧.新中国义务教育学制改革与发展研究[M].北京:中国社会科学出版社,2009:104.

为这些学生增加功能用房、购置实验器材,无疑增加了学校的运行成本和管理成本。第三就是原来初中的老师教六年级之后,从初中老师变成了小学老师,在职务评聘等诸多方面存在矛盾。"齐方国说,作为一个曾经长期在一线教学的老师,他深刻地认识到了其中的弊端。

齐方国告诉记者,他的建议不是没有依据的,根据目前东营市的现实情况,最简单的方式就是改回五四学制。"改回五四学制后,学校硬件设施和师资都无需调整,还可以缓解初中生的课程压力。当前初中三年级课程设置很多,教学任务也很重,不利于学生的身心健康发展。"齐方国表示,目前,高考、中考制度的存在造成学业成绩仍然是社会与家长比较关注的方面,延长初中教育,夯实基础,能对我市教育质量的再提高带来空间和机遇。

"我现在在教育局工作,接触了各县区的许多学校和家长,大都认可我的这种想法,毕竟教育关系着每一个家庭,义务教育阶段应尽快理顺。"齐方国说。

(来源:http://news.xinmin.cn/rollnews/2011/01/18/8947199.html.)

三、我国现行学制的结构和类型

现代的学制主要是由两种结构构成的:一种是按纵向划分的学校体系,一种是按横向划分的学校阶段。由纵向划分的学校体系占绝对优势的是双轨学制,由横向划分的学校阶段占绝对优势的是单轨学制。介于这二者之间的学制结构成为分支型学制。三者的代表分别为原来的西欧、美国和苏联。我国现行的学制是分支型学制。我们现在正在实施的是通过发展基础教育后的职业教育走向分支型学制,将来逐渐要发展的学制是通过高中综合化走向单轨学制。以下介绍一下三种学制:

(1)双轨学制。18、19世纪的西欧,教育在政治、经济及特定历史文化条件的影响下,由古代学校演变而来的带有特权印记的学术性现代学校,还有刚刚兴起的供劳动人们子女上学的群众性现代学校,都得到了比较快的发展,这也使得西欧的双轨学制形成了。一轨是自上而下的结构,包括大学、中学;一轨是自下而上的结构,包括小学及其后来的职业学校。双轨学制的这两轨既不相通,也不相接,这就剥夺了普通劳动人民的子女升入大学的机会。后来,经过发展,群众性学校这一轨从小学发展到中学的时候,两轨才有了中学这个相对应的部分。欧洲国家都曾普遍采用这种学制。双轨制最大的缺点在于它不利于教育尤其是中等教育的普及,因而,由于第二和第三次技术革命所推动的教育普及与此学制产生了尖锐的矛盾,于是,引起了双轨学制的变革。

(2)单轨学制。单轨学制最典型的国家是美国。美国曾经在殖民地时期采用过双轨学制,但是由于在美国经济的迅速发展以及美国没有特权传统的这种历史文化背景下,使得美国原来双轨学制中的学术性一轨没有得到充分的发展,并在短期内迅速地被群众性小学和中学所取代,于是就形成了美国的单轨学制。单轨学制自上而下的结构是:小学、中学、大学。

(3)分支型学制。分支型学制的重要代表是苏联,苏联在沙皇俄国时代所采用的也是双轨学制,十月革命后,开始实行单轨学制。在后来的发展过程当中,恢复了原来的某些传统以及职业学校单设的做法,于是就使得苏联的学制既有单轨制的特点又有双轨制的特点。该学制从一开始的时候并不分轨,职业学校毕业的学生也有机会升入大学,但是,它在中学阶段时又开始分轨。也就是说,该学制在小学和初中阶段是单轨,以后开始分轨,是介于双轨学制与单轨学制之间的分支型学制。

目前我国的教育复杂多样,纵横交错,由很多教育形态共同组成。比如说,学校教育、家庭教育和社会教育等。其中学校教育是最基本和最主要的教育形式。学校教育是教育者根据一定社会的要求和受教育者身心发展的规律,在专门的教育机构进行的一种有目的、有计划、有组织的培养人的活动。关于学校教育制度的结构和类型,可以进行如下划分:

(一)层级结构

我国的学校教育制度的层级结构主要包括学前教育、义务教育、中等教育和高等教育。

1. 学前教育

学前教育有广义和狭义之分。广义的学前教育是指有目的、有计划地对学龄前儿童进行能够促进他们身心发展的一切教育活动;狭义的学前教育是指在专门的学前教育机构内,有组织、系统地对儿童进行的各种教育活动。19世纪德国教育家福禄倍尔创立了学前教育理论,并创办了世界上第一所幼儿园,他因此被称为"幼儿教育之父"。各国实施学前教育机构的名称、服务对象及其具体功能都有所不同,即便是名称相似,性质也有可能各异。比如说,美国的学前教育机构有幼儿园、保育学校、日托中心;俄罗斯的学前教育机构有托儿所、幼儿园、托幼一体化机构;英国的学前教育机构有托儿学校、托儿班等。我国实施学前教育的机构主要有幼儿园,服务对象是3—6岁的儿童,还有托儿所,服务对象是0—3岁的幼儿。

学前教育是我国学校教育制度结构的重要组成部分,也是学校教育的基础一环。我国关于学前教育的历史也是由来已久。"如两千多年前西汉时期编纂的《礼记·内则》中就有'子能食食,教以右手。能言,男唯女俞'等语。中国近现代幼儿教育机构始创于清光绪帝二十九年(1903年),设于湖北武昌,名为'蒙养院',1922年定名为'幼稚园'。"[①]在辛亥革命和"五四"运动的影响下,我国的学前教育深受"民主"与"科学"口号的影响,在蔡元培、胡适、陈鹤琴等教育家的倡导下,我国的学前教育也取得了很大的发展。新中国成立后,我国的学前教育从半殖民地、半封建的性质变为了社会主义的学前教育。当前,随着经济和科技的迅猛发展,尤其是医学、心理学、教育学等学科研究领域的扩大以及合作,使得人们逐渐发现了学前教育的重要性,并对其进行了有益的探索和发展。目前,许多国家都已经认识到学前教育在一个人成长过程中所起到的巨大作用,并把学前教育划入到了国民教育体系当中。我国的学前教育始终贯彻"保教结合"的原则,向儿童进行智育、体育、德育、美育的全面发展,使儿童能够健康快乐地成长。

总之,学前教育是非常重要的。它不仅有利于儿童的早期的身心发展,为其以后的成长垫底良好的基础,同时它还有利于提高我国的国民素质,为我国的人才培养打下一个坚实的基础。

2. 义务教育

义务教育,是根据宪法规定,适龄儿童和青少年都必须接受,国家、社会、家庭必须予以保证的国民教育。其实质是国家依照法律的规定对适龄儿童和青少年实施的一定年限的强迫教育的制度。义务教育具有强制性、公益性、普及性的基本特点。义务教育起源于德国。宗教领袖马丁·路德是最早提出义务教育概念的人。工业革命之后,义务教育由于发挥着使人们掌握工业知识的任务,时间也从最早的3个月延长至6个月,后来发展到6年,直至

[①] 柳海民.教育原理[M].长春:东北师范大学出版社,2006:251.

9年。

我国于2006年6月29日修订并颁布的《中华人民共和国义务教育法》规定的义务教育年限为九年（小学六年，初中三年，部分省市为小学五年，初中四年），这一规定符合我国的基本国情，是适当的。义务教育是提升国民素质的基础，实现社会公平的起点。接受义务教育是公民的基本权利，实施义务教育是政府的重要职责，支持义务教育是全社会的共同任务。义务教育一直是我国教育改革和发展的重中之重。我国在本世纪初实现了普及九年义务教育的目标，首先解决了法律规定的适龄儿童少年"有学上"的问题。在义务教育实现全面普及和免费之后，国家又明确把义务教育均衡发展作为义务教育的重中之重，要努力实现让所有的适龄儿童少年都"上好学"的目标。义务教育是面向全体适龄儿童少年的基本公共服务，提供基本均衡的义务教育是政府的法律责任，每一个适龄儿童少年都应该享有接受质量合格的义务教育的平等机会。义务教育的属性决定，义务教育必须均衡发展。

3. 高中教育

高中教育是指在义务教育基础之上继续实施的教育，高中教育又分为普通高中教育和职业高中教育。高中教育主要担负着为高一级学校输送合格新生以及为国家建设培养劳动后备力量的双重任务。高中阶段教育是学生个性形成、自主发展的关键时期，对提高国民素质和培养创新人才都具有重要的意义。因此学校教育应注重培养学生自主学习、自强自立和适应社会的能力，克服应试教育倾向。现今不少发达国家已实现了十二年的义务教育，即将高中阶段教育纳入到了义务教育范围内。随着我国社会经济的不断发展，高中阶段教育也终将被纳入到义务教育中去，跟上时代的步伐完成十二年义务教育。

4. 高等教育

高等教育是在完成中等教育的基础上进行的专业教育，是培养高级专门人才的社会活动。广义的高等教育，泛指所有人通过各种形式在中等普通教育和中等职业技术教育基础上实施的专门教育。狭义的高等教育是指在高等教育机构实施的专门教育。我国现行的高等教育学制分为：高等专科学校，修业年限为两至三年；本科学校，修业年限为四年；研究生院，分硕士和博士学位两个阶段，修业年限为两至三年。高等教育的任务是为国家培养各种高级的专业人才和发展各种先进的科学技术。我国高等教育的结构是在20世纪50年代借鉴苏联教育模式的基础上建立起来的，其整体结构是在比较落后的经济水平、科技水平和计划经济体制下形成的。20世纪80年代以来为适应国家经济和政治体制的变革，国家对高等教育进行了长期的调整，各类体制和结构都在不同程度上趋于合理。但是由于历史的长期积淀，再加上我国社会主义市场经济体制的逐步建立，经济增长方式发生根本性转变，我国高等教育结构呈现出一系列的问题，主要表现为：高等教育层次结构的失重；高等教育科类结构的失调；高等教育形式结构的割裂。针对这些问题，我国也积极地采取了一些措施，有针对性地解决这些问题。目前，世界高等教育的改革呈现出一些共同的趋势：高等教育日益走向大众化和普及化；高等教育发展趋向个性化；高等教育与社会发展的关系更趋紧密；高等教育的国际化趋势。

（二）类别结构

1. 职业教育

职业教育是指让受教育者获得某种职业或生产劳动所需要的职业知识、技能和职业道德的教育。目前我国实施的职业教育有：中等职业技术教育和高等职业技术教育。实施中等职业技术教育的机构有技工学校、职业高中、中等专业学校等。实施高等职业教育的机构有大学、专门学院、专科学校等。职业教育的目的是培养应用人才和具有一定文化水平和专业知识技能的劳动者,与普通教育相比较,职业教育侧重于实践技能和实际工作能力的培养。职业教育也有其突出的特点:

(1) 生产性强。职业教育与现代化的生产是紧密相关的,它比普通教育更具有生产性,因为科学技术是知识形态的生产力,是间接的、潜在的生产力,只有当它被劳动者掌握并应用到生产当中去的时候才会变成直接的、现实的生产力。职业教育受生产力发展的水平制约,同时,它的发展又推动了生产力的进步。

(2) 专业性强。职业教育要根据国家的生产力和科技的发展情况,有针对性地为国家培养各级各类的专业人才。因此,职业教育要具有较强的专业性。

(3) 实践性强。职业教育培养的是具有专门知识和技能的劳动者,其教育的内容更接近于生产的实际,因而,职业教育的实践性较强。职业教育在发展的过程当中也必须始终贯彻理论与实践相结合的原则,在获得理论知识的同时也加强实践技能的训练。

(4) 多样性。由于社会经济和科技的快速发展,知识更新的速度也随之加快,因而也引起了生产的不断变革,使得现代化的生产对职业教育提出了多样化的要求。因此,职业教育必须适应这种趋势,培养多层次、多种类、多规格的人才,这也就体现了职业教育多样性的特点。

总之,职业教育无论是对我国的教育还是经济都起着非常重要的作用。

2. 继续教育

继续教育是指对已经脱离正规教育,参加工作和负有成人责任的人所进行的各种各样的教育,是对专业技术人员进行知识更新、补充、拓展和能力提高的一种高层次的追加教育。继续教育是人类社会发展到一定历史阶段所出现的教育形态,是教育现代化的重要组成部分。在科学技术突飞猛进、知识经济已见端倪的今天,继续教育越来越受到人们的高度重视,它在社会发展过程中所起到的推动作用,特别是在形成全民学习、终身学习的学习型社会方面所起到的推动作用,越来越多地显现出来。由于世界经济社会对继续教育提出了更高的要求,继续教育实践领域在不断发展,研究范畴也在不断地扩大和深入,特别是终身教育思想已经为越来越多的人所接受,对继续教育在经济、社会中的地位、作用和方法等都有了一定的初步认识和实践,继续教育科学研究也有了重大发展。

3. 民族教育

民族教育是少数民族教育的简称,是指对汉族以外的其他55个少数民族实施的教育,是我国整个教育的重要组成部分。广义的民族教育是指对本民族文化的传承,以及对外来文化引进、消化和吸收的过程;狭义的民族教育则专指对少数民族进行文化知识的教育。民族教育的目的不仅仅在于让少数民族的孩子进入主流社会,而是要通过教育培养大批民族知识群,通过他们来贯彻党的路线方针,传播科学技术知识,传承民族文化,从而保持边疆稳定和民族团结。由于历史和现实的种种原因,当前我国的少数民族教育主要存在几个问题:第一,各民族的教育发展还很不平衡;第二,各民族课程设置和学制管理不完全统一;第三,办学形式和教学使用的语言文字有差异。而且民族教育的法规建设总是落后于民族教育自身的发展,因此导致民族教育政策所确定的各项优惠措施难以落实,民族教育发展所需要的各种资源得不到保障。这些都是我国民族教育日后发展所要解决的首要问题。

4. 特殊教育

特殊教育是指对生理、心理发展有严重缺陷或在某方面有明显优势以及在思想品德上有严重问题的儿童或青少年实施的教育。特殊教育是使用一般的或经过特别设计的课程、教材、教法和教学组织形式及教学设备，对有特殊需要的儿童进行的，旨在达到一般和特殊培养目标的教育，它的目的和任务是最大限度地满足社会的要求和特殊儿童的教育需要，发展他们的潜能，使他们增长知识，获得技能，完善人格，增强社会适应能力，成为对社会有用的人才。我国实施特殊教育的机构主要是盲聋哑学校。特殊教育的特点主要在于它的特殊性，因其教育对象的特殊，使得其教育目的、内容、方法和教学的组织形式都具有特殊性，不同于普通教育。其次，在于它的福利性，对有特殊需要教育的儿童，人们都会给以其特别的关怀和尊重。最后，在于它的长善救失性，由于特殊教育面对的是有缺陷及有超常能力的儿童，因此，特殊教育能够根据他们的特殊性挖掘他们的潜力，发挥他们的长处，弥补他们的不足之处，使之能够获得最大程度的全面发展，并成为一个对国家有用的人才。

然而，经过漫长的发展，特殊教育也逐渐显现出了它的缺点，如：特殊学生与普通学生的隔离不利于特殊学生今后在社会上的发展等。针对这一问题，目前，国际上流行一种教育思潮——全纳教育。"全纳教育"这一名词是1994年联合国教科文组织在西班牙召开的"世界特殊需要教育大会"上宣布的《萨拉曼卡宣言》中首次提出来的，由此，全纳教育作为一种教育思潮在20世纪90年代逐渐流行起来。全纳教育是指普通教育与特殊教育的融合，是针对普通教育与特殊教育的隔离而提出的，目的是让有特殊教育需要的学生能够与普通学校的学生互相交流、和谐相处，减少教育中的排斥进而减少未来社会中对残疾人的排斥。"全纳教育是一种新的教育理念和教育过程，它容纳所有学生，反对歧视排斥，促进积极参与，注重集体合作，满足不同需求。"[①]全纳教育经过二十年的不断发展，已经超越了特殊教育领域，其所指向的对象也不再仅限于特殊教育的儿童，而是面向了所有弱势群体儿童。联合国教科文组织将全纳教育定义为"全纳教育是通过增加学习、文化与社区的参与，减少教育系统内外的排斥，关注并满足所有学习者多样化需求的过程。全纳教育以覆盖所有适龄儿童为共识，以常规系统负责教育所有儿童为信念，它涉及教育内容、教育途径、教育机构与教育战略的变革与调整"[②]。全纳教育的理念体现着人权观、平等观、民主观以及倡导集体合作的价值观等。在具体的全纳教育过程中，始终贯彻着发展性原则、主体性原则、教育正常化原则、早期干预原则、成功教育原则、系统教育原则、照顾差异原则和扬优补缺原则的全纳教育基本原则。开展全纳教育有利于实现教育的民主与平等，有利于促进弱势儿童群体的社会化发展，有利于推动社会的文明进步。目前，世界各国都在积极地探索并实践着全纳教育。我国当前践行全纳教育采取的是随班就读的形式，随班就读是指特殊儿童在普通教育机构中和普通儿童一起接受教育的一种教育形式。但是，我国的随班就读还没有上升到全纳教育的高度，国家相关的政策立法中也没有专门提到"全纳教育"，在具体的实践中也存在着各种各样的问题。尽管如此，我国的随班就读仍然为全纳教育的开展奠定了基础，随班就读体现着全纳教育的原则，按照全纳教育的模式来引导教育的发展，进而实现一个和谐

---

① 黄志成.全纳教育展望——对全纳教育发展近10年的若干思考[J].全球教育展望,2003(5):30.
② Renato Opertti,Jayne Brady&Leana Duncombe.向前推进:全纳教育作为全民教育的核心[J].教育展望,2009(3):10.

的全纳社会。

案例：

特殊的爱给特殊的你——随班就读生特殊教育
田润温

我班的小飞同学是一个 11 周岁的男孩,他是一名最令老师、家长头痛的学生,不了解他的人都觉得他很"傻",他的一言一行总是像个四五岁的孩子,显得特别幼稚、可笑,特别与众不同。上课时,他经常喋喋不休地小声嘟囔,有时突然间大声喊叫,有时自说自话走出座位,在课桌间穿行,老师提醒他,他就对着老师大叫一声："你很烦的!"即使安静地坐在位置上时,也不能像其他同学一样听课和读书,更多时间是东张西望或做小动作。而与同学发生矛盾时,他总是有错也不愿承认,多说他一句,他就大哭大闹,谁也拿他没办法。幸好,班里其他同学对他的"怪异行为"已经司空见惯,所以人人都把他当成小弟弟一样让着他,从不跟他计较。但是,小飞也有不少可爱之处。例如:特别勤劳,每天主动打扫教室,可是有始无终,总是把垃圾扫成一堆后就放掉扫帚,一走了之;他还特别有上进心,做作业尤其认真,从不落下一样作业;有时练习题错得多了,就非要急着照同学的答案订正,根本听不进老师的分析讲解与同学的交流发言,因而非但不能订正对,而且根本没有真正理解。

究其成因,小飞变成现在这样,首先是欠缺良好的家庭教育,没有养成良好的习惯。孩子虽然有智力障碍,但并不是天生就这样无理取闹的。学龄前的他由爷爷奶奶带大,受到特别的娇宠,孩子一哭闹,爷爷奶奶就张皇失措,想尽办法满足其愿望和要求,若满足不了他的要求,就闹个没完没了,或做出报复的行为,如:乱骂人、打人等,过分的迁就养成了孩子任性的习惯;由于家长没有注重培养孩子的学习习惯,所以他上课注意力容易分散。

面对这样特殊的问题学生,我首先端正态度,调整好自己的心态,用宽容、平和的态度接纳他,不仅把他当作是自己的学生,还把他当作自己的孩子,用爱去感化,用心去交流,用理去引导,一如既往地给予鼓励与关怀。

(来源:http://yhxx.kwedu.cn/2011/1021/4258.html.)

四、我国学制改革趋势

根据党的十七大关于"优先发展教育,建设人力资源强国"的战略部署,为了促进教育事业的科学发展,全面提高国民素质,加快社会主义现代化进程,我国于 2010 年 7 月 29 日正式颁布了《国家中长期教育改革和发展规划纲要》(2010—2020 年)(下文简称《规划纲要》)。强国必先强教。优先发展教育、提高教育现代化水平,对实现全面建设小康社会奋斗目标,建设富强民主、文明和谐的社会主义现代化国家具有决定性的意义。我们党和国家历来都非常重视教育。在各界领导人的不断努力下,我们已经开辟了中国特色社会主义教育发展道路,建成了世界上最大规模的教育体系,保障了亿万人民群众受教育的权利,我国实现了从人口大国向人力资源大国的转变。

当今世界正处于大发展、大变革、大调整的时期。世界多极化、经济全球化趋势在不断深入发展,科学技术日新月异,人才竞争日趋激烈。在这种大的环境背景下,我国正处在改革发展的关键阶段,面对种种建设和变革,都体现了提高国民素质、培养创新人才的重要性和紧迫性。

面对前所未有的机遇和挑战,我们必须清醒地认识到,我国教育还没有完全适应国家经济社会发展和人民群众接受良好教育的要求,还存在着许多问题,如:教育观念相对落后,学生适应社会和就业创业能力不强,教育体制机制不完善等。面对这些问题,我们要预见教育发展的趋势,相应地进行变革。在教育的改革当中,学制改革无疑是非常重要的。在《规划纲要》中就体现出了我国学制改革的趋势。

(一)基本普及学前教育,明确政府职责,把重点放在农村

对于学前教育,我国在重视的基础上又提出要基本普及学前教育。学前教育对幼儿身心的健康发展、习惯的养成、智力发展都具有非常重要的意义。要遵循幼儿的身心发展规律,坚持科学的保教方法,切实保障幼儿能够快乐健康地成长。积极发展学前教育,我们的目标是:到2020年,普及学前一年教育,基本普及学前两年教育,有条件的地区普及学前三年教育。同时要重视0至3岁婴幼儿的教育。

把发展学前教育纳入到城镇、社会主义新农村的建设规划中。建立政府主导、社会参与、公办民办并举的办园体制。在大力发展公办幼儿园的同时,积极扶持民办幼儿园。加大政府投入,完善成本合理分担机制,对家庭经济困难的幼儿入园要给予补助。加强学前教育管理,规范办园行为。制定学前教育办园标准,建立幼儿园准入制度。完善幼儿园收费管理办法。严格执行幼儿教师资格标准,切实加强幼儿教师的培养培训,提高幼儿教师队伍的整体素质,依法落实幼儿教师的地位和待遇。教育行政部门需加强对学前教育的宏观指导和管理,相关部门要履行各自的职责,充分调动起各方面的力量来发展学前教育。以上的种种规定,都是在明确政府的相关职责,以期能够更好地发展学前教育,完成基本普及学前教育的目标。

把发展学前教育的重点放在农村。目前,农村教育仍然是我国教育最为薄弱的一环。因此,要努力提高农村学前教育普及的程度,着力保证留守儿童入园。采取多种形式扩大农村学前教育资源,改扩建、新建幼儿园,充分利用中小学布局、调整富余的校舍和教师来举办幼儿园(班)。充分发挥乡镇中心幼儿园对村幼儿园的示范指导作用。支持贫困地区发展学前教育。

以上是我国学前教育未来发展的趋势,对此已提出了明确的发展目标。尽管在发展的过程当中会遇到许多困难,但是,仍然要坚定信心,为实现学前教育的发展目标而努力,为我国的学制改革更趋于合理而努力。

(二)巩固提高九年义务教育水平,推进义务教育均衡发展

义务教育是国家教育工作的重中之重。在实行义务教育的过程中,要注重学生品行的培养,激发学生的学习兴趣,培育学生健康的体魄,帮助学生养成良好习惯。关于义务教育,我们的目标是:到2020年,全面提高普及义务教育的水平,全面提高义务教育质量,基本实现区域内教育的均衡发展,确保适龄儿童少年接受良好的义务教育。同时,要巩固义务教育的普及成果。九年制义务教育在我国经过一段时间的发展,已经取得了许多重大的成果,面对这些成果,我们要继续巩固才能继续向前发展。因此,要适应城乡发展的需要,合理规划学校布局,办好必要的教学点,以方便学生就近入学;坚持以输入地政府管理为主、以全日制公办中小学为主,确保进城务工人员随迁子女平等地接受义务教育,研究制定进城务工人员随迁子女接受义务教育后在当地参加升学考试的办法;建立健全政府主导、社会参与的农村留守儿童关爱服务体系和动态监测机制;加快农村寄宿制学校建设,优先满足留守儿童住宿

需求;采取必要措施,确保适龄儿童少年不因家庭经济困难、就学困难、学习困难等原因而失学,努力消除辍学现象。

在巩固提高义务教育水平的同时,还要推进义务教育的均衡发展。均衡发展是义务教育的战略性任务,因此要建立健全义务教育均衡发展保障机制,推进义务教育学校的标准化建设,均衡配置教师、设备、图书、校舍等资源。要切实缩小校际差距,着力解决择校问题。具体是要加快薄弱学校的改造,着力提高师资水平;实行县(区)域内教师、校长轮换制度;义务教育阶段不得设置重点学校和重点班;在保障适龄儿童少年就近进入公办学校的前提下,发展民办教育,提供选择机会。还要加快缩小城乡差距,建立城乡一体化义务教育发展机制,率先在县(区)域内实现城乡均衡发展,逐步在更大范围内推进。加大对革命老区、民族地区、边疆地区、贫困地区义务教育的转移支付力度,同时鼓励发达地区支援欠发达地区。

(三) 加快普及高中阶段教育,全面提高普通高中学生综合素质,推动普通高中多样化发展

受我国社会经济发展水平和生产力水平的限制,目前我国的义务教育仍然是九年制,还没有能力增加到十二年制,也就是把高中阶段教育纳入到义务教育中来。在这种情况下,就要加快普及高中阶段的教育。高中阶段教育是学生个性形成、自主发展的关键时期,对提高国民素质和培养创新人才来说都具有非常重要的特殊意义。该阶段要注重培养学生自主学习、自强自立和适应社会的能力,克服应试教育倾向。高中阶段教育的目标是:到2020年,普及高中阶段教育,满足初中毕业生接受高中阶段教育的需求。

全面提高普通高中学生综合素质。深入推进课程改革,全面落实课程方案,保证学生全面完成国家规定的文理等各门课程的学习;在此基础上,要创造条件开设丰富多彩的选修课,为学生提供更多的选择,促进学生全面且有个性地发展;逐步消除大班额现象;积极开展研究性学习、社区服务和社会实践;建立科学的教育质量评价体系,全面实施高中学业水平考试和综合素质评价;建立学生发展指导制度,加强对学生的理想、心理、学业等多方面的指导。

推动普通高中多样化发展。促进普通高中办学体制的多样化,扩大优质资源;推进培养模式的多样化,来满足不同潜质学生的发展需要;探索发现和培养创新人才的途径;鼓励普通高中要办出特色;鼓励有条件的普通高中要根据需要适当增加职业教育的教学内容;逐步探索综合高中发展模式;采取多种方式,为在校生和未升学毕业生提供职业教育。

(四) 大力发展职业教育,加快发展面向农村的职业教育

职业教育在教育体系中起着非常重要的作用,发展职业教育是推动社会经济发展、促进就业、改善民生、解决"三农"问题的重要途径,是缓解劳动力供求结构矛盾的关键环节,所以必须要把职业教育摆在更加突出的位置。职业教育要面向人人、面向社会,着力培养学生的职业道德、职业技能和就业创业能力。我国的职业教育发展一向缓慢,我们的目标是:到2020年,形成适应经济发展方式转变和产业结构调整要求、体现终身教育理念、中等和高等职业教育协调发展的现代职业教育体系,以此来满足人民群众接受职业教育的需求,满足经济社会对高素质劳动者和技能型人才的需要。

在职业教育发展的过程当中,政府要切实履行发展职业教育的职责。把职业教育纳入到经济社会发展和产业发展规划中,促使职业教育的规模、专业设置与经济社会发展需求相适应。统筹中等职业教育与高等职业教育发展。健全多渠道投入机制,加大对职业教育的投入。同时,要调动行业企业的积极性。建立健全政府主导、行业指导、企业参与的办学机制,制定促进校企合作的办学法规,推进校企合作的制度化。鼓励行业组织、企业举办职业学校,鼓励委托职业学校进行职工培训并制定优惠政策,鼓励企业接收学生实习实训和教师实践,鼓励企业加大对职业教育的投入。

加快发展面向农村的职业教育,也就是要把加强职业教育作为服务社会主义新农村建设的重要内容。具体是指加强基础教育、职业教育和成人教育统筹,促进农科教三者的结合;强化省、市(地)级政府发展农村职业教育的责任,扩大农村职业教育培训的覆盖面,根据需要办好县级职教中心;强化职业教育资源的统筹协调和综合利用,推进城乡、区域合作,增强服务"三农"的能力;加强涉农专业建设,加大培养适应农业和农村发展需要的专业人才力度;支持各级各类学校积极参与培养有文化、懂技术、会经营的新型农民,开展进城务工人员、农村劳动力转移培训;逐步实施农村新成长劳动力免费劳动预备制培训等。

在大力发展职业教育的基础上,来增强职业教育的吸引力。具体可以完善对职业教育的支持政策。比如说:逐步实行中等职业教育免费制度,完善对家庭经济困难学生的资助政策;改革职业教育招生和教学的模式;积极推进学历证书和职业资格证书的"双证书"制度,推进职业学校的专业课程内容与职业标准的互相衔接;完善就业准入制度,执行"先培训、后就业""先培训、后上岗"的规定;制定退役士兵接受职业教育培训的办法;建立健全职业教育课程衔接体系;鼓励毕业生在职继续学习,完善职业学校毕业生直接升学制度,以此来拓宽毕业生继续学习的渠道;提高技能型人才的社会地位和待遇;加大对有突出贡献的高技能人才的宣传和表彰力度,形成"行行出状元"的良好社会氛围。

(五)全面提高高等教育质量,提升科学研究水平,优化结构办出特色

高等教育承担着培养高级专门人才、发展科学技术文化、促进社会主义现代化建设的重大任务。提高质量是高等教育发展的核心任务,也是建设高等教育强国的基本要求。高等教育的发展目标是:到2020年,高等教育结构更加合理,特色更加鲜明,人才培养、科学研究和社会服务整体水平全面提升,建成一批国际知名、有特色、高水平的高等学校,若干所大学达到或接近世界一流大学水平,高等教育国际竞争力显著增强等。为此,我们要牢固确立人才培养在高校工作中的中心地位,着力培养信念执著、品德优良、知识丰富、本领过硬的高素质专门人才和拔尖创新人才。

提升科学研究水平。高等教育要充分发挥高校在国家创新体系中的重要作用,鼓励高校在知识创新、技术创新、国防科技创新和区域创新中作出贡献。因此,要大力开展自然科学、技术科学、哲学社会科学的研究;坚持服务国家的目标与鼓励自由探索相结合,加强基础研究;以重大现实问题为主攻方向,加强应用研究;促进高校、科研院所、企业科技教育的资源共享,推动高校创新组织模式,培育跨学科、跨领域的科研与教学相结合的团队;促进科研与教学的互动、与创新人才培养相结合;充分发挥研究生在科学研究中的作用;加强高校的重点科研创新基地与科技创新平台的建设;完善以创新和质量为导向的科研评价机制;积极参与马克思主义的理论研究和建设工程;深入实施"高等学校哲学社会科学繁荣计划"等。

优化高等教育结构,办出高等教育的特色。为了适应国家和区域经济社会发展的需要,高等教育在优化结构的同时还要促进高校办出特色。建立高校分类体系,实行分类管理。发挥政策指导和资源配置的作用,引导高校合理定位,克服同质化倾向,形成各自的办学理念和风格,在不同层次、不同领域办出特色,争创一流。

(六) 完善特殊教育体系

特殊教育是促进残疾人全面发展、帮助残疾人更好地融入社会的基本途径。各级政府要加快发展特殊教育,把特殊教育事业纳入到当地经济社会发展规划中,全社会都要关心支持特殊教育。到2020年,基本实现市(地)和30万人口以上、残疾儿童少年较多的县(市)都有一所特殊教育学校。各级各类学校要积极创造条件去接收残疾人入学,不断扩大随班就读和普通学校特教班的规模。全面提高残疾儿童少年义务教育普及水平,加快发展残疾人高中阶段教育,大力推进残疾人职业教育,重视发展残疾人高等教育以及因地制宜地发展残疾儿童学前教育。

(七) 构建开放灵活的终身教育体系

继续教育是面向学校教育之后所有社会成员的教育活动,特别是成人教育活动,是终身学习体系的重要组成部分。政府要成立跨部门继续教育协调机构,统筹指导继续教育的发展。将继续教育纳入到区域、行业总体发展规划当中。发展和规范教育培训服务,统筹扩大继续教育资源;鼓励学校、科研院所、企业等相关组织开展继续教育;加强城乡社区教育机构和网络建设,开发社区教育资源;大力发展现代远程教育,建设以卫星、电视和互联网等为载体的远程开放继续教育及公共服务平台,为学习者提供方便、灵活、个性化的学习条件;鼓励个人多种形式接受继续教育,支持用人单位为从业人员接受继续教育提供条件。以此来构建开放灵活的终身教育体系,使我国社会形成全民学习、终身学习的学习型社会。

本章小结

学校	学校是指人类进行自觉的教育活动、传递社会知识文化,有目的、有计划、有组织地为一定社会培养所需人才的机构
学校教育制度	学校教育制度,简称学制,是指一个国家各级各类学校的系统,具体规定着学校的性质、任务、入学条件、修业年限以及它们之间的协调关系
义务教育	义务教育,是根据宪法规定,适龄儿童和青少年都必须接受,国家、社会、家庭必须予以保证的国民教育。其实质是国家依照法律的规定对适龄儿童和青少年实施的一定年限的强迫教育的制度
两基	全国基本普及九年义务教育,全国基本扫除青壮年文盲
两全	全面贯彻党的教育方针,全面提高教育质量
两重	集中力量建设好一批重点学校和一批重点学科
学前教育	广义的学前教育是指有目的、有计划地对学龄前儿童进行能够促进他们身心发展的一切教育活动;狭义的学前教育是指在专门的学前教育机构内,有组织、系统地对儿童进行的各种教育活动
高中教育	高中教育是指在义务教育基础之上继续实施的教育,高中教育又分为普通高中教育和职业高中教育
高等教育	广义的高等教育,泛指所有人通过各种形式在中等普通教育和中等职业技术教育基础上实施的专门教育;狭义的高等教育是指在高等教育机构实施的专门教育

续表

学校	学校是指人类进行自觉的教育活动、传递社会知识文化,有目的、有计划、有组织地为一定社会培养所需人才的机构
普通教育	普通教育主要是指以升学为目标,以基础科学知识为主要教学内容的学校教育
职业教育	职业教育是指让受教育者获得某种职业或生产劳动所需要的职业知识、技能和职业道德的教育
继续教育	继续教育是指对已经脱离正规教育,参加工作和负有成人责任的人所进行的各种各样的教育,是对专业技术人员进行知识更新、补充、拓展和能力提高的一种高层次的追加教育
民族教育	广义的民族教育是指对本民族文化的传承,以及对外来文化引进、消化和吸收的过程;狭义的民族教育则专指对少数民族进行文化知识的教育。民族教育的目的不仅仅在于让少数民族的孩子进入主流社会,而是要通过教育培养大批民族知识群,通过他们来贯彻党的路线方针,传播科学技术知识,传承民族文化,从而保持边疆稳定和民族团结
特殊教育	特殊教育是指对生理、心理发展有严重缺陷或在某方面有明显优势以及在思想品德上有严重问题的儿童或青少年实施的教育

本章练习题

一、单项选择题

我国学校教育制度包括( )。
A. 家庭教育、学校教育、社会教育、成人教育
B. 学前教育、初等教育、中等教育、高等教育
C. 普通教育、特殊教育、专业教育、职业教育
D. 初等教育、中等教育、高等教育、终身教育

二、填空题

1. 学制,是指一个国家各级各类学校的系统,具体规定着学校的_____、_____、_____、_____以及它们之间的协调关系。
2. 义务教育向两端延伸主要体现在两个方面:一是_____;二是_____。
3. "两基"指_____;"两全"指_____;"两重"指_____。

三、简答题

1. 学校教育制度建立的依据是什么?
2. 当代学制发展的一般趋势是什么?

四、论述题

论述我国的学制改革趋势。

本章参考文献

[1] 王道俊,郭文安.教育学[M].北京:人民教育出版社,2009.
[2] 王道俊,王汉澜.教育学[M].北京:人民教育出版社,1999.
[3] 柳海民.教育原理[M].长春:东北师范大学出版社,2006.
[4] 吴文侃,杨汉青.比较教育学(第2版)[M].北京:人民教育出版社,1989.
[5] 全国十二所重点师范大学.教育学基础[M].北京:教育科学出版社,2008.
[6] 张蓉.比较教育学[M].南京:南京师范大学出版社,2009.
[7] 柳海民.现代教育原理[M].北京:人民教育出版社,2006.
[8] 王承绪.英国教育[M].长春:吉林教育出版社,2000.
[9] 国家教育发展研究中心.2007年中国教育绿皮书——中国教育政策年度分析报告[M].北京:教育科学出版社,2007.
[10] 王定华.透视美国教育[M].北京:北京大学出版社,2012.
[11] 陈永明.日本教育[M].北京:高等教育出版社,2003.
[12] 王竹青,孙立群.教育结构[M].哈尔滨:黑龙江教育出版社,1990.
[13] 刘远碧.新中国义务教育学制改革与发展研究[M].北京:中国社会科学出版社,2009.
[14] 柳树森.全纳教育导论[M].武汉:华中师范大学出版社,2007.
[15] 顾明远.教育大辞典(增订合编本)[Z].上海:上海教育出版社,1998.
[16] 郑金洲.教育通论[M].上海:上海师范大学出版社,2000.
[17] 郝婕.学校的性质[J].青年与社会,2012(6).
[18] 蒲蕊.教育学原理[M].武汉:武汉大学出版社,2010.

第七章 教育目的

学习目标

1. 掌握教育目的的概念、作用、历史发展及确定依据。
2. 了解我国现行的教育目的及其理论基础。
3. 理解全面发展教育的组成部分及其相互关系。

建议学时

4学时

案例导读

案例呈现：

"率性教育"让孩子快乐成长

吉林省人大代表、东北师范大学附属小学校长于伟提出"率性教育"，将"率性教育"归结为三个关键词：保护天性、尊重个性、培养社会性。他认为，在小学阶段，保护孩子的天性十分重要，孩子们愿意动、愿意说、愿意写，学校就应给他们机会和施展才华的舞台。尊重个性，在"率性教育"中占有非常重要的位置，优势的教育就是尊重个性的教育。而培养社会性，是"率性教育"另一个重要方面，小学阶段是一个人心理、人格、知识和能力养成的重要阶段，培养良好的社会性，可以为人的一生奠定重要的基础。于伟引用法国大教育家卢梭的一句话："就是要把孩子当成孩子。"他说，小学的"率性教育"是有针对性的。

目前，我国基础教育阶段的问题在于过度教育、层层下放，孩子们一味地超前学习。"学前教育小学化，小学教育中学化，中学教育大学化，看似在教育中走了捷径，实际上，对孩子思维和想象力方面的发展可能会存在负面影响。"于伟以自己所在的学校为例。一直以来，东北师范大学附属小学都十分重视孩子个性和创造性的培养。学校的三个校区仅学生社团就有百余个，社团组织打破年级界限，对促进儿童社会性发展有很大促进作用。学校通过这样的方式，让孩子不仅在书本中获得成长，更重要的是在活动中，在快乐的氛围中成长。学校考试很少，学生的成绩却不错。这说明，学生不仅有成绩，而且还有"X"，它可以是想象力、创造力等。因此，作为学校和家长，要考虑学生的差异，不要进行过度教育。

（来源：http://news.xinmin.cn/world/2015/07/28/28236829.html.）

案例分析：

基于"儿童是哲学家，愿意追问""儿童是艺术家，愿意涂鸦""儿童是梦想家"的认识，于伟教授到东北师大附小任校长后,提出了"率性教育"的办学理念,并积极开展实践。中国最早的教育哲学是《中庸》。《中庸》的"天命之谓性,率性之谓道,修道之谓教"三句话,充分表达了中国教育哲学的特点。因此,"率性教育"的办学理念,核心就是保护天性、尊重个性、培养社会性的教育。保护天性,就是要保护儿童愿意探究、愿意想象、好问好动的天性。保护天性需给学生自由,当然同样需要规范。尊重个性,就是要尊重差异。过去我们认为齐就是好,比如走得齐、坐得齐、答得齐、写得齐;总之,齐比不齐好。尤其是在小学、幼儿园,以女教师为主,这个群体有做事认真、追求完美的特征。因此,教育尤其是基础教育要打破完美主义,不要一刀切。管理方式、教学方式等都要打破完美主义,要严而有度,不能对学生苛求。培养社会性,就是要增强创造激情和社会责任感。人,生来是没有意义的,意义是后天建构的。如何从童年开始,让孩子们愿意生活,喜欢这个世界,相当重要。我们要培养学生的责任意识、规则意识、民主意识,也要培养孩子的好习惯、好气质。

教育活动是一种有目的的活动,教育活动的效果在很大程度上取决于教育者对教育目的的理解。正确认识和理解教育目的,是做好教育工作的基础。本章共有三节,第一节阐述了教育目的的一般原理,即教育目的的概念、作用、历史发展及确定依据;第二节阐明了我国教育目的的理论基础——马克思主义个人全面发展学说,分析了我国现行的教育目的,揭示了我国教育目的的精神实质;第三节论述了全面发展教育的组成部分及其相互关系。

第一节　教育目的概述

任何教育活动首先都有一定的目的,这是保证教育活动取得实效的重要前提。有了清晰的教育目的,才能在教育活动中有针对性、有目标性。本节将着重对教育目的的内涵、作用和确定依据做出阐述。

一、教育目的的概述

(一)教育目的的概述

目的性是人类实践活动的一个根本特性,也是人的实践活动与动物的本能活动的根本区别。可以说,人的一切实践活动都具有自觉的意图,具有预期的目的。正如马克思所说:"蜘蛛的活动与织工的活动相似,蜜蜂建筑蜂房的本领使人间的许多建筑师感到惭愧。但是,最蹩脚的建筑师从一开始就比最灵巧的蜜蜂高明的地方,是他在用蜂蜡建筑蜂房以前,已经在自己的头脑中把它建成了。劳动过程结束时得到的结果,在这个过程开始时就已经在劳动者的表象中存在着,即已经观念地存在着。他不仅使自然物发生形式变化,同时他还在自然物中实现自己的目的,这个目的是他所知道的,是作为规律决定着他的活动的方式和方法的,他必须使他的意志服从这个目的。"[①]教育是人类特有的实践活动,这种实践活动也具有一定目的。概括地说,教育目的是指教育在人才培养上期望达到的目标或预期的结果,是一定社会为培养人才而确定的质量规格或基本标准。

(二)教育目的的构成

教育目的由两部分组成:一是对教育所要培养的人的社会性质和方向做出规定,以期培

---

① 马克思,恩格斯.马克思恩格斯全集(第23卷)[M].北京:人民出版社,1972.

养出与一定社会需要相一致的人。二是对教育所要培养的人的身心素质做出规定,即指明受教育者在知识、智力、品德、体质、审美等方面的发展要求。构成教育目的的两个方面是相互联系的,教育目的中人的社会性质制约着人的内部素质结构,人的一定素质结构也制约着他在社会上所能发挥的作用的性质及其水平。教育目的始终贯穿于整个教育活动始终。没有教育目的,教育就失去了方向。

(三)教育目的与培养目标的关系

为了进一步明确教育目的的概念,必须弄清教育目的同培养目标的关系。教育目的与培养目标既有联系,又有区别。首先,教育目的是一个国家对其各级各类学校教育的总体要求,即不论初等、中等、高等教育,还是理、工、农、医、师等,都要按照这个总的要求培养人;而培养目标是根据教育目的制定的某一级、某一类学校或某一个专业人才培养的具体要求,是国家总体教育目的在不同教育阶段或不同类型学校、不同专业的具体化。其次,培养目标的确定必须建立在教育目的的基础上,而教育目的又必须通过各级各类学校、各专业的培养目标而实现。一个国家的教育目的是唯一的,而培养目标却是多种多样的。

二、教育目的的作用

教育目的是教育活动的出发点和依据,也是教育活动的归宿。只有确定了教育目的,教育活动才能有组织、有计划、有系统地向着预定方向进行。教育目的在教育活动中具有十分重要的作用。

(一)导向作用

教育目的规定着教育的社会性质和人才培养的规格要求。依照教育目的,可使教育避免发展方向上的失误。任何社会,为满足自身发展的需要,总是首先确定相应的教育目的,从根本上确保教育的社会性,引导教育的发展方向,以便使所培养的人与社会需要相一致。

(二)选择作用

人类社会发展至今,可供学生学习的知识经验繁多复杂,需要培养的技能技巧多种多样,需要发展的智力能力涉及方方面面。有了教育目的,就为教育内容的选择确定了基本范围,保证了教育能够科学地对人类丰富的文化做出有价值的取舍。同时,教育目的也为选择相应的教育途径、方法和形式提供了依据。

(三)激励作用

教育目的是对受教育者未来发展结果的一种设想,具有理想性特点,这就决定了教育目的具有激励教育行为的作用。教育目的不仅激励教育者通过一定的方式,把教育目的和培养目标转化为学生的学习目的,也激励受教育者自觉地、积极地参与教育活动。在教育中,只有当受教育者意识到教育目的对自身未来成长的要求或意义时,才能把它作为努力方向,不断按照教育目的的要求发展和提高自己。

(四)协调作用

学生的成长是学校、家庭、社会等各方面教育力量共同作用的结果,各方面教育要求必须统一协调,教育才能取得良好效果,否则就会分散力量,互相抵消影响。教育目的对于统一教育影响具有重要作用,它一旦为各方面所了解和认同,就会使各方面按照教育目的的要求对学生发生影响,从而达到相互配合、协调一致。

三、确定教育目的的依据

教育目的的确定既有主观性,又有客观性。从其提出的主体来看,教育目的是由人制定的,体现着人的主观意志,但教育目的毕竟不是纯粹主观臆定的东西,它必须以客观存在作为依据,即必须依据社会发展的客观需要和受教育者身心发展的客观规律。

(一)符合政治经济需要

一定社会的教育要培养具有一定社会所需要的思想意识和世界观,为维护一定社会的政治经济制度服务的人。因此,教育目的的性质和方向是由政治经济决定的。在阶级社会里,教育目的总是反映统治阶级的利益,集中体现统治阶级对人才培养的根本要求。如我国奴隶社会的教育目的在于把奴隶主子弟培养成为维护奴隶制度的统治者,而奴隶及其子弟本没有受教育的机会。封建社会的教育目的是为了把地主阶级子弟培养成为维护封建统治的官吏,而对劳动人民则实行"民可使由之,不可使知之"的愚民政策。资产阶级的教育目的是培养能够掌握国家机器和管理生产的统治人才,而对工人子弟进行教育则在于培养既能替资产阶级创造利润又不会惊扰资产阶级安宁和悠闲的奴仆。社会主义社会的教育是为工人阶级和广大人民服务的,以全民为对象,其教育目的是培养为社会主义服务的劳动者和各种专门人才。可见,在阶级社会中,教育目的具有强烈的阶级性,是阶级意志的集中表现,所谓超阶级的教育目的是不存在的。

拓展资源:

(二)反映生产力和科技发展对人才的需求

由于生产力不仅为教育提供了物质条件,也对人才的培养规格提出了要求,因而在任何社会形态里,在培养什么样人的问题上都大体反映着生产力的发展水平。在奴隶社会和封建社会,由于生产力水平低下,直接从事生产的劳动者一般不需要经过学校教育的培养和训练,它所培养的人主要是进入社会上层建筑的统治人才,教育目的基本上只规定了政治思想品德上的一些要求。到了资本主义社会,由于大工业机器生产的出现,要求劳动者具有一定的科学技术和生产技能的专门训练,这种要求反映到教育目的上,除了使受教育者形成一定阶级意识和思想品德外,还重视使受教育者掌握同一定生产力水平相适应的科学知识与生产技能。随着现代科学技术的迅猛发展及其在生产中的广泛应用,生产力的发展水平对制定教育目的的要求更为明显地表现出来。注重能力的培养和智力的开发,注重个性、开拓性和创造性成为当代社会对人才培养规格的普遍要求。这一阶段,资本主义社会的教育制度一般都是"双轨制",即"一轨"培养统治者,"一轨"培养产业工人。从英国的学制可见一斑,见表7-1。今天,随着科学技术的迅速发展,生产力的发展及其产业结构的变化,科学技术的作用日益显著,并成为制约教育目的不可忽视的重要的直接的因素。

表 7-1 英 国 学 制 ①

年龄	中国教育体制			英格兰、威尔士、北爱尔兰		苏格兰		年龄
				普通教育制度	职业教育制度	普通教育制度	职业教育制度	
15	中等专业学校(3年)	普通高中(3年)	职业高中(3年)	普通中等教育证书,GCSE(2年)	全国通用职业资格证书,GNVQ初级(1年)	苏格兰教育证书(2年)	苏格兰职业资格证书,GSVQ初级(1年)	15
16					全国通用职业资格证书,GNVQ中级(1年)		苏格兰职业资格证书,GSVQ中级(1年)	16
17				中学高级水平考试,A-Level(2年)	全国通用职业资格证书,GNVQ高级(2年)	苏格兰高等教育证书(1年)	苏格兰职业资格证书,GSVQ高级(2年)	17
18	高等专业学校(2~3年)	本科课程(4~5年)	成人教育	本科课程(3年)		本科课程(4年)		18
19								19
20								20
21								21
22				硕士研究生课程(1年)		硕士研究生课程(1年)		22
23	硕士研究生课程(3年)						硕士研究生课程(1年)	23
24								24
25								25

---

① 此表来自百度图片。

(三)考虑受教育者的身心发展规律

对受教育者身心发展规律的认识是确定教育目的的前提。首先,教育目的直接指向的对象是受教育者,是希望引起受教育者的身心发展预期变化,使其成长为具有一定个性的社会个体。离开了受教育者这一对象,既不能构成,也无从实现教育目的。其次,受教育者在教育活动中不仅是教育的对象,而且也是教育活动的主体。因此,确定教育目的和培养目标,必须考虑受教育者的身心发展规律和特点,对不同年龄阶段和不同发展程度的受教育者要有不同要求。

四、个人本位论与社会本位论的分析与评价

教育发展的历史表明,任何一个国家、一个社会,在致力于人才培养中都把教育目的放在首位。广泛意义上的教育目的存在于一切教育之中,没有目的的教育是不存在的。根据什么来确定教育目的,是教育的价值取向问题。由于人们对教育持有不同的态度,有着不同的教育价值观,因而在制定教育目的的出发点上也存在着差异。如有的人从宗教、从"神的旨意"引申出教育目的;有的人从抽象的真、善、美等范畴引申出教育目的;还有的人把人的心理、生理特性作为确定教育目的的依据。在教育目的的价值取向上影响较大的主要有两派,个人本位论和社会本位论。

(一)个人本位论

个人本位论盛行于18世纪～19世纪上半叶,以卢梭、洛克、裴斯泰洛齐、福禄倍尔等人为代表。其基本观点是主张教育目的应依据个人需要来确定。该理论认为,人生来就具有健全的本能,教育目的是由人的本能、本性的需要决定的,教育的根本目的就在于使人的本能和本性得到自由发展;个人价值高于社会价值,评价教育价值也应当以其对个人发展所起的作用为标准来衡量。个人本位论兴起和盛行的时期,正是欧洲资产阶级进行反封建斗争的时期,它对反对宗教神学对人的思想禁锢、反对封建蒙昧主义强加于人的一切教育要求、提倡个性解放、尊重人的价值,具有历史进步意义。但是,个人本位论排斥社会对教育的制约、排斥社会对人才培养的需要的观点,是不正确的。

拓展资源:

真正的教育绝不容许死记硬背,也从不奢望每个人都成为有真知灼见、深谋远虑的思想家。教育的过程是让受教育者在实践中自我练习、自我学习和成长,而实践的特性是自由游戏和不断尝试。这样,手工课以劳作方式发展学生的灵巧性;体育课则以学生身体素质的锻炼,以及身体的健美来表现自我生命。哲理课发展思想和精神的敏锐和透明,培养说话的清晰和简明、表达的严格与简洁,把握事物的形式、特征,以及了解思想论争双方的焦点所在,以及如何运"思"而使问题得以澄清。通过接触伟大作品而对人类本真精神内涵进行把握(伟大作品包括:《荷马史诗》、《圣经》、希腊悲剧家的作品、莎士比亚和歌德的作品)、而历史课的教学则是发展学生对古代文化的虔诚爱戴之心,启发他们为了人类更高的目标而奋斗,并形成对现实批判的清醒历史观。自然科学课的开设,则是掌握自然科学认识的基本方法论(包括形态学、数学观和实验)。

(来源:[德]卡尔·雅斯贝尔斯著.什么是教育[M].邹进,译.北京:生活·读书·新知,1991.)

（二）社会本位论

社会本位论是在19世纪下半叶产生的,代表人物有孔德、涂尔干、赫尔巴特等。其基本观点是主张教育目的应根据社会需要来确定。该理论认为,个人的发展有赖于社会,教育结果也只能以其社会功能加以衡量,教育结果好坏,主要看它对社会贡献了什么,贡献的程度如何;教育的一切活动都应服从和服务于社会需要,教育除了社会的目的之外,没有其他目的。社会本位论看到了教育目的受社会制约的一面,但却完全否认了教育目的的个体制约性,因此也是不全面的。

个人本位论和社会本位论在处理社会和个人的关系问题上各执一端,都是不正确的。只有将社会发展需要与个人发展需要统一起来,才是科学的。教育是发展人的一种特殊手段,教育目的所指向的就是作为个体的人的发展。离开了人自身的发展,教育就无从反映和促进社会的发展,教育本身也不会存在。但是,个人的生存、发展离不开社会,人只有作为社会中的一员,才能获得生存发展的手段和条件。因此,个体的发展要以社会发展为基础,受社会发展的制约,服从于社会发展的需要。教育的任务就是要促使人去适应他所处的那种社会关系、社会生活条件。另一方面,如果看不到每个人都是一个独立的实体,在制定和实施教育目的时完全无视个人因素,不考虑人自身发展的各种需要,如求知欲的满足、美的享受的追求以及身心健康的需要等,也可能培养出缺乏理智和情感、缺乏志趣和爱好、生活态度冷淡、精神世界贫乏的对象来。同时,教育目的如果完全不反映人的个性发展,也可能培养出某种标准件,甚至可能成为强加于人的精神因素。

第二节 我国的教育目的

我国的教育目的与世界其他国家相比,在一定程度上,有它们的共同诉求,但因不同国家国情不同,也有别于其他国家。从历史发展来看,我国教育目的的表述发生过一些变化,但这些变化均体现了我国教育目的共同的理论基础和精神实质。

一、我国现行的教育目的

（一）教育方针与教育目的的关系

教育方针是国家或政党在一定历史阶段提出的有关教育工作的总的方向和总指针,是教育基本政策的总概括。它是确定教育事业发展方向、指导整个教育事业发展的战略原则和行动纲领。不同的历史时期有不同的教育方针;相同的历史时期因需要强调某个方面,教育方针的表述也会有所不同。

从二者的联系来看,它们都是一定社会(国家或地区)各级各类教育在其性质和方向上不得违背的根本指导原则,对教育工作起着定向和引导作用。有的时候,教育方针一身二任,既是方针,又是目的。也就是说,在对教育社会性质的规定上具有内在的一致性,都含有"为谁培养人"的规定,并且都受到社会政治、经济条件的制约。一定的教育目的是为了实现一定的教育方针而制定的,为的是使教育工作沿着正确道路、朝着实现教育目的的方向发展。教育方针是制定教育目的的根本依据;教育目的是教育方针的集中体现和实现载体。因而,教育方针与教育目的的关系,可以看成目段与手段的关系。

从二者的区别来看,首先,二者的内涵不同。表现为两个方面,在概念层次上,教育方针是国家或政党根据一定社会的政治、经济发展要求,为实现一定时期的教育目的所规定的教育工作的总方向。① 也即是说教育方针的制定受制于社会因素,是教育政策的总概括,带有较强的政策性,是全国各级各类教育的目的和必须遵循的准则。教育方针处于上位层次,教育目的是教育方针的重要组成部分,教育目的的确立及其内容必须符合教育方针的规定。在内容构成上,教育目的针对的是"为谁培养人""培养什么样的人"的问题,偏重于对人培养的质量规格方面的明确要求;而教育方针除此之外,还含有"怎样培养人"的问题和教育事业发展的基本原则,更侧重于"办什么样的教育""怎样办教育"等相关的宏大的政策性问题。其次,二者的层次结构不同。与教育方针相比,教育目的是具体的,培养目标则更为具体。教育方针是一个国家教育发展和人才培养的最高行动指针,是目的体系中的最高层次,唯一层次,即一定时期一个国家(特别是中央集权制国家)只能有一个教育方针。如我国现行的教育方针"教育必须为社会主义现代化建设服务"是对教育性质和方向的规定;教育目的则是不同层次的教育关于人才培养规格与标准的具体规定,是目的体系中的下位层次,是可分层的,如高等教育目的、中等教育目的、初等教育目的等。

总之,教育方针与教育目的既有联系又有区别。教育方针和教育目的都是由国家规定的,都是对教育的基本要求,都是全国必须统一执行的。但教育方针是对教育工作的总体规定,它包括对教育性质和方向、教育目的和实现教育目的基本途径等总的要求;教育目的仅是对人才的质量标准和培养规格的专门规定。因此,教育方针包括教育目的,教育目的是教育方针的重要内容之一。虽然在学术上教育目的与教育方针有严格的区别,但在实际中二者经常通用。

(二)关于教育目的的规定

教育目的的确立不仅是一个国家意志的体现,更为重要的是,它可以规范教育活动的整个过程,使教育活动平衡国家需要和个人需求。因而,教育目的对教育活动的顺利进行具有多方面功能。有普世针对全世界的教育目的,也有特殊的适合某国国情的教育目的。1972年,联合国教科文组织国际教育发展委员会编写了一本影响极大的书籍——《学会生存——教育世界的今天和明天》。此书将"学会生存"定为人类的教育目的。具体而言,就是通过教育,"使他作为一个人,作为一个家庭和社会的成员,作为一个公民和生产者、技术发明者和有创造性的思想家,来承担各种不同的责任。"②中华人民共和国成立以后,各个历史节点的教育文件对教育目的都做出了必要的说明。

1949年12月,教育部在北京召开第一次全国教育工作会议,确定了全国教育工作的总方针:"中华人民共和国的教育是新民主主义的教育,它的主要任务是提高人民文化水平,培养国家建设人才,肃清封建的、买办的、法西斯的思想,发展为人民服务的思想。这种新教育是民族的、科学的、大众的教育,其方法是理论与实际一致,其目的是为人民服务,首先为工农兵服务,为当前的革命斗争与建设服务。"③这个方针后来被称为新民主主义文化教育方针。

---

① 熊明安,曾成平,等.教育学名词浅释[M].西宁:青海人民出版社,1982.
② 联合国教科文组织国际教育发展委员会.学会生存——教育世界的今天和明天[M].华东师范大学比较教育所,译.北京:教育科学出版社,1996.
③ 中国教育年鉴(1949—1981)[M].北京:中国大百科全书出版社,1984.

1957年，毛泽东同志根据社会主义政治经济和生产建设对人才的需求，在《关于正确处理人民内部矛盾的问题》中指出："我们的教育方针，应该使受教育者在德育、智育、体育几方面都得到发展，成为有社会主义觉悟的有文化的劳动者。"①毛泽东同志提出的这个教育方针，反映了社会主义发展对人才规格的要求，对我国教育工作产生了重大影响，一直是我国教育发展的重要方针。

1958年，中共中央、国务院发布《关于教育工作的指示》，其中规定："党的教育工作方针，是教育为无产阶级的政治服务，教育与生产劳动相结合；为了实现这个方针，教育工作必须由党来领导。"②

1978年，我国的教育目的在全国人民代表大会上修改的宪法中被表述为："我国的教育方针是教育必须为无产阶级政治服务，教育必须同生产劳动相结合，使受教育者在德育、智育、体育几方面都得到发展，成为有社会主义觉悟的有文化的劳动者。"

1981年，《中国共产党中央委员会关于建国以来党的若干历史问题的决议》提出："加强和改善思想政治工作，用马克思主义世界观和共产主义道德教育人民和青年，坚持德智体全面发展、又红又专、知识分子与工人农民相结合、脑力劳动与体力劳动相结合的教育方针。"

1982年，《中华人民共和国宪法》第46条规定我国现阶段教育目的是："国家培养青年、少年、儿童在品德、智力、体质等方面全面发展。"这是中国当代历史上第一个以法律形式出现的教育目的。

1985年，《中共中央关于教育体制改革的决定》再次对教育方针进行了明确规定："教育体制改革的根本目的是提高民族素质，多出人才，出好人才。""所有这些人才都应该有理想、有道德、有文化、有纪律，热爱社会主义祖国和社会主义事业，具有为国家富强和人民富裕而艰苦奋斗的献身精神，都应该不断追求新知，具有实事求是、独立思考、勇于创造的科学精神。"这个教育方针，既体现了德、智、体全面发展的一贯思想，又融入了时代发展对人才规格的新要求。

1986年，第六次全国人民代表大会通过的《中华人民共和国义务教育法》，综合了《中共中央关于教育体制改革的决定》和1982年《中华人民共和国宪法》中对教育目的规定，提出："义务教育必须贯彻国家的教育方针，努力提高教育质量，使儿童、少年在品德、智力、体质等方面全面发展，为提高全民族的素质，培养有理想、有道德、有文化、有纪律的社会主义建设人才奠定基础。"这里的"贯彻国家的教育方针"指的是1985年《中共中央关于教育体制改革的决定》中提出的"教育必须为社会主义建设服务，社会主义建设必须依靠教育。"

1990年，党的十三届七中全会通过的《中共中央关于制定国民经济和社会发展十年规划和"八五"计划的建议》指出，国家"继续贯彻教育必须为社会主义现代化服务，必须同生产劳动相结合，培养德、智、体全面发展的建设者和接班人的方针，进一步端正办学指导思想，把坚定正确的政治方向放在首位，全面提高教育者和被教育者的思想政治水平和业务素质。"

1993年，中共中央和国务院印发的《中国教育改革和发展纲要》指出："教育改革和发展的根本目的是提高民族素质，多出人才，快出人才。各级各类学校要认真贯彻'教育必须为

---

① 毛泽东著作选读[M].北京：人民出版社，1986.
② 中华人民共和国教育大事记（1949—1982）[M].北京：教育科学出版社，1983.

社会主义现代化建设服务,必须与生产劳动相结合,培养德、智、体全面发展的建设者和接班人'的方针,努力使教育质量在 90 年代上一个新台阶。"

1995 年,在《中华人民共和国教育法》中对《中国教育改革和发展纲要》提出的教育方针进一步确认,重新表述为:"教育必须为社会主义现代化建设服务,必须与生产劳动相结合,培养德、智、体等方面全面发展的社会主义事业的建设者和接班人。"在新提法中,对人才素质的培养规格提出了德、智、体等方面的全面发展;对人才培养的方向强调的是"社会主义事业的建设者和接班人",同时更进一步明确了"教育必须为社会主义现代化建设服务,必须与生产劳动相结合"。

1999 年,《中共中央国务院关于深化教育改革全面推进素质教育的决定》提出教育目的是:"以培养学生的创新精神和实践能力为重点,造就有理想、有道德、有文化、有纪律的德、智、体等全面发展的社会主义建设者和接班人。"

2002 年,中国共产党第十六次全国代表大会的报告中指出:"全面贯彻党的教育方针,坚持教育为社会主义现代化建设服务,为人民服务,与生产劳动和社会实践相结合,培养德智体美等全面发展的社会主义事业建设者和接班人。"

2010 年,《国家中长期教育改革和发展规划纲要(2010—2020 年)》提出我国的教育目的是:"全面贯彻党的教育方针,坚持教育为社会主义现代化建设服务,为人民服务,与生产劳动和社会实践相结合,培养德智体美全面发展的社会主义建设者和接班人。"

建设富强、民主、文明的社会主义现代化国家是我国当前社会发展的宏伟目标,这一目标不仅是经济、政治的目标,也是文化、教育的目标。同时,教育具有多方面的社会功能,能为社会主义物质文明和精神文明建设服务。教育为社会主义现代化建设服务,既是教育发展的方向,也是衡量教育办学水平的重要指标。教育与生产劳动相结合,是马克思主义教育学说的一个重要原理,也是现代教育的一条基本规律。在现代社会,它不仅是培养人的有效方法,也是教育为社会服务的有效途径,它对提高社会生产力的作用已为现代生产实践所证实,并为世界所公认。

二、我国教育目的的理论基础

关于人的发展的理想问题是古今中外教育思想家极为关注的问题。早在古希腊、古罗马时期就已有人提出过关于人的发展的理想。文艺复兴时期的思想家主张人的多方面的、和谐的发展。空想社会主义者也曾基于人道主义思想进一步提出了人的全面发展问题。马克思主义创始人批判地吸收了各个时期的思想家关于人的发展的有益思想,科学地创立了个人全面发展学说,从而奠定了我国社会主义教育目的的理论基础。

(一) 人的片面发展的社会根源

人的全面发展是针对人的片面发展提出的。马克思和恩格斯在全面研究人类社会发展历史的基础上,指出了个人片面发展的根本原因在于分工。"就个人自身来考察个人,个人就是受分工支配的,分工使他变成片面的人,使他畸形发展,使他受到限制。"① 分工始于城乡分离。由分工造成的人的片面发展在资本主义初期的工场手工业里达到了最严重的程度。工场手工业把一种手工艺分成各种精细的工序,把每个工序又分给个别工人,作为他们

---

① 马克思,恩格斯.马克思恩格斯全集(第 3 卷)[M].北京:人民出版社,1960.

终生的职业,使他们一生束缚在单一的操作和单一的工具之上,从而导致了劳动者身心发展的被分割,劳动过程中智力和体力的彻底分离和对立。

(二)人的全面发展的客观必然性

当社会生产力由工场手工业生产发展到机器大工业生产时,人的全面发展就成了客观要求。马克思指出:"大工业的本性决定了劳动的变换、职能的更动和工人的全面流动性"①,"从而承认工人尽可能多方面的发展是社会生产的普遍规律"②。因为大工业的本性是以现代科学技术为基础的,它从不把某一生产过程当成是生产的理想状态,追求工艺的不断改进、产品类型的推陈出新、产品质量的不断提高是现代生产竞争的客观规律。生产过程的不断完善和更新,需要劳动者不断学习和掌握科学技术,通晓生产过程的基本原理,这就必然要求脑力劳动与体力劳动的结合,要求人的全面发展。现代大工业生产不仅提出了个人全面发展的必要性,而且也提供了可能性。首先,大工业生产依靠的是先进的科学技术,为适应这种生产的顺利进行,涌现出一系列新兴学科。这些新学科的出现和综合技术教育的实现,使劳动者通过学习掌握生产过程的基本原理和基本技能,了解整个生产系统成为可能;其次,大工业生产的发展,促进了劳动生产率提高,从而为缩短劳动时间、减轻劳动强度、使劳动者有学技术、学文化、发展自己的兴趣和特长成为可能。

(三)资本主义制度对人的全面发展的限制

机器大工业尽管迫切要求个人全面发展,并为个人的全面发展创造了物质基础,但是,大工业的资本主义形式却阻碍了个人全面发展的实现。马克思把它称作是资本主义大工业的绝对矛盾。这种绝对矛盾表现在:

第一,大工业生产技术基础的科学性和革命性要求打破工场手工业的旧式分工,并且为消除旧分工创造了可能条件。但是,"大工业在它的资本主义形式上再生产出旧的分工及其固定化的专业。"③马克思指出,这一矛盾完全是由资本主义本性造成的,资本主义大工业的分工不仅没有促使工人解放,相反更使工人丧失了独立性,更加重了工人对资本的依附。正如马克思所说的:"在工场手工业和手工业中,是工人利用工具,在工厂中,是工人服侍机器。"④

第二,大工业为缩短劳动时间和减轻劳动强度创造了必要条件。但是,由于大工业的资本主义性质,却延长了劳动时间和增加了劳动强度。这主要表现在利用生产的高度自动化,来消灭工人的独立意志,取得对劳动过程速度的控制权。

第三,资本主义大工业生产为生产过程的脑力劳动和体力劳动的结合创造了物质基础。但资本主义制度却使劳动过程中的智力与体力进一步分离和对立。马克思指出:"只有资本主义生产才第一次把物质生产过程变成科学在生产中的应用,……但是,这只是通过使工人从属于资本,只是通过压制工人本身的智力和专业的发展来实现的。"⑤也就是说,资本主义生产虽然促进了科学的运用,但同时资本也把科学作为统治工人的手段。

总之,在资本主义社会里,虽然生产向人提出了全面发展的客观要求,但由于资本主义

---

① 马克思,恩格斯.马克思恩格斯全集(第23卷)[M].北京:人民出版社,1972.
② 马克思,恩格斯.马克思恩格斯全集(第23卷)[M].北京:人民出版社,1972.
③ 马克思,恩格斯.马克思恩格斯全集(第23卷)[M].北京:人民出版社,1972.
④ 马克思,恩格斯.马克思恩格斯全集(第23卷)[M].北京:人民出版社,1972.
⑤ 马克思,恩格斯.马克思恩格斯全集(第47卷)[M].北京:人民出版社,1979.

制度的存在,人的全面发展就不可能实现。

(四) 个人全面发展的实现条件

(1) 社会生产力的高度发展是人全面发展的必要物质前提。人的发展受生产力发展水平的制约。人的片面发展是由工场手工业分工造成的。人的全面发展则是大工业生产的客观要求。人的全面发展的可能性取决于生产力的高度发展为之提供的物质条件。可见,无论是消除人的片面发展,还是实现人的全面发展,都离不开生产力的发展这个前提。生产力水平低下,既不可能向人提出全面发展的要求,也不可能提供充分发展智力和体力的条件,只有高度发达的生产力才能使人的全面发展成为可能。当代社会,以科学技术为主导的知识经济时代开始到来,生产中的技术含量越大,对劳动者的教育要求越高,越要求人的全面发展。因此,知识经济的出现将使人的全面发展开始走向现实。

(2) 社会主义生产关系给人的全面发展创造条件,共产主义条件下将使人的全面发展成为现实。社会主义消灭了剥削,人民成了国家的主人,在政治上、经济上、教育上都享有民主平等的权利。脑体劳动的对立已不复存在,这样就为实现人的全面发展提供了制度上的保障。但由于社会主义社会,生产力还不够发达,生产的社会化、现代化程度还不够高,教育、科学、文化还比较落后。因此,还不完全具备实现人的全面发展的充足条件。人的真正全面发展,只有到了共产主义才能彻底实现。共产主义社会,诞生了先进的生产关系,消灭了一切阶级和剥削,消除了城乡之间、工农之间、脑体之间的差别。生产力的发达、物质财富的丰富、人的思想道德觉悟的提高、各类教育的普及和教育方式的现代化,为一切社会成员满足自己的学习需要、全面发展自己的志趣才能创造了一切条件,从而使人的全面发展开始真正走向现实。

(3) 教育与生产劳动相结合是造就全面发展的人的途径和方法。马克思非常重视教育与生产劳动相结合的意义和作用。他在《资本论》中指出:"从工厂制度中萌发出了未来教育的幼芽,未来教育对所有已满一定年龄的儿童来说,就是生产劳动同智育和体育相结合,它不仅是提高社会生产的一种方法,而且是造就全面发展的人的唯一方法。"①提高社会生产和培养全面发展的人,是一个问题的两个方面。提高社会生产,就为人的全面发展创造了物质基础。人的全面发展又会促进社会生产的提高,这二者都是通过教育与生产劳动相结合才得以实现的。因此,教育与生产劳动相结合,无论对于资本主义条件下工人阶级的解放,还是对于社会主义条件下提高社会生产,造就全面发展的人以及最终实现共产主义,都具有十分重要的意义。

(五) 个人全面发展的内涵

关于个人全面发展的内涵,散见于马克思、恩格斯的多部著作中。马克思在《1844年经济学哲学手稿》中指出,人的全面发展就是人的劳动能力的发展,而劳动能力是"人的身体即活的人体中存在的、每当人生产某种使用价值时就运用的体力和智力的总和。"②1845—1846年,马克思、恩格斯在《德意志意识形态》中,第一次运用了"个人全面发展"这一概念,指出个人全面发展实际上就是全面地发展自己的一切能力。1847年,恩格斯在《共产主义原理》中把全面发展的个人叫作"一种全新的人"。这种全新的人是各方面都有能力的人,

---

① 马克思,恩格斯.马克思恩格斯全集(第23卷)[M].北京:人民出版社,1972.
② 马克思,恩格斯.马克思恩格斯全集(第23卷)[M].北京:人民出版社,1972.

即通晓整个生产系统的人。1867年,马克思在《资本论》中指出,"大工业又通过它的灾难本身使下面这点成为生死攸关的问题:承认劳动的变换,从而承认工人尽可能多方面的发展是社会生产的普遍规律。"①1878年,恩格斯在《反杜林论》中进一步指出:"通过社会生产,不仅可能保证一切社会成员有富足的和一天比一天充裕的物质生活,而且还可能保证他们的体力和智力获得充分的自由的发展和运用。"②综合上述马克思、恩格斯在众多篇章里阐发的关于个人全面发展的思想,可以认为,马克思主义个人全面发展的内涵就是个人智力和体力尽可能多方面的、充分的、自由的发展,并在此基础上实现脑力劳动与体力劳动的结合。

三、我国教育目的的精神实质

从对我国社会主义教育目的历史回顾中可以发现,尽管各个历史时期的教育目的在内容表述上不尽相同,却体现着共同的精神实质。

(一)社会主义是我国教育性质的根本所在

教育作为培养人的社会活动,既源于社会的需要也受社会的制约。因此,教育不可避免地带有各个时代社会的特点和要求,体现一定的社会性质。阶级社会的教育从来都具有阶级性,教育的阶级性首先反映在教育目的上,体现着统治阶级的愿望和需要。纵观新中国成立以来我国教育目的的权威表述,虽然不同历史时期教育目的的表述有所不同,但是"培养社会主义事业的建设者和接班人"的表述却始终贯穿其中,这充分体现了我国教育目的的社会主义性质。如果不坚持社会主义方向,就会中了西方国家"和平演变"的"招",就会无法抵触"三片文化"③的侵蚀,就会亡党亡国。

(二)使受教育者德、智、体、美等方面全面发展

我国教育目的的理论基础是马克思关于人的全面发展的学说。马克思主义哲学认为,全面发展首要的是智力和体力的广泛、充分、统一、自由的发展。我国教育目的由1957年的"使受教育者在德育、智育、体育几个方面都得到发展"到2001年"培养德智体美等全方面发展的社会主义事业的建设者和接班人",经历了近五十年的发展,最终形成了一个较为完善的社会主义性质的教育质量标准,即受教育者德、智、体、美等方面全面发展。这几个方面相互联系、相互作用,是现代化建设不可缺少的基本素质。

(三)以提高全民素质为宗旨

我国的教育目的对人的全面发展的需求,不仅包含对个人全面发展的要求,而且含有对整个民族素质全面提高的要求。提高全民族的素质,是社会赋予教育的重要使命。随着科技的进步,当今国际竞争的实质是以经济和科技实力为基础的综合国力的较量,能否通过科技发展,增强以经济、科技为基础的综合国力,将最终决定本国在国际上的地位。而国际竞争归根到底是科技和人才的竞争,是对全民素质的要求。国家综合国力的比拼不仅包括经济方面,也包括思想、道德、文化、观念等社会内在素质。而后者恰是教育的功能所在。因

---

① 马克思,恩格斯.马克思恩格斯全集(第23卷)[M].北京:人民出版社,1972.
② 马克思,恩格斯.马克思恩格斯全集(第23卷)[M].北京:人民出版社,1995.
③ "三片"文化,即土豆片、电影大片、微机芯片。土豆片,即麦当劳和肯德基,少男少女吃的不仅仅是美国的风味食品,慢慢消化的其实是美国的文化。好莱坞大片更是一种赤裸裸的美利坚精神的灌输;高度发达的芯片在国际市场上的超级垄断地位,把美国文化和意识形态悄悄地播撒到世界的每一个角落。

此,提高全民素质是践行我国教育目的的题中之意。

（四）为经济建设和社会的全面发展进步培养各级各类的人才

我国教育的基本目的,是"培养德智体美全面发展的社会主义建设者和接班人"。这也是我国经济建设和社会发展所需的各级各类人才的来源。我国现行教育方针所体现的培养各级各类人才的要求与教育目的中培养社会主义事业的"建设者"和"接班人"并不矛盾。因为从社会主义制度的延续来看,各级各类人才都是社会主义事业的接班人,从社会主义政治经济、文化科技、生产生活等方面的发展需要来看,各级各类人才都是社会主义事业的建设者。总之,我国教育目的所培养的人才,都是服务于社会主义的"建设者"和"接班人"。

第三节 全面发展的教育

人的全面发展一直是我国教育所追求的目的,实现学生的全面发展是一切教育的核心目标。因此,全面发展的教育成为教育事业和教育工作无法绕开的重要内容。

一、全面发展教育的组成部分

（一）全面发展教育的内涵

人的身心全面发展的教育目的要通过全面发展教育去实现。全面发展教育是根据社会发展要求和人的身心发展规律,有目的、有计划、有组织地对受教育者实施的旨在促进人的素质结构全面、和谐、充分发展的系统教育。社会主义的全面发展教育由德育、智育、体育、美育等部分构成。

（二）全面发展教育的组成部分

1. 德育

德育即思想品德教育的简称。有广义和狭义之分。广义的德育包括政治教育、思想教育、道德教育和法制教育,是这些教育活动的总称。一般指教育者根据一定社会或阶级的要求和受教育者的个体需要及身心发展的特点和规律,有计划、有目的、有系统地对受教育者施予政治、思想、道德和法律的教育影响,并通过受教育者积极主动的交往与互动、内化与外化,使其养成一定思想品德的教育活动。狭义的德育一般指道德教育,是相对于政治教育、思想教育和法制教育而言的,即教育者根据一定历史时期的社会的道德要求和个体的品德心理发展规律,有目的、有计划、有组织地培养受教育者道德素质,使他们形成正确的道德观念,丰富的道德情感、坚强的道德意志、热切的道德信念和较高的道德实践能力,不断提升他们道德境界的教育活动。我们通常所说的德育是学校思想品德教育的简称。我国中小学的德育包括思想教育、政治教育和道德品质教育。其目的在于通过中小学阶段的德育,使学生热爱祖国,热爱社会主义,初步树立为人民服务的思想和为实现社会主义现代化而奋斗的志向;具有良好的道德品质和文明行为;具有诚实正直、自尊自强、勤劳勇敢、开拓进取等品质和一定的道德判断能力及自我教育能力;成为有理想、有道德、有文化、有纪律的社会主义公民。

在我国,切实把德育放在学校教育工作的首位,充分认识德育在社会主义全面发展教育中的作用,对培养合格的人才至关重要。我国学校德育的任务是由我国社会主义建设的要求和教育目的以及学生的特点决定的。2010年《国家中长期教育改革和发展规划纲要

(2010—2020年)》明确指出:"坚持德育为先。把社会主义核心价值体系融入国民教育全过程。加强马克思主义中国化最新成果教育,引导学生形成正确的世界观、人生观、价值观;加强理想信念教育,坚定学生对中国共产党领导、社会主义制度的信念和信心;加强民族精神和时代精神教育,增强学生爱国情感和改革创新精神;加强社会主义荣辱观教育,培养学生团结互助、诚实守信、遵纪守法、艰苦奋斗的良好品质。加强公民意识教育,树立社会主义民主法治、自由平等、公平正义理念,培养社会主义合格公民。把德育渗透于教育教学的各个环节,贯穿于学校教育、家庭教育和社会教育的各方面。构建大中小学有效衔接的德育体系,创新德育形式,丰富德育内容,不断提高德育工作的吸引力和感染力,增强德育工作的针对性和实效性。"这就为新时期我国教育改革和发展提供了行动指针,为到2020年全面小康社会目标的实现提供了人才准备和智力支持。十八大报告提出,"倡导富强、民主、文明、和谐,倡导自由、平等、公正、法治,倡导爱国、敬业、诚信、友善,积极培育社会主义核心价值观。"党的十八大报告用24个字提出覆盖全国各方面意见、反映现阶段全国人民最大公约数的社会主义核心价值观的表述。这个表述是分别从国家、社会、个人三个层面进行的。从国家层面看,是富强、民主、文明、和谐;从社会层面看,是自由、平等、公正、法治;从公民个人层面看,是爱国、敬业、诚信、友善。24字表述为我们认清新时期德育内容指明了方向。

2. 智育

智育是教育者有目的、有计划、有组织地向学生传授系统的文化科学知识和技能的教育活动。智育随社会经济、政治和文化科学技术的发展而发展。据《周礼·地官》记载,中国早在西周时期已有"六艺"之教;其后,自汉武帝"独尊儒术"到宋代程朱理学兴起,都是以儒家经典为主要教育内容。这种智育总是和封建伦理教育紧密联系起来。在西方,古希腊雅典的教育中,以语法、修辞、逻辑(或辩证法)以及算术、天文、几何、音乐等作为奴隶主学校的智育内容。欧洲文艺复兴时期,学校智育进入一个新时期,增加了许多新学科。17世纪以后,英国思想家培根、捷克教育家夸美纽斯提出传授百科全书式的科学知识的泛智教育,主张把一切知识教授给一切人。19世纪末期,资本主义经济和科学技术迅速发展,开始实施普及初等教育,自然科学在中小学教育中逐渐取得重要地位。近现代,随着教育的发展和普及,在智育理论问题上积累了丰富的经验。中国社会主义学校智育的基本任务是:向学生传授系统的现代化科学基础知识和技能,大力提高学生的科学文化水平并培养科学态度,为学生奠定比较完全的知识基础;积极发展学生的智力,尤其是创造性思维能力和培育勇于探索的精神,发展学生多方面的兴趣和才能。①

3. 体育

体育是授予学生体育卫生的知识和技能,使学生增强体质,发展机体素质和运动能力,养成良好的卫生、保健习惯的教育。② 体育作为全面发展教育的重要组成部分,有着悠久的发展历史。在中国,商代的"序"是奴隶主子弟学习射箭的专门场所,周代"六艺"中的"射、御"即属于体育范畴。古代西方如斯巴达的学校教育中,把体育列为主要内容,儿童七岁以后,被送入国家教育机构,过半军营式的生活,接受严格的体育锻炼。在雅典更加注重培养身心和谐发展的公民,7岁后男孩要上体操学校学习。进入20世纪,许多工业发达国家制

---

① http://baike.baidu.com/link?url=aldFkgTJwmcDloMDg7Z9JFovA2s_4YaV-DKCj5-R5QaIhiljEeokQhFt8SjfOoXS.
② 柳海民.教育原理(第二版)[M].长春:东北师范大学出版社,2000.

定了统一的体育教学大纲和教材,同时开展对青少年和儿童的体质研究。中国于1904年在《奏定学堂章程》中始将"体操"列为正式课程。新中国成立后,体育被列为全面发展教育的重要组成部分。

马克思在科学预见"未来教育对所有已满一定年龄的儿童来说,就是生产劳动同智育和体育相结合"①时,明确了体育在全面发展教育中的作用。对于体育的目的、性质和地位阐述最完整的当属毛泽东。1952年毛泽东发表著名题词"发展体育运动,增强人民体质"时指出:"体育一道,配德育与智育,而德智皆寄于体,无体是无德智也。……小学之时,宜专注重于身体之发育,而知识之增进、道德之养成次之;宜以养护为主,而以教授训练为辅。……中学及中学以上宜三育并重,今人则多偏于智。……体育于吾人实占第一之位置,体强壮而后学问道德之进修勇而收效远。于吾人研究之中,宜视为重要之部。"②毛泽东同志这一形象的论述告诉我们,体育不同于德育和智育,它在人的全面发展中发挥着独特的、其他各育所不能替代的作用,同时他还指出了不同教育时期体育所具有的重要意义和地位,特别指出在现代教育中,我们不能忽视体育。

4. 美育

美育又称审美教育或美感教育,是培养学生正确的审美观点以及感受美、鉴赏美和创造美能力的教育。美育并不单单指艺术教育,它泛指通过自然美、社会美、艺术美而进行的审美教育活动,旨在树立人们正确的审美观念,养成健康的审美趣味和高尚的审美理想,从而陶冶情操,提高人们感受美、欣赏美、辨别美、创造美的能力。美育作为全面发展教育的重要组成部分,与智育、德育有着密切联系。审美教育能牵动理智感,激起对智力的追求,培养和训练想象力、创造力,增强记忆力,同时正确的审美教育必须取得智力教育的支持,以理性为助力,否则会把审美教育引向诱发感性欲念的邪路。审美情感中包含道德情感的因素,反过来说,道德情感中也包含审美情感的因素,二者靠情感联系起来。伦理情感的丰富对审美教育形成支持,审美情感也对道德教育形成支持。美育中同时包含道德评价。道德评价中的情绪色彩是道德情感的外露,可以成为审美的对象,因此对道德行为的审美判断具有道德评价的功能。

二、各组成部分之间的关系

德育、智育、体育、美育作为全面发展教育的组成部分,它们之间既不能相互替代,又不能分割。说它们不能替代,是因为各育之间是有区别的,每一育都有其特定的内涵、特定的任务,每一育的社会价值和满足个体发展需要的价值都是不同的。说它们不能分割,一方面因为各育之间是相互渗透的,每一个育中都包含了对人的智力、情感、意志和行为的要求;另一方面因为各育之间是互相促进的,存在着互为目的和手段的关系。如为了发展学生的知识和智力,需要引起学生的认识兴趣,激发内在的学习动机,形成认真负责的学习态度,并能与老师、同学合作,遵守纪律。这时,德育就成为实现智育目的的手段,反之亦然。另一方面,教育活动的综合性也决定了这五部分的任务不是完全由不同种类的活动承担,而是在每一类的活动中都不同程度、不同范围地实现各育的任务。在某一类活动中,往往一部分处于

---

① 马克思,恩格斯.马克思恩格斯全集(第12卷)[M].北京:人民出版社,1972.
② 毛泽东.体育之研究[N].中国体育报,1995-12-26(1).

显性状态,一部分则处于隐性、渗透状态。如教学活动并非只同智育有关,智育任务的实现也不是只通过教学。即使是一门学科,甚至是一堂课的进行,也不能只考虑智育的任务。教师的课堂行为中,既有对学生智力发展的影响,也包括对学生思想品德、身心健康的影响。

目前,我们把完整的教育相对地划分成德育、智育、体育、美育等,这只是一种出于研究需要而进行的抽象的、理性的划分。在现实教育实践中,不存在纯而又纯的德育、智育、体育、美育等。在任何一育的实践中,只是完成的主要任务不同,各育之间始终是相互渗透、相互交融的。总之,全面发展教育的各个部分是既有区别又有联系的一个整体。其中,德育对其他各育起着保证方向和保持动力的作用;智育为其他各育的实施提供了知识和智力基础,是实施各育不可缺少的手段;体育为各育的实施提供健康基础,是各育得以实施的物质保证;美育是德、智、体的具体运用和实施。正确的审美观点既反映了一个人的知识水平,又体现着一个人的思想素质状况。因此,德育、智育、体育、美育是密切联系的,它们互为条件,相辅相成,构成统一整体,从各个方面保证教育目的的实现。

根据各育之间的关系,在实践中要避免忽视某一部分或把每个部分孤立起来的错误做法,要坚持各育并重,使全面发展教育的各组成部分有机结合起来。当然,各育并重并不是均衡发展。要求每一个学生都成为科学家、艺术家、运动健将,或者要求每一个学生都精通语文、数学、外语、政治、历史等是不可能的。全面发展是指学生基本素质的发展,学生可以而且应当在基本素质全面发展的基础上保持并发展自己的兴趣和特长。就个人来说,基本素质的发展和兴趣、特长的发展是相互依赖、相互促进的。所以,在教育工作中,要承认学生的个人特点,承认学生之间的差别,把全面发展与因材施教结合起来,使学生既有比较完善的基本素质,又能充分发展其特长,形成丰富而独特的个性。

案例:

南京首个《小学生生活手册》出炉 教孩子如何坐地铁、上厕所、交朋友

王璟

扬子晚报讯(实习生 王天翊 记者 王璟)踏入小学,你要学会哪些本领?每一年级会有哪些精彩活动?毕业时你能变成什么样的小学生?……新学期来临,南京拉萨路小学为孩子们准备了一份特殊的"开学礼物"——在老师们的精心编纂下,一本《小学生生活手册》日前新鲜出炉。

手册采用图文并茂的趣味方式,展示了孩子们在小学六年里要经历的"成长历练",还给出了很多解决实际生活问题的小贴士,让孩子在轻松阅读的同时,又能学习到很多实用的"本领"。据悉,这是南京各学校第一本带有生涯规划性质的《小学生生活手册》。

《小学生生活手册》有些啥内容?"儿童宣言":强调"与大人平等""我们与大人人格平等,但也尊重长辈。生命第一,身体属于自己,平安成长最重要。运动让我健康和快乐……"记者翻开这本名为《有一个快乐的地方叫"拉小"》的"生活手册",首先便被第一页上独特的"儿童宣言"所吸引。

据了解,这本《小学生生活手册》包含"我的快乐一天""我有一个好习惯""我越来越能干""我越来越快乐"以及"精彩,非你莫属"几个版块。其中,"我的快乐一天"就是用漫画的形式,讲述了孩子从踏入学校的一刻起,一天里要经历的生活:比如"清早第一事儿,我和老师问声早""大课间,拉拉操""中饭真香啊,不能讲话哦"……画面有趣,语言轻松。

教你坐地铁、搭配衣服，还有交朋友

《手册》最核心的是三个版块，即"我有一个好习惯""我越来越能干""我越来越快乐"。"我有一个好习惯"版块里提出："做个拉萨路小学的学生，应该在六年期间培养哪些良好的习惯呢？"然后《手册》里着重推荐了6个好习惯，包括上厕所、管理时间、学会劳动、衣物归类、到图书馆去以及搭配服装。在"我越来越能干"版块里，手册内容颇具实用性，比如教孩子如何逛超市、如何交到好朋友、如何坐地铁、如何用手机、如何保护自己等。"我越来越快乐"版块则细数了拉萨路小学校园丰富多彩的活动：比如军体节、大嘴巴英语节、有趣的各类社团活动等。这一版块，还将拉萨路小学每个年级的特色活动进行了介绍，可以让孩子和家长做到心中有数。

"生活规划"提倡"教育即生活"

"教育即生活，这本小学生生活手册，其实就是给我们的孩子提供小学生涯的一个规划，不过我们的这个规划并不强调学习知识的要求，而是强调对孩子习惯、能力和快乐精神的培养。"南京拉萨路小学严瑾校长告诉记者，孩子来到小学，六年的学习生活对其一生都意义非凡。"小学不仅是学习的地方，更应该是生活的地方。拉萨路小学一直提倡智慧教育，而其核心就是要培养孩子'慧学、慧玩、慧生活'。我们把孩子在拉萨路小学六年里的活动、要求等都详细地展现给学生、家长和老师，就是让大家都做到'心中有数'，从而选择生活、创造生活。我们想倡导的是，小学的教育绝不仅是学习知识，而是对孩子综合能力的培养。"

有趣易懂的"生活指南"

作为男孩子，我们怎样上厕所才不会将小便弄到池外呢？我们男生小便时不要离便池太远，太远会把小便弄到便池外；也不要太近，太近会弄脏裤子哦。注意：如穿有拉链的裤子小便时，要小心，不要损伤皮肤。穿有扣子的裤子小便后要将扣子扣好。作为女孩子，我们怎样上厕所才不会弄湿裤子呢？小便时，我们女生要将裤子脱得低一些，然后再上厕所。注意：1.当我们身体不适时，课上如需上厕所要及时和老师说。2.课间我们不能因为玩游戏而耽误了上厕所。

【搭配衣服】

平时不穿校服时怎么搭配衣服呢？看身材——白色、天蓝色、海蓝色、银灰色对大多数人都比较适合。稍胖的人选深色显得更瘦，肤色黑的同学不适合咖啡色，肤色偏黄的人不适合绿色。

看场合——逛公园、购物等生活中可穿休闲装；春游、秋游最好穿运动装；正式演出、欣赏音乐会可穿礼服；

看性格——内向的同学偏选冷色（白色、银色、蓝色），外向的人则反之（粉色、红色）。

【交到好朋友】

选择朋友时，要注意选择这样的人：他很尊重你；他会为你的进步高兴；他会劝你考虑爸爸妈妈的意见；他提醒你遵守法律；他希望你安全；他会保护你的健康。你可以通过参加班级小组活动、加入课外小组活动、参加体育运动或其他活动交到新朋友。

【保护自己】

当你遇到迷路的小孩，抱着垂危宠物求助的主人，看似不舒服的孕妇，需要你的帮助时，你可以这样做：报警+联络家人+在足够热闹的地方等候+求医，这样既帮助了别人，又保护了自己,这才是真正的助人为乐。

(来源:http://news.163.com/13/0901/05/97LPU1GR00014AED.html)

本章小结

教育目的	教育目的即教育意欲达到的归宿所在或所预期实现的结果。从所含内容的主要指向看,教育目的又有狭义和广义之分
教育方针	教育方针是国家或政党在一定历史阶段提出的有关教育工作的总的方向和总指针,是教育基本政策的总概括。它是确定教育事业发展方向、指导整个教育事业发展的战略原则和行动纲领
全面发展	德、智、体、美全面发展

本章练习题

一、单选题

1. 2010 年,《国家中长期教育改革和发展规划纲要(2010—2020 年)》提出我国的教育目的是(　　)。

A. 全面贯彻党的教育方针,坚持教育为社会主义现代化建设服务,为人民服务,与生产劳动和社会实践相结合,培养德智体美全面发展的社会主义建设者和接班人

B. 以培养学生的创新精神和实践能力为重点,造就有理想、有道德、有文化、有纪律的德、智、体等全面发展的社会主义建设者和接班人

C. 义务教育必须贯彻国家的教育方针,努力提高教育质量,使儿童、少年在品德、智力、体质等方面全面发展,为提高全民族的素质,培养有理想、有道德、有文化、有纪律的社会主义建设人才奠定基础

D. 国家培养青年、少年、儿童在品德、智力、体质等方面全面发展

2. 个人片面发展的根本原因在于(　　)。

A. 社会角色　　　B. 个人努力　　　C. 社会制度　　　D. 分工

二、填空题

1. 确定教育目的的依据主要包括_____、_____、_____、_____。
2. 在教育目的的价值取向上影响较大的主要有_____和_____。
3. 我国教育目的的理论基础是_____。
4. 全面发展教育的组成部分是_____。

三、简答题

1. 教育目的与教育方针的关系是什么?
2. 教育目的与培养目标的关系是什么?

四、论述题

1. 如何理解"立德树人"?
2. 全面发展教育不同组成部分的关系是什么?

五、材料分析题

阅读以下材料,并按要求回答问题:

夫教育目的不能仅在个人。当日多在造成个人为圣为贤,而今教育之最要目的,在谋全社会的进度。……若不骂人、不偷、不怒、不谎、不得罪于人等事,先时多谓此为道德很高,然而此为消极的,于今不能谓此为道德。盖彼者,不过无疵而已,于社会虽有若无。今因于社会进步上着想,吾等当另定道德标准,谓"凡人能于社会公共事业,尽力愈大者,其道德愈高。否则,无道德可言。易言之,即凡于社会上有效劳之能力者(social efficiency)则有道德,否则无道德。"若斯数语,包含无限道理。愿诸生用为量人量己之尺,相染成风,使社会上渐渐均用此尺,度己亦用此尺。(节选自张伯苓:《以社会之进步为教育之目的》,1919年)。

(1)从"教育的社会功能"角度,分析下列材料中观点的合理性;
(2)根据相关理论分析下述材料中的教育目的价值取向;
(3)联系学校德育实际,阐述下列材料中观点的现实意义。

本章参考文献

[1] 董纯才,等.中国大百科全书·教育卷[Z].北京:中国大百科全书出版社,1985.
[2] 顾明远.教育大辞典(增订合编本·上)[Z].上海:上海教育出版社,1998.
[3] [英]怀特海.教育的目的[M].庄莲平,王立中,译.上海:文汇出版社,2012.
[4] 扈中平.教育目的论[M].武汉:湖北教育出版社,2004.
[5] 马克思,恩格斯.马克思恩格斯全集(第12卷)[M].北京:人民出版社,1995.
[6] 瞿葆奎.元教育学研究[M].杭州:浙江教育出版社,1999.
[7] 全国十二所重点师范大学.教育学基础[M].北京:教育科学出版社,2002.
[8] 全国十二所重点师范大学.教育学基础[M].北京:教育科学出版社,2002.
[9] 王道俊,王汉澜.教育学[M].北京:人民教育出版社,1999.
[10] 雅思贝尔斯.什么是教育[M].邹进,译.北京:生活·读书·新知三联书店,1991.
[11] 叶澜.教育概论[M].北京:人民教育出版社,2000.
[12] 袁振国.教育原理[M].上海:华东师范大学出版社,2001.

第八章 课程

学习目标

1. 掌握课程的基本概念。
2. 了解课程计划、课程标准、课程资源和教科书的意义。
3. 能够解读学科课程标准。

建议学时

6学时

案例导读

案例呈现：

日本小学三年级社会科配置的课程内容主要有五项：一是了解和观察地域内人人可以利用的公民馆和图书馆等，了解人们的生活情况；通过参与地域的卫生扫除和交通安全等宣传活动，提高为本地区发展或改善地区环境而服务的自觉。二是观察市（区、町、村）的特征（地形、土地利用、居民分布、交通情况等），通过地图来明确地域的自然环境与人们生活的关系。一、二年级的学习中心是学校，从三年级开始，扩大到学生所能及的整个生活区域。三是调查地域内的商店和商店街，了解人们的购物和消费立场，与日本其他地区做比较。四是了解地域的生产活动及与自然环境的关系，并比较日本其他地区，找出其他地区的特点。五是通过比较100年间地域社会中的家庭、生活用具及交通等变化，理解今天人们的生活质量和生活方式的变化，关心地域内的文物、古迹和节日活动。

案例分析：

教育内容不仅是学校向学生传授基础知识与基本技能，更重要的是培养学生发现生活、热爱生活的心态，同时使学生了解自己所处的社会环境。案例中强调社会课程设置应多接触公共场所、社区等，培养学生的社会实践能力。在案例中，将社会环境与自然环境相结合，培养学生人文社科知识的同时，又引导学生回归自然。

第一节 课程概述

一、课程的概念

随着西方课程理论的引进和我国课程理论与实践的不断发展，课程逐渐发展成为了一个独立的研究领域,受到越来越多的重视和关注。伴随着新一轮基础教育课程改革的推进,理解课程的含义成为一个重要的理论和实践课题。

我国"课程"一词最早出现在唐宋年间,在宋代朱熹的《朱子全书·论学》中有"宽着期限,紧着课程","小立课程,大作功夫"等多处提及,这里的课程指的是功课及其进程,并没有涉及教学方面的内容,只是学习内容的次序和规定。

在西方,"课程(curriculum)"一词最早出现在英国教育家斯宾塞(H.Spencer)的《什么知识最有价值》(What Knowledge is of Most Worth? 1859)一文中,他对人的完满社会做了划分,并明确提出了"科学知识最有价值"的卓越见解。"课程"(curriculum)源于拉丁文"currere"一词,意为"跑道"(race-course)。根据这个词源,最常见的定义是"学习的进程"(course of study)。

对课程的定义做一个明确的界定,是了解课程的基本前提,也是课程理论与实践相沟通的必不可少的环节。然而,由于课程本身是复杂并不断发展变化的,不同的人有不同的理解视角,因此对课程的理解莫衷一是。因此,我们将具有广泛影响和代表性的课程定义进行了归纳,列举几种典型的定义来加深人们对课程的认识。

(一)课程即学科

在古代历史上,便有将课程等同于教学科目的传统。孔子以《诗》《书》《礼》《乐》教弟子,开创了我国分科课程的先河,不仅如此,还对科目的价值进行了论述;儒家学派也提出礼、乐、射、御、书、数的"六艺"课程;欧洲中世纪的课程有文法、修辞、辩证法、算术、几何、音乐、天文学"七艺"。这种对课程的定义和理解在今天也较为普遍,指的是一个学科或者所有科目,如"语文课程""小学课程"等,课程的价值取向是以知识为中心的,课程被视为学科的内容或教材。

学科课程有其逻辑性及系统性强的优势,有利于学生学习和巩固基础知识。然而,只注重学科课程势必会造成和加深学科的分离,忽视了学生的心智发展状况,不利于学生建立学科之间的联系,不利于联系学生的实际生活和社会实践,对课程内容的更新、对学生的成长有重大影响。新一轮的课程改革已经将综合实践课列入课程,说明将课程等同于学科并不完整。

(二)课程即经验

所谓课程,就是学生的学习经验,它取决于学习者个体亲身的经历,取决于学习者做了什么,而不是教师做了什么。换言之,唯有学习经验才是学生实际意识到的课程。学生作为主体的角色,被认为是具有很大潜力和创造力的独特学习者。西方人本主义课程论者支持这种观点,他们认为课程的重点不是教材,而是转向了具有无限可能的个人。

经验说源于美国教育家杜威(Dewey)的实用主义经验论,他反对"课程是活动或预先决定的目的",认为"教育是在经验中,由于经验、为着经验的一种发展过程。"[①]学科课程割裂了学生的学习生活,于是自20世纪30年代开始,课程即经验成为主要的课程思想,20世纪60、70年代占据支配地位。

课程经验说注重个体的能力,关注个体经验的不断获得,往往忽略了系统学科的学习,操作起来较为困难,因为个体经验包含的意义过于宽泛,即使是在老师的指导下也可能出现

---

① 杜威教育论著选[M].赵祥麟,王承绪,编译.华东师范大学出版社,1981:351.

丧失教育作用的经验。因此需要界定课程经验的内涵,区分经验的性质,以使学生获得有益于身心健康发展的经验。鉴于此,课程定义应界定为"指导学生获得全部教育性经验(包含种族经验和个体经验的计划)"。[1]

(三)课程即活动

"课程即学科"或"课程即经验"或许将课程界定得较为单薄或狭隘,因此有学者强调把活动纳入课程的组成部分。这种课程观并不反对学科课程,只是考虑到学生在除了教学活动之外的其他活动中也能获取某些知识、经验,而这些知识经验又是传统的学科课程所无法包容和解释的,于是,以堆积的方式把这部分活动也纳入到课程含义中,这样便有了"课程是指有计划的学科或其他活动"的课程定义。[2]

我国学者王策三教授认为:"课程自然不等于学科,活动课程论者反对这一点自不待言,学科课程论者也认为学科只是课程的一部分和一种含义,课程不仅包括学科,还有其他内容如劳动和其它各种活动,也不只是内容本身,还有对内容的安排,以及内容安排实现的进程和期限等含义。"[3]这种主张试图把教学的范围、序列及进程,甚至是教学方法和教学设计等所有有计划的教学活动都组织在一起,延伸了课程的范围,将教学科目和学习经验进行结合,可谓是一大进步。

然而,这种课程定义本身也存在疑义。一是对"有计划"的理解会有很大的差别,二是把有计划的教学活动安排作为课程的主要特征,往往会把重点放在可观察到的教学活动上,不是放在学生实践的体验上,[4]而对学生学习过程和个性品质的影响才是课程的关键所在。

(四)课程即文化再生产

鲍尔斯和金迪斯为此主张的代表人物。课程作为教育的内容,作为合法化的文化,在文化再生产过程中起到举足轻重的作用。任何社会文化中的课程,事实上都是该种社会文化的反映,学校的职责就是要生产对下一代有用的知识和价值。[5] 国家根据需要制定所教的知识和技能,由有关部门编写,由教师来考虑把它们转换成可以传授给学生的课程。课程是社会文化选择出来的材料,但是课程不能不加过滤、不加批评地选择,因为现实文化并不像人们所想象的那样合理。

(五)课程即社会改造

这种观点认为,课程不是要让学生适应社会或顺从社会文化,而是去帮助学生摆脱社会制度的束缚,他们认为只要提供合适的课程引导,年轻人就能准备好并有能力改造世界。其代表人物是巴西的费雷尔(P.Freire),他主张课程应该使学生摆脱盲目依从的状态,即要使学生在规划和实施课程中起主要作用。支持者们建议课程把重点放在当代社会的主要问题和主要弊端、学生关心的社会现象,以及改造社会和社会活动计划等。[6] 课程着重培养学生的批评意识,帮助学生探究和解决社会问题,使学生在社会方面得到发展。但在社会上,可想而知学校并没有这么强大的力量去促使社会发生这样重大的变革。

---

[1] 李臣之.试论活动课程的本质[J].课程・教材・教法,1995(12).
[2] 郝德永.关于课程本质内涵的探讨[J].课程・教材・教法,1997(8).
[3] 王策三.教学论稿[M].北京:人民教育出版社,1985:201.
[4] 施良方.课程定义辨析[J].教育评论,1994(3).
[5] 施良方.课程定义辨析[J].教育评论,1994(3).
[6] 施良方.课程定义辨析[J].教育评论,1994(3).

通过以上的分析,我们对课程有了基本的了解和认识。不难看出不同的人从不同的角度和不同的层次来理解课程,形成了对课程概念的不同认识。同样的课程在不同的学校不同的班级,会有不同的实施效果,这就要求教师和学生在课程上创造性地表现和发挥。

一般认为,课程的含义有广义和狭义之分。广义的课程指学生在教师指导下各种活动的总和;狭义的课程指学校根据教育目的而精心选择的教育内容及其传授进程。

二、课程的种类

(一)根据学生在课程中学习方式的不同,课程可以分为学科课程和活动课程

人类长期以来发展的过程中,积累了丰富的文化遗产和科学真理,学科课程以此为主体,以间接经验为主要内容,从各门科学中选择学生必须掌握的基础知识,根据学科的内在逻辑顺序和学生身心发展的规律组成学科课程。

学科课程的历史可以追溯到古代,我国古代的"六艺"和古希腊的"七艺"都可谓最早的学科课程。这种课程,是"从易到难"地编排教材的,符合儿童不同阶段的发展特征,注重科学的体系,是受到广大教师支持的具有悠久传统的一种课程。学科课程的设计以学科为中心,由一定数量的不同学科组成,各学科具有特定的内容、一定的学习时数和学习期限。不同的学科之间既要有一定的排列顺序,彼此又要有必要的联系。目前,语文课程、数学课程、英语课程是我国主要的学科课程。

伴随着科学技术的飞速发展,学科课程已不能满足培养具有实用知识的需要,人们更注重教育能充实人的思想,教会学生丰富的知识。尽管学科课程凭借其严密的逻辑顺序可以最大限度地发展人的智力,但是在注重逻辑系统的同时,容易重记忆而轻理解,偏重知识的传授而忽视儿童的身心发展规律和需要,因此强调以儿童为中心的"活动课程"出现了。"活动课程"融合各种实践活动中的知识、技能和技巧,学生通过各种动态的活动以直接经验的形式实现对现实生活文化的吸收、综合运用和制造,也称"生活课程""经验课程""儿童中心课程"。

19世纪末20世纪初,在进步主义教育运动的代表人物杜威的倡导下,美国芝加哥实验学校开始试行活动课程。杜威反对以教师、书本和课堂为中心的传统教育,主张"教育即生长,教育即生活,教育即经验的改组、改造,教育即社会",主张以生活化的活动教学代替传统的课堂讲授,以儿童的亲身经验代替书本知识,以学生的注重活动代替教师主导。他认为学校应该开设具有实用价值的活动如烹调、缝纫等来使儿童的生活统一起来,减少校内生活与校外生活的距离。近年来,作为实施素质教育的主要途径,我国也不同程度地开始了活动课程的探索。

活动课程的着眼点是儿童的发展需要和兴趣,以动机为教学组织的中心。这种课程以开发与培育主体内在的、内发的价值为目标,突出地将生活现实和社会课题,或者说以社区、经验、活动、劳动等作为内容编成,旨在培养丰富的具有个性的主体。[①] 它打破了传统的学科框架,尊重学生的主动精神,对丰富学校的教学内容、儿童个体的差异性发展做出突出贡献,但同时片面强调主体的自发性,对科学知识的掌握缺乏系统性和连贯性。

学科课程与活动课程都是学校课程结构中不可缺少的要素,都服从于整体的课程目标。

---

① 钟启泉.现代课程论[M].上海:上海教育出版社.2006(7):242.

但是在具体的教育目的、学习方式、教学方式、教师组织形式和评价方式上,二者有着显著的差别(见表8-1)。

表 8-1　学科课程与活动课程比较

	学科课程	活动课程
教育目的	向学生传递人类长期创造和积累起来的文化遗产的精华的科学真理	让学生在活动中获得直接的情感体验和个体教育经验
学习方式	听、记、背的学习教师传授的知识,很少参加实践活动	学生实际动手,实际操作,亲身实践和体验
教学方式	以教师为主导去探究人类的文化知识精髓,传授给学生	以学生自主的实践交往为主导去获取直接经验
教学组织形式	班级授课制,保证科学地安排各科教学,发挥教师的主导作用	以各种活动为组织方式,包括群众性活动、小组活动、个人活动等,学习空间较为开放,教师作为引导者
评价方式	强调终结性评价,主要以考试的形式来考查学生的学习结果	强调过程性评价,运用多种评价方法考查学生在学习过程中的行为、态度等变化

学科课程与活动课程都有各自的侧重点,履行不同的职责,无主次之分,二者在课程内容上是互补的,在教与学的方式上相互促进,实现培养目标二者缺一不可。

(二)根据知识性质的不同,课程可以分为分科课程和综合课程

分科课程是根据各级各类学校培养目标和学生发展水平,从各门科学中选择适合一定年龄阶段学生发展水平的知识,形成不同的教学科目。如我国中小学开设的语文、数学、物理、化学、英语、生物、美术等。分科课程与学科课程较为接近,但分科课程更强调将学科分解到单一知识系列,以获得教学内容的清晰性和教学效率的高效性。

分科课程各科界限明确,线索清晰,易于编制和修订,易于教师的教学和考核,它通常以最有逻辑、最有系统、最有条理的形式来传授知识,保持知识的系统性和连贯性。但随着知识的不断更新和人才素质要求的不断改变,分科课程也暴露出科目繁多、科目划分过细、学科之间分离、学生缺乏兴趣等弊端。而综合性素质的人才越来越符合社会发展的需要,逐渐成为各国课程的重要组成部分。

综合课程又称"广域课程""统合课程"或"合成课程",是它打破了一般分科课程的框架,把若干有关的学科内容合并起来编订的课程,旨在克服分科课程的划分过细,各学科间缺乏联系的弊端。目前我国基础教育课程改革的一项重要内容就是实施综合课程。综合课程合并了相关学科,减少教学科目,把几门学科的教学内容组织在一门综合学科之中,重建学生的认知结构,培养学生的综合能力。综合课程以社会问题为背景,消除学科内容不必要的重复,压缩了学时,减少课程门类,从而减轻学生的负担,同时发挥学习者的迁移能力,贴近社会现实和实际生活,为学生未来就业的奠定基础。

分科课程与综合课程是不同阶段的反映,二者在不同的历史时期承担着不同的教学任务。它们互不排斥并彼此联系,互相补充。综合课程的综合以分科课程为基础的综合,而分

科课程的学科性在学科综合的过程中得到加强。① 分科课程和综合课程的统合才是学校课程发展的趋势,有利于认知发展的需要,符合认识发展的规律。

(三)根据课程呈现方式的不同,课程可以分为显性课程与隐性课程

以课程的表现形式或呈现方式为标准,可以分为显性课程和隐性课程(也称潜在课程和隐蔽课程)。显性课程是指一个教育系统内或教育机构中用正式文件颁布而提供给学生学习,通过考核后可以获取特定教育学历或资格证书的课程,表现为课程方案中明确列出和有专门要求的课程。而隐性课程则是以内隐的、间接的方式呈现的课程,是学生在显性课程以外所获得的所有学校教育的经验,不作为获得特定教育学历或资格证书的必要条件。②

显性课程是在学校情境中以直接的、明显的方式呈现的课程,它具有特殊的目的性,即达到明确规定的教育目标,是以教学为根本途径的,它对教师和学生来说都是有意识的。而隐性课程是在学校情境中以间接的、内隐的方式呈现的课程。隐性课程存在于学校政策中未明文的规定,如学校的组织方式、人际关系、校园环境等,是学校教育经验中经常的和有效的实践和结果,对学生的情感、态度、价值观有持续深远的影响。它也有特殊的目的性,使学生成为一个有特殊教养的人,并以学生自我感受为根本途径。隐性课程和显性课程一样,内容十分广泛,涉及学校的方方面面,大致可以概括为四种:物质层面,如学校建筑、校园环境、教室景观、人为环境、环廊设计、活动实验室、作品展区等;精神层面,如意识观念、校风学风、教学理念、办学特色、指导思想、道德情感、价值观等;心理层面,如师生关系、言行举止、师生心态、家庭及学校和社会的人际交往等;制度层面,如学校规章制度、学校管理体制、班级运行方式、学校组织机构等。

显性课程与隐性课程是相互补充、相互作用的。显性课程不系统、不规范、不合理、不科学势必要影响学生科学知识的获得和能力的培养;而不重视隐性课程就必然会影响学生良好思想意识的形成,从而又影响知识的接受和能力的发展。③ 因此,学校不仅要不断改革和完善显性课程,而且要重视和研究隐性课程,充分发挥隐性教育的道德教育功能,实现教育目标,培养全面发展的高素质人才。

(四)根据管理的方式的不同,课程可以分为必修课程与选修课程

所谓"必修课程"是指国家或学校规定,全体学生或某一学科专业的学生必须修习的公共课程,相对于选修课程而言,其根本特性是强制性,是社会权威在课程中的体现。必修课程体现了国家或学校对学生所学课程的共同要求,旨在让学生具备最基本的文化素养和心理素质,解决社会面临的课题的各种能力,保证每一个人享有平等的教育机会,授予一切人以共同的教育内容。但是,每个人又是有区别的,作为一个独立的个体有其独特的个性和需要,为了满足个体不同的发展需要,选修课程应运而生。

选修课程是指在国家或学校提供的课程中,学生可按照一定规则,根据自己的兴趣爱好和发展需要,自由地选择学习的课程种类。一般分为限定选修课程与任意选修课程两类,限定选修课程是在开设的若干课程中选修,而任意选修课程指的是是否修习全凭学生自己的选择。

---

① 陈旭远.课程与教学论[M].长春:东北师范大学出版社.2002(7):132.
② 全国十二所重点师范大学.教育学基础[M].北京:教育科学出版社.2002(7):169.
③ 何玉海.课程改革中隐性课程的作用不容忽视[J].教育理论与实践.2004(2):36.

选修课程起源于19世纪初德国的大学,此后选修课程在美国中学得到了稳定的发展,逐渐走向世界。我国正式开设选修课程是在1919年,在《新学制课程标准纲要(高中普通科部分)》中,确立了课程分为公共必修、学科选修和纯粹选修三个部分,直到新中国成立,选修课一直存在于我国中学课程。选修制打破了单轨制和必修制学习的单一性,既保证了基础知识,又能拓宽课程的广度和深度,充实新内容,满足学生的身心发展规律和成长的需求,为学生升学和就业提供了双重保障。

我们要加强选修课程的建设,以实现必修课程与选修课程的平衡。这样的平衡表现为选修课程的分量占全部课程的总分量的比例,但是这样的比例不能无限地加大,必须保证必修课程正常、有序、健康地运行。必修课是选修课的基础,选修课是必修课的发展和补充,二者相互促进,相辅相成。各地要根据实际情况具体分析,优化配置,功能互补。

(五)根据课程制定者的不同,课程可分为国家课程、地方课程和校本课程

我国长期以来一直采用国家统一课程设置,全国中小学基本上沿用一个教学计划、一套教学大纲,缺乏灵活性、多样性和弹性。20世纪80年代末90年代初,我国课程改革的步伐日益加快。1993年原国家教委颁布的《九年义务教育全日制小学、初级中学课程计划》中将课程分为国家和地方两个层次。1996年原国家教委颁布了《全日制普通高级中学课程计划(实验)》,将课程分为国家、地方、学校三个层次。1999年6月13日召开的第三次全国教育工作会议做出了《中共中央国务院关于深化教育改革全面推进素质教育的决定》,其中第二部分第14条规定:调整和改革课程体系、结构、内容,建立新的基础教育课程体系,试行国家课程、地方课程和校本课程。2001年,《基础教育课程改革刚要》(试行)中继续沿用三级的课程管理体制。

1. 国家课程

国家课程是由中央教育行政机构自上而下负责编制、实施及评价的课程,其管理权属中央级教育机关,属于一级课程。国家课程的编定宗旨是保证国家确定的普通教育的培养目标和普通教育的先进水平,规定学生应掌握的基础知识和基本能力,体现国家对教育的基本要求,以保证教育的质量。课程编制由中央政府对课程标准、教学大纲、教材等进行统一的审核,地方及学校不能随意修改和变动。国家课程由学科专家制定,采用研制—开发—推广的开发模式,实施从中央到外围的政策,以保证国家实施的课程能够达到统一质量。

2. 地方课程

地方课程是为了适应各地经济、政治以及文化的发展和不断变化的学生的不同需要,由各省、自治区、直辖市根据本地的情况进行编制和设立的,属于二级课程。地方课程的编定权在省、自治区和直辖市,学校未经允许无权变动。省市级课程编定的宗旨是丰富和补充国家课程的内容,或者制定更适合本地区学生发展的教材。

3. 校本课程

校本课程是在具体实施国家课程和地方课程的前提下,通过对本校学生的需求进行科学评估,充分利用当地社区和学校的课程资源而开发的多样性的、可供学生选择的课程。校本课程又称学校课程,目的在于尽可能满足社区、学校和学生的差异性,体现学校的办学特色和师生特点。校本课程通常由学校校长、老师来编制,是一个持续的、动态的、逐步完善的过程,教师能够根据学校情况的变化,经常修订校本课程,其开发可以分为新编、改编、选择、和单项活动设计等。校本课程采用实践—评估—开发的课程开发模式,是一种自下而上的实施政策,因而具有一定的适应性和参与性。

三、几种主要的课程理论

(一) 经验主义课程流派

19世纪末20世纪初,美国实用主义教育家约翰·杜威认为以知识为中心的课程是不足取的,提出了以儿童的活动为中心的课程。杜威认为,教育过程必须包括心理学和社会学两个方面,不能偏废。一切教育的终极问题,就是将心理因素同社会因素统一起来。他反对从文化遗产的形成顺序中直接得出教学内容编排的顺序,因而以文化遗产——历史(故事)和文学作品为核心,进行中心统整,反对智育方面极度贫乏和缺少组织的传统课程,强调的是儿童自身的生活经验,强调课程的儿童经验化。[①] 杜威提倡"学校即社会",认为学校是一个儿童活动的小社会,学生在这里可以自发地组织活动和游戏,去认识人类社会的发展和进步,而不是被动地记忆知识和考试。

经验主义课程理论流派的主张可以概括为以下几点:

1. 儿童是课程的中心

经验主义课程流派认为课程必须与儿童的生活息息相关,儿童是课程的出发点、中心和目的,是教育的"学习主体"。经验课程的实施是为了儿童的成长和发展,杜威曾说:"现在,我们教育中将引起的改变是重心的转移。这是一种变革,这是一种革命,这是哥白尼把天文学的中心从地球转到太阳一样的那种革命。这里,儿童变成了太阳,而教育的一切措施则围绕着他转动,儿童是中心,教育的措施便围绕他组织起来"。[②] 一切以儿童为中心,一切以儿童为转移。

2. 学校课程应以儿童的兴趣或生活为基础

经验课程的内容要以儿童的兴趣和爱好为依据编制课程。杜威认为,儿童拥有四种本能:社会本能,儿童在谈话、交际和交往表现出来的兴趣;制作本能,儿童在游戏、运动、制作中表现出来的兴趣;探究本能,儿童探究和发现事物的兴趣;艺术本能,在艺术中表现出来的兴趣。应充分利用儿童的这种本能和兴趣,编制课程内容,让儿童去交流、去发现、去讨论、去体验、去表现。然而课程的内容不能超出儿童经验的生活的范围,要考虑到儿童的需要,引起儿童学习的动机,让学生自发地去活动。

3. 课程组织应心理学化

杜威认为,人类民族的发展阶段同儿童个体的发展阶段,不能等量齐观。因此,课程要考虑儿童心理发展的次序以及儿童现有的经验和能力,主动引起儿童的学习动机,让学生主动获得对世界的完整认识,而不是将教材当做现成的或固定的知识来传授给学生。

4. 重视儿童在课程开发中的作用

教育过程的基本性质在于儿童与教材的相互作用。经验课程要与儿童的需求与目的相适应,教材也应该是儿童有目的地活动的手段或工具,因此经验课程的开发要充分发挥儿童的作用,满足儿童的兴趣和需要。

经验主义课程看到了学生在学习中的作用,对于现代课程的改造起到了重要的理论指

---

① 钟启泉.现代课程论[M].上海:上海教育出版社.2006(7):95.
② 约翰·杜威.杜威教育论著选[M].赵祥麟,王承绪编译.上海:华东师范大学出版社.1981:32.

导作用。但是过于重视儿童的中心地位,过分强调儿童的需要和兴趣,不能保证课程教学的连续性和系统性,具有浓重的实用主义和自然主义色彩。20世纪30年代,经验主义课程遇到要素主义的反对,20世纪50年代后期,特别是苏联第一颗人造卫星的发射,震惊了与苏联争霸的美国,经验主义课程渐渐被知识中心的学科主义课程所取代。

(二)学科中心主义课程流派

学科中心主义课程强调以学科知识为课程中心,严格按照每门学科的逻辑体系组织材料,并在此基础上进行分析教学,其代表是要素主义课程和永恒主义课程。

要素主义是20世纪30年代作为美国实用主义教育和进步主义教育的对立面出现的,它将人类文化的"共同要素"作为学校教育的核心,强调在民族生活、文化历史发展进程中的基本的、学生必须学习的文化和知识要素,主张传统的教育教学的基本内容、原则、方法等,现代教育必须保留和发扬的要素。其代表人物是巴格莱(W.C.Bagley),他认为实用主义教育、进步主义教育中以儿童为中心的经验课程,忽视了学习的系统性和稳定性,对美国的统治秩序起了削弱作用。他极力主张授予学生了解社会所必要的基本知识和工具,强调教育过程的核心是教师,不在于学生,传统的训练方法不能放弃,要教育成为稳定秩序的一种方法。要素主义认为应该以学科知识而不是儿童的生活为基础,考虑国家和民族的利益,强调学习的系统性,主张应恢复各门学科在教育过程中的地位,严格按照逻辑系统编写教材。教师在教育过程中居主导地位,是教育体系的中心,重视对学生的心智训练,强调努力学习,提倡天才学习,主张严格的纪律和高标准。教育的目的是为了传递人类文化遗产,训练智力,促进人的自我实现,从而保证学生未来的生活和发展。

永恒主义也称新古典主义教育,认为人性是永恒的,人和宇宙都是理性的产物,因此他们把学校看作是培养人的理性的社会机构,把培养人的理性看作是教育的最高目的。永恒的真、善、美的理性文化,是自我实现、美好生活以及社会稳定的基础。其代表人物是美国学者赫钦斯(R.M.Hutchins)。

赫钦斯认为,教育的一个重要目的就是要引出人性的共同要素,为培养这种"永恒"的人性服务。为了永恒教育的实现,赫钦斯呼吁建立一种在每个时代和每个社会都相同的教育制度,以促进人类的持久与永恒的发展。赫钦斯说"课程应当主要地由永恒学科组成。我们提倡永恒学科,因为这些学科抽绎出我们人性的共同因素,因为它们使人与人联系起来,因为它们对于任何进一步的研究和对于世界的任何理解是首要的。①历代伟大哲学家、思想家及其伟大著作,尤其是古代伟大人物的著作,被永恒主义者称为"永恒学科",就是那些经历许多世纪而达到古典著作水平的书籍。他们进一步阐明了名著课程和教材具有的优越性:名著是实现教育目的最好途径。名著的定向都是概念的、理论的,从任何意义上讲,它都不是技术的、应用的。读书本身就是一种很好的理智训练。不读这些名著,就不可能理解当代的世界。

以要素主义和永恒主义为主的学科中心课程,有益于课程教材的编订,也有益于学生掌握人类文化遗产的精华,传递人类文明,对于学生的基础知识和基本技能的掌握也有一定的好处,在学科知识的发展价值上做了积极的贡献。但是,由于学科中心主义过分注重知识,强调学科逻辑,重视学术性,以致对经验、心理逻辑、实用性有所忽视,容易造成理论与实践

---

① 王承绪,赵祥麟.西方现代教育论著选[M].北京:人民教育出版社,2001:211.

的脱节。

(三) 社会改造主义课程流派

社会改造主义课程论把重点放在当代社会的问题、社会的主要功能、学生关心的社会现象以及社会改造和社会活动计划等方面。这种理论认为不应该用死板的教科书、无趣的练习题和无休止的伏案作业等把学生从身边的真实世界分割开来,问题就在我们生活的社会中,正等待教师和学生参与其中。主要代表人物有布拉梅尔德(H.Brameld)。

社会改造主义课程流派的主要观点:

1. 社会改造是课程的核心

社会改造主义反对以儿童的兴趣和需要为中心的经验主义,也不关注学科的知识体系,而是寻求社会的相关性,注重当代社会中的重大问题,帮助学生在社会方面获得发展。课程的价值应该有助于学生的社会反思,唤醒学生的社会意识、社会责任和社会使命

2. 课程以社会问题为中心

社会改造主义的课程教学往往以问题解决为单元,课程的实施往往是一整套方法,学生将会参与到问题解决的各个阶段,包括识别问题、界定和分析问题、讨论、采取必要的对策以及对成功程度进行反思,获得经验。社会问题课程的实施需要采取问题解决的过程:发现问题—分析问题—提出假设—检验假设—得出结论。① 学校尤其要关注社会中热点和典型问题,如交通拥挤、城市问题、犯罪问题等,学生对这些问题要有批判意识,学生在这里发展社会技能,进行团队建设并培养合作精神,从而建立良好的社会秩序。

3. 吸收不同社会群体参与到课程开发中来

由于社会改造主义课程是一种关注社会问题的课程,以解决社会问题为中心,因此课程的开发不仅仅是学生自己和教师,也可以是媒体、政府和专家等,吸收不同的社会群体参与到课程的开发中来,使课程解决的问题更具有代表性、前沿性和科学性。

社会改造主义树立了一种新的课程观念,开辟了课程研究的新方向。它以社会需要来设计课程,有利于为社会服务,有利于培养学生的实践能力。但它过于强调社会需要,忽略了课程问题的独特性,不利于各门学科知识的系统掌握,同时它夸大了学校教育的作用,单靠教育很多社会问题是解决不了的。

(四) 后现代主义课程流派

这一理论流派借以后现代主义提出来的新视角和新方法等思考课程问题,其代表人物是美国学者多尔(W.E.Doll)。在他看来,现代范式是一种封闭的观点,他认为泰勒(W.R.Tyler)的课程模式就是现代主义课程体系的代表。在批判泰勒课程模式的基础上,提出了不同于泰勒原理的另一种方案,即后现代课程的标准(4R):

1. 丰富性(richness)

丰富性这个术语与课程的深度、课程作为意义的载体有关,还与课程的多种可能性或解释有关。多尔认为,学校中传授的主要学术性学科都有它们终身的历史背景、基本词汇和最终词汇,因此每门学科都会以自己的方式解释丰富性。如社会学科包括人类学、经济学、历史、心理学以及社会学等,主要通过对话和协商的方式。这种丰富性能创造各种领域进行合作的、对话性质的探索,因而它与现代主义的观点是不一样的,它体现了一种开放性的特点。

---

① 陈侠.再谈课程理论的流派[J].课程和教材研究.1995(5):15.

2. 循环性（recursion）

循环性这种特征是很重要的。因为一种内容丰富而复杂的课程，往往需要通过再回头思考它，往往需要再提供各种机会才能掌握。循环性与现代主义观念下的重复迥然不同。重复是为了提高固定僵化的业绩，其框架是封闭式的；而循环性是旨在发展能力，其框架是开放式的。

3. 关联性（relation）

关联性对于一个在后现代时期中起改造作用的课程是有重要意义的，主要表现在两个方面：一是教育方面，称它为教育上的关联。它强调在构建课程时要考虑一整套的关系，在课程结构上也要强调其中的关系。二是文化方面的关系。有关文化的和宇宙论的关系，虽然在课程之外，但会形成一个更大的网络，课程就在其中形成。

4. 严密性（rigor）

严密性是"4R"中最重要的。它的作用在于使改变了的课程避免滑入"不能控制的相对主义"以及情感上的唯我主义的怪圈。严密性与通常理解的意思有别，实际上是指概念的重新界定。严密性在这里意味着一种有意识的企图，去查找自己或别人重视的假设，并且协调讨论这些假设中的有关细节，这样进行对话才会有意义，才会有改造价值。

后现代课程观是一种开放的课程体系，关注个体心灵的成长，强调师生之间的对话和沟通以及课程的启迪和解放功能。但其过于强调多元和差异，容易使学生陷于主体牢笼之中，针对各种社会问题，缺少各种建设性意见和措施来解决，在实际中难以操作。

四、课程的规范

学校教育内容的具体表现形式是课程计划、课程标准、教科书和课程资源。课程计划是关于教育内容安排的总体规划；课程标准是某门学科内容的具体规划；教科书是对教育内容的具体表述。

（一）课程计划

课程计划，又称教学计划，是国家根据一定的教育目的和培养目标制定的有关学校教育和教学工作的指导性文件。课程计划对学校的教学、生产劳动、活动等方面做出全面安排，具体规定学校的学科设置、各门学科的教学顺序、课时分配和学年编排等。课程计划体现了国家对学校教育和教学工作的统一要求，是学校组织教育和教学工作的重要依据。

课程计划的主要内容由以下几部分组成：

1. 学科设置

即根据教育目的和各级各类学校的任务、培养目标和修业年限，确定学校应设置的学科。学科设置是制定课程计划的首要问题。按1992年颁布执行的《九年义务教育全日制小学、初级中学课程计划》的规定，小学阶段开设思想品德、语文、数学、社会、自然、体育、音乐、美术、劳动9门学科，初中阶段开设思想政治、语文、数学、外语、历史、地理、物理、化学、生物、体育、音乐、美术、劳动技术13门必修学科。高中阶段的学科设置按1990年调整后的教学计划规定，共开设12门必修课程。

2. 学科顺序

即按照规定年限、学科内容、各门学科之间的衔接、学生的发展水平，确定各门学科开设的顺序。各门学科的开设只有按照一定的顺序，才能保证教学由易到难、由简到繁循序渐进地进行。如只有在学习了一定的数学知识后,才能学习物理和化学;开设几何之前必须学习一定的代数知识。

3. 课时分配

课时分配包括每门学科授课的总时数,各门学科在一学年的授课时数和每周的授课时数。各门学科的课时分配是根据各学科的任务、作用、教材分量和难易程度制定的。如语文和数学是学习其他学科的基础,而且内容多,练习多,所以分配的课时也较多。在安排上课总时数、周总课时和周活动总量时,要兼顾学生学习、休息、娱乐、体育锻炼等几个方面,不使学生负担过重,有利于学生全面发展。

4. 学年编制和学周安排

这指学年阶段的划分、各个学期的教学周数、学生参加生产劳动的时间、假期和节日的规定等。我国学校一般为秋季招生。一学年分为两个学期,两个学年之间放暑假,两个学期之间放寒假。学年编制保证了学校工作的正常进行。

(二)课程标准

课程标准是规定某一学科的课程性质、课程目标、内容目标、实施建议的教学指导性文件。课程标准是单科课程的总体设计,它从整体上规定某门课程的性质及其在课程体系中的地位,是教师教学工作的指南,编写教科书和测评教学质量的依据。通过课程标准,知识体系可以由不同的教师连贯地传授给一定数量的学生,"控制"课程标准可以看作"控制"课程的一种方式,并依靠课程标准作为形成课程的手段。

1. 课程标准的构成

(1)说明部分。简要说明本学科开设的意义,规定教学的目的、任务和指导思想,提出教材选编的原则以及教学法的建议等。这部分主要是为了本门学科的教学指导思想,为理解课程标准和编写教科书以及教师的教学提供带有方向性和指导性的建议。

(2)本文部分。这是课程标准的中心部分和正文部分。它是对一门学科讲授的基本内容所做的规定。规定教材的编写顺序,章、节、目、标题、内容要点、授课时数;作业、考试、测验的要求和时数;并编有练习、实习、实验、参观和其他活动的要求、时数。

(3)其他。有些课程标准还列出教师的参考用书,学生的课外活动,教学仪器、直观教具和视听教材,以及运用的现代化教育技术等。

2. 课程标准的理解和执行

(1)教师要认真研究课程表转,明确所教学科的发展水平、结构、体系以及教学指导思想和教学目标,掌握本门学科的基础知识和基本技能、学科体制和精神实质,理会教学内容的广度和深度。

(2)教师要严格执行课程标准,提高教学工作的计划性和自觉性,将课程标准作为自己检查教育质量的根据。

(3)了解所教学科在整个教学内容中的位置和关系,适当研究相邻学科的课程标准以便更好地与所教学科相联系,并不断吸纳必要的新知识和新技能。探究学生学习本学科的心理特点,寻找学生学习和学科逻辑顺序的内在联系,帮助学生掌握和理解。

3. 我国现行课程标准

我国从新中国成立到2001年一直使用的是教学大纲,随着改革的不断深入,原有的教学大纲已不足以完整地体现课程改革的变化,必须寻找一种新的完整体现课程改革理念的表现形式,因此新一轮课程改革调整使用课程标准来规定未来国家对各方面素质的基本要求。

2001年,国家启动了新世纪基础教育课程改革,公布了18个学科的课程标准。经过十年的实践探索,课程改革取得显著成效,构建了有中国特色、反映时代精神、体现素质教育理念的基础教育课程体系,各学科课程标准得到中小学教师的广泛认同。同时,在课程标准执行过程中,也发现一些标准的内容、要求有待调整和完善。为贯彻落实《国家中长期教育改革和发展规划纲要(2010—2020年)》,适应新时期全面实施素质教育的要求,深化基础教育课程改革,提高教育质量,教育部组织专家对义务教育各学科课程标准进行了修订完善。根据教育部基础教育课程教材专家咨询委员会的咨询意见和教育部基础教育课程教材专家工作委员会的审议结果,经研究,决定正式印发义务教育语文等学科课程标准(2011年版),该套课程标准涵盖了义务教育小学一年级到初中三年级的19个学科,并于2012年秋季执行。

(三) 教科书

教科书,又称课本,是根据教学大纲系统表述学科内容的教学用书。教科书是教学大纲的具体化。教科书不等于教材,教材除了包括教科书外,还包括教学参考书、习题集、实验指南手册、教学挂图和视听教材等。

在当代的课程改革中,改革的思想观念往往要求有与之适合的教科书。对教科书的改革是课程改革的一个重要方面,为实现统一的教学目标可以有多种教学用书,即"一纲多本"模式。

1. 教科书的编排

教科书的编排形式有利于学生的学习,要符合卫生学、教育学、心理学和美学的要求。教科书的内容阐述要层次分明,文字表述要简练、准确、生动、流畅;篇幅详略得当。标题和结论要用不同的字体或符号标出,使之鲜明、醒目。封面、图表、插图等,要力求清晰、美观。字体大小要适宜,装订要坚固,规格大小、厚薄要合适,便于携带。

2. 教科书的作用

(1) 教材是学生学习的主要来源。教材是学生在校获得系统知识、进行学习的主要材料,也是学生阅读课外读物,进一步探求科学原理和扩大知识领域的基础。它可以帮助学生进行预习、复习和做作业,掌握教师上课教授的内容。认真学习教材,有效地利用教材,是学生学习掌握牢固的文化知识的基础。

(2) 教材是教师教学的主要依据。教材为教师备课、上课、布置作业、评定学生作业成绩提供了材料。教师只有熟练地掌握教材内容,才能顺利完成教学任务,实现创造性的教学。

(3) 教材是课程计划具体实施的载体。教材是课程计划的具体化,它根据课程计划对本学科的要求,对本学科的教学目标、内容范围和教学任务做了具体规定。

(4) 教材是理论与实际相联系的基本途径和最佳方式。它根据本学科在整个学校课程中的地位,研究本学科与其他学科的关系。有利于确定本学科的主要教学活动、课外活动、实验活动或其他社会实践活动,对各教学阶段的课堂教学和课外活动做出统筹安排。

3. 教科书在教学中的应用

(1) 整体把握教材。认真钻研和深刻理解教科书中各章、节、目之间,各篇范文之间的联系,从整体上掌握教科书的框架、脉络、知识、技能体系,并通过教学,使学生理解和大体

（2）透彻理解教学内容。教师要对教科书中每一章节的内容达到熟练、深刻、透彻的程度，备课中围绕教学重点、难点、关键设计教学过程，设法调动一切教学手段，把重点和难点化为学生可接受的信息。重视教科书中的图表、注解、附录等信息，帮助学生理解。

（3）有效使用教材。教师要以教科书为基本依据，不脱离教科书，但又不应照本宣科，以教科书为绝对权威。教师不是简单重复教科书上的内容，而是对其做说明和解释，帮助学生理解和领会。针对相关的较新的尚未编入教科书的信息，教师要结合教学目标和学生知识基础进行适当的补充，同时针对本地区、本民族的特色，补充乡土教材和校本教材。

（4）教会学生使用教材。在教学中，教师还要适当指导学生充分运用好教科书，注意培养学生阅读教科书的能力、方法和习惯，避免学生不重视教材，单纯记笔记、抄笔记的现象。

（四）课程资源

课程资源是教育资源中重要的组成部分，是指广泛蕴藏于学生生活、学校、社会、自然中的所有有利于课程实施，有利于达到课程标准和实现教育目的的教育资源。根据不同的标准和依据，课程资源可以划分为不同的类别。

1. 课程资源的类型

（1）按功能来划分，可以分为条件性资源和素材性资源。

素材性课程资源能够成为课程的素材或来源，它是学生学习的对象，直接作用于课程。如知识、技能、经验、活动方式和方法、情感态度与价值观以及培养目标等方面的因素都属于素材性课程资源。教材就是最常见的素材性资源。科学技术的发展给素材性资源的开发和利用带来了便利，但是素材性资源不能直接构成课程，需要经过加工并辅助实施才能成为课程。

条件性资源作用于课程但并不是形成课程本身的直接来源，也不是学生学习的直接对象，但它在很大程度上决定着课程的实施范围和水平。如直接决定课程实施范围和水平的人力、物力、财力、时间和环境等因素。[①] 条件性资源的开发虽然不是教师的个人力量能实现的，但是可以利用现有条件尽可能地开发。

素材性资源和条件性资源并没有绝对的界限。学校中的许多课程资源往往既包含着课程的素材，也包含着课程的条件，比如图书馆、博物馆、实验室、互联网络、人力和环境等资源便是如此。

（2）按空间来划分，可以校内资源与校外资源。

校内资源是课程目标得以实现的载体，是促进学生全面发展的最基本、最便捷的资源，是课程资源开发和利用的根本。校内资源按性质分，可以分为硬件资源和软件资源。校内硬件资源是指校内的设施及场所，包括学校的教学教室、实验室、图书馆、计算机信息中心、多媒体阶梯教室、实验农场基地等，校内软件资源是指校内的各种活动和组织群体，如教师群体特别是专家型教师、班级组织、学生社团、校风校纪、校容校貌以及学校组织的各项活动，包括学科竞赛、文艺演出、交流座谈、仪式典礼、社团活动、运动会等。

校外资源是指学生家庭、社区乃至整个社会中的可用于教育教学活动的设施和场所。如家长的文化素质、家庭图书、报刊、电脑、学习工具等；公共图书馆、博物馆、纪念馆、科技

---

① 吴刚平.解析课程资源[J].理论研究.2006(1):10.

馆、研究所、社区活动中心、工厂、军营、农村、俱乐部等都是丰富的课程资源;还有更广阔的自然界的万物,花草虫鱼,飞禽走兽……校外课程资源可以弥补校内课程资源的不足,充分开发与利用校外课程资源为我们转变教育教学方式,为适应时代特征和新课程要求提供了强有力的保证。

(3)按存在方式来划分,可以划分为显性资源和隐性资源。

显性课程资源是指直接用于教育教学活动中的实实在在的物体,是人们可以直观看见的,如教科书、计算机、投影仪、黑板、各种活动等。隐形课程资源是指以隐性的、潜在的方式对教育教学活动施加影响的课程资源,如师生关系、班级气氛、学校风气等。隐性课程资源的作用方式是间接的、内隐的,与显性课程资源相比,不能成为教育教学的直接内容,但是对教育教学活动有着潜移默化的持久影响。显形课程资源可以直接成为教育教学的便捷手段或内容,比较容易开发与利用,而隐性课程资源的开发和利用需要付出更艰辛的努力。

2. 课程资源的开发与利用

(1)课程开发应遵循的原则。

① 科学性原则。课程资源的开发和利用必须有科学的态度。既不能视教科书等课程资源为至高无上的权威,又要培养学生对课程资源的质疑精神。开发课程资源时要注意素材的选择,具有真实性和可靠性。

② 针对性原则。课程资源的开发与利用是为了课程目标的有效达成,因此课程资源的开发与利用必须在明确课程目标的前提下,认真分析与课程目标相关的各类课程资源,正确掌握其各自的性质和特点,保证开发与利用的针对性及有效性。

③ 适度性原则。课程资源的开发和利用要把握好深度和广度以及再开发的基础条件。资源的开发与利用要能够与学生原有的生活体验和能力发展结合,教师要在增加、改变资源或者不改变资源的情况下,从不同角度审视熟悉的资源,挖掘资源的内涵和潜在的教育价值。

④ 个性原则。从实际出发,发挥本地区的优势,强化学校的特色,区分学科的特性,创造性地开发和利用课程资源,避免千篇一律的机械主义和形式主义。

(2)课程资源的开发途径。

① 充分利用校内资源。利用学校图书馆、实验室、多媒体网络、活动室和各种场馆、专用教室等课程资源,并借助现代网络信息资源的巨大载体,进行课程资源的开发和重组。

② 充分利用校外课程资源。利用高校、科研机构、博物馆、展览馆、机关、企事业单位、公共图书馆、科学技术协会、网络媒体、青少年活动中心等校外资源,包括各种机构、各种生产和服务行业的专门人才等。结合本校或本地区的特色和优势,进行开发和构建。

③ 充分利用社区资源。社区资源包括自然环境及人文环境,自然环境如水土、气候、植被等,人文环境如乡土地理、风俗习惯、工农业生产、交通、文化遗产、社区经济生活、社区政治生活、社区文化生活等。开展社区环境调查,了解社区资源状况。通过对自然和人文环境的调查和了解,可以搜集和挖掘丰富的课程资源。

④ 充分利用生活资源。关注学生的实际生活,充分挖掘和利用符合学生年龄特点和能力水平的研究课题,是开发综合实践活动课程资源的重要途径与方法。

第二节 课程改革

一、课程改革的背景

新中国成立以来,尽管我国实行了七次课程改革,但是我国基础教育仍然存在很多问题,这七次改革主要偏重于教学方面,特别是在教学方法及教学方式上,而对于课程和教材改革较少,力度不大,不少弊端没有解决。

中国实行改革开放后,至20世纪90年代,社会发展已呈明显的加速态势,各种社会形态也表现出与传统社会明显的断裂,如从传统的计划经济体制向社会主义市场经济转化,以发展市场经济为取向的体制改革和建立现代企业制度为目标的企业制度创新,从根本上转变着传统的经济增长方式和经济运行机制,促使新的经济体制和经济结构生成。在这一基本动因的带动下,在上层建筑层次上,从中央到地方,甚至农村的村委会,不同层次的政治改革已经成为人们生活的一部分;政治、经济制度的变化带动着社会文化、价值观以及人们的生活方式的深刻变革。中国社会的这种变革让人们越来越认识到人的现代化转型的重要性,包括人的思维方式、生活方式、行为方式和价值观念等,而科技创新的关键也在人才,人才的成长靠教育,国际间日趋激烈的经济竞争、科技竞争、综合国力的竞争归根结底是人才的竞争,国民素质的竞争,没有国民素质的竞争就没有其他方面的竞争和优势。人的素质不可避免地要被新的社会结构重塑,社会结构的转型必然要求人素质的转型与之相适应,而人的素质结构也正是塑造社会转型结构的力量。因此,办什么样的教育,培养什么样的人才,成为教育领域的决策者的政治责任,追求人的素质的发展是这一社会变革应然的合理内核。而事实上,不管是记者报道还是公众的舆论,中国孩子的生存与竞争能力不容乐观,在教育领域中因为片面追求升学率引发的学生成长中的问题也频频出现,20世纪的90年代初期,素质教育开始成为教育界讨论的热点话题。1993年,中共中央、国务院印发的《中国教育与改革发展纲要》中明确要求中小学要"由应试教育转向全面提高国民素质的轨道"。伴随这样日新月异的科学技术发展和素质教育的人才需要,对现行基础教育课程存在的问题和弊端迫在眉睫。

2001年6月,教育部颁布了《基础教育课程改革纲要(试行)》(以下简称《新课改》),对基础教育进行了整体改革,这标志着我国基础教育课程改革进入了一个崭新的阶段。基础教育课程改革实验工作在全国27个省、自治区、直辖市的38个实验区全面展开。新课程已经走进学校、走进千万师生。

二、新一轮课程改革的目标

本次课程改革承载着中国社会转型期的历史使命,可谓一次全方位、大规模改革,试图使我国的课程体系具有传统的育人功能外,更加具有时代感,更加强调对学生实践能力、探索精神的培养,更加贴近学生的生活,为学生的终身发展服务。

(一)指导思想

以邓小平同志关于"教育要面向现代化、面向世界、面向未来"和江泽民同志"三个代表"的重要思想为指导,全面贯彻党的教育方针,全面推进素质教育。

（二）培养目标

新课程的培养目标应体现时代要求。要使学生：

- 具有爱国主义、集体主义精神，热爱社会主义，继承和发扬中华民族的优秀传统和革命传统；
- 具有社会主义民主法制意识，遵守国家法律和社会公德；逐步形成正确的世界观、人生观、价值观；
- 具有社会责任感，努力为人民服务；
- 具有初步的创新精神、实践能力、科学和人文素养以及环境意识；
- 具有适应终身学习的基础知识、基本技能和方法；
- 具有健壮的体魄和良好的心理素质，养成健康的审美情趣和生活方式，成为有理想、有道德、有文化、有纪律的一代新人。

（三）新课改的具体目标

2001年颁布的《基础教育课程改革纲要（试行）》中指出，课程改革具体表现在课程目标、课程结构、课程内容、课程实施、课程评价、课程管理六大方面，其具体目标是：

- 改变课程过于注重知识传授的倾向，强调形成积极主动的学习态度，使获得基础知识与基本技能的过程同时成为学会学习和形成正确价值观的过程。
- 改变课程结构过于强调学科本位、科目过多和缺乏整合的现状，整体设置九年一贯的课程门类和课时比例，并设置综合课程，以适应不同地区和学生发展的需求，体现课程结构的均衡性、综合性和选择性。
- 改变课程内容"难、繁、偏、旧"和过于注重书本知识的现状，加强课程内容与学生生活以及现代社会和科技发展的联系，关注学生的学习兴趣和经验，精选终身学习必备的基础知识和技能。
- 改变课程实施过于强调接受学习、死记硬背、机械训练的现状，倡导学生主动参与、乐于探究、勤于动手，培养学生搜集和处理信息的能力、获取新知识的能力、分析和解决问题的能力以及交流与合作的能力。
- 改变课程评价过分强调甄别与选拔的功能，发挥评价促进学生发展、教师提高和改进教学实践的功能。
- 改变课程管理过于集中的状况，实行国家、地方、学校三级课程管理，增强课程对地方、学校及学生的适应性。

（四）新课改中的三维目标

在新一轮课程改革中，三维目标包括知识与能力目标、过程与方法目标、情感态度与价值观目标。

"知识与能力目标主要包括人类生存所不可或缺的核心知识和学科基本知识；基本能力——获取、收集、处理、运用信息的能力，创新精神和实践能力，终身学习的愿望和能力。过程与方法目标主要包括人类生存所不可或缺的过程与方法。过程——指应答性学习环境和交往、体验；方法——包括基本的学习方式（自主学习、合作学习、探究学习）和具体的学习方式（发现式学习、小组式学习、交往式学习）。情感态度与价值观目标中，情感不仅指学习兴趣、学习责任，更重要的是乐观的生活态度、求实的科学态度、宽容的人生态度。价值观不仅强调个人的价值，更强调个人价值和社会价值的统一；不仅强调科学的价值，更强调科学的价值和人文价值的统一;不仅强调人类价值,更强调人类价值和自然价值的统一,从而使学生内心确立起对真善美的价值追求以及人与自然和谐和可持续发展的理念。"①

(五)新一轮课程改革的现状

在新一轮的基础教育课程改革中,"引起广泛重视的素质教育大调研取得系列成果;基础教育均衡发展的研究开始产出成果;改革开放30周年、新中国成立60周年、新课程实施十年这些重要的纪念年份引发了对基础教育改革回顾的热潮,而《国家中长期教育改革和发展规划纲要》的制定与广泛征求民意又使研究的前瞻意识与相关研究空前加强。"②但是也出现了以下诸多问题。

1. 学校改革自身的问题

学校在改革的浪潮中,诸多硬件设施和软件设施均得到了改善,但是"行政往往习惯于只关注自己负责的工作,把学校只看作对应的执行机构。'千条万线'都要穿到学校的'针眼'里,学校忙于对付各级各类上级机构的各种检查和要求,教师和学生,甚至包括校外教育专业研究人员在教育问题的话语权上都成为了'弱势群体'。"③因此,学校改革与行政的关系不容忽视。

2. 改革缺乏坚实的理论支撑

在基础教育中,涌现出众多理论与多元的视角,为改革提供了鲜活的力量。但是在这些理论与思想中,缺乏必要的整合,比如"公共产品理论的视角讨论农村义务教育经费问题;从文化资本的视角来讨论农村的辍学现象;后现代女性主义视角对基础教育的分析;从公民社会理论视角分析学校制度;从公共哲学视角对学校变革的分析;从公共管理视角对农村的基础教育公平问题进行研究;制度分析的视角对农村义务教育发展的研究等。"④众多理论相互独立,为之后的基础教育改革带来了很大的隐患。

3. 改革中的政策制定与政策实施联系有待加强

在政策制定上,主要依据理论形成书面文件,导致政策在实施中缺乏可操作性。同时,在可实施的政策中,缺乏系统的指导,从而导致政策实施失去了原本制定的意义。因此,政策的制定与政策的实施关系有待教育工作者进一步的思考。

三、我国基础教育课程改革的趋势

目前,我国基础教育改革在课程管理上,逐渐脱离"集中",而是实行全国统一课程标准,地方可以因地制宜自编教材,简称为"一纲多本"。同时,国内的改革也积极地借鉴国外先进的经验,使课程改革不断完善。基础教育课程改革的趋势主要体现在以下几个方面:

(一)课程改革的指导思想

在课程改革的指导思想上,我国逐渐由"精英教育"向"大众教育"转变。强调教育的大众性、科学性,在发展大众教育的同时,并没有放弃对精英人才的培养,为人才的培养与学习提供平台。

---

① http://baike.sogou.com/v7613794.htm.
② 杨小微,等.近五年我国基础教育改革及其研究的进展报告[R]."教育改革的哲学反思"国际学术研讨会.2011:167.
③ 杨小微,等.近五年我国基础教育改革及其研究的进展报告[R]."教育改革的哲学反思"国际学术研讨会.2011:185.
④ 杨小微,等.近五年我国基础教育改革及其研究的进展报告[R]."教育改革的哲学反思"国际学术研讨会.2011:186.

（二）课程设置

在过去强调课程统一,充分展示了课程的工具性。在新一轮的基础教育课程改革中,在保证必修课的开设后,积极地扩大选修课的开设,保证学生课程学习的灵活性,因材施教。

同时,校本课程的开设也在积极鼓励地方在课程设置上掌握主动权。比如,少数民族地区课程设置,将少数民族习俗、文化、体育等开设校本课程,有利于因地制宜和少数民族地区文化传承。

（三）课程编制

课程编制由过去的学科系统为主,逐渐开始注重社会实践课程,新一轮课程改革中也在强调开设综合实践课。让我们培养的学生得到全面发展,适应社会,融入社会。将学校系统的学科课程与社会实践课相结合,在适应社会的同时也强调提升创新能力、实践能力。

四、当代国外课程改革的基本趋势

20世纪50年代以来,生产力和科学技术的迅猛发展,促进了课程改革。美国在布鲁纳"学科结构论"思想的指导下,编写了新的教科书;苏联的赞可夫从1957年起进行了20年"教学与发展"的实验,改革了陈腐的课程内容,提高了理论程度;德国的瓦·根舍因于1951年提出了"范例教学"的主张,要求用基础性和范例性的知识武装学生。布鲁纳、赞可夫、瓦·根舍因被称为课程现代化的三大代表人物。当代世界各国的课程改革,尽管各有特色,但却存在着一些共同的发展趋势:

（一）重视课程内容的现代化、综合化

随着现代科学技术的高速发展,知识更新的加剧,各国的课程改革都注意删除陈旧内容,增添反映现代科技成果的新内容,尽量缩小课程内容同最新科技成果之间的差距。为适应当代科学综合化趋势加强的需要,许多国家开设了综合性课程。如泰国早在1978年就开始了这方面的实践:把原来的社会、理科组合成一门"生活经验课";把原来的文艺、体育等课目合并为一门"个性教育课";把原来的家事、图画、手工等课目糅合在一起,开设了"作业经验课";国语、算术两科组合成了"基础技能课"。又如日本,1983年也开始了类似的改革:一些小学废除理科、社会科,而新设了一门以生活环境的构成作为课程内容的"环境科",旨在使学生通过亲身的实践体验,了解学校和周围的环境,获得相应的理、化、生、史、地等方面的知识。还有一些小学在保留国语、算术、音乐、体育等分科课程的同时,将其他课程统合为一,设置了一门"综合学习"课程。

（二）重视基础学科和知识的结构化

20世纪80年代以来,英、法、德等国继美国之后出现了"恢复基础"运动,强调统一学习基准,加强基础学科,提高学生的学力水平。法国1985年规定全国小学一律开设法语、数学、科学与技术、历史与地理、公民教育、艺术、体育7门课程;美国20世纪80年代的课程改革倡导实施统一的基础课程以满足对学生读、写、算和运用计算机的技能、语言能力和逻辑推理能力、社会理解力和公民素养等方面的基本要求。

重视知识的结构化表现在对课程内容去粗取精,缩减描述性和经验性的知识,增强知识的理论性和概括性,突出其间的联系,把各门学科中的基本概念、定理和原理等基本结构教授给学生,保证在减轻学生负担的同时,使学生掌握基本知识和基本技能。

（三）重视能力的培养

适应培养新型人才的要求，当代各发达国家在课程内容组织过程中，都把培养学生研究、探讨和创造的态度与能力作为一项重要原则，力图使组织的内容有助于把学生培养成为有学识、肯钻研，既能掌握前人大量认识成果，又能通过自己的努力不断有所发现、有所创新的人。日本的许多教材已用引导学生对自然现象的观察代替了烦琐的对现象的描绘；用科学方式引导学生对问题的思考和假设，代替了对问题不分巨细的解释和给定现成结论。如讲种子萌芽的内容时，并不是直接告诉学生种子萌芽需要的条件，而是安排实验让他们动手去做，通过观察、比较、记录、总结，自己得出种子萌芽所需要的温度、湿度、空气、阳光等各项条件，这样不仅学得巩固，而且培养了学生的能力。

（四）重视个别差异

由于学生之间在兴趣、爱好、需要以及能力、基础等方面存在着一定的差异，因此，各国的课程设置都有较大弹性，既有群体共有的形式和内容，也有处方化、个别化的形式和内容，以适应不同学生的需要和发挥教师的创造性，有利于教师对学生进行个别指导。如有的国家在普通班内为超常儿童增加了课程的广度和深度；有的国家开设了一定数量的选修课；即使是必修课，有的学科如数学在教学大纲和教材编写上也分为不同类型，一种偏重理论，一种偏重实际，供学生根据自己的情况加以选择。

第三节　义务教育阶段小学现行课程标准

基于造就全面发展的年轻一代的需要，我国在 2011 年将教育内容按学科划分，并颁布了各学科义务教育阶段的课程标准，本节对义务教育阶段小学现行课程标准进行简单介绍。①

一、《义务教育语文课程标准》

（一）课程的作用

语文课程致力于培养学生的语言文字运用能力，提升学生的综合素养，为学好其他课程打下基础；为学生形成正确的世界观、人生观、价值观，形成良好个性和健全人格打下基础；为学生的全面发展和终身发展打下基础。语文课程对继承和弘扬中华民族优秀文化传统和革命传统，增强民族文化认同感，增强民族文化认同感，增强民族凝聚力和创造力，具有不可替代的优势。语文课程的多重功能和奠基作用，决定了它在九年义务教育中的重要地位。

（二）课程的性质

语文课程是一门学习语言文字运用的综合性、实践性课程。义务教育阶段的语文课程，应使学生初步学会运用祖国语言文字进行交流沟通，吸收古今中外优秀文化，提高思想文化修养，促进自身精神成长。工具性与人文性的统一，是语文课程的基本特点。

（三）课程基本理念

语文课程的基本理念是：第一，九年义务教育阶段的语文课程，必须面向全体学生，使学生获得基本的语文素养。第二，语文课程丰富的人文内涵对学生精神世界的影响是广泛而

---

① 以下所有课程标准简介均参考各学科的义务教育课程标准（2011 版）

深刻的,学生对语文材料的感受和理解又往往是多元的。第三,语文课程必须根据学生身心发展和语文学习的特点,爱护学生的好奇心、求知欲,鼓励自主阅读、自由表达,充分激发他们的问题意识和进取精神,关注个体差异和不同的学习需求,积极倡导自主、合作、探究的学习方式。语文课程的建设应继承我国语文教育的优良传统,注重读书、积累和感悟,注重整体把握和熏陶感染;同时应密切关注现代社会发展的需要。

(四)课程设计思路

"九年义务教育语文课程,应以邓小平理论和'三个代表'重要思想为指导,深入贯彻落实科学发展观,坚持以人为本,继承我国语文教育的优良传统,汲取当代语文教育科学理论精髓,借鉴国外母语教育的改革经验,遵循语文教育规律。努力提高学生的语文素养,为弘扬民族精神、增强民族创造力和凝聚力、培养德智体美全面发展的社会主义建设者和接班人,发挥积极的作用,为学生的终身发展奠定基础。语文课程应注重引导学生多读书、多积累,重视语言文字运用的实践,在实践中领悟文化内涵和语文应用规律。"

在义务教育小学阶段,语文课程在总目标的指导下,主要分为三个学段:1—2年级、3—4年级、5—6年级。每个学段主要从识字与写字、阅读、写作、口语交际、综合性学习五个方面提出课程目标。

(五)课程的目标与内容

课程目标从知识与能力、过程与方法、情感态度与价值观三个方面设计。三者相互渗透,融为一体。目标的设计着眼于语文素养的整体提高。

(1)在语文学习过程中,培养爱国主义、集体主义、社会主义思想道德和健康的审美情趣,发展个性,培养创新精神和合作精神,逐步形成积极的人生态度和正确的世界观、价值观。

(2)认识中华文化的丰厚博大,汲取民族文化智慧。关心当代文化生活,尊重多样文化,吸收人类优秀文化的营养,提高文化品位。

(3)培育热爱祖国语言文字的情感,增强学习语文的自信心,养成良好的语文学习习惯,初步掌握学习语文的基本方法。

(4)在发展语言能力的同时,发展思维能力,学习科学的思想方法,逐步养成实事求是、崇尚真知的科学态度。

(5)能主动进行探究性学习,激发想象力和创造潜能,在实践中学习和运用语文。

(6)学会汉语拼音。能说普通话。认识3 500个左右常用汉字。能正确工整地书写汉字,并有一定的速度。

(7)具有独立阅读的能力,学会运用多种阅读方法。有较为丰富的积累和良好的语感,注重情感体验,发展感受和理解的能力。能阅读日常的书报杂志,能初步鉴赏文学作品,丰富自己的精神世界。能借助工具书阅读浅易文言文。背诵优秀诗文240篇(段)。九年课外阅读总量应在400万字以上。

(8)能具体明确、文从字顺地表达自己的见闻、体验和想法。能根据需要,运用常见的表达方式写作,发展书面语言运用能力。

(9)具有日常口语交际的基本能力,学会倾听、表达与交流,初步学会运用口头语言文明地进行人际沟通和社会交往。

(10)学会使用常用的语文工具书。初步具备搜集和处理信息的能力,积极尝试运用新技术和多种媒体学习语文。

在小学阶段语文课程的具体内容主要从写字、阅读、写作、口语交际和综合性学习五个方面。

二、《义务教育数学课程标准》

（一）课程的作用

数学是人类文化的重要组成部分，数学素养是现代社会每一个公民应该具备的基本素养。作为促进学生全面发展教育的重要组成部分，数学教育既要使学生掌握现代生活和学习中所需要的数学知识与技能，更要发挥数学在培养人的理性思维和创新能力方面的不可替代的作用。

（二）课程的性质

义务教育阶段的数学课程是培养公民素质的基础课程，具有基础性、普及性和发展性。数学课程能使学生掌握必备的基础知识和基本技能，培养学生的抽象思维和推理能力；培养学生的创新意识和实践能力；促进学生在情感、态度与价值观等方面的发展。义务教育的数学课程能为学生未来生活、工作和学习奠定重要的基础。

（三）课程的基本理念

数学课程应致力于实现义务教育阶段的培养目标，要面向全体学生，适应学生个性发展的需要，使得人人都能获得良好的数学教育，不同的人在数学上得到不同的发展。课程内容要反映社会的需要、数学的特点，要符合学生的认知规律。它不仅包括数学的结果，也包括数学结果的形成过程和蕴涵的数学思想方法。教学活动是师生积极参与、交往互动、共同发展的过程。学习评价的主要目的是为了全面了解学生数学学习的过程和结果，激励学生学习和改进教师教学。应建立目标多元、方法多样的评价体系。信息技术的发展对数学教育的价值、目标、内容以及教学方式产生了很大的影响。

（四）课程的设计思路

义务教育阶段数学课程的设计，充分考虑本阶段学生数学学习的特点，符合学生的认知规律和心理特征，有利于激发学生的学习兴趣，引发学生的数学思考；充分考虑数学本身的特点，体现数学的实质；在呈现作为知识与技能的数学结果的同时，重视学生已有的经验，使学生体验从实际背景中抽象出数学问题、构建数学模型、寻求结果、解决问题的过程。

小学阶段数学课程分为 1—3、4—5 两个年段。在总目标下，从知识技能、数学思考、解决问题、情感态度四个方面进行具体设计。并从数与代数、图形与几何、统计与概率、综合与实践四个部分进行课程内容设计。

（五）数学课程的内容

数学课程内容在两个学段中均是从数与代数、图形与几何、统计与概率、综合与实践四个方面。

"数与代数"的主要内容有：数的认识，数的表示，数的大小，数的运算，数量的估计；字母表示数，代数式及其运算；方程、方程组、不等式、函数等。

"图形与几何"的主要内容有：空间和平面基本图形的认识，图形的性质、分类和度量；图形的平移、旋转、轴对称、相似和投影；平面图形基本性质的证明；运用坐标描述图形的位置和运动。

"统计与概率"的主要内容有:搜集、整理和描述数据,包括简单抽样、整理调查数据、绘制统计图表等;处理数据,包括计算平均数、中位数、众数、极差、方差等;从数据中提取信息并进行简单的推断;简单随机事件及其发生的概率。

"综合与实践"是一类以问题为载体、以学生自主参与为主的学习活动。在学习活动中,学生将综合运用"数与代数""图形与几何""统计与概率"等知识和方法解决问题。"综合与实践"的教学活动应当保证每学期至少一次,可以在课堂上完成,也可以课内外相结合。

在数学课程中,应当注重发展学生的数感、符号意识、空间观念、几何直观、数据分析观念、运算能力、推理能力和模型思想。为了适应时代发展对人才培养的需要,数学课程还要特别注重发展学生的应用意识和创新意识。

三、《义务教育英语课程标准》

(一)课程的作用

在义务教育阶段开设英语课程对青少年未来发展具有重要意义。学习英语不仅有利于他们更好地了解世界,学习先进的科学文化知识,传播中国文化,增进与各国青少年的相互沟通和理解,还能为青少年提供更多的接受教育的选择和职业发展机会。学习英语能帮助他们形成开放包容的性格,发展跨文化交流的意识与能力,促进思维发展,形成正确的价值观和良好的人文素养。学习英语能够为学生未来参与知识创新和科技创新储备能力,也能为他们未来更好地适应世界的多极化、经济的全球化、社会的信息化奠定基础。

(二)课程性质

义务教育阶段的英语课程具有工具性和人文性双重性质。就工具性而言,英语课程承担培养学生基本英语素养的任务,即学生通过英语课程掌握基本的英语语言知识,发展基本的英语听说读写技能,形成用英语与他人交流的能力,为今后继续学习英语和用英语学习其他相关科学文化知识奠定基础。就人文性而言,英语课程承担着提高学生综合人文素养的任务,即学生通过英语课程能够开阔视野,丰富生活经历,发展跨文化意识,促进创新思维,形成良好品格和正确价值观,为终身学习奠定基础。

(三)课程基本理念

英语课程强调:第一,注重素质教育,体现语言学习对学生发展的价值;第二,面向全体学生,关注语言学习者的不同特点和个体差异;第三,整体设计目标,充分考虑语言学习的渐进性和持续性;第四,强调学习过程,重视语言学习的实践性和应用性;第五,优化评价方式,着重评价学生的综合语言运用能力;第六,丰富课程资源,拓展英语学习渠道。

(四)课程设计思路

英语课程的总体设计思路是,以科学发展观和先进的外语课程理念为指导,综合考虑我国英语教育的发展现状,从义务教育阶段起,建立一个以学生发展为本的、系统而持续渐进的英语课程体系。这一课程体系以培养学生的综合语言运用能力为最终目标,根据语言学习的规律和义务教育阶段学生的发展需求,从五个方面设计整体课程目标和分级目标,即语言技能、语言知识、情感态度、学习策略和文化意识,它们相互联系,相辅相成,使英语课程既重视培养学生的语言基础知识和基本技能,也注重优化学习过程,引导学生形成有效的学习策略和较强的文化意识,培养积极向上的情感态度和价值观。

根据上述设计思路,义务教育阶段的英语课程以小学三年级为起点,以初中三年级为终点(即义务教育9年级),并与高中阶段的英语课程相衔接。

(五)课程目标与内容

按照义务教育阶段英语课程的总体目标要求,英语课程内容包括语言技能、语言知识、情感态度、学习策略和文化意识等五个方面。其中,对语言技能中的听、说、读、写等技能提出五个级别的不同目标要求,对语言知识、情感态度、学习策略和文化意识提出了二级和五级的目标要求,其中二级为6年级结束时应达到的基本要求。

1. 语言技能

语言技能是语言运用能力的重要组成部分。语言技能主要包括听、说、读、写等方面的技能以及这些技能的综合运用能力。听和读是理解的技能,说和写是表达的技能。它们在语言学习和交际中相辅相成、相互促进。学生应通过大量的专项和综合性语言实践活动,形成综合语言运用能力,为真实语言交际打基础。因此,听、说、读、写既是学习的内容,又是学习的手段。语言技能目标以学生在某个级别"能做什么"为主要内容,这不仅有利于调动学生的学习积极性,促进学生语言运用能力的提高,也有利于科学、合理地评价学生的学习结果。

2. 语言知识

学生在义务教育阶段应该学习和掌握的英语语言基础知识包括语音、词汇、语法、功能和话题五方面的内容。语言知识是语言运用能力的重要组成部分,是发展语言技能的重要基础。

3. 情感态度

情感态度指兴趣、动机、自信、意志和合作精神等影响学生学习过程和学习效果的相关因素以及在学习过程中逐渐形成的祖国意识和国际视野。保持积极的学习态度是英语学习成功的关键。教师应在教学中不断激发并强化学生的学习兴趣,并引导他们逐渐将兴趣转化为稳定的学习动机,以使他们树立自信心,锻炼克服困难的意志,认识自己学习的优势与不足,乐于与他人合作,养成和谐和健康向上的品格。通过英语课程,使学生增强祖国意识,拓展国际视野。

4. 学习策略

学习策略指学生为了有效地学习和使用英语而采取的各种行动和步骤以及指导这些行动和步骤的信念。英语学习策略包括认知策略、调控策略、交际策略和资源策略等。认知策略是指学生为了完成具体学习任务而采取的步骤和方法;调控策略是指学生对学习加以计划、实施、反思、评价和调整的策略;交际策略是学生为了争取更多的交际机会、维持交际以及提高交际效果而采取的各种策略;资源策略是学生合理并有效利用多种媒体进行学习和运用英语的策略。

5. 文化意识

语言有丰富的文化内涵。在外语教学中,文化是指所学语言国家的历史地理、风土人情、传统习俗、生活方式、行为规范、文学艺术、价值观念等。在学习英语的过程中,接触和了解英语国家文化有益于对英语的理解和使用,有益于加深对中华民族优秀传统文化的认识与热爱,有益于接受属于全人类先进文化的熏陶,有益于培养世界意识。在教学中,教师应根据学生的年龄特点和认知能力,逐步扩展文化知识的内容和范围。在起始阶段应使学生对英语国家文化及中外文化的异同有粗略的了解,教学中涉及的英语国家文化知识应与学生的学习和生活密切相关,并能激发学生学习英语的兴趣。在英语学习的较高阶段,要通过扩大学生接触异国文化的范围,帮助学生拓展视野,使他们提高对中外文化异同的敏感性和鉴别能力,进而提高跨文化交际能力。

四、《义务教育品德与生活课程标准》

(一)课程的作用

小学低年级阶段是儿童从幼儿生活向小学生活过渡并逐步适应学校生活的重要时期,也是儿童品德和行为习惯、生活态度、认知能力发展的重要时期。品德与生活课程根据社会与时代发展的需要和儿童更好地适应学校生活,形成良好的品德和行为习惯,在充满探究与创造乐趣的童年生活中,为学会生活、学会做人打下基础。

(二)课程的性质

品德在小学教育阶段分为低年级的品德与生活课程和中高年级的品德与社会课程。在新一轮课程改革中,品德与生活课将社会主义核心价值观贯穿于该课程的始末,坚持以人为本,德育为先。它是一门以小学低年级儿童的生活为基础,以培养具有良好品德与行为习惯、乐于探究、热爱生活的儿童为目标的活动型综合课程。品德与生活课程具有生活性、活动性、综合性、开放性。

(三)课程基本理念

品德与生活课程的核心是"引导儿童热爱生活、学会关心、积极探究。"该理念层层递进,儿童在学习与生活中,首先要对其热爱,才会去用心看它,最后探究其中的奥妙。该课程"珍视童年生活的价值,尊重儿童的权力。"童年对于人的一生来说非常重要,而童年的生活更会影响他们的身心发展,新课改中特别强调以儿童为本,珍视其价值,尊重其权力。在改革中,充分认识到"道德存在于儿童的生活中,德育离不开儿童的生活。"儿童在体验、感受生活的同时,也是德育的过程,二者相互联系,不可分割。该课程充分关注儿童在教学中的地位,"让教与学植根于儿童的生活"。

(四)课程的设计思路

品德与生活课程以儿童的生活为基础,以三条主线和四个方面构成课程的基本框架。三条主线是:儿童与自我,儿童与社会,儿童与自然,四个方面是:健康、安全地生活,愉快、积极地生活,负责任、有爱心地生活,动手动脑、有创意地生活,三条主线和四个方面交织构成儿童生活的基本层面。

(五)课程内容

品德与生活课程标准中提出的课程内容如下:

1. 健康、安全地生活

(1)初步养成良好的生活、卫生习惯。按时作息,生活有规律。养成良好的饮食和个人卫生习惯。生活中自己能做的事情自己做。爱护家庭和公共环境卫生。知道初步的保健常识并在生活中运用。

(2)有初步的自我保护意识和能力。了解天气、季节变化对生活的影响,学会照顾自己。了解儿童易发疾病的有关知识,积极参加预防疾病的活动。使用玩具、设备进行活动时,遵守规则,注意安全。认识常见的交通标志和安全标志,遵守交通规则。不到危险的地方去玩,避免意外伤害。了解当地多发的自然灾害的有关知识,知道在紧急情况下的逃生或求助方法。

(3) 适应并喜欢学校生活。在学校里情绪安定,心情愉快。熟悉学校环境,能利用学校中的卫生保健设施。

2. 愉快、积极地生活

(1) 愉快、开朗喜欢和同学、老师交往,高兴地学,愉快地玩。亲近自然,喜欢在大自然中活动,感受自然的美。在成人帮助下能较快地化解自己的消极情绪。

(2) 积极向上能看到自己的成长和进步,并为此而高兴。在成人的引导下学会正确地对待自己的学习成绩。在成人帮助下能定出自己可行的目标,并努力去实现。学习欣赏自己和别人的优点与长处,并以此激励自己不断进步。

(3) 有应对挑战的信心与勇气学习与生活中遇到问题时愿意想办法解决。敢于尝试有一定难度的任务或活动。

3. 负责任、有爱心地生活

(1) 学会做事,学会关心做事认真负责,有始有终,不拖拉。爱父母长辈,体贴家人,主动分担力所能及的家务劳动。关心他人,友爱同伴,乐于分享与合作。认真完成自己承担的任务。

(2) 遵守社会道德规范。懂礼貌,守秩序,爱护公物,行为文明。能初步分辨是非,做了错事勇于承认和改正,诚实不说谎。尊重社会各行各业的劳动者,爱惜他们的劳动成果。爱护动植物,节约资源,为保护环境做力所能及的事。爱祖国,爱家乡,爱集体

(3) 喜欢集体生活,爱护班级荣誉。了解家乡的风景名胜、主要物产等有关知识,感受家乡的发展变化。热爱革命领袖,了解英雄模范人物的光荣事迹。尊敬国旗、国徽,学唱国歌。为自己是中国人感到自豪。

4. 动手动脑、有创意地生活

(1) 有好奇心和多样的兴趣。喜欢提问和探寻问题的答案。对周围环境充满兴趣,喜欢接触新鲜事物。

(2) 设计与制作。喜欢利用身边的材料自制小玩具、小礼物或布置环境等来丰富和美化生活。能根据需要动手做简单的道具、小模型、小物品等来开展活动。

(3) 勤于思考,学习探究。能积极地出主意、想办法来扩展游戏或推进活动。学习用观察、比较、调查等方法进行简单的生活和社会探究活动。能与同伴交流、分享、反思探究的过程或成果。能对问题提出自己的想法与看法。学习利用图书、电视、网络等多种方法搜集需要的资料。在成人的帮助下,能总结、提升获得的经验或信息。

五、《义务教育品德与社会课程标准》

(一) 课程的作用

小学中高年级是学生逐步熟悉和理解社会生活的重要时期,也是形成道德情感、道德认识和道德判断能力,养成行为习惯的重要阶段。品德与社会课程以社会主义核心价值体系为指导,以满足学生的身心需要为目标,以学生社会生活为基础,注重学生在主动学习的过程中,初步掌握认识社会事物和现象的方法,提高道德判断和行为选择能力,发展学生主动适应社会、积极参与社会的能力。

（二）课程的性质

品德与社会课程是在小学高年级开设的一门以学生生活为基础、以学生良好品德形成为核心、促进学生社会性发展的综合课。该课程具有综合性、实践性、开放性。

（三）课程的基本理念

品德与社会课程的基本理念是：帮助学生参与社会、学会做人是课程的核心，学生的生活及其社会化需求是课程的基础，提高德育的实效性是课程的追求。

（四）课程的设计思路

品德与社会课程以学生的生活为基础。家庭、学校、社区、国家、世界是学生不断扩展的生活领域。社会环境、社会活动、社会关系是存在于这些领域中的几个主要因素。学生的品德与社会性发展是在逐步扩展的生活领域中，通过与各种要素的交互作用实现的。

品德与社会课程的设计思路是：一条主线，点面结合，综合交叉，螺旋上升。"一条主线"即以学生的生活发展为主线；"点面结合"的"点"是社会生活的几个主要因素，"面"是学生逐步扩展的生活领域，在面上选点，组织教学内容；"综合交叉，螺旋上升"指的是每一个生活领域所包含的社会要素是综合的，在不同年段层次不同，螺旋上升。

（五）课程的目标与内容

品德与社会课程旨在培养学生的良好品德，促进学生的社会性发展，为学生认识社会、参与社会、适应社会，成为具有爱心、责任心、良好行为习惯和个性品质的公民奠定基础。品德与社会课程的内容围绕我的健康成长、我的家庭生活、我们的学校生活、我们的社区生活、我们的国家、我们共同的世界展开。

六、《义务教育小学科学课程标准》

（一）课程的作用

科学素养是指了解必要的科学技术知识及其对社会与个人的影响，知道基本的科学方法，认识科学本质，树立科学思想，崇尚科学精神，并具备一定的应用它们处理实际问题、参与公共事务的能力。提高公民的科学素养，对于公民改善生活质量，增强参与社会和经济发展的能力，建设创新型国家，实现经济社会全面、协调、可持续发展都具有十分重要的意义。小学科学教育承担着培养小学生基础性科学素养，为他们的继续学习和终身发展打好基础的责任。

（二）课程的性质

小学科学课程是一门以培养学生科学素养为宗旨的基础性课程，是一门活动性和实践性课程，是一门综合性课程，是一门与其他学科有密切联系的课程。

（三）课程基本理念

科学课程的基本理念是，要面向全体学生，倡导探究式学习，保护学生的好奇心。

（四）课程的设计思路

将3—6年级的科学课程作为整个基础教育科学课程的一个相对完整的阶段，内容标准所表述的是6年级结束时绝大多数学生应达到的程度，没有划分年级或年段，这样可以给教材编写者和教师以更大的创造空间。课程学习包括科学探究、情感态度与价值观、科学知识三个领域。在这三个领域中包括科学探究、情感态度与价值观、生命世界、物质世界、地球与宇宙五个方面的内容。

（五）课程的目标

课程内容包括物质科学、生命科学、地球与宇宙科学、技术与工程四个领域，反映了人类活动的主要领域。从这四个领域中选择一些适合小学生学习的主要概念，学习这些内容，可以为小学生科学素养的发展打下良好的基础。课程内容共包括四个领域18个主要概念，其中，物质科学领域有6个，分别是物体具有一定的特征，材料具有一定的性能；水是一种常见而重要的单一物质；空气是一种常见而重要的混合物质；物体的运动可以用位置、快慢和方向来描述；力作用于物体会改变物体的运动；声、光、热、电、磁是能量的主要形式。生命科学领域的有6个，分别是地球上生活着不同种类的植物和动物；植物能适应环境，制造和获取养分来维持自身的生存；动物能适应环境，通过获取植物和其他动物的养分来维持生存；人体由多个系统组成，共同实现生存需要；植物和动物都能繁殖后代，使它们得以世代相传；动植物之间、动植物与环境之间存在着相互依存的关系。地球与宇宙领域有3个，分别是：在太阳系中，地球、月球和其他星球按照一定的规律运动；地球具有大气、水、生物、土壤、岩石等圈层；地球是人类生存的家园。技术与工程领域有3个，分别是：工程技术人员依据科学原理设计和制造物品、解决技术应用的难题，创造了丰富多彩的人工世界；工具延伸和增强了人类的能力；人们利用工具生产产品、改造环境，以满足自身和社会发展的需求；工程技术的核心是设计，创新是设计的灵魂，每一项设计都需要不断完善。

七、《义务教育音乐课程标准》

（一）课程的作用

音乐是人类最古老、最具普遍性和感染力的艺术形式之一，是人类通过有组织的音响实现思想和感情的表现与交流必不可少的听觉艺术，是人类精神生活的有机组成部分。作为人类文化的一种重要形态和载体，音乐蕴含着丰富的文化和历史内涵，以其独特的艺术魅力伴随人类历史的发展，满足人们的精神文化需求。对音乐的感悟、表现和创造，是人类的一种基本素质和能力。音乐课程的价值在于：为学生提供审美体验，陶冶情操，启迪智慧；开发创造性发展潜能，提升创造力；传承民族优秀文化，增进对世界音乐文化丰富性和多样性的认识和理解；促进人际交往、情感沟通及和谐社会的构建。

（二）课程性质

音乐课程是九年义务教育阶段面向全体学生的一门必修课，音乐课程性质主要体现在人文性、审美性和实践性三个方面。

（三）课程基本理念

课程基本理念是以音乐审美为核心，以兴趣爱好为动力；强调音乐实践，鼓励音乐创造；突出音乐特点，关注学科综合；弘扬民族音乐，理解音乐文化多样性；面向全体学生，注重个性发展。

（四）课程设计思路

课程设计思路是凸显音乐课程的美育功能，以音乐活动方式划分教学领域，设计丰富的音乐实践活动，引导学生主动参与；正确处理音乐知识、技能的学习与审美体验和文化认知的关系；根据学生不同年龄段的心理发展水平和音乐认知特点，分学段设计梯度渐进的课程学段目标及相应的操程内容；课程内容的设计，在明确的规定性和适度的弹性之间寻求平衡，为教师教学和地方音乐课程资源开发留有创造和选择运用的空间。

（五）课程内容

主要包括四大学习领域。第一，感受与欣赏。教学中应激发学生听赏音乐的兴趣，鼓励学生对所听音乐表达独立的感受和见解，养成聆听音乐的习惯，逐步积累欣赏音乐的经验。第二，表现。教学中应注意培养学生自信的演唱、演奏能力、综合性艺术表演能力，以及在发展音乐听觉基础上的读谱能力。通过音乐实践活动促进学生能够用音乐的形式表达个人的情感并与他人沟通、增进感情。第三，创造。音乐创造包括两类学习内容：一是以开发学生潜能为目的的即兴音乐编创活动；二是运用音乐材料进行音乐创作尝试与练习。第四，音乐与相关文化。音乐与相关文化是音乐课人文学科属性的集中体现，是直接增进学生文化素养的学习领域，有助于扩大学生音乐文化视野，促进学生对音乐的体验与感受，提高学生音乐欣赏、表现、创造以及艺术审美的能力。

八、《义务教育美术课程标准》

（一）课程的作用

美术课程以社会主义核心价值体系为导向，弘扬优秀的中华文化，力求体现素质教育的要求；以学习活动方式划分美术学习领域，加强学习活动的综合性和探索性，注重美术课程与学生生活经验紧密关联，使学生在积极的情感体验中发展观察能力、想象能力和创造能力，提高审美品位和审美能力，增强对自然和人类社会的热爱及责任感，形成创造美好生活的愿望与能力。

（二）课程性质

美术课程以对视觉形象的感知、理解和创造为特征，美术是学校进行美育的主要途径，是九年义务教育阶段全体学生必修的基础课程，在实施素质教育的过程中具有不可替代的作用。美术课程凸显视觉性，具有实践性，追求人文性，强调愉悦性。

（三）课程基本理念

课程基本理念是面向全体学生，激发学生学习兴趣，关注文化与生活，注重创新精神。

（四）课程设计思路

课程设计思路是以美术学习活动方式划分学习领域，加强综合性和探究性；根据学生的身心发展水平，分学段设计课程内容和学习活动；在保证基本规定性的同时，给予教师教学更大的空间。

（五）课程内容

主要包括四大学习领域，即"造型—表现"、"设计—应用"、"欣赏—评述"、和"综合—探索"。在比例上不做具体的规定，各地可根据实际情况灵活安排。

九、《义务教育体育与健康课程标准》

（一）课程的作用

近几十年来，我国青少年学生体质健康水平的持续下降，已经引起了国家和社会的高度关注。提高青少年学生的体质健康水平需要社会各方面的共同努力。体育与健康课程是增进学生健康的重要途径，对于提高全民族的健康素质具有重要而深远的意义。

义务教育体育与健康课程遵照"健康第一"的指导思想，强调实践性特征，突出学生的学习主体地位，努力构建较为完整的课程目标体系和发展性的评价方式，重视教学内容的基础性、选择性及教学方法的有效性和多样性,注重激发学生的运动兴趣,引导学生掌握体育与健康基础知识、基本技能和方法,增强学生的体能,培养学生坚强的意志品质、合作精神和交往能力等,为学生终身参加体育锻炼奠定基础,促进学生健康、全面发展。

(二)课程的性质

体育与健康课程是学校课程的重要组成部分。本课程是以身体练习为主要手段,以学习体育与健康知识、技能和方法为主要内容,以增进学生健康,培养学生终身体育意识和能力为主要目标的课程。体育与健康课程也具有基础性、实践性、健身性、综合性。

(三)课程基本理念

课程的基本理念是坚持"健康第一"的指导思想,促进学生健康成长;激发学生的运动兴趣,培养学生体育锻炼的意识和习惯;以学生发展为中心,帮助学生学会体育与健康学习;关注地区差异和个体差异,保证每一位学生受益。

(四)课程设计思路

课程设计思路主要是:根据学生全面发展的需求确定课程目标体系和课程内容;根据学生的身心发展特征划分学习水平,水平一至水平四分别对应1—2年级、3—4年级、5—6年级和7—9年级;根据可评价的原则设置可操作和可观测的学习目标;根据三级课程管理的要求保证课程内容的可选择性;根据课程学习目标和发展性要求建立多元的学习评价体系。

(五)课程内容

1. 运动参与

运动参与是学生发展体能、获得运动技能、提高健康水平、形成乐观开朗的生活态度的重要途径。促使学生主动参与体育活动的关键是通过形式多样的教学手段、丰富多彩的活动内容,培养他们参与体育活动的兴趣和爱好,形成坚持锻炼的习惯和终身体育的意识。在促使生积极参与体育活动的基础上,还应使学生懂得科学锻炼身体的方法。

2. 运动技能

运动技能学习领域体现了体育与健康课程以身体练习为主的基本特征,学习运动技能也是实现其他领域学习目标的主要手段之一。通过运动技能的学习,绝大多数学生将学会多种基本运动技能,在此基础上形成自己的兴趣爱好,并有所专长,提高终身体育锻炼的意识和能力。同时在学习过程中也能了解到安全地进行体育活动的知识和方法,并获得在野外环境中的基本活动技能。

3. 身体健康

少年儿童正处在生长发育最旺盛的时期,这一时期学生的身体状况对他们身体的健康成长具有重要影响。体育活动是促进学生身体发展和健康的重要手段,因此,本学习领域在引导学生积极参与体育活动、发展体能的同时,注意使他们了解营养、环境和不良行为对身体健康的影响,并形成健康的生活方式,这样才能有效地提高学生的身体健康水平。

4. 心理健康

体育活动不仅有助于身体健康,也能增进心理健康。本课程十分重视通过体育活动来提高学生的自信心、意志品质和调节情绪的能力。在教学中,要防止只重视运动技能的传授,而忽视心理健康目标达成的现象;要努力使学生在体育活动过程中既掌握基本的运动技能,又发展心理品质;要注意创设一些专门的情景,采取一些特别的手段,促进学生心理健康水平的提高。

5. 社会适应

体育活动对于发展学生的社会适应能力具有独特的作用,经常参与体育活动的学生,合作和竞争意识、交往能力、对集体和社会的关心程度都会得到提高,而且,学生在体育活动中所获得的合作与交往等能力能迁移到日常的学习和生活中去。在体育教学中应特别注意营造友好、和谐的课堂氛围,采取有效的教学手段和方法培养学生的社会适应能力。

在1—6年级,应着重帮助学生了解一般的游戏规则,学会尊重和关心他人,并表现出合作行为。

本章小结

课程	广义的课程指学生在教师指导下各种活动的总和;狭义的课程指学校根据教育目标而选择的教育内容及其传授进程
显性课程	在学校情境中以直接的、明显的方式呈现的课程,它具有特殊的目的性,即达到明确规定的教育目标,是以教学为根本途径的,它对教师和学生来说都是有意识的
隐性课程	在学校情境中以间接的、内隐的方式呈现的课程
必修课程	指国家或学校规定,全体学生或某一学科专业的学生必须修习的公共课程,相对于选修课程而言,其根本特性是强制性,是社会权威在课程中的体现
选修课程	在国家或学校提供的课程中,学生可按照一定规则,根据自己的兴趣爱好和发展需要,自由地选择学习的课程种类
国家课程	由中央教育行政机构自上而下负责编制、实施及评价的课程,其管理权属中央级教育机关,属于一级课程
地方课程	为了适应各地经济、政治以及文化的发展和不断变化的学生的不同需要,由各省、自治区、直辖市根据本地的情况进行编制和设立的,属于二级课程
校本课程	在具体实施国家课程和地方课程的前提下,通过对本校学生的需求进行科学评估,充分利用当地社区和学校的课程资源而开发的多样性的、可供学生选择的课程

本章练习题

一、单项选择题

经验主义课程流派的代表人物是(　　)。

A. 杜威　　　　B. 布鲁纳　　　　C. 克伯屈　　　　D. 怀特海

二、填空题

1. 根据学生在课程中学习方式的不同,课程可以分为学科课程和_____;根据课程呈现方式的不同,课程可以分为显性课程与_____;根据管理的方式的不同,课程可以分为必修课程与_____;根据课程制定者的不同,课程可分为国家课程、地方课程和_____。

2. 课程现代化的三大代表人物是_____、_____、_____。

三、简答题

制约教育内容的主要因素有哪些？

四、论述题

试评当代几种主要的课程理论。

本章参考文献

[1] 陈旭远.课程与教学论[M].长春:东北师范大学,2002.

[2] 陈侠.再谈课程理论的流派[M].课程和教材研究,1995(5).

[3] 何玉海.课程改革中隐性课程的作用不容忽视[J].教育理论与实践,2004(2).

[4] 郝德永.关于课程本质内涵的探讨[J].课程·教材·教法,1997.

[5] 李臣之.试论活动课程的本质[J].课程·教材·教法,1995.

[6] 全国十二所重点师范大学.教育学基础[M].北京:教育科学出版社,2002.

[7] 施良方.课程定义辨析[J].教育评论.1994:(3).

[8] 王策三.教学论稿[M].北京:人民教育出版社.1985.

[9] 王承绪,赵祥麟.西方现代教育论著选[M].北京:人民教育出版社,2001.

[10] 吴刚平.解析课程资源[J].理论研究,2006(1).

[11] 中华人民共和国教育部.义务教育科学课程标准[M].北京:北京师范大学出版社,2011.

[12] 中华人民共和国教育部.义务教育科学课程标准[M].北京:北京师范大学出版社,2011.

[13] 中华人民共和国教育部.义务教育品德与社会课程标准[M].北京:北京师范大学出版社,2011.

[14] 中华人民共和国教育部.义务教育体育与健康课程标准[M].北京:北京师范大学出版社,2011.

[15] 中华人民共和国教育部.义务教育语文课程标准[M].北京:北京师范大学出版社,2011.

[16] 中华人民共和国教育部.义务教育品德与生活课程标准[M].北京:北京师范大学出版社,2011.

[17] 中华人民共和国教育部.义务教育数学课程标准[M].北京:北京师范大学出版社,2011.

[18] 钟启泉.现代课程论[M].上海:上海教育出版社,2006.

[19] 赵祥麟,王承绪,编译.杜威教育论著选[M].上海:华东师范大学出版社,1981.

第九章　教育方法

学习目标

1. 明确教育方法、教学方法、德育方法的基本含义。
2. 把握教学方法的指导思想,了解各种教学方法指导思想的基本内容。
3. 熟悉各种教学方法的含义及其主张。
4. 熟悉各种德育方法的含义及其主张。

建议学时

6学时

案例导读

案例呈现：

在中小学数学中,几何直观具体表现为如下四种表现形式:一是实物直观,二是简约符号直观,三是图形直观,四是替代物直观。

其中,实物直观,即实物层面的几何直观,是指借助与研究对象有着一定关联的现实世界中的实际存在物,借助其与研究对象之间的关联,进行简捷、形象的思考,获得针对研究对象的深刻判断。例如,在小学数学"数位"的学习中,十根小棒捆成一捆,十捆装成一箱,这里的一根小棒、一捆小棒、一箱小棒,就是针对个位1、十位10、百位100的实物直观形式,虽然量纲"捆""箱"有人为规定的成分,却与常理相符。

简约符号直观,即简约符号层面的几何直观,是在实物直观的基础上,进行一定程度的抽象,所形成的半符号化的直观。例如,在行程问题中,常用的线路图就是一种简约的、符号化的直观图示,这种简约符号直观是经过一定的数学抽象而形成的,与现实生活原型相比,具有一定程度的抽象性。凭借这种图示分析解决问题,就是简约符号层面的直观(能力)正在发挥作用。

图形直观是以明确的几何图形为载体的几何直观。

替代物直观则是一种复合的几何直观,既可以依托简捷的直观图形,又可以依托用语言或学科表征物所代表的直观形式,还可以是实物直观、简约符号直观、图形直观的复合物。例如,在28+7的计算中,有时借助计数器来表示,也可以借助"10个鸡蛋一盒"或"10根小棒一捆"来分析。对于28+7来说,这里的计数器、"一捆小棒""一盒鸡蛋"就是相应的直观图形的替代物。而在统计问题中,可以借助一个圆片代表样本数据,由此可以很好地理解

"移多补少",进而掌握平均数的概念。这里的"圆片"就是样本数据的替代物,直观而形象。一般地,实物直观通常是现实世界中存在的实物模型,又能比较直观地体现某些数学对象的特殊属性,属于最低级的抽象。而"替代物直观"则是在现实模型基础上的进一步抽象,已经具备一定的抽象高度。

(来源:孔凡哲关于几何直观的含义与表现形式——对《数学课程标准(2011年版)》的一点认识[J].课程·教材·教法,2012(7):93-94.)

案例分析:

教育过程必须讲究方法,从教育内容的角度讲,许多教育内容与学生的生活实际具有较大的距离,就需要教师借助一定的方法帮助学生学习,在此案例中,研究者提出了四种几何直观的形式,帮助学生学习抽象的几何。

教学有法,教无定法,贵在得法。这里的"教无定法"指的是教育或教学中没有必要死守固定的方法,而要视具体的教学情景选择不同的方法,并不是说教学中不需要遵循一定的教育规律和法则。"要达到一个目的,就要先有一番策略,这策略叫做方法"[①]。教育也有目的,就是培养人,培养人也需要遵循一定的方法。

教育有广义和狭义之分,因为对教育的理解有所不同,教育方法的定义也会有所差别。方法不仅仅指解决问题的途径,还是处理问题时所要遵循的法则,从广义上看,能产生教育作用的方法都可以称作教育方法,这即是从广泛意义上理解的教育方法;从狭义上看,教育方法指的是在教育思想的指导下通过教育途径产生教育影响和效果的策略性手段,在学校里主要是指教学方法和德育方法。

教育即引导,而引的效果就取决于怎么引,也就是引的方法。在教育过程中,不同的教育内容、教育对象和教育环境等需要考虑运用不同的教育方法才能顺利完成,教育方法虽多但并不杂乱,每种方法在合适的位置都能发挥其有效的作用,并最终服务于教育过程中的各个环节,其中它的核心是围绕着促进人的发展,进而促进社会的发展。教育方法对教育对象而言,并不总是起着积极的作用,错误、不当的教育方法的使用对学生的发展有着不良的影响,使用科学的教育方法才能在教育过程中有效实现教育目的,提高教育效率和教育质量,促进学生的智力和身心发展。为此,教育方法的价值不仅体现在教育过程和教育效果上,还体现在对其本身的研究上,对教育方法的研究已经成为教育理论和实践领域的一个关注点,充实和丰富着教育学研究,进一步探索着教育规律,为培养人的教育学使命贡献自己的力量。

第一节 教育方法的指导思想

关于教育方法的研究,中外教育家或著述中已早有涉及,这些成果成为教育方法的思想来源和实践支撑,总的来说,可以大致总结为以下几点。

一、启发式与注入式

以目前有关教育方法的研究来看,教育方法从教育者角度可分为启发式和注入式。

---

① 贾馥茗.融通的教育方法[M].台北:五南图书出版股份有限公司,2007:8.

（一）启发式

1. 基本含义

所谓启发式是指从学生的实际出发，采用多种方式，以启发学生的思维为核心，调动学生的学习主动性和积极性，促使他们生动活泼地学习的一种教育指导思想。在中国，启发式法最早见于孔子的《论语·述而》："不愤不启，不悱不发，举一隅不以三隅返，则不复也"[①]，"愤"是学生思考问题时急于解决而又无果的一种心态，"启"是指教师指导解决问题的思路，"悱"是指有所思考但还无法将其用语言描述出来，发是指导学生将自己的思考用语言表达出来，所以，"不愤不启，不悱不发"的整体意思就是，孔子提倡在教学过程中，老师要注意把握讲解问题的最佳时机，及时施教，关键是激发学生学习动机，把教学变成是学生主动探索的过程，否则不合适的越俎代庖就会导致教学的失败。启发式的第二层意思，即对教师而言，启发诱导必须有明确的目的，必须培养学生举一反三的迁移能力，引导学生养成独立思考的习惯。

西方希腊哲学家苏格拉底也有关于启发式的类似表达，他发明了"产婆术"，即通过一步步的追问，让回答者认真反思和思考，然后自己得出答案，这个工作就像产婆妇一样，即名为产婆术。苏格拉底与孔子都主张引导学生自己积极思考，而不是直接给出学生答案。与苏格拉底不同的是，孔子把"愤"和"悱"作为两种学习者的有难状态，把"启"和"发"作为相应的两种应对方案，并以"举一隅而三隅返"作为启发的目的和评判效果，从而较为详尽地解释了启发式应该怎么应用——包括其应用场景和应用的效果评估。

2. 主要思想

启发式的主要思想大致体现在三个方面：

第一，在教师观上，教师更多的是一位"引"师，引导学生去思考。教师的启发是一个引导的过程，帮助学生形成自己的思考，得出自己的结论，这时教师不是单纯地教给学生知识，而是引导学生学会自己发现知识。教师对学生的启发要掌握技巧，它不是随时随意的指点和提醒，要抓住时机，要在学生有疑且暂时不能靠自己打通思路时及时给予提示，能够让学生有恍然大悟之感，由此，印象更加深刻，启发过早了学生不愿意继续思考，太晚了学生失去了兴趣，恰逢其时才能有效激发学生的学习动机，这样教师才能成为一名"引"师。

第二，在学生观上，学生是有待唤醒的独立个体。启发式尊重学习者的思考，让学生有表达自己想法的权利，体现了学生的主体性和独立性。教师启发时并不等于完全代替学生的思考，阻断学生独立探索的机会和欲望，而是通过唤醒和诱导，使学习者的思考能力不断提升，学习者能不断发掘自身的潜力。

第三，在教学效果上，启发式能够促进学习者的自我成长能力。启发的目的和效果——形成独立思考和迁移能力，启发式在尊重学生思考的基础上，能够为学生创造独立学习的空间，培养独立学习的态度和习惯，这种独立精神是学习者实现自我发展和自我成长的不竭动力。学会自我学习不仅是自我成长的有效途径，还是实现终身学习的重要体现，学生自己主动学习和寻求发展，才会有生命自觉，持续获得自我成长。

（二）注入式

1. 基本含义

注入式就是教育过程中以教师讲解为主，向学生传递所要学习的内容，学生以听讲、记

[①] 孔子.论语·述而第七

忆为主,"注入"是形象的比喻,比喻教师给学生传递知识就像一个注入容器的过程,学生是一个被接受的容器。注入式教育方法的典型代表就是传统教学意义上的讲授法,在此种课堂教学情况下,老师主要负责进行讲授知识,学生的任务就是听讲、接受。注入式与启发式不同,它没有给学生弹性的思考空间,而是强调单方面的"倒",不管学生有没有"接","注入"本身有种强制意味,而教师和学生是教学活动中两个关系最为密切的主体,如果少了任何一方的参与,整个教学过程就不能算真正完成,由于这种方式方便快捷,能够在短时间内较快传递大量"知识",现在仍大量存在于教育实践活动中。

2. 主要思想

第一,在教师观上,教师是教学过程的中心。注入式教育方法中,教师支配着教学过程,成为教育过程中教的主体,学生成为学习的客体。教师的任务就是为学生"传道、授业、解惑",成为"教"者,这种教师观夸大了教师在教学过程中的主导地位,缩小了学生获取知识的来源,这种角色认识和定位不仅不利于教师自身成长,也远远不能满足教学实际和未来发展需要。

第二,在学生观上,把学生当作教学对象和教学活动的客体。注入式的教育方法忽视了学生的主体地位,教学过程表现为单向的传授,教师教—学生学,学生成为单纯的接受者,失去了表达和发现的权利和空间,成为"失语者"。由于教师占据着教学资源,形成教师权威,教学活动成为了教师的教学活动,学生成为教学活动的附庸。

第三,在教学目的和效果上,注入式方法没有协调处理好教育活动中主体和客体、教和学等关系,没有尊重学生的主体地位,使得教学活动变成单向的灌输,在某种意义上,算不得真正完成了教育过程。教学活动在很大程度上是一个互动交流的过程,教师和学生之间互为主客体,而注入式没给予学生表达自己声音的空间,在教授"正确答案"的同时,"忽视了学生主体自身的言语经验建构,也就忽视了学生主体的独立性"[1],没有互动沟通的教学活动就是死的,无生命的,也就无法真正参与有着鲜活生命的人之成长。

二、接受式与发现式

从学习者的角度看,教育方法可分为接受式和发现式。

(一) 接受式

1. 基本含义

接受式教学是指学生在学习的过程中主要以接受教师所传递的知识为主,以理解、掌握等思维活动为主。接受学习理论最大的代表人物是美国现代认知心理学代表人物奥苏贝尔,他在提出"先行组织者"的基础上创立了有意义学习理论,他认为在学生正式学习之前要先给他们呈现引导性材料,以帮助他们掌握新知识,促进新旧知识的联合,实现有意义的接受学习。"在接受学习中,学习的主要内容不包括任何发现,只要求他把材料内化或结合进自己的认知结构,以便在将来某个时候能够再现或派作他用。"[2]在奥苏贝尔看来,接受学习不同于机械学习,它不是被动的接受,而是在考虑学生学习水平的基础上,通过启发式教

---

[1] 汪海龙.刍议注入式语文教学的历史成因及解决策略[J].首都师范大学学报(社会科学版),2004(4):108-111.
[2] 北京师联教育科学研究所.[当代]认知学习基本原理与教学策略文论选读[M].北京:中国环境科学出版社,2005(11):87.

学,使学生"对新知的接受始终处于积极主动的学习心向之中"。①

2. 主要思想

接受式方法不同于注入式方法,其主要思想可总结为以下方面。

第一,教师观上,教师既是讲授者,又是辅助者。首先,教师是讲授者,接受学习延续着传统教学形式中的讲课方式,教师先进行讲授,学生学习教师讲授的内容;其次,教师是学生的辅助者。奥苏贝尔提出"先行组织者策略",教师的职责是为学生挑选和提供典型的案例或者学习材料,以促使学生在巩固旧知识的情况下,熟悉和理解新知识,教师并不直接灌输给学生现成的知识和答案,而是在呈现材料后,引导学生在理解的基础上实现认知的改变。此时,教师成为学生学习的辅助者和引导者。

第二,学生观上,学生是学习的主体,学习过程是有意义的接受学习。首先,学生是学习的主体,接受式学习注重学生已有的学习水平,强调新旧知识的联系和理解,在既有教学材料的呈现下,学生进行有意义的思考,以重建梳理自己的认知结构。其次,由于教师掌握着教学资源,学生的学习方式是接受式的,主要对老师讲授的知识进行理解和消化,而不是主动发现和获取。

第三,教学目的和效果上,接受学习的目的主要是为了形成学生的良好认知结构,更好地促进学习迁移。有意义接受学习的课堂讲授比较符合和适应大多数教学现实,能够激发学生学习动机,让学生在短时间内掌握和理解大量知识,有利于学生对知识的理解和促进学习迁移,但是接受学习过于看重接受方式和认知结构层面的改变,在某种程度上缺少关注情感、意志等其他层面,没有综合起来考虑影响教学和学习效果的一些因素,仍显不足之处。

(二) 发现式

1. 基本含义

发现式教学指教师在教育过程中创设一定的教学情境,学生自身通过提出问题、分析问题和解决问题来获得知识。发现式的主要代表人物是杜威和布鲁纳,发现式教育方法由美国心理学家、教育学家布鲁纳在《教育过程》中提出。所谓发现式是指在教师的引导下,由学生独立、主动发现知识的一种探究性学习方式,目的在于培养学生独立发现问题、解决问题的能力。"儿童中心主义"倡导者、美国教育哲学家杜威曾批判传统教学中"讲义编得好好,书籍注得完完全全,句子圈得密密整整,真是代学生用心思,代学生用耳目,代学生用脑力,使学生如泥塑木雕。但人的本性,皆喜自动,一朝斩丧如此,厌弃教育的心,就从这里发生"②。"发现"是一个动词,强调主动性,如果学习只是被动地接受和服从,学生很快就会失去兴趣。在美国科学教育改革背景下,为了提高教育质量,培养创新人才,布鲁纳发起进行了以践行发现式教育方法为主的学科课程改革,他认为"发现式学习是儿童以发现作为奖赏而自行进行学习的活动"③,从而"使学生成为自主而自动的思想家"④。两人都从不同

---

① 冯克诚.当代学习理论与论著选读(上)[M].北京:人民武警出版社,2010:68.
② 杜威.民主主义与教育——杜威在华演讲录[M].合肥:安徽教育出版社,2013:404.
③ 北京师联教育科学研究所编.布鲁纳发现学习思想与教育论著选读(下)[M].北京:中国环境科学出版社,2005:190.
④ 北京师联教育科学研究所编.布鲁纳发现学习思想与教育论著选读(下)[M].北京:中国环境科学出版社,2005:85.

角度和程度批判传统的讲授式教学法,主张要培养儿童自主自动的学习习惯。

2. 主要思想

第一,学生观上,学生是一个主动发现的人,而不是被动接受知识。学生有属于自己的感受及生活方式,有天生的了解新事物的好奇心和进行主动探索的心向,学生的学习就是一个不断发现的过程。"严格地说,我们不能强加给儿童什么东西,或迫使他们做什么事情。忽视这个事实,就是歪曲和曲解人的本性"①,或者说进行发现是儿童的本性,学生只有经过主动发现才能丰富自己的经验,获得真正的知识和自我成长。

第二,教师观上,教师是学生学习的引导者和帮手。在发现学习中,"一切指导不过是再指导,它使正在进行的活动走向另一个渠道。"②这说明,教师在教学过程中的指导要以学生的发现和自主活动为前提,教师要为学生所要进行的方向提供合适的指引,与接受式不同,这时教师的角色不再居于主导地位,而是辅助地位。为了更好地引导学生,教师还要成为一名研究者,研究教材内容和学生心智发展水平和规律,以更好地把握学生的心理,有针对性地提高学生的自主性、自觉性,促进学生的成长。

第三,教育目的和效果上,要培养学生的迁移能力和独立自主的探索精神。布鲁纳强调"学科结构"的重要性,认为学科结构就是"学习事物是怎样相互关联的"③,在布鲁纳看来,在学生掌握学科原理后,学科的结构就会更容易理解,即更容易理解一门学科的基本思想,一切学科就都能以合适的方式教给一切儿童,实际上最后要达到的目的就是通过掌握结构促进迁移能力的发展,以便把知识运用到更广阔的领域中去,以应对现实和时代的挑战。杜威认为,"一个人必须强调这个事实,即存在着不同的个人,每个人都有他自己的生活。"④在主张教育本身目的的前提下,杜威更侧重于学生通过学习获得自我成长,"使学习活动本身成为一个直接的有意识的目的"⑤。

三、演绎式与归纳式

从思维的方向看,教育方法可分演绎式和归纳式两种不同的思维方式。

(一)演绎式的含义

亚里士多德作为古希腊科学哲学思想之集大成者,他在《工具论》《形而上学》《物理学》等著作中,最早为我们提供了这种演绎的方法。演绎式指演绎推理,教师先让学生学会普遍性的原理,然后在帮助学生进行知识迁移去解决具体的问题,实现从普遍原理到特殊情况的学习。后来的研究者杜威提出,"演绎推理是一种前提与结论之间有必然联系的推理,具体地说,是一种基于概念、按照规则、通过诸多例证进行的推理,因而是一种由一般到特殊的推理。"⑥因为思维过程是从概念一般到具体特殊,所以表现在教学上就是按照定义和原理公式进行解释和推理计算,这种方式普遍存在于讲授式和接受式教学活动中,学生在这种情况下形成演绎的思维方式,教师在演绎式思维中固守着讲授教学。无论是数学学科中的

---

① [美]约翰·杜威.民主主义与教育[M].王承绪,译.北京:人民教育出版社,1990:28.
② [美]约翰·杜威.民主主义与教育[M].王承绪,译.北京:人民教育出版社,1990:28.
③ [美]杰罗姆·S.布鲁纳.教育过程[M].外国教育研究室,译.上海:上海师范大学.1973:5.
④ [美]约翰·杜威.自由主义[M].杨玉成,崔人元,编译.北京:世界知识出版社,2007:182.
⑤ [美]约翰·杜威.民主主义与教育[M].王承绪,译.北京:人民教育出版社,1990:179.
⑥ 柳海民,史宁中.探寻培养创新人才的可行路径[J].高等教育研究,2011(2):15-16.

计算题,还是语文学科中的"阅读理解",传统教学中都习惯于进行分析问题、解决问题,对固定问题进行演绎式的思考,最后便是得出一致的"正确答案",当习惯了解决和分析问题的演绎思考方式时,我们可能就忘了怎么提出问题,"因为演绎的方法只能验证真理,而不能发现真理。运用演绎方法培养起来的演绎思维,只能进行模仿,而难以进行创造。"①提不出问题、没有问题意识是演绎式思维的一大弊端,虽然演绎式思维在一定程度上有助于培养学生的思辨能力,但发现问题、提出问题才是进行创造、有所创新的前提。

(二) 归纳式的含义

归纳式就是归纳推理,教师通过列举各种特殊的现象,帮助学生从特殊性的现象中总结出一般性的知识原理。"归纳推理是从特殊性知识的前提推出一般性知识的结论的推理。"②与演绎推理相反,归纳推理是一种"从特殊到一般的推理",是由一些命题推出一个一般性的较大命题的推理形式。归纳推理是英国哲学家培根在《新工具》中提出的,他认为,就"帮助人们寻求真理"而言,三段论的"坏作用要多于好作用",与演绎推理相反,归纳推理的主要功能是发现结论、发现真理而不是验证结论、验证真理。在归纳式思维教学过程中,教学的目的和任务是为了进行归纳和发现,教师事先不设定命题或者定理,由学生们根据已有经验和知识,对所给资料进行归纳整理,从而得出命题、定理或者结论,学生归纳总结的过程即是发现问题、产生结论的过程,创新能力也在此得到锻炼和发展。科学的创新需要一颗善于发现问题的眼睛和一颗勇于打破常规的心。

无论是演绎式还是归纳式都是训练思维的方式,二者所起的作用各有不同,演绎思维有助于思辨能力的培养,归纳思维有助于创新能力的培养,且这两种能力都是学生发展所应具备的能力素养。针对传统教学中重演绎而轻归纳的弊端,要适当增加归纳式思维的训练和培养,将二者适时地结合起来,有效促进教学实践活动的展开和学生智力等各方面的发展,更好培养学生的思考能力和创新态度,提升创造能力。

四、预设式与生成式

从课堂教学的样态看,教育方法可分为预设式和生成式。

(一) 预设式的含义

预设式就是教师实现对全部的课堂教学环节与步骤进行有效的计划,并且按照预期的计划实施课堂教学。预设,从字面上解释即是预先设定或设计的意思,从课堂教学层面看,预设式即是预先设计课堂教学内容、教学时间和教学结果等一系列活动,前面所谈到的注入式、接受式和演绎式等都属于预设式,它们的共同点就是提前设定教学内容和教学问题,对于学生来说,学习的内容、方式甚至结果都已经被预先设定的。

传统式教学中普遍存在着预设式教学,"课堂教学是一种有目的、有意识的教育活动,预设式课堂教学的基本特性,是保证教学质量的基本要求"③,预设式教学能够把握教学进度,较为有计划地完成教学目标。但是它同样具有传统教学中的弊端,预设式的课堂实际上是提前为学生的学习铺好路,等着他们走向预设的"陷阱",这种设计即便再科学合理,它终

---

① 史宁中,柳海民.素质教育的根本目的和实施路径[J].教育研究,2007(8):10-14.
② 柳海民,史宁中.探寻培养创新人才的可行路径[J].高等教育研究,2011(2):15-16.
③ 余文森.论教学中的预设和生成[J].课程·教材·教法,2007(5):17-20.

究是外在于学习者本身的学习路径,不是学习者本身所自身探索的智慧之路。

(二)生成式的含义

生成式就是教师在教学过程中能够有效地处理课堂预期之外的事情,根据学生的表现随时调整课堂进程与环节,进而圆满地实现教学目标。生成式即以生长和成长之态构建起来的方式,教育中的生成是指教育活动的生成性,包括教育内容、师生关系、教学活动、学习活动等,教育生成式的关键词在于互动性、建构性和生长性。

第一,师生之间的互动性。教师和学生之间的关系并不是单向的,而是双向的互动交流关系,不是单方面的至高无上,也不是单方面的绝对服从,双方是一种沟通关系,在互动中生成融洽的教育氛围,由此互动生成而来的教育关系是教育生活本身所需要的,它是教育所具有的人文情感的体现。第二,教育知识的建构性。教育知识是由教学资料、教师和学生之间共同建构起来的,教育内容和意义随着具体情景和学生的知识水平生成适切的解读,而不是固定的答案,"课程是学生在教育情境中不断生成的活生生的体验,内含了创造、释义等多种体验,在这种创造与释义的过程中,内容不断异变,意义不断生成,个性不断发展。"[1]在不断地生成和建构中,知识的形成过程是动态显示的,而不是一开始就提前给定的"死知识"。第三,教育活动的生长性。教育活动是一个探究性的合作活动,由教师和学生共同构建,实现共同生长和发展。教师和学生的"经验不是一种呆板的、封闭的东西;它是充满活力的、不断发展的"[2],在教育活动的不断建构中,身处教育中的人是不断成长的,成为犹如大自然一般鲜活的生长中的人。

综上所述的各种教育方法在教育过程中的使用不是孤立的,不是"非此即彼"的,孤立单纯使用一种方式必定会走向另一个极端,每种方式都有其优势和弊端,要辩证地看待。布鲁纳曾指出"我们犯了一个严重的错误,把教育方法当成计算机的编程系统"[3],而实际上,教育方法不仅是为了达到教育目的的应用策略,还有更重要的一点就是,教育方法的使用过程中关涉着复杂的生命情感,教育本身就是一个培育生命、见证生命成长的过程。教育方法的使用不是生硬的,不是计算机程序中绝对的指令,而是需要用爱心和付出浇灌出来的生命成长之道,只有由爱生爱的教育活动和传递才会让教育方法的使用显得更加鲜活,成为促进人成长和发展的有效推力。

第二节 教学方法

关于教学方法的基本理论与应用是教学论的重要组成部分,区别于教学原则、教学组织形式。

一、什么是教学方法

自教学活动产生以来,教学方法就作为重要组成部分蕴含其中。千百年来,教师们创造了不同类型的教学方法(比如,苏格拉底"产婆术"可视为谈话法的雏形),并逐步将教学方

---

[1] 李政涛,李云星.百年中国基础教育改革的方法论探析[M].北京:教育科学出版社,2011:197.
[2] 杜威.杜威教育文集(第5卷)[M].吕达,刘立德,等,主编.北京:人民教育出版社,2008:204.
[3] [西]费尔南多·萨瓦特尔.教育的价值[M].李丽,孙颖屏,译.北京:北京大学出版社,2012:11.

法整理成具有系统性和科学性的理论体系。教学理论指导教学实践,教学实践为教学理论的创新提供素材,二者形成良性的互促关系。教学方法具有较强的实践指向,并在一定程度上反映教师教学活动的创造性。

拓展资源:

苏格拉底、阿得曼托斯关于必要的欲望与不必要的欲望的讨论

苏:那么我们为了辩论时不致摸黑走弯路,我们要不要先给欲望下一个定义,分清什么是必要的欲望,什么是不必要的欲望?

阿:当然是的。

苏:那么,我们可以正当地把"必要的"用于它们吗?

阿:可以。

苏:但是有些欲望如果我们从小注意是可以戒除的,而且这些欲望的存在,对我们没有好处,有时还有害处。我们是不是可以确当地把这种欲望叫做"不必要的"?

阿:可以。

苏:让我们关于每一种各举一例,来说明我们的意思吧。

阿:行。

苏:为了维持健康和身体好要吃东西,只要求吃饭和肉。这些欲望必要吗?

阿:我想是必要的。

苏:吃饭从两个方面看都是必要的,它对我们既是有益的,缺少了它又是活不成的。

阿:是的。

苏:至于吃肉的欲望,就促进身体好而言,也是必要的。

阿:当然。

苏:欲望超过了这些,要求更多的花样,还有那些只要从小受过训练大都可以纠正的,以及对身体有害的,对心灵达到智慧及节制有妨碍的等等欲望,难道我们不能说它们是不必要的吗?

阿:再正确不过了。

苏:我们不是可以把第一种欲望称为"浪费的"欲望,把第二种欲望称为"得利的"欲望吗?因为第二种欲望有利于生产。

阿:真的。

(来源:(古希腊)柏拉图.理想国[M].郭斌和,张竹明,译.北京:商务印书馆,2013.)

(一)教学方法的概念

1. 国外学者对教学方法的定义

关于教学方法的定义,国外学者并未达成统一共识。他们或将教学方法等同于教师的教,或将教学方法视为教师的教与学生的学的总和,或倾向于技术层面的认知。"我们看到国内外都有一种现象,即把不同类型和层次的教学范畴混到一起。"[①] 其原因在于并未对教学方法、教学原则和教学组织形式进行有意识的区分。下面是一些国外学者对教学方法的界说:

---

① 王策三.教学论稿(第二版)[M].北京:人民教育出版社,2005:236.

——"教学方法是指教师的工作方式和由教师领导的学生的工作方式,借助于这些工作方式,可以使学生掌握知识、技能和技巧,还可以形成他们的共产主义世界观和发展他们的认识能力。"①

——"任何教学方法都是教师的一整套有目的的动作,教师通过这些动作组织学生进行认识活动和实践活动,使学生掌握教学内容,从而达到教学目的。"②

——"教学方法是教师和学生进行的一系列有明确方向的、符合教学目的、教材内容、科目实质、学生教育程度和智力发展水平的行动。"③

——"教师和学生在教学过程中为解决教养、教育和发展任务而展开有秩序的、相互联系的活动的办法,就称为教学方法。"④

以上是苏联学者对教学方法的诠释,在关于教学方法研究的介绍与引进阶段,对我国学者的影响是比较大的。如,1979年上海师范大学编著的《教育学》、1982年华中师范学院等五院校编写的《教育学》均采用达尼洛夫、叶希波夫《教学论》中的提法,即教学方法侧重教师的教。这种定义方式虽然是正确的,但比较笼统,并未体现教学过程的动态性与双边性。近年来,随着对教学方法认识的不断深化,以巴班斯基为代表的教学方法研究获得我国学者的青睐与认同。其进步之处主要表现为:第一,注意区分教学方法的结构性,教学方法是由教师的教和学生的学组成的。第二,关注学生在学习过程中的主体活动,凸显师生的相互作用。第三,强调教学方法的育人性,阐明教学方法的目的在于教养、教育和发展。相较于苏联学者在思辨层面的归纳总结,西方学者更加重视教学方法的操作性定义。如:

——"教学方法是教师为达到教学目的而组织和使用教学技术、教材、教具和教学辅助材料的方法。"⑤

——"在教学情境中,教师和学生为了教与学而展开的活动方式谓之教学方式。在这里,着眼于教师的活动方式谓之教授方式;着眼于儿童的活动方式谓之学习方式;着眼于师生之间的相互作用方式谓之教授、学习方式或学习指导方式。所有这些,总称为教学方式。"⑥

总之,西方学者对教学方法的定义侧重描述结果与操作过程,类似于教学手段。苏联学者对教学方法的定义侧重理论高度与抽象内涵,类似于教学原则或教学组织形式。二者之间的差距来源于文化差异,更反映出思维方式的不同,即归纳法与演绎法在教学理论上的碰撞与冲突。

2. 国内学者对教学方法的定义

国内学者对教学方法的定义基本沿袭苏联学者的相关说法,并完成一定程度上的创新。具体包括:

——"教学方法是指教师在教学过程中为了完成教学任务所采用的工作方式和在教师

---

① [苏联]达尼洛夫、叶希波夫.教学论[M].北京师范大学外语系1955级学生译.北京:人民教育出版社,1961:280.
② [苏联]斯特卡金.中学教学论[M].赵维贤,等,译.北京:人民教育出版社,1985:221.
③ [苏联]孔德拉秋克著.教学论[M].李子卓,译.北京:人民教育出版社,1984:58.
④ [苏联]巴班斯基.教育学[M].吴式颖,等,译.北京:人民教育出版社,1982:7.
⑤ [美]克拉克、斯塔尔.中学教学法[M].赵宝恒,译.北京:人民教育出版社,1985:6.
⑥ 日本驻波大学教育学委员会.现代教育学基础[M].钟启泉,译.上海:上海教育出版社,1986:280.

指导下的学生的学习方式。"①

——"教学方法是教师为完成教学任务所采取的手段。"②

——"教学方法是在教学过程中教师的方法和学生相应的学的方法结合起来,以完成教学任务的方法的总称。"③

——"教学方法是以教学人员自身因素如语言、表情和行为为主体构成的教学手段。它与教学媒体结合发挥作用,是实现教学目标、完成教学任务的活动形式。它是教师教的方法(教授法)和学生学的方法(学习法)的有机结合。"④

——"教学方法是教师和学生为完成教学任务而采用的办法,它包括教师教的方法和学生学的方法,是教师引导学生掌握知识技能、获得身心发展而共同活动的方法。"⑤

——"教学方法,是在教学过程中,教师和学生为实现教学目的、完成教学任务而采用的教与学相互作用的活动方式的总称。"⑥

——"教学方法是为达到教学目的,实现教学内容,运用教学手段而进行的,由教学原则指导的,一整套方式组成的,师生相互作用的活动。"⑦

总之,我国学者对教学方法的定义经历了由"教师的教为主"到"教师的教与学生的学结合"再到"师生相互作用的活动"的演变过程,其双边性、互动性与系统性不断凸显。

3. 本书的定义

笔者认为,对教学方法的定义是对教学方法本质的一种反映。教学方法不是静态的教学工具或手段,而是动态的对教学工具或手段的运用过程。教学方法在其本质性上并非教法与学法的简单结合,而是二者辩证统一于教学过程之中。教学方法不同于教学组织形式,教学组织形式是教师、学生在时间、空间上的组合方式,也就是教师运用什么样的方式把学生组织起来,确保学生获得一定的知识与技能。比如,个别教学、集体教学和个别化教学都是比较具有代表性的教学组织形式。教学方法也不能等同于教学手段,因为教学手段是教师在教学过程中运用的媒介,它是指物体、工具,具有物理学上的含义。比如,幻灯片,投影仪,电子计算机等。当然,教学方法更不是教学原则,教学原则是在教学过程中针对师生的指导思想及基本要求,比如因材施教原则、直观性原则、量力性原则和系统性原则等。

对于教学方法、教学组织形式和教学原则的区分是十分必要的,因为它关系到对教学方法本质的判断与掌握。将不同层次、范畴、体系的概念混为一谈可能引发教师在具体教学情境中的迷茫与混乱,影响教学质量。关于教学方法的理论研究最终是指向实践的,如果给教师的教学活动带来不便,这样的理论研究就没有意义与价值。另外,教学是一个综合体,我们也不宜将教学方法、教学组织形式和教学原则孤立起来,要在分析的基础上综合,在辩证的前提下寻求统一。综上所述,笔者将教学方法定义为,教学方法是以达成教育目的、实现教育内容为前提的动态活动过程,具有双边性、动态性和系统性等特征。

---

① 上海师范大学.教育学[M].北京:人民教育出版社,1979:156.
② 华中师范学院等五院校.教育学[M].北京:人民教育出版社,1982:150.
③ 董远骞.教学论[M].杭州:浙江教育出版社,1986:175.
④ 熊川武.教学通论[M].北京:人民教育出版社,2010:328.
⑤ 王道俊,王汉澜.教育学[M].北京:人民教育出版社,1989:244-245.
⑥ 李秉德.教学论[M].北京:人民教育出版社,1991:197.
⑦ 王策三.教学论稿(第二版)[M].北京:人民教育出版社,2005:239.

(二)教学方法的基本特点

1. 双边性与互动性

教学活动是师生双方共同参与、相互作用的一系列活动,教师的教与学生的学是一个系统整体,缺一不可。在我国,有相当长的一段时间片面重视教师的教,忽略了学生的学。强调教师主体性的行为,弱化学生在教学过程中的地位,对学生的身心起到阻碍作用。教学方法具有双边性,其内涵包括:第一,教师的教以学生的学为前提。教师在教学过程中明确学生的主体性,以学生为中心采取恰当的教学方法。学生的身心发展水平、认知程度、受教育程度都是教师需要考虑的因素。第二,学生在学习过程中及时向教师反馈自己的所见所想。学生如实反馈自己的学习程度有利于教师根据学生差异选取教学方法或调整教学方法。以讲授法为例。在人们的固有观念中,讲授法是一种以语言传递信息的方法,教师通过语言传递知识,它在一定程度上体现的是教学活动的单边性。然而,这种方法存在巨大局限,因为它忽略了教学活动的双边性,不利于教师因材施教。另外,教学活动是师生双方共同参与的活动,它不仅意味着参与的双方是教师和学生,更意味着师生在教学过程中相互作用,有发问,有解答。

2. 系统性

如上文所述,教学方法是教学系统中的重要组成部分,它与教学原则、教学组织方式、教学模式、教学手段等共同构成教学系统。教学方法与教学目的、教学内容也存在着紧密的联系。其一,教学目的决定教学方法,有什么样的教学目的就会有什么样的教学方法,失去教学目的的教学方法失去了基本内核与指导思想,是没有意义的。其二,教学方法对教学目的产生了巨大的反作用。比如,程序教学法的提出在一定程度上影响美国教育体系中的教育目的,即重视操作型人才的培养。其三,教学内容制约着教学方法。教学方法是为教学内容服务的,选择教学方法的标准之一在于学生可以较好地理解、掌握教学内容。总之,教学方法是教学活动的一个子系统,它与其他子系统紧密联系,它自身包含的各个要素也是相互作用的。

二、几种具有代表性的教学方法

(一)讲授法

1. 定义

讲授法是指教师通过语言向学生传递知识和技能、发展学生智力的一种方法。它是教师在教学过程中经常采用的一种方法,在中小学的教学活动中起主导作用。通常情况下,讲授分讲述、讲解、讲演、讲读四种形式(也有学者将讲授法分为三种,即讲解法、讲述法、讲演法[1])。其中,讲述是指教师运用叙述和描绘等方式向学生传递知识;讲解是指教师向学生分析、说明、解释、论证一些基本的概念、定理和公式;讲演是指教师在分析、说明、解释、论证基本原理的前提下对某一课题完成系统的论述并获得结论,此方法多用于高年级的教学活动之中;讲读是指讲和读交叉进行,既包括教师的讲与读,也包括学生的讲与读。教授法的优点主要包括:第一,教师在讲授过程中传递的知识具有系统性。讲授法以教师为主,采用教师的逻辑线索与思考方式,容易形成科学、系统的知识。第二,讲授法具有高效性。此种方法有利于教师在一定时间内传授大量知识,节约时间,尤其常见于大规模的班级授课制

---

[1] 杨小微.现代教学论[M].太原:山西教育出版社,2004:218.

中。但是,讲授法的缺点也是比较明显的。其一,讲授法对教师的素质有极高要求,运用不当容易造成注入式教学,课堂变得了无生趣。其二,讲授法适用于大规模的教学活动,不利于教师深入了解学生的认知特点与人格特征,难以做到因材施教。因此,在真实的教学情境中,将讲授法与讨论法、演示法结合起来是比较常见的选择。

2. 运用

在真实的教育情境中,教师常有疑惑:哪种教学方法适用于当前的教学活动,哪几类教学方法可以同时使用以达到最好的教学效果?这就涉及教学方法的科学选择问题。一般地,教学方法的选择包括以下几个步骤:第一,明确选择教学方法的基本标准,即:① 学生的身心发展特征;② 学生的认知程度和已有基础水平;③ 当前的教学任务;④ 教学内容的形式与特点等。第二,尽可能地搜集教学方法以供教师选择。搜集到的教学方法越多,就越有利于进行最优选择。第三,比较各类教学方法,将教学方法带入真实教学情境之中,确定一种教学方法或几种教学方法的组合。

科学、高效地运用讲授法,不仅要注意整体上对此类方法的把握,也要重视讲授过程中的诸多细节。第一,教师需明确在讲授过程中秉持的指导思想,即以学生为中心。教师要时刻关注学生在课堂上所做出的反映,猜测学生的心理活动,分析、判断学生是否掌握了教学内容,能够做到举一反三。教师要牢记学生的主体地位,以学生学会作为教学活动的主要目标。第二,教师需重视讲授过程中的诸多细节,具体表现在:① 语言应符合规范。讲授语言要尽量做到生活化,努力将书面语言转变成学生能听得懂的语言,避免学生出现认知上的错误;语言清晰、明确,不使用模棱两可的话语;语言简洁、流畅,不长篇大论,以免学生抓不到讲授重点;语速适中,给学生充分的反应时间;尽量保持语言生动活泼、具有感染力。② 身体行为恰当、合理。教师讲课时应保持静止不动,在恰当的时候引起学生注意,切忌左右摇摆,过快走动;面部保持微笑,不呈现过于激动的面部表情;关注学生,时刻给予学生反馈,目光环视全体学生,不集中于一个人或一个空间范围内。③ 如何提问。选择恰当的提问时机,如刚开始上课时、学生精神不集中时、讲授教学重点与难点时;选择合适的提问对象,依据学生的能力资质与掌握程度提问,多关注成绩差的学生;选择连续的问题,问题不能只有一个,最好是针对一个主题的系列问题,按照难易程度排列开来,把封闭性问题与开放性问题结合。下面是一个讲授法实例:

案例:

"月光启蒙"

师:"蒙"字什么头?

生:草字头。

师:在你们的印象中,草字头的字多数和什么有关?

生:草,或者植物。

师:对。这个"蒙"字,最早的意思就是一种藤本植物,缠绕依附在别的植物上,所以,"蒙"字有"覆盖"的意思。注意看,"蒙"字平宝盖里有几横?

生:两横。

师:对,记住了,以后写"蒙"字,里边有两横,它是一层盖在一层上面,所以是两横。

(来源:赖配根,《解放教师 解放语文》.)

在这个讲授法实例中,教师采用启发性原则,注重对学生的合理引导,将草字头与植物之间的关系串联起来,举一反三。教师以讲授为主,但又挖掘了"蒙"字背后的人文性。总之,讲授法是现代教学活动中的一种主要方式,恰当合理地运用教授法、科学有效地将讲授法与其他教学方法结合起来是每位教师和教育工作者应该关注的问题。

(二)谈话法

1. 定义

谈话法,也叫问题法,是教师以问题为中心引导学生获得知识的一种方法。一般情况下,谈话法分为讲授新知识的谈话法、复习知识的谈话法、引导性谈话法和指导性谈话法四类。其中,教授新知识的谈话法是指教师把传授新知识作为教学的基本目标,通常以一个问题为中心设计连贯问题;复习知识的谈话法是指教师把检验已学知识的掌握程度作为教学的基本目标;引导性谈话法是指教师抛出问题,激发学生的学习兴趣与热情;指导性谈话法指教师对某一小节、某一单元的内容进行总结,旨在提高学生的整体认知能力与逻辑水平。谈话法的优点主要包括:第一,谈话法可以充分调动学生学习的积极性,激发学生潜能。第二,谈话法可以帮助提高学生的语言表达能力。谈话是教师和学生有问有答的过程,学生通过表达形成客观性思维。第三,谈话法可以提高学生的思考能力与逻辑水平,使学生的思考过程变得更加清晰和有条理。当然,谈话法也存在一些缺陷,在其运用不当时起到适得其反的效果。比如,谈话法容易流于形式,难以掌控。教师在一课时内提出的问题过多,学生不易深入思考、抓不住教学重点等。

2. 运用

鉴于谈话法的难以掌控性,教师在使用谈话法时应格外小心。首先,在谈话开始前,教师需要做大量准备工作,明确教学目标,围绕教学目标撰写合情合理的谈话纲要。提出的问题要有针对性,问题呈现的顺序符合学生的认知发展特点。充分设想教学过程中可能出现的突发状况,并备有应急预案。其次,在谈话的过程中,教师需牢记本课时的教学目标,抓住重点,不被学生牵着鼻子走。结合学生的学习情况,适时给予启发。最后,在谈话结束后,教师要对获得的成果进行及时总结,纠正学生在认识上发生的偏差和错误。

(三)演示法

1. 定义

演示法是指教师通过呈现实物帮助学生获得直观认识,完成教学目标的一种方法。它具有直观性,较多地应用于低年级的教学之中。演示的方式比较多,既有图画、模型和标本,也有现代化的教学手段,如投影、幻灯片等。演示法的优点是生动形象,真实直观,可以让学生获得充分的感性认识。缺点是容易分散学生的注意力,学生难以抽象出图画、模型背后的基本原理。

2. 运用

演示前,教师要明确演示的目的是什么,教学目的与演示目的保有一致性。让学生明确自己在本课时应该做什么,不能只图热闹,忽略重点。教师在演示前的准备工作应充分、具体,最好自己先演示一遍,查缺补漏。演示过程中,密切关注学生反应,尤其是学生是否出现迷惑、停顿等状况。演示过程中配合语言讲解,适时点拨,提高学生的注意力。其关键点在于完成学生由感性认识到理性认识的转化,获得实物背后的基本原理,寓抽象于形象之中。演示后,形成明确的结论,注重理论与实践的结合。下面是一个演示法实例:

案例：

《斑羚飞渡》课堂教学实录

第一课时

本课时教学重点：

感知全文；重点研读"斑羚飞渡"的场景。

（一）导入新课（出示图片1）

师：大家请看大屏幕上有关斑羚的两幅图片。"斑羚是国家二级保护动物，极善于在悬崖峭壁上跳跃、攀登。"今天我们学习《斑羚飞渡》，看看漂亮、可爱的斑羚在灾难来临时是怎样表现的。

（出示图片2）课题、作者。

（二）感知全文

师：请同学们快速默读课文。读完后根据要求复述课文，其他同学给予评价。（出示图片3）

师：同学们读完了课文（展示图片4、5、6、7，这是一组飞渡的全过程）请同学们边看图片边复述课文。

生1复述（略）

师：他复述得好不好，谁来评价？

生2：他复述得很好。第一，能抓住课本重点，语言流畅；第二，故事情节叙述完整，有感情。

生3：美中不足的是，有些发音不够准。

师：这两位同学，回答得都不错。

（出示图片8并板书）：

陷入绝境，凶多吉少；

舍己为他，绝处逢生；

斑羚飞渡，团结一心；

走向深渊，无私奉献。

（来源：《张桂蕊与语文拓展式教学》）①

在这个演示法实例中，教师共出示八幅图片，生动再现了斑羚飞渡的全过程（图片4、5、6、7）。多媒体的应用使学生在脑海中还原斑羚飞渡的场景，有助于发挥学生的想象空间。通过复述加深感性认识到理性认识的转变过程，并用板书点出课文的主旨，意在赞扬斑羚团结一心、无私奉献的精神，是一个演示法运用得比较合理的实例。

（四）讨论法

1. 定义

讨论法是指在教师的指导下，全体学生围绕一个话题发表意见，深化认识，最终获得知识的一种方法。讨论法有利于全体学生参与其中，各抒己见，形成不一样的见识与看法，拓

---

① 教育部师范教育司组编,张桂蕊著.张桂蕊与语文拓展式教学[M].北京:北京师范大学出版社,2011:136-137.

宽思维。它的优点主要表现在:第一,帮助学生摆脱以自我为中心的思维定式,加强学生的角色互换意识与共情能力。第二,有助于学生建立合作关系,提高学生的沟通能力与合作能力。第三,帮助深入理解问题,容易获得意想不到的灵感与发现。"讨论的过程是学生知识生成的过程,也是生命成长的过程。"①

2. 运用

讨论法的基本要求是:① 注重问题的设计。问题的设计最好满足三个指标:其一,问题本身有价值,有思考的意义。其二,问题本身不枯燥,具有趣味性,可以激发学生讨论的兴趣。其三,问题紧密贴近教学目标,不讨论与教学目标没有关联的问题。② 注重教师的主导作用。教师在讨论过程中并不是旁观者,而是积极地引导,不使场面因过于热烈而失控。教师的作用是把握讨论的方向,如果出现偏离现象应巧妙地停止。另外,讨论过程中如出现冷场,教师要随机应变,恰当引导、总结,过渡到下一个话题之中。③ 保证每个学生都参与到讨论之中。如果出现少数人垄断讨论或不停发表意见,教师应该及时制止并将话题引向未发言的同学。④ 及时总结。讨论结束后,教师要总结出本次课学生获得的一些结论,促进学生形成完整的知识体系。

思考:

在进行"动物与其天敌的相互关系的自然平衡"一课的教学时,教师 A 和 B 采用了不同的方法。教师 A:"今天我们要掌握的知识是,在一定的生态环境中,动物与其天敌之间在数量上保持着自然的平衡。当其天敌数量减少时,动物由于种群数量增加,面临食物短缺的危险,其数量反而会减少。"教师 B:"在东北山区中有很多鹿,它们的数量一直变化不大。山里还有狼。从城市来旅游的一些人偶然目睹了狼群咬死鹿群中两只小鹿的惨状,非常震惊,结果人们发动了一场灭狼运动。使人们奇怪的是,在之后的几年里,鹿的数量反而明显地减少了。这是为什么呢?同学们都思考一下,然后我们来讨论。"经过一段时间的热烈讨论,最后学生们自己得出了上述结论。你认为这两种教学方法分别体现了怎样的教学思想?你更赞同哪种教学方法?为什么?

(来源:李森主编.现代教学论[M].北京:人民教育出版社,2011:283-284.)

(五) 练习法

1. 定义

练习法是指在教师指导下,学生为巩固知识、提高技能的一种反复训练方法,它的基本特点是反复性,且以已有的知识、技能为基础,是一种应用广泛、适用面大的教学方法。练习法采用不同的分类标准:按学科种类可划分为说话练习、作文练习、制图练习和解题练习等;按练习形式可划分为口头练习、书面练习;按掌握技巧的特点可划分为模仿性练习、创造性练习和训练性练习等。练习法有助于学生加深对知识的认识,进一步掌握技巧。

2. 运用

在运用练习法的过程中,教师应该注意以下几点:第一,练习的目的是为了巩固知识,但这并不意味着运用题海战术。练习内容要精练,具有代表性,学生可以举一反三。第二,要

---

① 徐学福.教学论[M].北京:人民教育出版社,2012:179.

让学生明白练习的目的。只有在学生明确练习目的的基础上,才能不排斥练习,自觉地完成练习。第三,在练习过程中教师要遵循循序渐进的原则,题目的安排由易到难,逐步提升。第四,及时反馈练习结果,有针对性地调整教学。

(六) 实验法

1. 定义

实验法,顾名思义,是指在教师的指导下,学生运用一定的设备、仪器,观察现象并获取结论的方法。实验法重在帮助学生培养观察能力、思考能力和研究能力,是中小学理科学习中经常使用的一种教学方法。通常情况下,实验法分为析因实验、判决实验、探索实验和比较实验四种类型。所谓析因实验是指为获取某类现象背后的原因的一种实验;判决实验是指为了判定某种假设是否正确的实验;探索实验是指创设条件探索新事物的一类实验;比较试验是指通过实验组和对照组的比较发现变量对研究现象产生影响的实验。实验法的优势在于具有较强的科学性,可以通过实验培养学生的独立思考能力与动手能力,有利于学生主体性的发挥。

2. 运用

在使用实验法时,教师应该注意以下几点:第一,实验前确定实验的基本目的是什么,不要任凭学生发挥。第二,务必做到实验步骤清晰明了,并叮嘱学生严格遵循。第三,实验过程中要如实、认真地记录实验结果,秉持科学态度,确保实验结果的客观性。第四,小心对待实验仪器,实验结束后将仪器归回原位。

第三节 德育方法

德育方法是完成德育任务的基本条件,与德育方式、德育手段存在着巨大的差异与联系。简单地说,德育方法是德育方式与德育手段的总和,德育方式是德育方法的从属部分。相较于各类智育方法,德育方法具有一定的特殊性。它的重点不在于学生会与不会、懂与不懂,而在于学生接受还是不接受。

一、什么是德育方法

(一) 德育方法的概念

1. 国外学者对德育方法的定义

关于德育方法的定义,国外学者的定义不相一致。由于受社会政治体制与意识形态的影响,我们对德育方法的定义在很大程度上受苏联的影响。具体包括:

——所谓德育方法,是指"教师为了达到德育底某种任务而采取的一切措施,就是教育手段。这种手段是和所有教学与教养过程相互紧密联系的,最主要的是它们都应当服从于一个基本目的——共产主义道德底教育。"[①]

——"道德教育方法是为了形成学生的道德品质和养成学生的共产主义行为习惯而对学生施加教育影响的各种方式的总和。"[②]

---

① 凯洛夫.教育学[M].沈颖,等,译.北京:人民教育出版社,1953:232.
② 包德列夫.学生的共产主义道德教育[M].李渊庭,译.北京:人民教育出版社,1958:45.

——"教育方法和教学方法一样,在生动的教育过程中分解为它的各个组成部分,这就是所说的教育方式。"①

——"教育方式包括三方面,即在实现某种教育方法的过程中所用的具体办法、活动方式及活动用具。"②

——在苏联学校里,人们将教育者和受教育者的相互联系着的活动方式理解为教育方法。教育方式对方法来说带有局部的、从属的性质。在不同的教育情境条件下,教育方法和教育方式可能互相转化,互相代替。"③

从苏联学者对德育方法的表述来看,经历了两个比较明显的认识论上的变化。第一,从强调共产主义道德教育到注重教育者与受教育者在德育过程中的双边关系。第二,从道德方法与道德方式混为一谈到注重区分二者之间的差别与联系。同时,确定了道德教育中学生的主体位置。

2. 国内学者对德育方法的定义

相较于苏联学者对德育方法认识的转变过程,国内学者对德育方法的认识还是比较一致的。下面是我国学者对德育方法的界说:

——"德育方法是为进行思想道德教育而采取的各种影响方式的总和。德育过程既是教育者和受教育者双方面活动的过程,因而,德育的方法也包括教育者的活动方法和受教育者的活动方法。"④

——德育方法是"用来提高学生思想认识,培养他们的品德的方法。"⑤

——"德育方法是为达到既定教育目标,教育者、受教育者参与德育活动所采取的各种方式的总称。"⑥

——"德育方法可以定义为教师和学生在德育过程中为达成一定的德育目标而采用的有一定内在联系的活动方式与手段的组合。"⑦

3. 本书的定义

从我国学者对德育方法的定义来看,有三个方面是值得我们关注的。第一,对德育方法属性的判定。有学者认为,德育方法是德育方式,也有学者认为德育方法是德育方式与手段的组合。第二,都承认德育过程中教育者与受教育者的互动性,肯定德育活动是一种双边活动。第三,肯定德育目标的地位,明确德育方法是为德育目标服务的。总之,笔者认为,德育方法是完成德育任务的基本条件,与德育方式、德育手段存在着巨大的差异与联系。简单地说,德育方法是德育方式与德育手段的总和,德育方式是德育方法的从属部分。

(二)德育方法的特点

1. 整体性

从德育方法的组成结构来看,德育方法是一个体系,在多种德育方法共同使用的情况下

---

① 巴拉诺夫.教育学[M].李子卓,译.北京:人民教育出版社,1979:217.
② 哈尔巴拉莫夫.教育学教程[M].丁西成,译.北京:教育科学出版社,1983:308.
③ 巴班斯基.教育学[M].李子卓,等,译.北京:人民教育出版社,1986:373.
④ 鲁洁等.教育学[M].北京:人民教育出版社,2005:270.
⑤ 王道俊,王汉澜.教育学(修订本)[M].北京:人民教育出版社,1988:400-401.
⑥ 鲁洁,王逢贤.德育新论[M].南京:江苏教育出版社,2000:386.
⑦ 檀传宝.学校道德教育原理[M].北京:教育科学出版社,2000:145.

可能获得最显著的德育效果。德育方法的整体性是由人的思想品德的特点决定的。人的思想品德具有整体性,各个部分并不能分开来看,因而就决定了德育方法的整体性。提高学生的综合素质和道德水平,仅仅依靠单一的德育方法是不够的,而应将多类型、多层次的德育方法整合起来,选择最优组合,充分发挥德育方法的整体作用。从德育方法的参与主体来看,德育方法的参与主体不仅包括教师,也包括学生,涵盖了教学活动的整个过程,具有整体性。教师与学生同为德育活动的主体,二者共同参与德育活动,不宜偏废。这就要求教师积极构建教育民主,认真听取多方意见(尤其是学生的意见)。

2. 多样性

德育方法具有多样性,这与德育活动的基本属性息息相关,即德育方法的多样性对应德育活动的特殊性与复杂性。首先,从认识论的角度审视道德教育,我们发现,道德教育的过程十分复杂,关系到认知发展的三种水平。一个道德概念,它的内化需要经历道德形象—道德观念—道德信念等过程,最后转变成道德行为,并非一蹴而就。如果教师在道德概念内化过程中采用单一的德育方法,道德概念很难转化为道德行为,可能在道德观念转向道德信念或道德信念转向道德行为时就中断了。其次,道德教育又具有特殊性,因为它关系到信与不信、做与不做之间的矛盾。道德教育的基本任务不同于其他各育,它并不以传授知识、掌握技能为重点,而是关涉学生心灵成长。因此,运用智育中常用的讲授法、讨论法已不能满足道德教育的基本要求,需要结合角色扮演法、情感陶冶法、品德评价法等德育方法。总之,德育方法的多样性可以在一定程度上确保德育活动顺利完成,最大限度保证道德教育的良好效果。灌输性道德教育与内化性道德教育的比较见表9-1。

表 9-1 两种道德教育观之比较[1]

项目 道德教育	灌输性道德教育	内化性道德教育
类型	接受型	体现型
目标	教人接受与服从	教人认同与体现
方式	单向灌输	引导学生主动顺应、接受同化
过程与结果	强调结果,忽视过程	过程与结果相结合
学习状态	处于再现性状态	处于纳入性状态
学习模式	抽象—抽象	抽象—运用
教学关系	以教为中心,学服从于教	教为主导,学为主体
教学因素	以道德知识为主要教学因素	兼顾知、情、意、行各个方面
生活性	非生活教育	演绎性生活教育

---

[1] 李雪红.小学品德教学拓新[M].广州:广东教育出版社,2005:96.

二、几种具有代表性的德育方法

(一) 说服法

1. 定义

说服法(表9-2),又叫说理教育法,是指教育者采用语言、事实等方式影响学生思想意识,提高学生思想觉悟的一种方法。其中,运用语言、文字的说服教育方式和运用事实的说服教育方式是最主要的两种形式。① 语言、文字的说服教育方式包括讲解和报告、谈话、讨论和辩论、指导阅读书籍、报刊等;运用事实的说服教育方式包括参观、访问和调查等。说服法的优点在于可以:第一,具有情感性。说服法可以通过语言、行动的力量引起学生的共鸣,形成正向的情感体验与情感意志。第二,可以全面、清晰、系统地阐述问题,让学生对当代政治、道德伦理、社会主义核心价值体系有一个概括性的了解与认识,比如,运用语言说服教育方式中的讲解与报告。第三,说服法具有启发性,有利于学生开动思维,培养创新能力,比如运用语言说服教育方式中的讨论与辩论。当然,说服法也存在着一定的缺陷,如,说教意味太强,过于笼统等。

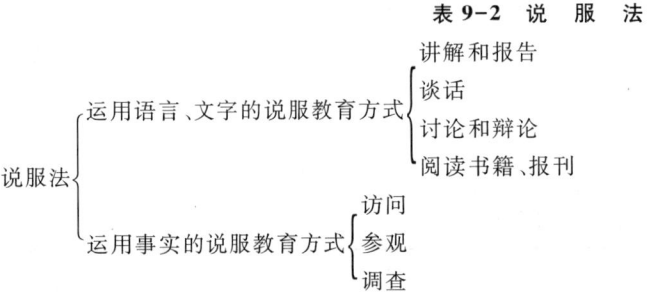

表 9-2 说 服 法

案例:

寓言故事说服法

在我所教的班级中有特长班。在特长班里,有的学生只钟情于自己的爱好,对其他学科学习的积极性不高,上课经常打瞌睡。怎样唤起他们对学习的兴趣呢？一次上课,我讲了一则寓言故事:一天,一个人在海边散步,忽然听到一个声音:"捡一些贝壳和石头放在你的口袋里吧。"他下意识地捡了一些。回到家里一看,那些石头和贝壳都变成了光闪闪的金子。于是,他感到又高兴又后悔:高兴的是他毕竟捡了一些,后悔的是他没有捡更多。学习何尝不是如此呢？如果我们能利用在校时的优越条件多学些东西,何愁将来不能立足于社会呢？"艺多不压身"啊！自此,学生上课的情况大有好转。

(转引自:刘济良主编.德育原理[M].北京:高等教育出版社,2010:178.)

2. 运用

总的来说,在运用说服法的过程中,教师要以因材施教作为方法论原则,同时根据不同教育情境采取相应措施。具体包括:① 讲解和报告:打破思维定势,讲解和报告的主体可以

---

① 也有人将榜样示范作为说服教育的一种方式,参见南京师范大学教育系编写的《教育学》,2005年版,271—274页。本书将榜样示范归类为示范法。

是各类人群,比如先进人物、普通人的平凡事迹;注重理论实践,注意德育方法的实践性,少讲空话、废话;关注学生年龄特点,低年级学生不宜使用讲解和报告。② 谈话:中心明确,语言得体;谈话前注意准备谈话内容,努力做到有详有略,有的放矢;营造轻松、愉悦的谈话氛围,避免学生角色带入。③ 讨论和辩论:主题不宜多,重点在说明道理。④ 阅读书籍、报刊:帮助学生选择阅读书籍、报刊,倡导学生有系统地阅读书籍、报刊,并可结合讨论、谈话等方式分析重点、难点;注重培养学生自己阅读的能力,教师在这一过程中主要起辅助作用。

拓展资料:

学生讨论的指导原则

1. 每人都应具有平等参与及发言的机会。
2. 鼓励你的同班同学加入。
3. 通过等待自己的顺序,与他人一样多的参与,确保每个人都做出贡献。
4. 仔细倾听他人的发言和感受。
5. 尽可能理解和支持他人所说和所感。
6. 意识到自己的知识和观点不可能总是正确的。
7. 一直保持在目标上,帮助他人也这样做。
8. 要温和和优雅。避免攻击和轻视同伴。

(引自:张茂聪.品德与社会教学导论[M].济南:山东教育出版社,2006:63.)

(二) 榜样示范法

1. 定义

榜样示范法,是指通过他人的高尚思想、模范行为、卓越人格形象对受教育者产生影响的一种方法。榜样示范法不同于传统意义上的示范法,具体表现为扩大示范者的涵盖范围,并不局限于教师。榜样示范法有教育者的示范、伟人的典范和优秀学生的典型等多种方式。其中,教育者的示范包括教师、父母等,伟人的师范包括革命领袖、英雄模范、科学家、思想家等,优秀学生的典型包括学生中涌现出来的先进个人、先进集体等。[①]

2. 运用

榜样示范法的优势体现在,它不局限于抽象的道德知识,致力将道德知识形象化。榜样本身具有教育性,学生通过了解榜样事迹,容易形成更直观、更感性的认识,它的效果要比直接灌输道德知识好很多。如果"善"是一种遥远的、没有生命力的知识,它充其量只能算作一个空洞的名词,而榜样示范的情境性恰恰可以帮助"善"焕发生机,内化到学生的心灵之中。在运用榜样示范的过程中,教师应该注意以下三点:第一,选择比较合适的榜样。教师选择榜样要有针对性,榜样所有的品质应该与学生需要提高的品质相对应,最好不要泛泛而谈。第二,充分调动学生学习榜样的积极性。其关键在于学生是发自内心的认同、敬佩、景仰这个榜样。第三,深刻挖掘榜样的优秀品质,不将榜样学习流于形式,尽量避免学生片面模仿。

[①] 鲁洁,王逢贤.德育新论[M].南京:江苏教育出版社,2000:406.

案例：

戴维斯先生是美国新泽西州的一名小学校长，某日傍晚他爬上校舍屋顶，度过了一个寒冷的夜晚。因为他此前对学生们说："如果你们在几个月内读完一万本书，我就以任由你们处置作奖励。"学生们提前完成了读书任务，他们选择的奖励是让戴维斯校长在屋顶住一个晚上。对这件事，戴维斯校长认为是值得的，因为这不仅换来的是学生读完一万本书，大大地增长了学生的知识，而且更重要的是他兑现了自己的承诺，给学生树立了诚实守信的榜样，比说教更有实效。

（引自：胡春娜.小学品德与生活（社会）教学策略与行为诊断[M].北京：北京大学出版社，2011:228.）

（三）角色扮演法

1. 定义

扮演角色是个体社会化过程中的基本环节，也是个体群居性特征的重要体现。在一个人的成长历程中，他/她被赋予各种各样的角色，并尽力获得自己与他者的满意。人从生至死的各种体验，其实质是不同社会角色的总和。角色扮演是道德教育的一种重要方式，它在一定程度上促进了儿童的社会化。

所谓角色扮演法，是指教师引导学生通过扮演他人角色获得情感体验、提高道德水平的一种道德教育方法。它的优点主要体现在：第一，加快学生的社会化进程，帮助提高学生的沟通能力、交往能力、解决问题能力等；第二，增强学生共情能力和移情能力，有利于培养学生的同理心和敏感性；第三，促进学生的人格完善，加快学生的心灵成长。角色扮演法的缺陷是学生很难把握此种德育方法的基本意图，为表演而表演，从形象道德行为到抽象道德认识的转变易发生阻断。

2. 应用

角色扮演法是一种比较有效的道德教育方法，它的实施程序由六个环节组成，见表9-3：

表9-3　角色扮演的一般程序[①]

步骤	活动形式	设计意图
进入问题情境	播放电影或电视、选取小说情节、讲解真实故事等	理解问题情境，激发扮演兴趣
"演员"遴选	根据需要分配角色	准备
准备表演框架	学生"演员"小组集体磋商、筹划表演内容、准备道具	增强扮演的仿真化
训练学生"观众"	对学生"观众"进行培训	营造表演氛围
表演问题情节	"演员"合作表演、"观众"观看、教师从旁鼓励	使扮演逼真、继续
讨论表演内容	对扮演情况进行讨论和评价	形成角色认知，加深对道德问题情境的理解

[①] 蔡敏."角色扮演式教学"的原理与评价[J].教育科学，2004(6):28-31.

（四）情感陶冶法

1. 定义

情感陶冶法是一种相对于说服法的暗示型德育方法，它是指教师创设良好的教育情境，使受教育者心灵得以熏陶的方法，具有隐蔽性、愉悦性和无意识性的特点。情感陶冶法包括人格感化、环境陶冶和艺术熏陶，所谓人格感化是指教育者通过自身品格对受教育者产生一定影响；所谓环境陶冶是指通过学校的物质文化和精神文化对受教育者产生一定影响；所谓艺术熏陶是指通过音乐、美术、舞蹈、雕塑、诗歌、文学、影视等艺术活动对受教育者产生一定影响。情感陶冶法可以丰富学生情感，培养学生的想象能力和理解能力。

2. 运用

运用情感陶冶法的关键在于情境的创设。首先，情境应具有隐蔽性。隐蔽的情境会去除学生心中的情感预设，达到最优的教育效果。其次，情境要有感染力，做到引人入胜。另外，情境的创设要关注学生的体验，注意因人而异、因地制宜，并确保情境创生的宽度与广度，多多运用音乐、图片、视频引起学生的共鸣，并努力将情感陶冶与说服法、角色扮演法、榜样示范法结合起来。

拓展资源：

运用多种方法创设情境

1. 以生活展现情境。生活展现情境，是通过把学生带入社会，带入大自然，从生活中选取某一典型场景，作为儿童观察的客体，并以教师语言的描绘，鲜明地展现在儿童面前。生活的场景是广阔的，把学生带到生活中去，就需要教师事先选择鲜明的富有典型意义的画面。

2. 以实物演示情境。以实物为中心，略设必要背景，构成一个整体，以演示某一特定的情境，便是"实物演示情境"。以实物演示情境有两种：一是真实的原型实物；二是模拟的代替实物。

3. 以画图再现情境。画图是展开形象的主要手段。课文用语言描绘的情境，通过图画再现出来，一下子就变得那么具体，看得见也摸得着。用图画再现情境，常用的形式有：① 放大的挂图；② 剪贴画；③ 简易粉笔画；④ 现成的课文插图；⑤ 电教画面。

4. 以音乐渲染情境。音乐渲染情境的方式有：① 制作配乐故事录音；② 播放歌曲；③ 表演唱。

（选自李吉林：《小学语文情境教学》）

本 章 小 结

教育方法	教育方法指的是在教育思想的指导下通过教育途径产生教育影响和效果的策略性手段，在学校里主要是指教学方法和德育方法

续表

启发式	所谓启发式是指从学生的实际出发,采用多种方式,以启发学生的思维为核心,调动学生的学习主动性和积极性,促使他们生动活泼地学习的一种教育指导思想
注入式	注入式就是教育过程中以教师讲解为主,向学生传递所要学习的内容,学生以听讲、记忆为主
发现式	发现式教学指教师在教育过程中创设一定的教学情境,学生自身通过提出问题、分析问题和解决问题来获得知识
接受式	接受式是指学生在学习的过程中主要以接受教师所传递的知识为主,以理解、掌握等思维活动为主
演绎式	演绎式是指演绎推理,教师先让学生学会普遍性的原理,然后在帮助学生进行知识迁移去解决具体的问题,实现从普遍原理到特殊情况的学习
归纳式	归纳式就是归纳推理,教师通过列举各种特殊的现象,帮助学生从特殊性的现象中总结出一般性的知识原理
预设式	预设式就是教师实现对全部的课堂教学环节与步骤进行有效的计划,并且按照预期的计划实施课堂教学
生成式	生成式就是教师在教学过程中能够有效地处理课堂预期之外的事情,根据学生的表现随时调整课堂进程与环节,进而圆满地实现教学目标
教学方法	教学方法是以达成教育目的、实现教育内容为前提的动态活动过程,具有双边性、动态性和系统性等特征
讲授法	讲授法是指教师通过语言向学生传递知识和技能、发展学生智力的一种方法
谈话法	谈话法,也叫问题法,是教师以问题为中心引导学生获得知识的一种方法
演示法	演示法是指教师通过呈现实物帮助学生获得直观认识、完成教学目标的一种方法
讨论法	讨论法是指在教师的指导下,全体学生围绕一个话题发表意见,深化认识,最终获得知识的一种方法
练习法	练习法是指在教师指导下,学生为巩固知识、提高技能的一种反复训练方法
实验法	实验法是指在教师的指导下,学生运用一定的设备、仪器,观察现象并获取结论的方法
德育方法	德育方法是德育方式与德育手段的总和
说服法	说服法,又叫说理教育法,是指教育者采用语言、事实等方式影响学生思想意识,提高学生思想觉悟的一种方法
榜样示范法	榜样示范法,是指通过他人的高尚思想、模范行为、卓越人格形象对受教育者产生影响的一种方法
角色扮演法	所谓角色扮演法,是指教师引导学生通过扮演他人角色获得情感体验、提高道德水平的一种道德教育方法
情感陶冶法	情感陶冶法是一种相对于说服法的暗示型德育方法,它是指教师创设良好的教育情境,使受教育者心灵得以熏陶的方法,具有隐蔽性、愉悦性和无意识性的特点

本章练习题

一、单选题

1. 下列属于启发式教学思想代表人物的是(　　)。
   A. 赫尔巴特　　　B. 荀子　　　C. 苏格拉底　　　D. 墨子
2. 杜威和布鲁纳属于下列哪个思想的主张者(　　)。
   A. 接受式　　　B. 发现式　　　C. 演绎式　　　D. 注入式

二、填空题

1. 从思维方式上讲,教育方法可以分为演绎式和_____。
2. 孔子的启发式教育思想主张不愤不启,_____。

三、论述题

1. 常见的教学方法有哪些?
2. 常见的德育方法有哪些?

本章参考文献

[1] 贾馥茗.融通的教育方法[J].台北:五南图书出版股份有限公司,2007.
[2] 北京师联教育科学研究所.[当代]认知学习基本原理与教学策略文论选读[M].北京:中国环境科学出版社,2005.
[3] 冯克诚.当代学习理论与论著选读(上)[M].北京:人民武警出版社,2010.
[4] 杜威.民主主义与教育——杜威在华演讲录[M].周洪宇,陈竞蓉,主编.合肥:安徽教育出版社,2013.
[5] 北京师联教育科学研究所.布鲁纳发现学习思想与教育论著选读(下)[M].北京:中国环境科学出版社,2005.
[6] [美]约翰·杜威.民主主义与教育[M].王承绪译.北京:人民教育出版社,1990.
[7] [美]杰罗姆·S.布鲁纳.教育过程[M].上海:上海师范大学外国教育研究室,译,1973.
[8] 柳海民,史宁中.探寻培养创新人才的可行路径[J].高等教育研究,2011(2).
[9] 余文森.论教学中的预设和生成[J].课程·教材·教法,2007(5).
[10] 李政涛,李云星.百年中国基础教育改革的方法论探析[M].北京:教育科学出版社,2011.
[11] [西]费尔南多·萨瓦特尔.教育的价值[M].李丽,孙颖屏,译.北京:北京大学出版社,2012.
[12] 王策三.教学论稿(第二版)[M].北京:人民教育出版社,2005.
[13] [苏联]斯特卡金.中学教学论[M].赵维贤,等,译.北京:人民教育出版社,1985.
[14] [苏联]巴班斯基.教育学[M].吴式颖,等,译.北京:人民教育出版社,1982.
[15] 日本驻波大学教育学委员会.现代教育学基础[M].钟启泉,译.上海:上海教育出版社,1986.

［16］熊川武.教学通论［M］.北京：人民教育出版社，2010.
［17］王道俊、王汉澜.教育学［M］.北京：人民教育出版社，1989.
［18］李秉德.教学论［M］.北京：人民教育出版社，1991.
［19］王策三.教学论稿（第二版）［M］.北京：人民教育出版社，2005.
［20］鲁洁，等.教育学［M］.北京：人民教育出版社，2005.
［21］鲁洁，王逢贤.德育新论［M］.南京：江苏教育出版社，2000.
［22］檀传宝.学校道德教育原理［M］.北京：教育科学出版社，2000.
［23］李雪红.小学品德教学拓新［M］.广州：广东教育出版社，2005.
［24］蔡敏."角色扮演式教学"的原理与评价［J］.教育科学，2004（6）.

第十章　教育途径

学习目标

1. 深入理解教学、课外活动、社会实践、咨询与辅导几种教育途径的内涵、基本内容及形式。
2. 重点掌握教学、课外活动两种教育途径的内容与形式。
3. 了解社会实践、咨询与辅导两种教育途径的方式方法。

建议学时

6 学时

案例导读

案例呈现：

"文化大革命"对教育事业的破坏

教育领域在十年动乱中，成为重灾区。各级学校领导干部和教师，特别是一些学术上有成就的专家、教授，均遭到残酷斗争、无情打击，身心受到极大的摧残，有的甚至被迫害致残、致死。教育事业也受到严重破坏，不仅耽误了一代人，而且使教育质量急剧下降。高等学校由 1965 年的 434 所减至 1971 年的 328 所，减少 106 所。其中原有的 6 所政法院校被全部撤销，原有的 18 所财经院校被撤销 16 所。被撤销、裁并、搬迁的院校都遭到严重损失。在十年动乱中，高等学校有四年停止招生（1966—1969）；1970 年和 1971 年开始试点招收工农兵学员，每年只招 4.2 万人。后来虽然有所增加，但是招收的学生大多数只有相当初中甚至不到初中文化水平。学制由"文化大革命"前的 4~6 年缩短为 2~3 年。学生在校期间主要的任务是所谓"上大学、管大学、改造大学"，开门办学，上阶级斗争这门"主课"，所以也并没有学到多少知识，名为大学毕业，实际上并没有达到大学本科、专科的水平。"文化大革命"的十年间，估计为国家少培养了 10 万名研究生、100 多万名合格的大学生、专科毕业生和 200 多万名中等专业学校毕业生。十年动乱造成了人才的青黄不接，出现了知识匮乏等严重问题。由于批判刘少奇倡导的"两种教育制度、两种劳动制度"，造成了中等教育的结构单一化，职业中学和农业中学一扫而光。成人教育机构系统也基本上被搞垮。普通中、小学，在"文化大革命"中由于实行"开门办学"，频繁地下乡、下厂、下连队，学农、学工、学军；以及批判"智育第一""师道尊严"等，造成了"读书无用"的不良风气，严重降低了学生的学业水平。中、小学毕业生，实际多数达不到毕业程度。各级学校学生的思想道德水平也急剧下降。许多青少年学生因在"文化大革命"中受了极"左"思潮的影响,不懂得马克思主义的基本原理,分不清是非界限,有的无政府主义、极端个人主义十分严重。

(来源:http://wenku.baidu.com/link?url = YSoLMbypDtyUdO - F _ t8RJApkbgepyiBt6DZSGE - QSV _ - AARaQ63uCg1YWErWArvRGQZvtnaoHJw793xFXWy1s5TfX4JT5HoWKIXeXaVt1Q_)

案例分析:

现代化社会中的学校教育,教育途径的认识及其作用的发挥程度,直接决定着教育质量的高低。目前的学校教育途径已经形成了以教学为主,教学、课外活动、社会实践、咨询与辅导多元并存的格局。在这个案例中,作者表达了在诸多教育途径中,学校教学是最为主要、最为核心的途径,学校教学质量可以在很大程度上决定教育的质量和水平。因此,我们要注意以学校教学这个途径为核心,各途径有机配合,实行功能互补、发挥整体作用,全面提高教育质量。

教育作为一种有目的地培养人的社会活动,通过对受教育者个体施加积极影响,发挥着教育的个体发展与社会发展的双重功能。教育过程的实施,是教育者运用一定的途径、内容、手段,在一定的环境中进行的。教育途径是影响教育质量与效果的重要因素。要实现教育目的,快速、高效地培养社会各项事业建设所需的合格人才,必须把好教育质量关、效果关。就现代社会的学校教育而言,教育途径是全面完成教育任务,实现教育目的的根本保证。教育途径作为教育活动的基本构成要素,与其他要素协同作用来实现每一活动的具体目标及任务,进而实现总体教育目的。因此,教育途径在教育过程中具有十分重要的意义。

我们认为,教育途径是指在进行教育活动时,教育者借以传授教育内容,实现教育目的的多种渠道、方式的总称。教育途径是教育活动的有机组成部分,它伴随教育的产生而产生,并随教育的发展而发展。

在不同的社会发展时期,教育途径表现出不同的形态和内容形式。

原始社会的教育途径主要是社会生产和生活实践活动,表现为教育与生产劳动相结合。因为在原始社会,社会生产力水平低,几乎没有对专门人才的需求,教育主要表现为传递社会生产和生活经验以维持个人生存和社会延续。当时的社会生产和生活经验的传递主要是在社会生产与生活过程中进行的,因而教育途径也主要表现为社会生产和生活实践活动。

拓展资源:

斯巴达勇士的教育

公元前7世纪的一天,阳光明媚。

伯罗奔尼撒半岛的阿尔特弥斯神庙内,16岁的亚西比德正昂着头,承受着落在身上的鞭挞。他已记不起这是多少鞭了,但他还记得执鞭者已经换了三个人,鞭子也换了两次了。每一鞭落下去,都像刀割一样痛,但他咬紧牙关,一声不吭。他告诉自己每一鞭落下去都是在驱逐自己身上的怯懦,感觉疼痛说明附在自己身上的怯懦越多,鞭子是勇敢者的家常便饭,是对怯懦的挑战。除这次之外,印象最深的是上次因偷吃而挨的那顿鞭子。那次他饿极了,便摸到公共食堂去找吃的,可是很不走运,被大人抓住了,于是鞭子便无情地落下来。他知道,他们打他不是因为他偷东西,因为那是公共食堂,那里的东西谁都有份,是因为他不够机灵,被逮着了。从那以后,他学会了偷东西而不被人发现,而他们看到他吃着偷来的食物时,会笑笑说:"这小子,聪明多了。"……

(来源:孙彩平.道德教育的伦理谱系[M].北京:人民出版社,2005,52.)

奴隶社会直至封建社会末期教育途径主要是效率较低的个别教学。自从人类走出原始社会,进入阶级社会以后,随着社会分工的出现及文字的产生,专门的教育机构——学校就产生了。教育从此便走上了与社会生产劳动相分离的道路,学校教学就成了教育最主要的途径。在学校教育刚刚产生之初直至封建社会晚期的一段时间内,效率较低的个别教学是教育的主要途径。

资本主义社会形成后课堂教学成为主要教育途径。随着资本主义生产方式的产生,社会需要大批懂技术的工人从事工业生产,因而教育规模不断扩大,于是产生了班级授课制,近现代以来以班级授课制为载体的集体化的课堂教学成为教育的主要途径。

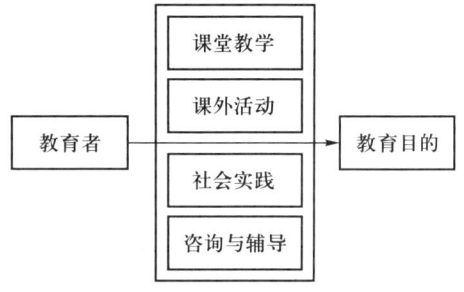

图10-1 教育途径

现代化社会中的学校教育,教育的形式和内容在不断丰富和拓展,教育途径也随着社会发展不断变化和革新。目前教育途径已经形成了以教学为主,课堂教学、课外活动、社会实践、咨询与辅导等并举的崭新格局(图10-1)。现代社会学校教育中,教育者们通过这四种主要教育途径的实施实现培养人的教育目的。随着教育的不断改革与发展,随着现代教育技术的不断更新,教育途径也将不断地得到丰富与发展。我们要注意各途径有机配合,实行功能互补,发挥整体作用,全面提高教育质量。

第一节 教 学

教学活动是贯彻国家教育方针,实现教育目的的最基本、最核心的途径。在实现对受教育者的德智体美劳的培养过程中,与课外活动、社会实践等途径方式相比,它处于最重要的地位。

一、教学的概念

(一)教学概念的形成及发展

1. "教"与"学"二词分用

我国早在商朝(公元前20世纪前后)已出现了"教"字,如郭沫若在其编写的《殷契粹编》中指出甲骨文中已有"丁酉卜,其呼以多方小子小臣其教戒"[1]的记载。甲骨文中也出现了"学"字,如胡厚宣著的《战后京津所获甲骨集》中有"任子卜,弗酒小求,学"[2]的记载。

---

[1] 孟宪承,等,编.中国古代教育史资料[M].北京:人民教育出版社,1961:15.
[2] 沈群灌.中国古代教育和教育思想[M].武汉:湖北人民出版社,1956:5.

但此时的"教"与"学"是单独的两个词,各有各的独立内涵,是分开使用的。

2. "教"与"学"二词连用

"教学"二词连用在一起,最早见于《书·商书·说命》,"学敩(音 xiào,同教)学半"。《学记》将之作为"教学相长"的依据,特别用来论证"学然后知不足,教然后知困。知不足,然后能自反也。知困,然后能自强也。"不过,此时的"教学"不是作为复合词使用,不具有师生双边活动的涵义,而是分别有其各自的意义。

3. 教学作为复合词

教与学二字作为一个复合词使用,最早的见于《学记》。《学记》开篇就说:"建国君民,教学为先。"这里的"教学"已含有教育者与学习者双方活动的意思,但此时的教学含义宽泛,似乎同"教育"等义,同我们通常所说的"教学"相去甚远。

宋代欧阳修作胡瑗先生墓表,说:"先生之徒最盛,其在湖州学,弟子来去常数百人,各以其经传相传授,其教学之法最备,行之数年,东南之士,莫不以仁义礼乐为学。"

明末清初,王夫之对此曾作如下解释:"推学者之见而广之,以引之于远大之域者,教者之事也。引教者之意而思之,以反求于致此之由者,学者之事也。"意即教的工作在不断增加学生之见识,学为认真思考教师教导的道理。由此可见,其中的"教学"二字,才正式指教师的"教"与学生的"学"。[①] 在中国古代,"教"有教授、教诲、教化、教训、告诫等含义,许慎在《说文解字》中说:"教,上所施,下所效也。"其中"施"就是操作、演示,即传授占卜的技巧;"效"就是模仿、仿效,即学习占卜的技能技巧。后来,由于人们过于强调"施",从而弱化了"效","教学"一词也就变得与"教授"同义了。

在英语国家,与"教"对应的词为"teaching",与"学"对应的词是"learning"。17 世纪,捷克教育家夸美纽斯在其著作《大教学论》中的扉页上,明确指出了写作此书的目的:"寻找一种教学方法,使得教员因此可以少教,但是学生可以多学。"[②]在 20 世纪,由于人们强调"教"与"学"的统一,一般用"instruction"来指称教学活动。

(二)教学的涵义及本质

就现代社会学校教育研究中各种对教学概念的理解差异,我国学者王策三先生对不同语境中的用法进行了专门的分析,归纳出了五种类型:第一种,最广义的理解。一切学习、自学、教育、科研、劳动,以至生活本身,都是教学。这是将生活本身视为教学。第二种,广义的理解。与"教育"一词含义相同,只是比生活本身那种自发的、零星的、片面的影响更具目的性、领导性、经常性和全面性。第三种,狭义的教学。它是把教学从教育这个概念中分化出来,作为教育的一部分,它以传授和学习知识技能为主要内容,对学生的身心的多方面影响都是紧紧结合知识的传授和学习来进行的。第四种,更狭义的教学。即在有的场合下,教学被理解为使学生学会各种活动方法和技能的过程。如在小学教学生阅读、写字、算算术。它有训练的意思。第五种,具体的教学,指中小学课堂中发生的活动。

就教学的本质而言,教学是教师的教和学生的学所组成的一种人类特有的人才培养活动,通过这种活动,教师有目的、有计划、有组织地引导学生积极自觉地学习和加速掌握文化

---

① 周德昌.中国古代教育思想的批判继承[M].北京:教育科学出版社,1982:133.
② 夸美纽斯.大教学论[M].傅任敢,译.北京:人民教育出版社,1984:8.

科学基础知识和基本技能,促进学生多方面素质全面提高,使他们成为社会所需要的人。具体来说,教育的特征是:

1. 教学是一种教师引导学生认识客观世界的认识活动

教学是受教育者个体在教育者的引导下,积极主动地学习人类创造积累的文明成果的活动。人类的认识活动是人脑对客观现实的反映,人类所有的认识活动都从属于这一范畴,教学活动也不例外。教学是学生的个体认识。也就是说教学是学生个体借助一定的内在或外在动力(如动机、兴趣、强化、自我实现等),采用一定的方法(如注意、感知、抽象概括、记忆保持等)认识客体、完善认知结构的过程。不论其间教师在客观实际上起怎样的作用,教学最终都将以学生个体的认知结构的完善为目标。明确这一点是至关重要的。教学始终是学生的个体认识,应坚持以学生为主体。之所以需要教师的引导,是因为学生的主体结构还不够完善,还处在不断建构之中,学生主体是教师引导下的主体。但这并不是说教师教学中可以搞主观意志、包办代替、强硬灌输。教师无论采取怎样的教学方法,都要时刻提醒自己,所做一切都是为发展学生个体的认识服务的。

2. 教学是一种特殊的认识活动

拓展资源:

各种教学本质观

1. 特殊认识说:教学是一个认识过程,又有其特殊性。具体说来,教学是教师教学生认识世界获得发展的特殊认识形式,教育性、间接性和有领导是它区别于其他认识活动的主要特征。
2. 认识发展说:教学是促进学生身心全面发展的过程。
3. 传递说:教学是传授知识经验的过程。
4. 实践说:教学是一种特殊的实践活动。具体来说,有的把交往视为教学背景,有的把交往视为教学手段和方法,也有的把交往视为教学内容乃至目标。
5. 关联说:教学是教师的教和学生的学的统一活动。
6. 认识实践说:教学是认识和实践统一的过程。
7. 层次类型说:教学是一个多层次、多方面、多形式、多序列和多矛盾的复杂过程,教学过程的本质应该是一个多层次、多类型的解构。

(来源:李定仁,张广君.教学本质问题的比较研究.华东师范大学学报(教育科学版),1997.03.)

教学作为一种特殊的认识活动,其特殊性表现在:教学是一种间接的认识。这是针对学生所要认识的客体而言的。学生的认识与人类最初探求客观世界不同,他们所面对的不是未知的客观世界,而是人类认识和改造客观世界的成果,即人类创造、积累的文明成果的结晶。是经过学者的加工、改造,以教材的形式呈现在学生面前的,再经过教师的再加工,学生便可以快速、高效地掌握人类社会历史经验,使祖先创造积累的光辉灿烂的文化得以保存与传递,并在此基础上推陈出新,创建更优秀的文明成果。当然,现代教学中已经开始关注学生的直接经验,它也是学生认识的一部分。学生间接经验的获得要有一定的直接经验做基础,而直接经验又依赖于学生已经获得的间接经验,二者都是学生认识的方式,应当协同发挥作用。应着重指出的是间接经验是教学认识的主要方式,应坚持以间接经验为主，保证教学的计划性与时效性，以之为前提，尽量为学生创造条件，安排适量的直接经验，以利于学生主动性、创造性的发挥。澄清这一点，无论在理论上还是教学实际中都具有重要意义。

教学的基本价值规定性是要促进学生的全面发展。所谓全面发展，是指教学要全面提高学生素质。它突破了狭隘的智育范畴，即认为教学不仅仅在于知识的传授，而是以培养更具有真正意义，能迎接时代挑战的人为目的。这种人应是集认知能力、道德面貌和精神力量等多种维度于一体的。在认知方面，不仅要把握基础知识、基本技能，而且在瞬息万变的现在，还应具有迅捷地捕捉信息、灵活加以运用的能力以及正确地自我认识、自我分析、自我评价的能力等。在积极进取、充满竞争的时代，机遇与挑战并存，每个人在未来面前都应充满自信，要有迎接挑战的勇气，要有克服困难的毅力，要有承受挫折、渡过难关的顽强意志等一系列的素质要求。明确这一点是至关重要的，这是使教学实践不偏离轨道、沿着正确方向前进的一个根本保证。

（三）教学的新形式

随着现代教育的发展，出现了新的教学形式。

第一，"翻转课堂"。"翻转课堂"起源于美国科罗拉多州落基山的"林地公园"高中。2007年春，该校化学教师乔纳森·伯尔曼（Jon Bergmann）和亚伦·萨姆斯（Aaron Sams）开始使用录屏软件录制 PowerPoint 演示文稿的播放和讲课声音，并将视频上传到网络，以此帮助缺席的学生补课。后来，这两位老师让学生在家观看教学视频，在课堂上完成作业，并对学习中遇到困难的学生进行讲解。这种教学模式受到了学生的广泛欢迎。2011年，萨尔曼·可汗（Salman Khan）在 TED（Technology Entertainment Design，美国一家私有非营利机构）大会上的演讲报告《用视频重新创造教育》中提到：很多中学生晚上在家观看可汗学院（Khan Academy）的数学教学视频，第二天回到教室做作业，遇到问题时则向老师和同学请教。这与传统的"老师白天在教室上课、学生晚上回家做作业"的方式正好相反的课堂模式被称之为"翻转课堂"（the Flipped Classroom）。由此，"翻转课堂"成为教育界关注的热点。在我国，上海、南京、重庆、广州等地中小学也相继开始了翻转课堂的教学实验。

案例：

艾尔蒙湖（Lake Elmo）小学，一所位于斯蒂尔沃农村地区的学校，该校教师于 2011 年暑期接受了有关翻转课堂的相关训练，并于 2011 年 9 月至 2012 年 1 月间进行了翻转式教学。该校的特色之处在于教师能很好地将 Moodle 平台应用到教学中，使得翻转教学活动能在学生间、师生间的课余时间内进行良好的互动交流。

在小学 5 年级的数学课中，学校为学生配备了 iPad 和耳机，并要求学生先观看 10~15 分钟的视频教学，再通过 Moodle 学习管理平台来完成一些理解性的问题。学生对于问题的回答都将被保存到 Moodle 平台上，教师在第二天上课之前就可以了解到学生的答题情况，然后再针对课堂活动设计教学。此外，他们还鼓励学生在 Moodle 平台上进行协作学习，开展同学之间的互助讨论，促进学习共同体的形成。

在斯蒂尔沃区中共有 13 所学校（艾尔蒙湖小学作为其中之一）的 13 个班级（包括 10 个小学班级、2 个初中班级、1 个高中班级）52 门课程 8900 名学生参与了翻转课堂的试点教学改革,虽然最终教学成果分析须到2012年年底才能获得,但大多数教师表示他们不愿再使用传统方式教学,因为翻转课堂的学生接受度高且家长也很满意。

(来源:张金磊,等.翻转课堂教学模式研究[J].远程教育杂志,2012(4):47-48.)

第二,微课。在"翻转课堂"教学模式引进的过程中,国内兴起了一股"微课"或"微课程"热潮。可汗学院的课程是一小段一小段教师讲授知识点的"小课程"(微视频),这种供学生自主学习的教师授课的"微视频"被称为"微课"或"微课程"。在国内,"微课"这一概念最早是在2011年出现的,此后这一概念逐渐引起众多学者的关注,较早开始研究的是广东佛山教育局教育信息中心的胡铁生老师,佛山中小学还举办了国内最早的微课大赛。"微课是指时间在10分钟以内,有明确的教学目标,内容短小,集中说明一个问题的课程。"[1]"微课是以阐释某一知识点为目标,以短小精悍的在线视频为表现形式,以学习或教学应用为目的的在线教学视频。"[2]"微课是以微型教学视频为主要载体,针对某个学科知识点(如重点、难点、疑点、考点等)或教学环节(如学习活动、主题、实验、任务等)而设计开发的一种情景化,支持多种学习方式的新型在线网络视频课程。"[3]对学校教育而言,微课是一种新型的可共享的不受时间地点限制的教育资源,通过微课,学校教学模式的变革成为可能。

这些新的教学改革形式与传统教学形式形成互补。

二、教学的任务

对教学目标而言,我国诸多学者倾向于将教学目标看成一个系统,这个系统由教学总目标、学校教学目标、课程目标、单元目标及课时目标构成。这些目标之间是从上到下、从抽象到具体的层级关系,上级目标对下级目标有指导意义,下级目标是上级目标的具体化。

在这个目标体系的最顶端,即教学总目标,体现出了教学的任务。所谓教学的任务,即教学的总目标、教学目的,是教学活动中最一般意义的目标,是期望教学要达到的最终结果。

概而言之,每种教育途径都承担着实现学校教育的任务,但由于各种教育途径都有其自身的特点,所以担负的任务也不尽相同,教学同样承担着自身的任务。在历史发展过程中,社会需要什么样的人才,教学的任务的价值取向就是什么样的标准。就现当代教学的任务而言,主要由教育性任务、实质性任务、发展性任务三种任务内容构成。

(一)教育性任务

所谓教育性的任务,是指通过教学使学生受到思想政治教育,形成正确的世界观,以及良好的道德与心理品质,从而实现学生的精神独立、人格健全。教育性任务是教学的基础性任务。

赫尔巴特认为,教学如果没有进行道德教育(品格教育),只是没有目的的手段,即"既没有无教育的教学,也没有无教学的教育",使得教学具有教育性是教学的一个最为基本的任务。

正如巴班斯基所说,教学的教育性目的要解决的是形成道德的、劳动的、审美的和伦理的观点、观念和信念,形成在社会中相应的行为方式和活动方式,形成理想、态度和需要系统以及进行体格锻炼,等等。

---

[1] 黎加厚.微课的含义与发展.中小学信息技术教育[J].2013(4):11.
[2] 焦建利.微课及其应用与影响.中小学信息技术教育[J].2013(4):13.
[3] 胡铁生,等.我国微课发展的三个阶段及其启示.远程教育杂志[J].2013(4):37.

第一,教学要培养学生坚定正确的政治方向。这是由教育目的的质的规定性所决定的。教育目的的实质之一就是要明确为什么样的社会培养人。体现在教学中就是要使受教育者明确自己应为什么阶级的利益服务,这种方向性不能有丝毫的偏离。

第二,要培养学生科学的世界观。教学中选择恰当的内容,采用合理的方式可以使受教育者掌握认识世界的科学方法。

第三,要使学生形成良好的道德品质,如团结互助、关心他人等良好品质皆应通过教学加以培养。

第四,要使学生形成良好的心理品质,增进学生的心理健康。心理科学认为,人的心理素质包括正确的认识、良好的生活适应、适当的情绪和行为以及健全的个性。教学的任务之一在于保持和增进学生的心理健康,培养学生健康的心理品质,如稳定的情绪、坚强的意志、适应环境的能力、人际交往能力等,预防和治疗心理异常与心理障碍,使学生能正确地认识、分析、评价自我,及时、适当地调整自我,讲究心理卫生,提高心理素质,形成健全人格。

(二) 实质性任务

所谓实质性任务,是指通过教学使学生掌握一定的知识和技能技巧,在这个基础上发展学生的智力与体力。实质性教学任务是教学的中心任务。

教学的实质性任务首先体现为重视知识技能,重视记忆掌握,重视具体化、规范化、数量化的具体要求。具体而言,就是使学生系统地掌握科学基础知识,训练学生形成基本技能、技巧,发展学生的智力。

使学生系统地掌握科学基础知识是教学的中心,是教学区别于其他教育途径的主要特点。教学要发挥延续社会发展与受教育者个体全面发展的功能,必须解决丰富的社会历史经验与相对贫乏的个体经验之间的矛盾。解决这个矛盾,只有用人类创造的全部知识财富来武装自己的头脑。这是教学以使学生系统地掌握科学基础知识为核心任务的原因所在。

使受教育者增长智慧、发展其智力与能力是教学的重要任务。受教育者作为具有真正社会意义的人,不仅需要扎实的基础知识、合理的知识结构,还应具有相应合理的能力结构,除一般的认识能力外,还要有对社会变化的适应能力、生存能力、创造能力、独立获取新知识的能力等一系列特殊能力,这些能力都应在教学过程中结合知识的学习来加以培养。

实质性任务还要求发展受教育者身体,增强体质,促使其健康成长。良好的身体素质是从事一切活动的前提。无论体育课还是其他各科教学,都应在保障学生身体健康的前提下进行。通过教学,指导学生锻炼身体,促进身体的正常发育和机能发展,增强体质,提高健康水平;使学生掌握锻炼身体的科学知识与正确方法,养成经常锻炼身体的习惯,增强身体的运动能力,使学生掌握卫生保健知识,养成良好的卫生保健习惯以及培养在生活中保障身体安全的意识等。总之,教学的指导思想要关注学生的身体健康,教学的内容要有益于学生身体的健康,教学的结果要增进学生身体的健康。

(三) 发展性任务

所谓发展性任务,是指通过教学发展受教育者创造性、独立性、自主性,促使学生更富于创造力,更富有责任感。发展性教学任务是教学取得高质量,从而实现学生发展可持续的保障。

首先,根据世界新的技术革命和社会发展历史新时期的要求,培养学生的创造性、独立性、自主性等成为新时代赋予教学的新任务。课堂教学既有培养创造精神的力量,也有压抑创造精神的力量。新世纪新时代对教学提出的任务要求是要更多地培养创造精神的力量，保持学生的首创精神和创造力量；教学在传递文化传递知识的同时不能用现成的模式压抑创造性；鼓励教学要密切注意每一个人的独特性，更多挖掘、保护、发挥学生的天才、能力和个人的表达方式。

其次，现代社会越来越需要教学为培养个人的判断力和责任感做出贡献。教学中教师的工作并非只是传递信息，甚至也不是传授知识，而是以陈述问题方式介绍这些知识，把他们置于某种条件中，并把各种问题置于未来的背景中，从而使学生能在其答案和更广泛的问题之间建立一种联系。学生更加需要通过教学这种方式活动能终身性地获得在未来适应变革的能力。①

上述三种任务（教育性任务、实质性任务、发展性任务）所规定的是现代教学的一般任务，是无论各个教育阶段（大学、中学、小学）或者各门学科（语文、数学、外语等）等都要遵循完成的任务、努力的方向，起着指导和动员的作用。

但是，一般任务必须要具体化，停留在"一般"层面容易失之笼统，容易落空。教学一般任务的具体化，具体而言，应该落实到课程、教材、教学方法、教学组织形式和学业成绩评价等各个环节，落实到这个教学工作体系中。

三、教学的地位

教育途径作为实现学校教育目的与任务的重要教育要素，有多样性，包括教学、课外活动和社会实践等。其中教学是基本途径，在整个教育体系中居于中心地位，发挥核心作用。因此，学校教育工作必须要坚持以教学为主。

教学在学校教育中的核心地位是由多种因素决定的。

第一，以教学为主是学校教育工作的特点决定的。教育这一社会现象在不同历史时期，其表现形态亦不尽相同。原始社会的教育是在社会生产及生活过程中进行的一种非正规化或者非形式化的教育，此间的教学同此间的教育概念是不分化的，几乎是生活的本身。而学校的产生使教学与生活分化开来，教学活动从此成为学校的独立活动。与在社会生产与生活中的教育活动不同，它是学校教育活动中的主要活动。以教学为主这一学校教育工作的特点，是学校与工、农、商等其他部门的根本区别之所在。

第二，教学是实现教育目的的基本途径。因为在各种教育途径中，教学工作所占时间最多，工作比重最大，教学的计划性、系统性比其他途径更强，更能充分地发挥教育作用，促进学生个体的全面发展。

第三，教学为主是由教学自身的特点决定的。让学生掌握间接经验是教学的特色与功能，它可以迅速、有效地将人类积累起来的文明成果转化为学生个体的智慧，让学生能站在更高的起点上对社会发挥更积极的作用。

第四，受教育者的发展是德、智、体、美、劳统一全面发展的过程，教学是实现这些方面统一、综合发展的最有效途径。教学不仅要培养能力、传授知识，而且还要培养受教育者的思想品德，使之形成正确的人生观、世界观；教学还要发展学生的身体素质，增强其体质，促使受教育者身体各个部分及机能的正常发育，为智力发展打下良好基础；教学还要培养受教育

---

① 联合国教科文组织总部中文科译.教育——财富蕴藏其中[M].北京：教育科学出版社，2006：138.

者发现美、鉴赏美、享受美的能力,还要使受教育者掌握现代生活中生产的基本原理,使之在现代生活中能适应不断发展变化和社会职业不断流动的需求,等等。以上所列的诸多方面任务,只有以教学为主要的形式,才能完成这一综合任务。

第五,历史上正反两方面的经验表明,要提高教育质量,更好地进行自我教育,学校必须坚持以教学为主。苏联十月革命胜利后,在清理旧教育创建社会主义新教育的过程中,由于受杜威实用主义教育思想影响,在20世纪20年代曾采用统一劳动学校的方案,取消了正常的班级授课制,生产劳动成为学校生活的基础,结果导致人才质量严重下降,造成国民教育与经济建设之间极不协调的局面。到20世纪30年代苏联坚决整顿教育工作,重新将学校教育纳入了以教学为主的轨道,从而真正提高了学校教育的质量。新中国成立以来我国教育的几起几落亦表明这样一个事实,即凡是坚持学校以教学为主,教育质量就会有保证,否则就会严重下降,造成惨重的损失。历史的经验是以惨痛的代价和巨大的牺牲换来的,对此,我们不可以掉以轻心。

对教学在学校教育中的中心地位必须给予正确理解。以教学为主,说明教学是学校教育主要的中心工作,而不是唯一工作,学校的其他各项工作应围绕中心工作来组织开展。学校在保证教学的时间、秩序、质量的同时,还应充分利用其他教育途径,使多种途径协调发挥育人功能。

四、教学的过程及规律

(一)什么是教学过程

教学过程,是教师教的活动与学生学的活动按照确定的原则、目标、形式和程序启动、互动,从而现实地生成和开展教学的过程,也就是教学活动合目的、合规律、现实地建构、生成和展开的过程,更是教学质量现实地形成的过程。

(二)教学过程理论的构成要素

对教学过程到底由哪些基本要素构成,研究者存在不同的看法。从而形成了如三要素说、四要素说、五要素说、六要素说、七要素说等观点,其中较为有代表性的为三要素说、七要素说。

三要素说认为教学过程是由教师、学生、教材三个要素构成。

七要素说认为,教学是由学生、目的、课程、方法、环境、反馈和教师这七个要素构成。

我们认为,三要素说对于教学过程的描述过于简练,而七要素说则过于冗杂。我国学者李如密所提出的"三三构成"要素说则进行了整合,具体如图10-2所示。

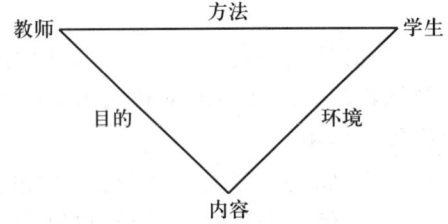

图10-2 "三三构成"要素说

(三)教学过程的主要矛盾

虽然在教学过程中存在诸多要素,但是,教师的教与学生的学之间的矛盾是教学过程的主要矛盾。在教学过程中,各个基本要素以及各个基本要素之间的矛盾,无论其如何展开,都是围绕着"教师指导学生学习"的主题展开,各自集合在一起,形成了教学过程的两大矛盾系统,即教师的教与学生的学的矛盾。这一矛盾是教学过程各个要素之间各种矛盾的高度集中与概括,是各种各样的具体矛盾中的最为主要的矛盾。

教师和学生是教学过程中的两个主体因素,这一矛盾贯穿于所有的教学过程的始终。同时,也支配着其他矛盾的存在和发展,这一矛盾的存在也是教学过程发展的动力和源泉。

(四)教学过程的四条基本规律

1. 间接经验与直接经验相互作用辩证统一

学生个体获得知识有两种途径,一是间接经验,二是直接经验。直接经验是指他人认识的成果,他人通过实践获得的理性认识,大多表现为书本知识;间接经验是指学生通过亲身实践,接触外界事物获得的感性认识。教学过程中,必须实现间接经验与直接经验的相互作用。间接经验与直接经验相互作用,主要包括两个方面内容:

第一,学生要以掌握间接经验为主。

掌握间接经验,以学习书本知识为主,是一条简约、直接、高效的认识捷径。学生以学习书本知识为主,可以避免认识过程中盲目性的产生,节省时间和精力,有效避免认识过程中的偶然性和曲折性,从而大大提高认识的效率。同时,以学习书本知识为主,可以使学生尽快获得大量的科学文化知识,从而在此基础上更加广泛、深入地认识世界和改造世界。

比如人类关于勾股定理的认识,如果直角三角形的两条直角边长分别为 a,b,斜边长为 c,那么 $a^2+b^2=c^2$。这是人类经历了无数实践而证明的确定性知识。埃及人在 4500 年前建造金字塔和测量尼罗河泛滥后的土地时,就广泛地使用勾股定理。古巴比伦(公元前 1800 到 1600 年)的数学家也提出许多勾股数组。所以对于此类确定性的知识,就没有必要再让学生亲身实践想尽各种办法去证实勾股定理的正确性。因为到目前为之,一个勾股定理的证明方式就高达四百多种。学生的人生是短暂的,而人类文明长河中的知识则数不胜数,事事都让学生亲身实践,必定影响社会的发展与进步。

第二,学习掌握间接经验要以学生的直接经验为基础。

学生理解现有的间接经验,必须通过已有的直接经验才能更好地接受、理解、消化和巩固。因为学生的认识遵循人类认识的普遍规律,从感性到理性,不断深化,学生的间接经验是建立在直接经验的基础上的。以间接经验为主并不是不要直接经验。因此,学生学习间接经验必须要以直接经验的累积为基础。学生的直接经验在间接经验的学习的过程中具有不可替代的特殊价值。在各科教学中,如果缺乏必要的感性经验,都应想方设法运用各种有效方式,让学生充分感知,丰富其感性经验。学生感性经验越丰富,间接经验理解起来越容易。

2. 教与学双边交互影响辩证统一

第一,教师在教学活动中起主导作用。在教与学的矛盾关系中,教师的教是矛盾的主要方面,支配着学生的学,教师在教学中应当起主导作用。教师在教学中起主导作用是必然的,这是因为教师的职责就在于要根据一定的教育目的、教学计划,通过"传道、授业、解惑",将学生培养成为全面发展的有用人才。因为教师是闻道在先,是术业有专攻,先于学生受过专业的培养和训练,具有较高的思想政治觉悟、丰富广博的知识和生活经验,掌握基本的教育教学规律。教师有责任,也有能力主导教学过程。

第二,学生的主体作用不能忽视。在整个教学的过程中,学生是学习活动的主人,教学过程中教师的教只有以学生的主动学习为基础,才能取得更好的效果。一般而言,学生的学习主动性、积极性越强,求知欲、自信心、刻苦心、探索性、创造性越强,学习的效果就越好。

但是,需要注意的是,教与学是辩证统一的,不可偏废。教师的主导与学生主体相结合,才能形成积极有效的教学活动。这里所说的充分发挥学生的主体作用,与杜威的"儿童中心论"是有区别的,充分发挥教师的主导作用,与"教师中心论"也是有区别的。教师主导作用的充分发挥,是以学生主体性作用充分发挥为前提的,而学生主体性作用的充分发挥,又是教师主导作用充分发挥的必然结果。

3. 掌握知识与发展能力交互作用辩证统一

掌握知识与发展能力交互作用辩证统一,即掌握知识与发展能力相互依存、相互促进。掌握知识是发展能力的基础,发展能力又是掌握知识的必要条件,两者相互联系,辩证统一。

第一,掌握知识是能力发展的主要基础。学生的能力是在掌握知识技能的过程中形成、发展和表现出来。离开或排斥掌握知识,能力发展无从生长。

第二,发展能力又是掌握知识的必要条件。学生具有一定的智力、能力,是进一步掌握文化科学知识的必要条件,直接影响到学生掌握知识的广度、深度、巩固程度和运用程度。实践表明:能力发展水平的高低影响着学生对知识的掌握。

根据这一教学规律,要坚决防止片面追求知识累积、片面追求升学率的倾向。同时,也要警惕脱离知识而发展学生能力的片面倾向。

4. 教学效果取决于教学系统的和谐优化程度

在教学过程中,各种要素、环节能否组成优化结构,能否和谐地发挥整体的最佳功能,从根本上制约着整个教学过程的最终效果。实践证明,以整体的、联系的、辩证的、发展的观点来思考和处理教学过程中的复杂的现象以及关系,促使教学系统实现和谐优化,就可以取得理想的教学效果。反之,则容易导致教学质量的下降。

教学系统的和谐优化主要包括教学要素的和谐优化、教学结构的和谐优化、教学环节的和谐优化、教学节奏的和谐优化。

教学要素的和谐优化,即教师在教学过程中应该致力于充分发挥各种要素的作用,改善各种要素之间的相互关系,促进整体合力的产生;教学结构的和谐优化,是指组成教学结构的各个部分,像组织教学、检查复习、讲授新教材等,应注意根据教学实际合理地安排其在整个结构中的地位、顺序以及时间分配,使之做到合理操作、协调配合、有效控制、相互促进;教学环境的和谐优化,指备课、上课、作业的布置与批改、课外辅导、考核等,都以各自的质量和效率保证整个教学过程的质量和效率;教学节奏的优化,是指教学过程中整体节奏要做到巧妙安排、衔接有序、快慢得体、动静相生、起伏有致、穿插得体。①

五、教学的基本环节

(一)教学的准备

教学的准备也叫备课。它是上课的准备工作,只有备好了课,才能上好课。备课主要是对教学进行设计,它主要是对教学过程进行周密的思考。教学设计应为上课留有创造的空

---

① 李如密.现代教学理论研究.长春:吉林人民出版社,2003:12.

间,而不能是一个刚性的计划。在备课中一般要做好以下工作:钻研课程标准、教学要求和教学目标;钻研教材,确定教学的重难点;研究有关教学参考资料并对其进行选择与组织;了解学生的知识经验基础心理特点;选择教学方法与教学手段;拟订教学活动计划、设计教学结构;课件的准备与制作及教学资源的开发与利用(如多媒体资源、社会资源等)。

(二)教学的实施

拓展资源:

叶澜:一节好课的标准

华东师范大学教授叶澜认为,一堂好课没有绝对的标准,但有一些基本的要求。大致表现在5个方面。

1. 有意义,即扎实。(如果教师讲的学生都知道,何必再上课?)

在一节课中,学生的学习首先是有意义的。初步的意义是他学到了新的知识,进一步意义是锻炼了他的能力,往前发展是在这个过程中有良好的、积极的情感体验,产生进一步学习的强烈要求,再发展一步,是他越来越会主动投入到学习中去。

这样学习,学生才会学到新东西。学生上课,"进来以前和出去的时候是不是有了变化",如果没有变化就没有意义。一切都很顺,教师讲的东西学生都知道了,那你何必再上这个课呢?换句话说,有意义的课,它首先应该是一节扎实的课。

2. 有效率,即充实。(课堂上学生都应该有事情做)

有效率表现在两个方面:一是,这节课下来,对全班学生中的多少学生是有效的;二是效率的高低。有的高一些,有的低一些,但如果没有效率或者只是对少数学生有效率,那么这节课都不能算是比较好的课。从这个意义上,一节课应该是充实的课。整个过程中,大家都有事情干,通过教师的教学,学生都发生了一些变化。

3. 生成性,即丰实。(上课不能完全预先设计)

一节好课不完全是预先设计好的,而是在课堂中有教师和学生真实的、情感的、智慧的、思维和能力的投入,有互动的过程,气氛相当活跃。在这个过程中,既有资源的生成,又有过程状态生成,这样的课可称为丰实的课。

4. 常态性,即平实。(哪怕部长听课,也要"目中无人")

不少老师受公开课、观摩课的影响太深,一旦开课,容易出现的毛病是准备过度。教师课前很辛苦,学生很兴奋,到了课堂上就拿着准备好的东西来表演,再没有新的东西呈现。当然,课前的准备有利于学生的学习,但课堂有它独特的价值,这个价值就在于它是公共的空间,需要有思维的碰撞及相应的讨论,最后在这个过程中,师生相互生成许多新的知识。

公开课、观摩课更应该是"研讨课"。叶澜教授告诫老师们:"不管是谁坐在你的教室里,哪怕是部长、市长,你都要旁若无人,你是为孩子、为学生上课,不是给听课的人听的,要'无他人'。"她把这样的课称为平实(平平常常、实实在在)的课,并强调:这种课是平时都能上的课,而不是有多人帮着准备,然后才能上的课。

5. 有待完善,即真实。(只要是真实的就会有缺憾)

课不能十全十美,十全十美的课造假的可能性最大。只要是真实的就会有缺憾,有缺憾是真实的一个指标。公开课、观摩课要上成是没有一点点问题的,那么这个预设的目标本身就是错误的,这样的预设给教师增加很多心理压力,然后做大量的准备,最后的效果往往是出不了"彩"。有了问题,才有进步的开始,不能把自己装扮起来、遮掩起来。

生活中的课本来就是有待完善,这样的课称之为真实的课。扎实、充实、平实、真实,说起来好像很容易,真正做起来却很难。但正是在这样的一个追求过程中,教师的专业水平才能提高,心胸才能博大起来,同时也才能真正享受到,"教学作为一个创造过程的全部欢乐和智慧的体验"。

(来源:2005年12月16日《厦门晚报》教育版)

教学的实施也即上课。它是将教学计划付诸实施的过程,是整个教学活动的中心环节。在上课时要注意以下几点:要尽量运用启发式教学,避免灌输式教学;要注意运用多种教学方法促进学生的发展;要尽力调动学生的主动性、积极性,不能教师"一言堂";要注意培养学生的创造性思维,不要只关注知识的传授与技能的培养;要注意随课堂的变化采取相应的教学措施,不局限于教学计划;要培养学生的自学能力等。

(三)作业与辅导

布置学生做作业是教学的重要组成部分,它可以达到巩固教学效果以提高教学效能的目的,培养学生运用所学知识解决实际问题的能力。在布置作业时,要注意作业的代表性,尽量反映教学内容的全貌,但要少而精,注意减轻学生过重的课业负担。教学辅导的目的在于为学生提供针对性的帮助,主要是对落后生提供特殊指导,也包括对其他学生的个别化指导。个别化指导旨在保证教学效果,使每个学生的发展达到最大化。

(四)教学评价和反思

教学评价主要对教师的教学状况及学生的学习状况进行诊断,以判断教学效果,为教学调控提供信息,为下一周期的教学提供参照基础。在对教学进行评价时,要注意灵活运用诊断性评价、形成性评价与总结性评价,定量评价与定性评价,即时评价与延缓评价,以促进学生的发展,要避免评价方式的单一性;要注意运用评价促进或改进教学。

教学反思是教学评价的重要方式,它对于改进教学、提升教师教学的智慧性、促进教师的专业发展具有特别重要的作用。教学反思可分为展望性反思、过程性反思与结果性反思。展望性反思主要是对教学过程、教学结果、教学情境的预期;过程性反思是在教学过程中进行的即时反思,以达到对教学过程的即时监控与调整;结果性反思主要是在教学完成后进行的反思,主要目的在于对自己的状况及教学过程中采取的措施的适当性进行反思,以便在下一个教学周期内进行改进。在教学中,教师应具有反思意识,要善于利用不同的反思来为教学服务。

第二节 课外活动

课外活动是教育的另一重要途径,它和学校课堂教学相互联系、相互促进,是贯彻教育方针、实施素质教育、实现教育目的必由之路。课外活动是课堂教学活动的补充、扩展和深化,是学生获取知识、提高素质、全面发展的重要途径,在培养教育学生过程中具有独特的、不能被课堂教学所取代的重要作用。

一、课外活动的概念与特点

(一) 课外活动的概念

课外活动是学校为实现学校教育目的,与课堂教学相配合,在课堂教学以外对学生身心实施多种影响的正规教育活动。这里的课外,并非指空间上在课堂之外,而是指以学科课程为中心的教学活动之外。而且这里说的课外活动是单指校内在学科之外组织的教育活动。在我国新修订的课程计划中,已经非常明确地将课外活动列入课程计划,其中规定了各年级课外活动课时,课程计划中开设的课外活动,属于课外活动的范畴。

课外活动是与课堂教学相对应的一个概念,它与课堂教学共同构成完整的学校教育。因此,它与课堂教学有相应的共性存在。

首先,课外活动作为学校教育的一个组成部分,与课堂教学一样,是一种正规的教育活动。这说明课外活动应是由受过专业训练的教师对中小学生进行的有目的、有计划、有组织的影响活动,活动本身不能带有任何的随意性。其次,课外活动与课堂教学的方向一致,共同为实现学校教育目的服务。二者都是通过一定的途径、内容、方法和手段,对学生身心施加影响,为一定社会培养所需人才。

课外活动不同于课堂教学。尽管课外活动与课堂教学构成学校教育的两条并行轨道,共同承担学校的育人职责,共同发挥学校的育人功能,与课堂教学有共性存在,但课外活动毕竟不是课堂教学,它之所以能够独立存在,是因为它与课堂教学还有一定的差异性,有其自身的特点,是课堂教学所无法替代的。

课外活动不同于校外活动。校外活动是由校外教育机构领导和组织,旨在对青少年进行教育的活动,虽然它在形式与内容上与课外活动有类似之处,但它属于社会教育的范畴。

课外活动也不同于学生在课外完全自主(没有学校的引导与指导)参加的各种活动。这类活动实际上是生活活动,不属于学校教育范畴。课外活动可以发生在校内,也可以发生在校外,主要是看这种活动是否由学校发动、部署和组织。在我国,课外活动一般是由学校、老师、少先队、团委、学生会等发起与组织的,但它往往又要得到社会相关人员及机构的配合与协调。

课外活动不同于活动课课程。课外活动与活动课程也是既有联系又有区别的。课外活动与活动课都是以全面发展的教育思想为指导,通过开展各种有益的活动,扩大学生视野,发展志趣和特长,丰富精神生活,培养学生的主动性和创造性,促进全面发展。但课外活动与活动课程之间,并不是简单的名称上的更易,而是有质的区别。活动课程是列入具有指令性的课程计划的正式课程,是每个学生都必须参加的,它具有课程自身的目标体系,依据课程的目标体系选择活动内容,并有活动指导纲要、活动教材、活动教学参考书等予以保证。而课外活动是课程以外的各种教育活动,不是正式的课程,不受课程计划的限制,在活动内容、形式等方面灵活性更大,也不是人人都必须参加的。

(二) 课外活动的特点

1. 自愿性

所谓自愿性,是指中小学组织的课外教育活动,学生是自由选择,自愿参加的。课外活动一般不像课堂教学那样要求人人参加,它要求学生根据自己的兴趣、爱好自愿选择所喜欢的活动。课外活动形式内容是丰富多彩的,它们多是学生喜闻乐见的,具有吸引力,能够引起学生浓厚的兴趣,激发他们探究的心理与欲望。学生的兴趣在课外活动中可以得到最大的实现,从而使学生的特长、爱好得到较好的发展,而这本身又增加了学生进一步参加课外活动与课堂学习的动机与兴趣。

课外教育活动则是学生依据自己的兴趣、爱好、特长及自己的现有发展水平自主选择、自愿参与的,可以使学生的个性得到充分发展。

课外教育活动以自愿为原则加以组织,正视学生间发展的不平衡性,可以弥补课堂教学因材施教的不足,使学生的兴趣、特长得到良好发展。因此,要防止把课外活动办成变相的课堂教学。

2. 开放性

所谓开放性,是指课外活动不受课堂教学内容的局限,凡是符合学校培养目标,学校具备开展活动条件的内容,皆可作为课外教育的内容。

与课堂教学相比,课外活动不受教学计划和学校围墙的限制。凡是符合教育要求、有利于学生身心发展的事物,均可创造条件将其纳入课外活动的范畴。课外活动的内容与形式较教学更接近日常生活现实,具有较大的包容性。因此,课外活动为学生打开了生活的领域,比课堂教学具有更大的开放性,它能容纳丰富的内容、多样的形式。

课外活动依据中小学的培养目标,既可以选择课堂教学涉及的内容,也可以选取现代科技发展的新成果,甚至可以进行创造性研究和探索活动;既可以适应社会发展的需求,又可以培养具有创造意识、创新精神的新一代,推进社会的发展。

课外活动内容上的开放性,决定了课外活动是丰富多彩的。因此,要防止完全以课堂教学内容填塞课外活动,把课外活动变成课堂教学的延续。

3. 自主性

所谓自主性,是指课外活动要充分发挥学生的主体作用,使学生在积极、主动、自觉的活动状态下受到良好的教育。

学生在课外活动中比在课堂教学中有更大的自主权。富有成效的课外活动,大多是在教师及相关人员的指导下由学生独立组织、自主展开的。在活动过程中,教师不可能也没必要像课堂教学那样牵着学生走。可以说,课外活动是学生自己的活动,学生才是课外活动的主人,教师在课外活动中只能起辅助作用。

课外教育活动是学生自我组织、自我设计、自我活动及自我总结的过程。在整个活动过程中,以学生有兴趣做基础,有活动的内部驱动力,教师只给予必要的活动方向、方法以及知识上的点拨,学生多在自主的活动中获取知识,增长智慧。课外活动可谓真正地充分发挥了学生的主体作用,这无疑会强化学生的主体意识,而主体意识对个人成长、社会发展是至关重要的。

课外教育活动上的自主性,决定学生是课外活动的主人,实践中教师要防止包办代替,以真正锻炼学生的智慧与才能。

4. 灵活性

所谓多样性,是指课外活动的形式、方法、时间等是灵活多样的。

课外活动则可以打破班级界线,活动人数可多可少,可以是群众性的、小组性的,也可以是个人活动;活动的时间可长可短;活动不仅可以走出课堂,还可以走出校门、走向社会,学生可以亲自进行调查、参观、访问等,只要符合学生的年龄特征,就可以大胆采用新形式。

课外活动在时间上可以根据学生的年龄特征、知识水平、愿望要求、客观条件等各种情况灵活确定,不论何种形式、规模大小、时间长短,凡是能给予学生以健康有意义影响的活动可以随时组织进行。

5. 综合性

与课堂教学以学科为中心进行组织不同的是,课外活动是以活动及学生为中心进行组织的。因此它提供的场景是综合的,它能为学生提供同时运用多种知识、展示多种才能的机会。即使是学科性质的课外活动,它也要求学生能综合运用该学科的知识技能进行活动。学生在课外活动中获得的发展也是综合性的,而不仅仅是知识与技能的发展。因此在课外活动中,要注意组织综合性的学习活动,以使学生全身心地参与,获得丰富的体验与发展。

6. 探究性

课外活动的内容、形式、方法等都具有较大的不确定性,它不像课堂教学那样绝大部分内容都以定论的形式呈现。正是这种未确定性,课外活动对学生才具有吸引力。它将学生的好奇心牢牢扣住,而学生又天生具有极强的好奇心。这二者的结合,课外活动就充满了探险,充满了乐趣。课外活动能培养学生的探究兴趣及初步的探究意向。

二、课外活动的意义

课外活动作为学校培养人才的一个重要途径,在教育理论与实践中颇受重视,且历史悠久。

我国最早的教育专著《学记》中就提出了"时教必有正业,退息必有居学"的课内与课外相结合的教育思想。苏联著名的教育理论家、实践家苏霍姆林斯基亦非常重视课外教育。他甚至认为课外教育作为智育的必不可少的组成部分,与课堂教学是同等重要的,没有主次之分,并亲自在帕夫雷什中学建立了他称之为"智力生活基地"的各种各样的课外活动小组,主张课内外相结合培育人才。

如今,伴随经济的发展与生活环境的改变,一方面对学生的质量规格要求在提高,同时也不容忽视的是学生中出现了许多与社会发展不相适应的个人行为。面对这些变化,课堂教学已力不从心,人们在寻求课堂教学改革的同时,自觉转向课外活动,课外活动是学校重要育人途径的观点已成共识。作为现代学校工作的重要内容,课外活动应充分发挥其课堂教学所无法替代的作用。

(一)课外活动有利于促进学生多方面素质的提高

课堂教学是培养学生素质的重要环节,学生素质的提高不能脱离课堂教学。但课堂教学具有封闭性、统一性的特点,侧重于知识的传授,不利于学生素质的全面提高,学生多方面素质的发展不能仅仅依靠课堂教学。课外活动以其丰富的活动内容、灵活多样的活动方式,无疑会有助于弥补以知识训练为主的课堂教学给学生整体素质提高造成的缺陷,提高学生的综合素质。

课外活动有助于学生巩固、加强、扩大课堂所学的基础知识。课外活动中,学生以课堂所学知识为基础,运用课堂所学知识从事多种活动,可以加深对这些知识的理解,使其得以巩固和强化;同时,课外活动内容的广泛性与先进性决定学生能够获得许多课堂上无法得到的新知识,特别是一些先进的科学技术知识,可以极大地丰富学生的知识体系,拓展学生视野,使知识结构更趋于合理。

课外活动有助于学生智力的开发与能力的培养。课外活动多以学生亲自参与实践的活动方式进行,活动是思维产生的源泉,也是感性认识的基础,是训练思维的体操,它有助于学生智力的开发。学生通过自行设计、组织、完成活动,也使组织能力、操作能力、创造能力、交往能力、自我教育能力等多方面能力得以培养,课外活动在能力培养上有巨大的优势。

课外活动有助于学生形成良好的思想品德。良好思想品德的形成有一个从知到行的过程。课外活动多以集体的方式进行,在活动中难免会有成功与失败、个人与集体的冲突。但由于活动是学生自愿参与的,他们会以积极的态度面对这些问题,解决这些问题,这不仅有利于培养学生的主体意识、克服困难的毅力与开拓创新的精神,而且有利于形成团结友爱、相互协作等良好品质。另外,有些活动,如社会调查、参观访问、公益活动等有助于培养学生积极的思想情感,这是制约良好品德行为的重要因素。

课外活动有助于提高学生的身体素质。体育课作为学校实施体育的基本途径,由于课时所占比重小,无法独自完成体育任务。课外体育活动则可以有效地利用课余时间,向学生说明锻炼身体的意义,激发学生进行体育锻炼的兴趣,养成自觉锻炼身体的习惯,从而增强学生身体素质。课外体育活动还可以发现体育新秀,为国家输送高水平的体育人才。

此外,课外活动还可以提高学生的审美素质与劳动素质。总之,课外活动可以弥补课堂教学的不足,促进学生多方面素质的提高。

(二)课外活动有利于推动学生良好个性的充分发展

重视儿童的个性发展是理想教育永远的追求。课堂教学更多地关注人才培养的共性问题,因材施教不足,个性培养得不到完全落实。而伴随社会的发展,人们的自我意识逐渐增强,发展个性成为一种强烈的愿望,这就构成了一对尖锐的矛盾。课外活动组织上的自愿性等特点决定它可以更好地贯彻因材施教原则,为学生个性的充分发展创造良好的条件。

课外活动是培养学生兴趣、爱好的重要手段。兴趣是学生学习与探索的原动力,也是他们进步与成才的起点。中小学生一般是根据自己的爱好、兴趣自愿选择参加课外活动,一次组织得好的活动不仅对中小学生有极大的吸引力,而且,伴随活动的深入,对相关事物信息量的不断增加,兴趣会不断得到强化,以至发展成为志趣,这将在很大程度上影响学生的职业选择。

课外活动有助于发展学生的特长。特长是个性充分发展的重要方面。学生在成长过程中,常常会表现出在某一方面的优势,这种优势不断得到正向强化,就可能发展成为学生的特长,为其一生的成功奠定良好的基础。学生以自己的需要和兴趣选择参与能够发挥自己优势的课外教育活动,活动中每一次成功的体验都会激励他们以更积极的态度从事该项活动,其特长就会在这种良性循环中得到充分发展。

(三)课外活动有利于充实学生的课余文化生活,抵御不良因素的影响

在学生的日常生活中,虽然大部分时间是按照课程计划规定日程、科目参与教学活动,但是仍然有相当的课余时间供自己自由支配,参与社会生活。"自由时间如田,不种庄稼就长草。"因此需要学校及相关部门组织大量健康有意义的教育活动占领他们的课外生活时间与阵地,充实学生的课外活动生活。

健康、有意义的活动,可以引导学生过多能量的正确有效释放,可以引导学生过一种健康、向上、充满正能量的生活。正值青春年华的学生,活泼好动、求知欲强、创造力强。日益多样、形式多样、丰富多彩的课外活动还可以满足学生们精神文化的需求,充实学生的精神

文化生活。

总之，课外活动可以充分利用学生课余时间，指导学生选择积极健康的活动形式和内容，充实自己的课余文化生活，陶冶情操，提高认识，自觉抵制社会不良因素的影响。

（四）有利于加强学生与社会的联系，加速个体的社会化进程

课堂教学的封闭性强，使学校教育与社会相脱节，限制了学生多方面的发展，延缓了人的社会化进程。课外活动可以突破校园的局限，走向社会，通过参观、访问、社会调查与实践等方式，引导学生关心、了解、参与社会生活，进而加强学生与社会的联系，增进独立生活的能力与本领，打破本本主义，扩展生活空间，增进对社会及人生的理解，加速个体社会化进程。

课外活动能使得学生不受教学时间和空间的限制，广泛接触社会，参与社会活动，在广阔的活动空间以及繁杂的人际交往中经受锻炼。可以教学生独立处理问题，深入认识社会，对其独立性、创造性以及实际的工作能力的发展有较大的正向促进作用。

三、课外活动的基本内容

课外活动的内容，应该根据一个国家的教育方针、培养目标、学生身心发展特点以及学校实际来确定。课外活动内容极其丰富、范围广泛、形式多样。主要包括以下几个方面：

（一）综合实践活动

综合实践活动是课外活动目前的一个主要平台，也是一个第八次课程改革新兴起来的平台。综合实践活动，一方面可以做到课内与课外相结合，让学生在课余时间走出校门，了解社会，了解民情国情，培养学生的爱国之心；可以让学生建立社会责任感，提高社会认知能力、实际工作能力。另一方面，可以通过请进来的方式让学生接触社会。

（二）学科活动

这类活动内容，与各门学科课堂教学内容紧密联系，但是又不是教学内容的简单重复，而是教学内容的扩展和延伸。一般以学科兴趣小组的活动形式呈现，比如数学兴趣活动小组、语文兴趣活动小组，等等。

（三）社会政治活动

社会政治活动是指配合社会、国家展开的重大政治活动而进行的宣传教育等各种社会实践活动。如社会调查、参观访问、时事政策宣传、历史事件纪念、大型节日庆典等，是对学生进行思想政治教育的良好素材。具体而言，包括以下几个方面：

第一，结合节日、纪念日，组织学生开展各种活动。

第二，结合已学习的政治理论及当前学生存在的思想倾向，进行社会调查。

第三，根据当前国内外形势，组织学生直接参加社会政治生活，激发他们的社会政治自觉性，从中受到教育，通过这些活动提高学生的思想政治意识，树立远大理想。

（四）科学技术活动

科学技术活动是指学习现代科学技术知识，从事科技制作的活动。科技活动的内容很广，既有科技探索活动，也有科技普及活动。科技探索活动包括：与学校所设学科相对应的学科探索活动，如自然小组、物理小组等；以实践为主，要求学生亲自动手操作的技术探索活动，如计算机、航模等。科普活动包括科技信息的传播、成果的展示，等等。科学技术活动是培养学生科学素质的最佳选择。

（五）文化艺术活动

文化艺术活动是以培养学生的文艺爱好、发展学生文艺才能为目的的活动。文化艺术活动内容丰富,它包括文学、音乐、美术、书法等。如阅读优秀文学作品,收听、收看广播、影视节目,欣赏绘画、书法、摄影作品等。文化艺术活动以其独特的艺术感染力强烈地吸引学生,有利于培养学生的兴趣、爱好与特长,净化生存空间,充实精神生活,提高艺术修养与才能。

案例：

棋牌小组课外活动计划

一、活动意义

根据课程安排,为进一步落实我校的"不求人人成功,但求人人成人"的办学理念,为发展学生的个性特长,开发学生智力,丰富学生的校园生活,促进学生全面发展,我校将开展棋牌类课外活动。棋牌类课外活动的开展可以锻炼思维、促进学习、增进友谊、愉快身心、陶冶性情,有益于学生的身心健康。尤其围棋和象棋,有着悠久的历史,是我国传统文化之瑰宝,在民间有着深厚的土壤,是我国人民喜爱的智力游戏。学生学会围棋、象棋及一些牌类的玩法,能为将来的生活更加丰富多彩打下基础。

二、活动目标

1. 本学期学会围棋、象棋等棋类及一些牌类的玩法和基本战术技能。

2. 培养学生的竞争意识、合作精神和坚强毅力,促进身心发展。

3. 继承我国传统文化,拓展思维,陶冶情操,为将来的生活更加丰富多彩打下基础。

三、活动内容与形式

1. 本学期活动内容有:围棋、中国象棋、纸牌等。

2. 主要活动形式:教师讲授与学生交流比赛相结合。创造条件邀请高手举办讲座。

四、活动安排

1. 棋牌类课外活动指导教师:张老师。

2. 按学校课程安排进行活动,活动地点一楼119教室。

3. 学生自愿报名参加,但每年级人数不超过30人。

4. 棋类以围棋为主,先开围棋讲座与活动。争取到期中考试前,教会学生掌握基本要点,能下围棋。期中后学象棋,计划用4周时间。再用3周时间学牌类拱猪游戏。

5. 每周活动两次,每次活动要有活动记录。包括活动时间、学生人数、活动内容、活动效果。

五、活动纪律

1. 参加棋牌类课外活动成员必须严格遵守学校的有关规定,在规定的活动时间进行活动,不得擅自占用上课时间,影响正常学习生活。

2. 活动中要讲文明、讲礼貌,尊重他人,严禁以下棋或打牌的形式搞变相赌博活动。

3. 在活动中要服从教师安排,遵守纪律,保持卫生,爱护公物。

4. 如有违反者,将按学校有关规定进行处理。

（来源:http://blog.sina.com.cn/s/blog_3e945c8b0101340j.html.）

（六）体育活动

为保证学生的身体素质,学生每天应坚持 1 小时的体育锻炼。体育课远远满足不了这一要求,课外体育活动构成了体育课的重要补充部分,它包括田径、球类、体操、武术、游泳、棋类等,还可以成立专门的运动队,以满足有体育专长的学生的发展。课外体育活动是促进学生生理、心理素质共同提高的有效途径。

通过体育活动,可以发展学生的体力,增强学生体质,提高学生的运动技能技巧,培养良好的体育精神,如勇敢、坚强、吃苦耐劳的精神,激发学生的体育运动的兴趣,尽可能满足体育爱好者的需要,及早发现和培养具有体育天赋的人才。

（七）公益活动

公益活动是无报酬的社会服务劳动,是学生自觉组织、自愿参与的无私奉献活动,包括整治环境污染、维护交通秩序以及当社会组织大型活动时为其提供志愿服务等。社会公益活动有助于陶冶心灵、磨炼意志,养成社会公德。

总之,课外活动内容十分丰富,学校应根据学生的年龄特征、教师素质、学校设备等条件及社会需要适时恰当地加以选择。

四、课外活动的形式

课外活动有几种基本组织形式：群众性活动、小组活动、个人活动和学科活动。

（一）群众性活动

群众性活动是一种面向大多数学生,具有普及性质的课外教育活动。

它的基本特点是参与人数多、活动规模大,可以使大多数学生在相对较短的时间内受教育,教育效率高。

群众性活动的具体组织形式如下：

1. 集会活动

集会活动是一种能迅速有效地传播信息,给学生以深刻影响的活动形式。如各种表彰会、英模报告会、校会、班会等都属集会活动。集会活动时间要适度,以免引起学生疲劳,影响教育效果。

2. 学术活动

这是常用的普及科学文化知识的一种活动形式。它经常采用生动活泼的方式吸引学生接受大量的科学信息。如就某部文学作品的讨论活动、某门学科最新动态的报告活动、科普讲座活动等。学术内容的选择要考虑学生的接受性,要通俗易懂。

3. 竞赛活动

竞赛活动形式多样,有体育比赛、文艺比赛、学科知识竞赛、智力竞赛等。竞赛活动可以培养学生积极进取的精神,精诚协作的集体意识,增强集体荣誉感,也可以通过竞赛展示学生的个人才能,清楚地认识自我,正确地把握自己的发展方向。

4. 参观、访问、考察活动

这是引导学生走出校园围墙,走向自然与社会,了解、认识自然与社会的一种活动形式。参观访问、考察的对象或是祖国的自然资源,或是各项建设成就,或是民众的现实生活,以增强学生的主人翁意识与责任感。活动要有严密的组织,有明确的要求,不能流于形式。

5. 夏(冬)令营

夏(冬)令营是充分利用寒暑假对学生开展有意义课外教育的良好组织形式。它包括如以外语为代表的学科性质的夏(冬)令营,文艺、科技、体育夏(冬)令营等。学生经过短暂的共同生活,相互交流学识,展示才干,克服困难,锻炼意志,可以开阔视野,增长智慧,有利于培养学生的独立意识与独立生活的本领。

（二）小组活动

小组活动是对某一内容有共同的兴趣与爱好的学生以小组的方式参与该项内容活动的一种课外教育形式。它的基本特点是学生不受学业成就与年级的限制,凭兴趣与爱好自愿选择参加,组织灵活、见效快。

小组活动的具体组织形式如下：

1. 学科小组

学科小组是与学校所设学科相对应组建的各种不同学科小组,可以配合课堂教学巩固、加深与扩充课堂所学知识,接触学科发展的最新成果,提高学生的科学素质。

2. 技术小组

技术小组是训练学生亲自动手操作的技能与技巧的一种小组活动形式。如气象观测小组、航模制作小组、科技发明小组等。它有利于培养学生的创造性思维、手脑并用和解决实际问题的能力。

3. 艺术小组

艺术小组是培养学生艺术素养,展示艺术才华的一种小组活动形式,如书法、绘画、摄影、舞蹈、刺绣小组等。它有利于丰富学生的想象力,培养创造力。

4. 体育小组

体育小组是进行专项体育技能训练的组织。它包括体操、武术、球类小组等,有利于学生身心素质的提高。

（三）个人活动

个人活动是学生在教师指导下单独进行活动的课外教育形式。它最突出的特点是学生在活动中的独立性强。此外,个人活动具有活动场所广阔、内容宽泛、开放性强的特点。学校把握起来会有困难,教师要给予充分的关注和正确的引导。个人活动具体包括学科类个人活动,如阅读与写作等;文体类个人活动,如琴、棋、书、画等;另有科技类、劳动类、服务类、休闲类个人活动等。个人活动是持久进行的,可从中获取大量有价值的信息,充实心灵,能够充分发挥个人的主动性与创造性,锻炼独立工作的能力。

课外活动的三种组织形式是相辅相成、相互促进的。群众性活动可以激发学生对某一领域的兴趣与探求欲望,这是小组活动与个人活动的基础;小组活动、个人活动的成果又可以丰富与推动群众性活动。三者应统一规划、全面安排,具体采用哪种形式要依据教育目的与活动内容而定。

（四）学科活动

各学科的课外活动是学校课外活动的经常性内容,与学校上述的三种课外活动有交叉以及从属的关系,如音体美学科与体育活动。在学校中,学科活动多由各个学科承担,教师要了解、熟悉所从事的本学科可以开展的各种学科活动非常必要。

（1）语文学科活动。比如,围绕课堂教学的内容,开展课外阅读读书座谈会,心得交流会,成立各种文学社,组织各种影评、书法、写作等活动,组织专题演讲会、诗歌朗诵会,进行参观、访问、演讲、比赛等各种活动。

(2)数学学科活动。比如数学讲座、数学竞赛、数学园地、趣味数学等活动。

(3)英语学科活动。如英语电影放映活动、英语朗诵会、英语课外泛读等活动。

第三节 社会实践

社会实践作为学校教育的一种途径,是指学校为实现教育目的,有计划地组织学生走出校门,走入社会,在广泛的社会活动中对学生施加各种影响的教育活动。它是一种融合校内外资源进行教育教学的教育途径;它是一种充分发挥学生的主观能动性,以实践为主、学生自主活动为基础的教育途径;它是一种培养学生的创新精神、科学精神、人文精神和实践能力为基本目标,从而增加学生对社会的责任心和使命感的教育途径。

一、社会实践的功能

组织学生参加社会实践要紧紧围绕学校教育目的进行,即要使社会实践充分发挥促进个人全面发展的功能。

(一)社会实践的社会功能

社会实践的社会功能,主要体现为通过社会实践这一教育途径所能达到的教育之于社会的发展作用。具体而言,可以实现以下两个方面的主要功能。

1. 社会实践有利于教育与生产劳动相结合,有利于理论与实际相结合

社会实践能有效促进教育与生产劳动相结合,促进理论与实践相结合,是社会实践所能发挥的最主要、最核心的功能和作用。

马克思主义认为,教育同生产劳动相结合不仅是提高社会生产的一种方法,而且是造就全面发展的人的唯一方法。并且认为,生产劳动和教育的早期结合是改造现代社会的最强有力的手段之一。这无疑是对教育与生产劳动相结合的意义的高度概括与总结,而社会实践则是使二者结合的桥梁和纽带。

社会实践的活动内容是极为丰富的,其中,劳动本身就是人类最基本的实践活动。学校通过有计划地组织学生参加生产劳动,可以使学生做到手脑并用,脑体结合,而且可以突破学校教学的局限性,做到理论与实践相结合。这不仅可以使学生更生动、准确地掌握现代工农业生产所必需的基础知识,形成一定的生产技能,而且可以培养学生对生产劳动的积极情感。生产实践不仅可使学生本人受益,而且高年级的学生,特别是从事专业学习的大学生,还可以将自己掌握的相关生产科学技术提供给生产第一线的劳动者,产生良好的社会效益,这已为实践所证明。

社会实践提供了检验理论知识并促使理论知识向内在素质转化的有效渠道。书本知识最终还是要运用到实践中去的,社会实践可以把理论运用于实际,有利于学生养成理论联系实际的好作风和好习惯。"书到用时方恨少",在实践中才能发现自己哪些方面的知识还很欠缺。社会实践课有利于专业知识的巩固,能力的提高,特别是综合实践能力、创造能力的培养离不开个体自立建构的活动。因为活动是人存在和发展的根本方式,人的活动方式越多,活动内容越丰富,活动水平就越高,人的发展也就越全面、越充分。

2. 社会实践有利于学生进行合理的职业定向

每个国家的学校教育（对社会实践而言，主要指中学教育教育、高等教育）都要履行升学和就业的双重职能。比如说我国的高等教育阶段的本科阶段教育，每年除去升入研究生教育阶段的学生外，其他大部分本科生要面临就业问题。这就给学校教育提出一个课题，即学生的职业定向问题。所谓职业定向，是指学生毕业后选择和参加何种职业，并为从事该职业在思想、知识和技能上做何种准备。职业定向的目的在于使学生在毕业前就能熟悉一般职业的概况，能选择一项适合自己的职业，并能够在毕业后较短时间内适应自己所选择的职业活动，有效地进行工作。为此，各国都采取了相应的措施，采用多种渠道帮助学生进行正确的职业定向。如开设专门的职业指导、职业选择课等。其中，通过社会实践，让学生对某职业有亲身的体验是一个重要途径。学生通过参观、调查、访问、见习、实习甚至课外兼职等多种实践方式，可以深刻理解职业的社会意义，了解自己的能力，社会的需要，对某些职业产生兴趣，明确自己的努力方向，懂得自己将如何选择未来的职业。

（二）社会实践的育人功能

社会实践的育人功能是指社会实践这种教育途径对学生个人的发展所产生的直接性作用。社会实践对于学生增强自身全面素质，特别将自己在学校所学的知识转化为素质有重要的作用，同时帮助学生从实践中直接获取知识和技能，使学生在校园和社会这两个大课堂的结合中顺利成才。

1. 有利于加强学生的思想政治教育，不断提高思想道德修养和政治觉悟

社会实践是加强和改进学生思想政治教育的重要途径。让学生形成正确的世界观、人生观、价值观、就业观、发展观、道德观、实践观是加强和改进学生思想政治教育工作的重点、难点所在。学校教育可以通过社会实践这一载体积极引导学生参与到社会主义现代化建设中去，从实践中去了解和把握经济、政治、社会、文化、生态方面的知识，使得他们能够在实践中正确运用所学知识，了解加强理论知识学习的重要性，深入基层、深入群众、深入生活、深入实际，不断增进对国家、社会、个人的认知，不断增进对党政方针和国策的理解，不断改善和提高自身能力素质，学会正确看待、科学处理国家建设、社会发展、个人成长中存在的问题，学会树立正确的世界观、人生观、发展观、实践观、价值观、道德观。

2. 有利于形成学生的主体性

人的主体性是指人类在长期的认识与改造主客观世界的过程中所形成区别与超越其他动物的能动性、自主性与创造性等最能体现人类本质力量的特性。其中能动性指人能够能动自觉地认识、改造主客观世界；自主性包括独立意识、自我意识等；创造性就是人能不断地对原有的事物或认识进行突破与超越。

人的主体性并不是人的先天本性，而是在后天的生活实践中形成和发展起来的。它一经形成就会对个体及社会产生深刻的影响，是个体与社会不断发展与进步的强大推动力量。

社会实践的开展，是一种有利于学生主体性形成的极好途径。这里包含两层意思。

首先，学生参加社会实践，是对自身素质的一种检验，有利于学生的自我发展。学生参加社会实践的过程是对自我的身体、知识、能力、心理等多方面素质进行检验的过程。在这个过程中，学生可以更清楚、更客观地认识自己的长处与不足，增强主体的自

我意识，自觉地进行自我调节、自我选择，从此来促进自身在知识、能力、身体、个性等方面的发展。

其次，学生参加社会实践可以增强学生对社会的了解与认识，有利于学生的自我教育。学生参加社会调查、生产劳动的实践过程也是对国情进行深刻认识的过程。通过实践，学生可以更深切地感受到飞速发展的时代进程，为祖国在两个文明建设中取得的伟大成就而自豪，从而激发起为祖国建设做贡献的巨大热情，同时也将更清醒地看到成就背后的某些严重的问题，进而增强为祖国和人民的利益而奋斗的庄严而神圣的社会责任感与使命感。这比课堂上的间接方式更具教育性。

3. 有利于学生了解社会、巩固学校中所学的文化专业知识

社会实践可以改变过去的从校门到校门，文化知识化程度高，但社会化程度不高的状况。社会实践有助于学生了解社会，了解大家都在做什么，了解以后走上社会如何交往。社会化是终身的、无止境的，学生的任务是如何完成个体社会化，以逐步达到社会成熟，从而提高全面深刻正确地了解社会的能力，人不仅仅学习书本上的知识，还要从社会中学习、锻炼、探索，从而培养批判性思维和推理解决问题的技能。

另外，学生作为社会成员的单独个体，在社会中将来都要有自己生存的位置，也就是说："每个人都是一个社会的角色"。学生应当将自己定位在人生发展的轨道上，而不能死学专业知识，忽视社会实践的锻炼。学生要有宽广的人际交往能力，培养良好的心态和健康的心理。

二、社会实践的内容和形式

社会实践活动内容也是极为丰富的，以活动达成的结果为依据，可划分为以下几种活动：

（一）以德育为目标的活动

主要包括社会公益劳动，如植树造林、清扫公共卫生、维护交通安全、拥军优属等；社会政治活动，如宣传党的方针政策、自我服务活动、社会调查、军事训练活动等。通过这些活动可以对学生进行社会公德教育、国情教育、爱国主义教育、纪律教育、国防教育、革命传统教育、民主法制教育等。

案例：

"南京生存训练"社会实践活动
上海市曹杨第二中学

"南京生存训练"是学校在上海市首创的一项主体性体验式社会实践活动，是一项集思想道德教育、吃苦耐挫训练、研究性学习于一体的综合性社会实践活动。活动在每年的三月进行，由全体高一学生在征得家长同意的基础上自愿报名参加。

自1994年实施至今历时至今已有数千名学生、90%以上的教师赴南京参加过此项社会实践活动，所有的教师都介入、参与了研究性学习。南京生存训练已成为该校的一项德育品牌，学生均认为这是三年高中生涯中印象最深刻、最受教育的活动之一，2005年被中央文明办评为未成年人思想道德建设工作创新案例二等奖，它还推动了上海青少年"红色之旅"活动的开展与推广。

1. 活动目标

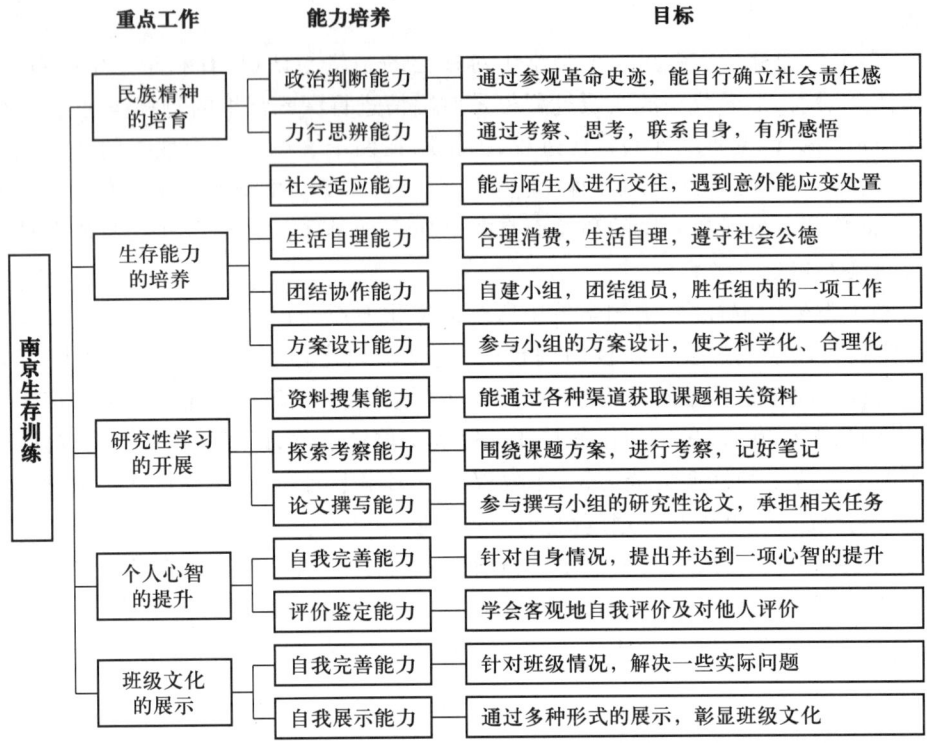

2. 活动流程

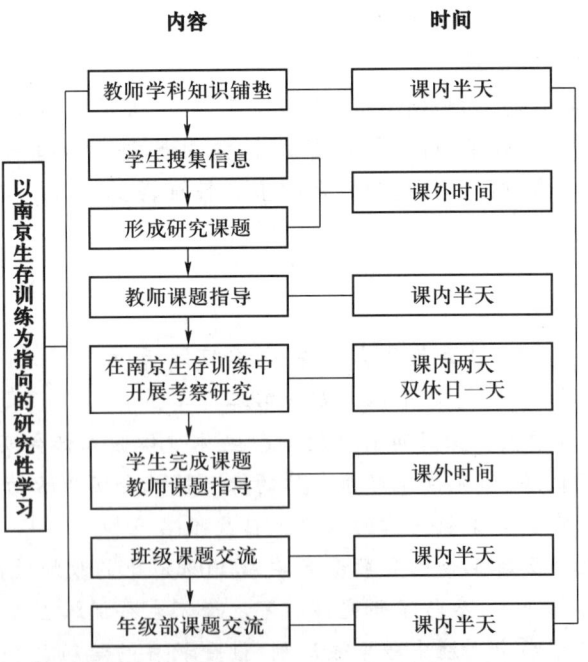

3. 具体活动内容及要求

(1) 凸显爱国教育,培养人文情怀

在活动开展前,通过教师课堂介绍、午间节目播放、组织"以历史告诉未来"活动等形式,让学生从南京的历史、地理、文学、政治文化名人、民俗风情、经济、建筑、环保等八个角度,初步走近南京,教育内容突出爱国主义教育,注重弘扬民族精神,力求与学科知识相整合。在此基础上,学校集中半天时间,选择部分政治、语文、历史、地理教师进行重点的知识拓展,高一的学生和教师全员参与。例如,重点拓展让学生了解了南京悠久的历史(六朝古都、十朝都会)、屈辱的历史(《南京条约》的签署)、黑暗的历史(南京大屠杀、雨花台屠杀)、革命的历史(孙中山、周恩来的革命活动)、发展的历史(南京长江大桥、金陵饭店、改革开放后的变化)。

(2) 自定活动方案,自拟研究课题

在上述铺垫的基础上,要求学生自定活动方案,自拟研究课题,按课题编组。活动方案的制定包括:自写设计背景、自定达成目标、自设活动形式、自拟活动路线、自制活动章程、自分成员职责等。

(3) 学习体验实践,提升综合素养

在南京实地进行生存训练的时间为三天。三天中,学校的统一安排活动为:

第一天——乘早班火车,到南京后让学生按小组自行到达指定的旅馆,下午到南京大屠杀遇难同胞纪念馆集中、参观,晚上班务会议汇报感受;

第二天——学生按课题分组活动,晚上班务会议汇报课题完成情况;

第三天——在雨花台进行"烈士回眸应笑慰,擎旗自有后来人"宣誓仪式,其余时间均由学生自主安排。

在南京期间,学校仅有的硬性要求是:不准乘出租车,不准下馆子、不准离组分散活动。

短短的三天中,在蕴含着丰富的教育资源和情感因素的南京,学校创设最大的空间,让学生在自定费用预算、自定行程路线、自找交通路线、自行解决吃饭中进行生存训练;在实地考察、亲手实验、调查访谈、资料搜集中进行研究性学习;在触摸历史、感受文化、走近名人的过程中,让外部世界和学生自我生命的存在状态相通,实施自我教育和道德内化,完成精神的自主升华和道德的自然发展,增强民族自信心和民族自豪感。

(4) 进行自我展示,实施自我评价

返校后,学生用2~3周时间进行展示准备,教师进行课题中期检查、课题结题及论文撰写指导。展示活动通过四种途径,呈现四方面内容:升旗仪式,展示年级活动总貌;橱窗宣传,展示班级活动状况;《翱翔》校刊,展示优秀文章;研究性成果汇报会,展示优秀研究论文。

(来源:http://www.hscyez.pte.sh.cn/cyez/xinweiguifan/editor/upload/updata/shhuisj201210002.doc.)

(二) 以智育为目标的活动

主要包括教学实验、专业实习、专业调查、信息咨询服务、科学考察与普及活动等。通过活动可以验证、强化与扩充书本知识,使知识基础更加稳固;通过活动,可以训练学生的动手能力,使学生基本技能得到提高;实践的过程是思维快速、高质量运作的过程,智力可得到相应的开发。同时,通过实践也可以培养学生良好的学习品质和热爱科学的精神。

（三）以劳动教育为目标的活动

主要包括勤工俭学活动、自我服务劳动、社会公益劳动、生产劳动等。劳动活动作为实践的基本活动，可以全面贯彻党的教育方针，培养学生正确的劳动观点，掌握劳动的知识、技能与能力，养成良好劳动习惯，防止教育与生产劳动相脱离的弊端。

此外，还有以美育、体育为目标的社会实践，至于实践的形式可参照课外活动的形式加以组织。

三、社会实践的基本原则

学校及教师，在组织学生开展社会实践活动时，需要重点把握好以下几个方面的原则。

（一）教育性原则

无论采用什么样的教育方式方法，通过什么样的教育途径，都要与"培养什么人"的问题发生直接关联，要将其作为出发点和最终归宿。培养什么人的问题，是方向性的问题，是对当今社会当代学生的第一素质要求。培养什么人的核心是关于世界观、人生观、价值观的教育。

各级各类学校在加强学生社会实践工作的组织和开展的时候，必须要以提高学生自身的思想教育为目的，要让学生明辨是非、学会取舍，要让他们明白，在进行社会实践过程中遇到利诱或社会不良习气时，知道什么是科学合理的，什么是符合社会道德规范的，应该怎么选择，怎么应对。学生要给自己找到道德评判的标准，要想做到这点，必须将教育性原则放在学生社会实践教育的首要地位。

（二）理论联系实际原则

实践是理论的基础，而理论又为实践而服务，是为了更好地指导实践，使学生在实践中少走弯路。但理论代替不了实践，各级各类学校在组织学生开展社会实践的过程中必须遵循这一基本规律，必须把理论教育与实践活动紧密结合。

我国学生由于受到应试教育的影响，学生在校期间主要以书本知识为主，实践经验非常少，有些学生几乎为零。现今社会的发展，对人才提出了更高的要求，企业、事业单位需要的是理论和实际操作能力兼备的人才，由此，学校教育面临着一个紧迫任务，就是在教育中如何加强学生的实践能力。这就要求我们必须坚持理论联系实际的原则，坚持将理论学习与实践活动相结合，在理论学习中加强实践案例或活动的内容，在实践中开拓和创新理论的知识来源。即，用理论来指导社会实践，再用实践来验证理论知识并将之深化。二者相互统一，互相促进。

（三）因地制宜与因材施教原则

社会实践活动受学校周围的现实条件制约。因此，在安排具体活动时，既要考虑活动的计划性，又要注意其可行性，要充分利用学校周围的社会客观条件，发掘蕴涵其中可利用的教育因素，否则，脱离实际、附和他人必将导致失败。

因材施教是教育活动遵循的一个基本原则，社会实践亦应如此。只有坚持因材施教，保证学生在活动中的主体地位，才能激发学生活动中的能动性、自主性与创造性，才不至于束缚学生的个性，使学生在德、智、体诸方面生动活泼地得到主动地发展。

（四）学生自主原则

自主性原则是指在社会实践活动的开展过程中，组织者必须明确活动主体是谁，组织者

切勿包办代替,组织者在实践中起到的作用主要是:

第一,引导学生主动参与、积极实践,让学生始终处于活动全过程中的主体地位上。

第二,组织者应善于创造条件,优化环境,为学生社会实践活动的开展提供更多自主的时间和空间,鼓励学生自愿选择、积极参与,激发学生的实践兴趣和创造性,提高学生的探索欲望和热情。

(五)目的性与计划性原则

社会实践是实现学校教育目的的重要途径之一,每一次具体活动的组织与安排都应有明确的目的为指导。只有目的明确,才能选择好活动的内容与形式,保证活动的质量。社会实践是学校整体工作的有机组成部分,必须与教学、课外活动一样有计划地进行。既要纳入学校总体工作计划,又要有自身的详细的活动方案;既要防止与学校整体工作计划相冲突,又要避免自身的无序状态的发生。

(六)重视综合效益原则

社会实践活动的结果会给社会与学生本人带来可观的效益,就学生来讲是个人的成长,即教育效益,以及一定的经济收入,对社会来讲也会有一定的经济效益与社会效益,究竟孰轻孰重,就要坚持综合效益的原则,兼顾各方的利益。社会要广开渠道为学生提供活动的大舞台。同时,学生通过活动给予社会一定的回报。但教育效益始终是第一位的,个人的经济效益则在其次,不能舍本求末。

第四节 咨询与辅导

社会的高速运转及生活节奏的不断加快使人们的生活适应问题和心理问题日渐突出,学生的心理及其发展问题也引起了社会和教育界的广泛关注。现在人们逐渐认识到,一个人要想成为真正的人才,除具备扎实的基础知识、基本技能和较强的创造才能外,还必须是心胸豁达、头脑开放、意志坚强、适应力强的人。在此背景下,咨询与辅导(本书所说的咨询与辅导主要是指学校教育情境中的咨询与辅导)也成为了学校教育的重要途径。

一、咨询与辅导的概念

(一)咨询与辅导概念的历史发展

咨询与辅导是教育者有目的有计划地给受教育者提供的一种学习上、生活上、发展上的协助,它以良好的人际关系为前提,以协助学生自我了解为起点,以学生自我实现与发展为目的。

从其发展过程来看,咨询与辅导的内涵发展经历了三个发展阶段。

1. 侧重学习指导阶段

第一阶段是在20世纪30年代以前,当时的学校教育十分重视对学生听、说、读、写、计算、推理等基本技能的培养,因此,此时的咨询与辅导主要表现为学习指导,即让学生正确地学习,掌握更多的知识与技能。

2. 侧重潜能开发阶段

第二阶段是二战结束至20世纪80年代,这时国际形势发生了重大变化,国际竞争日趋激烈,各国都十分重视创造人才的培养,重视学生的发展。这时的咨询与辅导不仅重视基本知识与技能的掌握,而且十分重视学生潜能的开发和创造力的培养。因此,此时的咨询与辅导主要表现为以学生的发展为本,侧重学生潜能的挖掘与开发。

3. 侧重心理健康教育阶段

第三阶段是 20 世纪 80 年代以后,随着信息化社会的到来,社会生活节奏的加快,在学生掌握知识技能的同时如何增强他们的心理承受能力,培养健全的人格,使他们成长为身心和谐的人成为咨询与辅导的重要课题,此时的咨询与辅导似乎成了心理健康教育的重要组成部分。在当前西方教育中,咨询与辅导也是其重要内容,如加拿大教育家马克斯·范梅南在论述教学机智时谈到,欧洲的教育学"也包括了如下的专门化领域,如咨询、治疗、心理参考、社会工作的方方面面,等等。"[1]在我国,咨询与辅导已引起了广泛的关注并具备了一定的基础。

(二) 咨询与辅导的关系

严格来说,咨询与辅导是有区别的,咨询是学生觉得自己存在某种困惑且主动找到学校专业工作人员请求帮助时,学校专业人员提供的一种个性化的协助,目的是帮助学生解决人际上、生活上、心理上的问题,帮助学生做出抉择,建立生活目标的过程。

辅导是学校中的教育人员主动对学生提供的一种协助,目的是帮助学生自我了解、自我实现、自我发展。

辅导涉及的学生范围要大,可以面向全体学生;而咨询范围则相对小些,主要是针对自己觉得有困惑且主动请求帮助的学生。对教育者而言,辅导应是教育者主动对学生做出的,而咨询是相对被动,是应受教育者的要求做出的。从涉及的心理深度而言,辅导是浅层次的协助,咨询则是深层次的协助,涉及学生的内心深处。从专业化的程度而言,咨询比辅导更专业。

虽然咨询与辅导区别较大,但在学校教育中,二者往往渗透使用,且咨询往往是进行辅导的一种重要的方式,所以本书对二者暂不做区分,将咨询与辅导看作是学校教育的一条重要途径。

二、咨询与辅导的意义

咨询与辅导可以提高学生的心理素质、道德素质、学习能力及水平、职业能力及水平,进而达到实现学生的全面发展,提高整个国家国民素质的目的。

(一) 预防和解决学生心理问题

随着社会生活节奏的加快、学习压力的增加及生活环境的变化(如单亲家庭的增多等),学生的心理问题日益突出(表 10-1)。近年来,神经衰弱、考试焦虑、离校出走、行为过激等现象在校园时有发生。更有甚者,有的学生因不堪承受生活和学习的压力而自杀或杀死父母。学生出现心理障碍和行为问题的原因很复杂,有的是由家庭造成的,如父母不良习气的影响、缺乏关爱、过分溺爱等;有的是由社会造成的,如社会上不良风气的影响、不良同辈群体的影响等;有的是由学生自己造成的,如恋爱问题等;也有的是由学校造成的,如老师对学生的讥讽、课业负担过重等。

---

[1] [加]马克斯·范梅南.教学机智——教育智慧的意蕴[M].李树英,译.北京:教育科学出版社,2001:39.

表 10-1　全国高校 36 例大学生自杀案例分析表

类别	数量分析
层次	专科生 6 例,本科生 24 例,研究生 6 例
性别	男生 15 例,女生 21 例
家庭情况	家庭溺爱 10 例,亲子关系恶化 6 例,其中父母离异及父母关系不和 8 例,家庭成员关系正常 12 例;家庭经济贫困 15 例,家庭经济条件优越 5 例,经济情况一般 16 例;家族病史中父母患精神疾病 8 例
自杀原因	恋爱受挫 11 例,学习压力、人际关系紧张、家庭贫困、就业绝望等 16 例,抑郁等精神障碍 8 例,身体残障 2 例
学习成绩	优秀 13 例,良好 8 例,中等 9 例,差 6 例
上网情况	偶尔上网 5 例,经常上网 23 例,迷恋上网 8 例
自杀方式	坠楼 17 例,服毒 6 例,自缢 5 例,其他 8 例
自杀地点	校内 29 例,校外 7 例
自杀时间	开学初 9 例,学期结束前 13 例,重大节假日(元旦、圣诞)6 例,其他 8 例

(数据来源:史辉.大学生自杀典型案例的实证分析——基于全国部分院校大学生自杀事件的调查.中国青年研究,2010.03.)

学校作为一种专门的教育机构,一方面有能力将各方面的力量协调起来,使学生生活在一种良好的环境中;另一方面,对学生出现的心理问题进行积极干预以提高学生的自我协调与发展的能力。通过咨询与辅导,学校可以对学生已出现心理问题进行治疗,对于还未出现问题的学生进行预防,从而达到减少甚至消除心理障碍、提高心理素质的目的。

通过咨询与辅导的辐射效应(向社会辐射),有助于人们克服消极的心理状态,促进健康心形成,振奋精神;有助于缓解人际冲突,改善交往环境,增进社会稳定;有助于人们进行自我认识、自我教育、自我完善,从而塑造良好的个性,发展健全的品格。

(二) 增强和提升学校德育效果

咨询与辅导工作与德育工作在培养合格人才的目标下,可以相互配合,相互渗透,相得益彰;通过运用咨询与辅导的某些原则与方法可以使思想政治教育工作更具实效性。

虽然咨询与辅导同思想政治教育工作分属两种体系,它们在起源、理论基础、目的、任务、内容、方法及人员素质方面都存在较大的区别,但它们同是做人的工作,都关涉学生的心灵。再加上咨询与辅导因其理念、方法都体现了人文关怀,注重学生个体的特殊需要,因而在一定程度上可以弥补思想政治工作无法涉及的某些方面。

在学生成长的各个不同阶段都会有许多具体的心理不适与困惑,如小学生的多动症,中学生的青春期困惑,大学生"大一综合征"等,这些问题表面看来似乎是思想或道德行为问题,其实这些都是与心理有关的问题。因此,我们不应简单地将学生的学习态度消极归于没有理想,不爱与人交往归于不善团结,行为障碍归于有意识破坏纪律,将个别性格变态者归于思想意识有问题等,这样不但不能解决问题,反而加重其心理负担。我们可以通过加强咨询与辅导的方式,与德育工作结合起来,如此,问题可以得到非常好的解决。

(三) 增加和提高学生学习效果

学习生活辅导是学校教育的重要途径之一。现代的教育已注意到,要使学生卓有成效地学习,仅仅传授学科知识、进行技能训练是不能全部奏效的。现代教学不仅要学生掌握知识技能,以提高自己的主体能力,而且还要使学生能用较快速度进行学习,使学生愿学、乐学、善于学,从而增加学生学习的主动性,而这恰恰是学习生活辅导的重要课题。咨询与辅导可以通过学习生活辅导的这一途径和方式,提高学生的学生动机,端正学生的学习态度,优化学生的学习策略,养成学生的良好学习习惯,从而达到提高学生学习效果的目的。

(四)促进和改善学生职业能力

1994年9月,前国家教委基础教育司下达了"关于印发《普通中学职业指导纲要》的通知",对初中、高中职业指导的原则、目标和内容、途径与方法及领导与管理等都做了具体的规定,使中学职业指导工作逐步走向正轨。20世纪90年代末,我国正式打破了统分统包的就业格局,实行双向选择、自主择业,职业指导受到了越来越多的关注。咨询与辅导中的职业指导开始受到更多关注,职业指导的途径开始发挥出它本来就应有的重要作用。这种教育途径对于提高和改善学生在市场经济体制中提升自身的职业能力和水平具有重要的促进意义。

三、咨询与辅导的形式

对学校教育而言,咨询与辅导的形式主要有心理咨询与辅导、学习生活辅导、职业指导。下面就这三种形式作以简介。

(一)心理咨询与辅导

随着素质教育的展开及人们对素质认识的深化,心理咨询与辅导已被纳入到教育中并受到广泛的重视。

1. 心理咨询与辅导的内涵

心理咨询与辅导是指学校采取的促进学生心理健康发展的一切教育措施的总和,是在一种新型的建设性的人际关系中,学校辅导人员运用心理学的知识和技能,给学生以恰当的服务与协助,帮助学生正确地了解自己与周围环境的关系,使其能克服成长中的障碍,调整自己行为,增强社会适应,根据自身条件确立有利于个人发展和社会进步的生活目标,充分发挥自己的潜能。它可能是发展性的,也可能是预防性的,还可以是治疗性的。

2. 心理咨询与辅导的内容

对学生进行心理咨询与辅导,就学校教育而言,主要有以下几方面的内容:

(1)发展性咨询与辅导

主要是关于全体学生全面发展的相关问题,是对全体学生进行的心理保健工作,目的在于提高全体学生的心理素质,其中包括人生观、价值观、生活观的正确确立、对自我潜能的正确理解与把握、对自我的人生设计、青春期心理、交友、升学就业、人际关系等进行指导与咨询。

拓展资源:

换一种角度,换一种心情
——树立正确看待、解决问题的观念

教学目的:

1. 使高中学生能正确认识各种事物、情绪(狂喜,悲伤)的发生,学会以不同的眼光(积极的)去看待它。

2. 帮助学生树立积极、全面的眼光去看待、解决问题。

教学重点：

1. 应如何看待发生在自己周围的事、情绪。

2. 树立正确的看待、解决问题的观念。

教学难点：

帮助学生树立积极、全面的眼光去看待、解决问题。

教学过程：

一、主题讨论

1. 问题导入、阐述课题

给学生看两张心理学上的两歧图。提问：为什么一开始没有发现其中的奥妙？

2. 引入案例、深入课题

举例说明任何事物从不同的角度看是不一样的，产生不一样的效果，引发不同的情绪和心境。（举半杯水的例子）

半杯水：乐观的人，看到桌上的半杯水，会说，还有半杯水啊，真好。

悲观的人，看到桌上的半杯水，会说：咳，只剩下半杯水了。

3. 理性思维、探讨课题

怎么换个角度看问题才是科学的？

积极的看问题；改变注意、认知的对象；注意观察、把握生活（美好的方面）。

二、主题活动

活动：邀请四个学生（最好是男生）上来，要求四个人不能用脚支撑身体，也可以使四个人同时比较稳当地支撑在地面上。（备注：较好的方法为四个人用手支撑在地上，脚放在另一个人的身上。）

活动的思考：如此看来，我们如果换一种思考的角度，往往会得到意想不到的收获。因此我们要常常学会换一个角度去看待问题。

三、主题讨论

讨论：怎样树立正确的看待、解决问题的观念？

第一，知足常乐。人生是否快乐，关键看你是否知足。俗话说欲壑难填，人的欲望是无止境的，一种欲望满足了还会有更多的欲望滋生，若欲望太多太高，则永远得不到满足和快乐。在各种满足不了的欲望面前，我们需要换一个角度去理解。

第二，心理换位。各执己见往往是人与人之间矛盾冲突的重要原因。人们在生活中难免会与家人、朋友、同事、学生或者领导产生这样那样的矛盾和分歧。这种矛盾和分歧会使人伤心气愤，若矛盾双方都各执己见，互不相让，可能还会导致过激的言行，致使人际关系恶化，而人际关系恶化是非常有害于心理健康的。要避免这种情况出现，需要心理换位：试着站到对方立场上去思考，你就会发现其实对方的观点也不无道理。

第三，要学会转移认知对象。当我们因某个问题而困扰，因某个偶发事件而过度紧张和焦虑时，不妨暂时将自己的注意力强行转移到其他事情上去。有些问题百思不得其解，越想越烦恼，想得头脑也僵化了，这时如果转换一种活动内容，也就换了一种心情，你就有可能如释重负。

第四，要合理宣泄。比如找人倾诉，当心里感到困扰时，找个可以信赖的朋友说上一通，只要对方愿意耐心倾听，你的心理压力就会减轻很多。又比如写日记，当身边没有可倾诉的对象时，把满腔的话语付诸笔端。另外，每个人总会有一些隐秘的东西是不能与人分享的，不妨拿出一纸一笔，在上面尽情挥洒，怎么写都不要紧，写什么都不要紧，写出来的东西通顺不通顺都不要紧，写完了，气消了，写下的"成果"当场撕毁也好，留待日后细细咀嚼也好，都没关系，但是你的心情却可能轻松许多。再如听听音乐，唱唱歌，不过瘾时大喊几声，以排遣心中久积的郁闷和懈怠。实在觉得没法子，找个没人的地方或者躲到被窝里大哭一场，也会有很好的效果。

第五，自我安慰。鲁迅笔下的阿Q虽然愚昧可笑，但他那种自欺欺人的自我安慰却使他虽然生活在社会最底层却感觉不到痛苦。当我们遭遇突如其来的沉重精神打击时，为防止精神崩溃，我们可以学学阿Q，不妨也来一个自欺欺人，对自己说一句：塞翁失马，焉知非福？

四、主题总结

（2）适应性问题的咨询与辅导

它主要是对学生在生活中的一些不适应症状进行扶助与干预，目的在于使学生走上正常的发展轨道。这类问题主要有行为问题（包括偷窃、暴力等较严重的行为问题及失眠、注意力不集中等轻微的行为问题）及人格问题（如神经症等较严重的人格问题和自卑、懒惰等较轻的人格问题），其中有些十分严重的心理问题（如癔症、强迫症等）必须借助专门的心理治疗机构进行配合治疗。

（3）学习心理问题的咨询与辅导

主要是对学习过程中产生的心理问题（如缺乏学习兴趣，注意力不集中，多动症等）进行分析并帮助学生找到解决的对策。

（二）学习生活辅导

1. 学习生活辅导的内涵

学习生活辅导是指教师通过对学生学习活动、学习过程的指导达到学生会学、乐学，将学习当作一种精神需求的过程。学习生活辅导主要是对与学习相关问题进行指导，它主要是解决学习效率、兴趣、动机等问题。学习生活辅导主要不是对学生的课业进行辅导，那主要是教学的任务；学习生活辅导也不是对学生心理问题进行辅导，那是学校心理咨询的任务。

2. 学习生活辅导的内容

学校学习生活辅导内容十分丰富，主要内容可以概括为学习态度辅导、学习动机辅导、学习策略辅导、学习习惯辅导等几方面。

（1）学习态度辅导

学习态度主要是指影响学生对学习活动、学习内容做出行为选择的稳定的内部准备状态和行为反应倾向。学习态度不是学习行为本身，而是对学习行为做出选择的意向。学习态度对学习的影响是深远的，一个具有良好智力的人可能因为没有良好的学习态度而最终一事无成。

学习态度辅导主要是让学生树立正确的学习态度，使学生认识到学习生活是人生发展不可逾越的阶段,并且是为人生发展打基础的阶段。此阶段的发展程度将影响整个人生的发展状况,所以必须重视学校的学习。同时还必须让学生认识到,学习并不是一件轻松的事,它要人付出艰辛的努力。学习态度辅导一方面要帮助学生树立良好的学习态度,另一方面要帮助学生转变原有的不良的学习态度。

（2）学习动机辅导

学习动机主要是指发动并维持学习活动的倾向,它表现为引发某种学习行为、使这种学习行为指向一定目标并持续一段时间的种种内部状态和过程。奥苏伯尔认为,学校情境中学生的学习动机主要有认知内驱力、自我提高内驱力和附属内驱力。认知内驱力是一种系统地掌握知识与解决问题的需要。自我提高内驱力主要是指通过学习赢得相应地位的需要。附属内驱力是通过学习赢得长者（或其他人）赞赏与认可的需要。一般来说,低年级学生的学习动机大多是附属内驱力,他们学习多半是为了得到老师或父母的表扬;中年级学生的学习动机多半是自我提高内驱力,他们学习主要是为了名次靠前、评上优秀学生等;高年级学生的学习动机大多是认知内驱力,学习的主要目的是掌握知识。但这样的划分并不绝对,同一个学生可能同时具有两种甚至是三种动力。三种内驱力的强度与持续时间由大到小依次是认知内驱力、自我提高内驱力、附属内驱力。在动机辅导时要注意引导学生的学习动机朝正确的方向发展。

学习动机辅导主要包括以下内容:

一是要帮助学生树立远大的理想。使学生明白他想成为一个什么样的人,并要有为实现这种理想而不懈努力的思想准备。

二是要培养学生的学习兴趣。学习兴趣有直接兴趣与间接兴趣之分,直接兴趣是对学习活动过程的兴趣,是对获得知识与技能的兴趣,是内部兴趣;间接兴趣是对学习结果的兴趣,如对分数的兴趣、对获奖的兴趣等,是一种外部兴趣。在培养学生的学习兴趣时要注意培养学生的内部兴趣,即培养学生对科学知识的兴趣、对世界进行探究的兴趣。

三是要满足学生的学习需要。不同学生的学习需要是不同的,只有每个学生的学习需要都得到满足后,学生才有进行下一步学习的动力,所以教师要给不同学习能力的学生以不同的学习帮助,使学生的学习需要得以最大的满足,这种满足又会成为后续学习的动力。

四是要对学习障碍进行诊断与辅导。及时发现学生的学习困难及学习过程中潜在的问题,如考试焦虑、注意力不集中等,并帮助学生找到解决的办法。

（3）学习策略辅导

学习策略是为了提高学习效率而采用的相对系统而稳定的方法体系。采用学习策略的目的在于提高学习效率与效果,它可以分为信息加工策略、调控策略、资源管理策略等。学习策略的恰当使用可以使学习达到事半功倍的学习效果。

对学生进行学习策略辅导主要包括以下内容:

一是帮助学生了解自己的特征。使学生对自己的体力、智力、性格等有较清醒的认识,以找到适合自己的学习目标与方法。

二是要培养学生批判思维能力和创造性思维能力。让学生学会对自己及他人的结论进行反思,不轻易相信他人结论,也不要固执己见,在学习上要有开阔的胸襟。要让学生学会创造性思维方法,增强思维的灵活性。

三是要使学生学会如何根据自身的情况采用恰当的学习策略,学会对自己的学习进行监控与调节。使学生学会分析学习任务的性质,并有针对性地采取措施,学会根据学习的进展状况采取调节手段,增强学习的效果。

四是让学生学会寻求学习支持。让学生学会在遇到学习困难,自己又无法很好地解决时,积极寻求帮助与支持。这种帮助与支持可能来源于其他材料,如课辅资料、网络资源等,也可以来源于他人,如教师、家长、同学及其他懂得该学习内容的人。

(4) 学习习惯辅导

学习习惯是在学习过程中惯用的行为方式,良好的学习习惯可以使学生终身受益,许多学生学习之所以难以取得进展,主要原因在于没有良好的学习习惯。

学习习惯的辅导主要包括以下内容:

一是使学生养成有规律地进行学习的习惯,科学地安排学习时间,合理地组织学习活动,以提高学习效率。

二是对学生休闲生活的指导。使学生学会劳逸结合,并选择积极健康的休闲方式,减少学习压力与学习疲劳。

三是取得家长的配合与支持。学生学习习惯的养成不仅仅是学校的事,因而要使家长认识到,要使学生健全发展,各方面的力量必须配合。为此,应让家长对自己的孩子有一个正确的认识,并能采取积极措施督促孩子养成良好的学习习惯。

(三) 职业指导

1. 职业指导的内涵

本书所说的职业指导主要是指学校职业指导。学校职业指导是指培养学生的职业意识、职业道德和职业能力的教育过程,使学生学会根据社会的需求与个人特点自觉地确定未来的生活目标、发展方向,并为将来的升学与就业做好准备,以便能迅速适应未来的学习或工作。

学校的职业指导不仅要在大中专院校进行,而且要渗透到整个教育过程中,因为职业意向的形成,职业素质的培养不是一天两天造就的,必须尽早使学生了解社会、了解自己,为自己未来的发展早做筹谋。职业指导的目的是帮助学生选择和确定未来发展方向,并为自己的未来发展做好准备,所以它包括职业性指导和升学性指导。

职业指导与职业教育是两个相互区别而又相互联系的概念。职业教育主要是在职业教育机构(如职业技术学校、大学及职业培训机构)中进行的以专业技能教育为主的,以提高学生(或学员)的职业能力为主的教育活动,它主要是提高学生的专业素质。而职业指导主要是对学生的职业意向、职业学习的主动性、职业思想等进行培养。职业教育主要在职业教育机构中进行,而职业指导可以在任何教育机构中进行。在职业教育中,一般都涵盖了职业指导,但在普通教育中同样可以而且也应该对学生进行职业指导。所以职业指导可以而且应该贯穿于所有学校的教育中。

2. 职业指导的内容

关于学校职业指导的内容,可以概括为以下几个方面:

(1) 职业知识的了解。让学生了解什么是职业,职业是如何产生、发展变化的;我国的职业发展状况、趋势及大致的分类;世界职业发展状况及趋势等。

(2) 社会实情的了解。让学生了解社会政治、经济、文化的发展状况及发展趋势;了解社会产业的构成,主要是一、二、三产业及高新技术产业的比例及发展趋势;了解各产业的就业状况及其对人才素质的需求等。

（3）职业与人生教育。使学生认识到职业对人生的重要性，凡是有劳动力的人都要通过正当职业获取报酬以维持生计，自我价值的实现也是通过职业来体现的。职业的选择关系到个人前途、家庭幸福，也关系到社会的稳定与发展。使学生认识到职业是实现人生价值的舞台，是人生理想的阶梯。使学生认识到学生阶段是职业生涯的准备阶段，好好学习是未来职业成功的基础。

（4）职业与个性教育。首先要使学生明白职业与兴趣的关系，最好的职业是与自己兴趣对应的职业。这样，个人才能得到最大的实现，与此同时，要培养良好的职业兴趣。其次要使学生明白职业与能力的关系，明白职业需要一般能力，还需要特殊能力，明白自己的潜能，并能进行自我开发。最后要明白职业与个性心理的关系，使学生明白自己的气质与性格特点，知道最适合自己的职业是什么样的，并能塑造良好的性格。

（5）职业理想教育。职业理想是人生理想的重要组成部分，是对未来职业的向往和追求，是建功立业的动力。职业指导必须使学生树立崇高的职业理想，并将之作为学习的动力。很多人从事的并做出了巨大成就的职业往往是其小时候梦寐以求的职业。所以在教育中要重视学生职业理想教育，一要帮助学生树立正确的职业理想，二要引导学生为了实现职业理想而努力奋斗。

（6）职业道德教育。职业道德包括一般道德和职业特殊道德，是人们在职业生活中应遵循的行为准则。使学生明白职业道德在职业发展中的作用，并能根据职业道德规范来规范自己的行为。

（7）职业定向教育。帮助学生树立正确的职业观、择业观，根据自己的能力及潜力选择职业（包括升学）方向，确定未来的大致发展。

（8）职业能力教育。职业能力是指从事职业必需的知识与技能，它包括普通能力和职业特殊能力。对学生进行职业能力教育可以开设专门的职业技能课，也可以渗透在学科教学过程中进行，如上化学课时就可以讲解一些化工生产原理等。

四、咨询与辅导的实施途径

在对学生进行咨询与辅导时，应采用灵活多样的方式进行，以增强咨询与辅导的成效。下面介绍几种咨询与辅导中常用的方式。

（一）系统传授式

也就是专门开设一门咨询与辅导课，列入常规教学课程并配备一定的教材，每周用一定的课时系统地向学生传授心理卫生知识和提高心理素质的方法，并要求学生尝试运用。这种方式比较适合中学和小学高年级。在使用这种方式时，要针对不同学段的学生进行差异性的但又是系统而连续的指导。从小学、初中、高中到大学的辅导要体现出层次性和连续性。优点是，学生可以比较系统地掌握相关知识和自我调控策略，既知道应该怎样做，也知道为什么要这样做；缺点是，咨询与辅导的针对性不够强，理论与实践容易脱节，难以发挥立竿见影的效果。

（二）专题讲座式

作为对系统传授式的拓展与补充，咨询与辅导也可以采用专题讲座式。也就是定期或不定期地举行一些咨询与辅导讲座，每次就学习、生活中的一两个问题进行专题指导（例如"怎样提高心理承受能力""怎样养成课前预习课后复习的好习惯""如何制订学习发展规划"等)。这种方式比较适合中高年级,可以以班为单位进行,也可以以年级为单位进行。优点是针对性比较强,形式比较灵活;缺点是容易受到其他活动的冲击,难以做到经常化、系统化。

(三)学科渗透式

它是由各个学科的任课教师根据本学科的特点和教学内容在教学过程中有意识地渗透对学生的咨询与辅导。学科渗透式咨询与辅导的优点是既符合学生实际,又具有学科特点,针对性很强;缺点是,学生所获取的知识与方法比较零星、分散,难以形成完整的体系。

(四)诊断治疗式

也就是通过对学生的心理状况的调查研究,进行诊断,对学生的心理障碍进行深入分析,然后针对每个人的具体原因进行具体地指导。这种方式是针对不同学生的实际情况进行指导、提供帮助的过程,由于它因人而异,因人制宜,因而可以收到一把钥匙开一把锁之功效。从沟通方式的角度看,个别辅导咨询实际上是一种师生间的双向交流过程。在这一过程中,教师通过观察、交谈、心理调查等方式(比如心理测量、心理烦恼自诉等方式)来了解学生的心理状态,发现他们可能存在的心理问题,然后通过个别辅导帮助他们解决问题。在进行个别辅导与咨询过程中,要遵循尊重人、理解人、平等交流、帮人自助的原则,要遵循自愿的原则,让学生主动找心理老师进行咨询,而不是心理老师去找学生进行指导。要善于聆听学生的宣泄,要给予恰当的疏导。优点是,真正做到了个别指导和因材施教,能及时有效地解决一些学生学习上的问题;缺点是,适用范围小,对指导教师的要求较高(特别是教育学、心理学理论的修养方面),难于大面积推广。

(五)经验交流式

也就是通过主题班会、学习经验交流会或座谈会、结对子或一帮一等活动,让学生中的学习经验和成长心得体会得以交流和传播。优点是,学生中的典型为学生们所熟悉,生动具体,真实可信,说服力强,容易被学生接受,不仅可以起示范作用,而且可以起激励作用;缺点是,限于本身的水平,学生的经验一般缺乏理论上的总结和概括,其科学性与有效性都难以确定,不宜作为咨询与辅导的主要方式。

(六)环境熏陶式

也就是通过学校宣传栏、班级墙报、名人语录等学习环境的布置,以及良好的校风、学校传统、人际氛围、正确的舆论导向、良好的班风等所形成的巨大教育力量,引导集体中的每一个人,帮助学生树立正确的学习动机,养成良好的学习习惯,掌握高效的学习方法,使学生体会到集体的温暖与关怀。优点是,可以在潜移默化中达到刻意追求所难以达到的效果;缺点是,如果班集体比较薄弱,正气不强,就容易放任自流,所以,采用这种方式的前提是必须有一个强有力的、风气正的班集体。

(七)协作辅导式

学生心理问题虽然表现在日常学习生活中,但其成因往往十分复杂,其中家庭环境不良与家教方法不当以及社会不良因素的影响是导致中小学生产生心理问题的重要原因。因此,在对中小学生进行心理教育中要实行"综合治理",把家庭力量、学校力量和社会力量结合起来。在对学生进行咨询与辅导时要通过开设家长心理讲座,呼唤家长关心孩子的心理健康,向家长普及心理学知识,指导家长掌握科学的家教方法,帮助家长提高家教水平,为孩子消除来自家长诱发的心理困惑。学校应在定期召开的家长会上向家长通报学校心理教育工作情况,以获得家长的支持、理解与配合。特别是对某些需要特殊帮助的学生,学校一定要取得家庭、社会的配合,并对家庭和社会因素进行引导。有时当遇到心理疾患比较严重的学生时,要请求校外咨询机构予以协助。这种方式的优点是,看到了心理问题根源的复杂性,强调各方教育力量的一致性;不足是社会力量有时难以被学校统整。

本章小结

教育途径概述	介绍了教育途径的概念 教育途径是指在进行教育活动时,教育者借以传授教育内容,实现教育目的的多种渠道、方式的总称。教育途径是教育活动的有机组成部分,它伴随教育的产生而产生,并随教育的发展而发展 梳理了当前教育中的各种途径。目前教育途径已经形成了以教学为主,教学、课外活动、社会实践、咨询与辅导等并举的崭新格局。现代社会学校教育中,教育者们通过这四种主要教育途径的实施实现培养人的教育目的。随着教育的不断改革与发展,随着现代教育技术的不断更新,教育途径也将不断地得到丰富与发展
教学	讨论了教学的概念 教学是教师引导学生学习人类所积累的文明成果的一种认识活动。在活动过程中充分发挥教师主导与学生主体作用,以提高学生个体的生理、心理、思想、文化与技能等多方面素质 提出了教学从本质上来说是一种教师引导学生认识客观世界的认识活动,教学是一种特殊的认识活动;分析了教学本身所具有的教育性任务、实质性任务及发展性任务;分析了教学的基本步骤及要求
课外活动	分析了课外活动的内涵 课外活动是学校为实现学校教育目的,与课堂教学相配合,在课堂教学以外对学生身心实施多种影响的正规教育活动 分析了课外活动在促进学生多方面素质的提高,推动学生良好个性的充分发展,充实学生的课余文化生活,抵御不良因素的影响,加强学生与社会的联系、加速个体的社会化进程等方面的重要意义;重点探讨了课外活动的内容与形式
社会实践	定义了社会实践的概念 社会实践作为学校教育的一种途径,是指学校为实现教育目的,有计划地组织学生走出校门,走入社会,在广泛的社会活动中对学生施加各种影响的教育活动 探讨了社会实践的基本功能;结合案例分析了社会实践的基本内容和形式;分析了开展社会实践所要遵循的基本原则
咨询与辅导	分析探讨了咨询与辅导的概念 咨询与辅导是教育者有目的有计划地给受教育者提供的一种学习上、生活上、发展上的协助,它以良好的人际关系为前提,以协助学生自我了解为起点,以学生自我实现与发展为目的 提出了咨询与辅导在解决学生心理问题、增强和提升学校德育效果、增加和提高学生学习效果、促进和改善学生职业能力的重要意义;重点分析了心理咨询与辅导、学习生活辅导、职业指导三种内容形式;最后探讨了咨询与辅导实施的基本途径

本章练习题

一、单选题

1. ( ) 是实现教育目的的最为主要的教育途径。
   A. 教学　　　　B. 社会实践　　　　C. 课外活动　　　　D. 咨询与辅导

2. 就教学的本质而言,教学是一种( ),也是一种特殊的认识活动。
   A. 认识活动　　　　　　　　　　B. 认识和实践统一的过程
   C. 教师的教和学生的学的统一活动　　D. 一种特殊的实践活动

二、填空题

1. 教学的基本价值规定性是要_____ 。

2. 就现当代教学的任务而言,主要由_____、_____、_____ 三种任务内容构成。_____ 是教学的基础性任务。

3. 教育途径作为实现学校教育目的与任务的重要教育要素,有多样性,包括教学、课外活动和社会实践等。其中_____是基本途径,在整个教育体系中居于中心地位,发挥核心作用。

三、简答题

1. 简述教学的基本步骤与要求。
2. 简述课外活动与活动课程的关系。
3. 简述课外活动的基本内容。
4. 简述咨询与辅导的形式。
5. 简述咨询与辅导的途径。

四、论述题

1. 论教学的本质。
2. 论社会实践的内容与形式并动手设计一个社会实践活动。
3. 试论为什么学校教育工作必须要以教学为主。

本章参考文献

[1] 陈桂生.教育原理[M].上海:华东师范大学出版社,2012.
[2] 陈理宣.教育学原理——理论与实践[M].北京:北京师范大学出版社,2010.
[3] 陈琦,刘儒德.当代教育心理学[M].北京:北京师范大学出版社,1997.
[4] 岑国桢.学校心理辅导基础[M].南宁:广西教育出版社,1999.
[5] 冯文全.现代教育学[M].北京:北京师范大学出版社,2011.
[6] 黄甫全,王本陆.现代教学论学程[M].北京:教育科学出版社,1998.
[7] [俄]克拉耶夫斯基,张男星.教育学原理[M].北京:教育科学出版社,2007.
[8] 夸美纽斯.大教学论[M].傅任敢,译.北京:人民教育出版社,1984.
[9] 李秉德.教学论[M].北京:人民教育出版社,1991.

[10] 柳海民.教育学原理[M].北京:高等教育出版社,2011.

[11] 联合国教科文组织总部中文科译.教育——财富蕴藏其中[M].北京:教育科学出版社,2006.

[12] [加]马克斯·范梅南.教学机智——教育智慧的意蕴[M].李树英,译.北京:教育科学出版社,2001.

[13] 孟宪承.中国古代教育史资料[M].北京:人民教育出版社,1961.

[14] 南京师范大学教育系.教育学[M].北京:人民教育出版社,1984.

[15] 全国十二所重点师范大学联合编写.教育学基础[M].北京:教育科学出版社,2002.

[16] 任仕君.教育学基础[M].北京:北京师范大学出版集团,2013.

[17] 沈群灌.中国古代教育和教育思想[M].武汉:湖北人民出版社,1956.

[18] 石佩臣.教育学基础理论[M].长春:东北师范大学出版社,1996.

[19] 田慧生、李如密.教学论[M].石家庄:河北教育出版社,1996.

[20] 王策三.教学论稿[M].北京:人民教育出版社,1985.

[21] 王道俊,郭文安.教育学[M].北京:人民教育出版社,2009.

[22] 王道俊,扈中平.教育学原理[M].福州:福建教育出版社,2007.

[23] 王道俊.教育学[M].北京:人民教育出版社,2009.

[24] 王蕙.现代教育学[M].北京:北京师范大学出版社,2012.

[25] 王珍,等.职业指导[M].北京:地质出版社,1995.

[26] 温江寒.课外活动与教学体制改革[M].北京:中国工人出版社,1992.

[27] 吴武典,等.学校心理辅导原理[M].广州:广州世界图书出版公司,2003.

[28] 徐光兴.学校心理学——心理辅导与咨询[M].上海:华东师范大学出版社,2000.

[29] 叶澜.教育学原理[M].北京:人民教育出版社,2007.

[30] 袁振国.当代教育学(2004年修订版)[M].北京:教育科学出版社,2004.

[31] 周德昌.中国古代教育思想的批判继承[M].北京:教育科学出版社,1982.

[32] 睢文龙,朱新春,沈晓良.教育学[M].北京:人民教育出版社,2013.

[33] 朱启臻.职业指导理论与方法[M].北京:人民教育出版社,1996.

第十一章 教师与学生

学习目标

1. 全面了解教师职业的缘起、发展、作用、任务、权利和劳动特点。
2. 理解教师专业发展的内涵,并能够掌握教师专业发展的基本要求。
3. 了解并熟悉我国制定的《小学教师专业标准》,为做一名合格的小学教师奠定基础。
4. 识记学生的本质特征及其在教育过程中的地位。
5. 知道学生是权利主体,掌握学生应享有的社会权利。
6. 领会小学生的身心发展特点及其教育要求。
7. 形成正确的学生观,能够根据学生的个性差异进行因材施教。
8. 树立正确的教育观,掌握构建良好师生关系的策略。

建议学时

6学时

案例导读

案例呈现:

批评与鼓励

上小学时,我很淘气、好动,成绩也不好。记得二年级的时候,有一次老师布置了许多数学作业。放学后,比我高两年级的姐姐为了能多和我玩一会儿,就帮我把作业都写好了。第二天交出作业以后,我一直忐忑不安地等着结果。熬到数学课,老师将作业本发到了每一位同学手里,唯独没有发给我和另一位成绩很好的同学。只记得当时我脸色通红,觉得肯定被老师发现了。于是,我低着头,紧张地等着老师的"判决"。出乎意料的是,老师当着全班同学的面,将我和那位同学的作业本展示出来,并且说:"同学们,这是老师批改时遇到的最工整、最准确的两本作业,希望大家以后多向这两同学学习!"然后说出了我和那位同学的名字。在同学们羡慕和怀疑目光的注视下,我真是不知道该怎么办才好。下课后,老师单独将作业本交给我,意味深长地对我说:"你是个聪明的孩子,老师希望以后你能够自己将作业完成得像今天这么好。"那天以后,每次写作业时,我都格外认真,甚至超过了姐姐,成绩也不断得到了提高,甚至其他学科也都有了起色。

中学时,有一次英语老师点名让我朗读一节课文。那节课文是我花了很大心思预习过的。读后,当我满怀期待地等着老师的肯定与赞扬时,得到的却是这样的一句话:"你读的这是什么？是英语还是念经，你的口语太差了，以后要多锻炼……"伤心的我从那次起就不再喜欢英语了，直到现在英语仍然是我最弱的一项。

事隔十几年了，我对那位曾经鼓励我的数学老师仍心存感激，而那位英语老师的话我仍然记得清清楚楚。如今，我也成为了一名光荣的教育工作者，忆起往事，实在无意指责谁，只是想敬告我的同仁们：您的肯定与鼓励，您漫不经心随口而出的一句批评，对您学生产生的作用和后果是多么大啊……

（来源：17个有教育意义的小故事，http://edu.lyu.edu.cn/s/20/t/768/4c/60/info19552.htm.）

案例分析：

教师作为一种特殊的职业，对人的精神成长起着引领的作用，雕塑着学生的未来。教师持什么样的教育观念，具备什么样的专业素质，都在教育实践中以外在的行为方式，在与学生交往中体现出来。教师的一举一动，一言一行都会对学生产生影响，因此，了解教师的神圣使命，理解教师劳动有何特点，努力做一个合格的教师是教育中非常重要的话题，每一个准备做教师的人都要认真地学习，慎重地对待我们要面对的一个个鲜活的生命。

第一节 教 师

教师作为一门职业，其产生和发展经历了漫长的过程，从没有专门培养教师的教育机构到现代社会要求教师职业专业化，一步一步体现了教师职业地位的提高和对国家建设的重要作用。教师专业发展对教师的素质、规格、任务等提出了明确的要求，对当今的教师而言是挑战也是机遇。

一、教师职业的性质与特点

"教师"，是人们非常熟悉的一个概念，但是对它的理解和定义却存在着不同。在我国古代，对教师的理解就比较丰富，"师者，教人以道者之称也。"①"师者，教之以事，而喻诸德者也。"②"师者，所以传道、授业、解惑也。"③"师者，人之模范也。"④"智如泉源，行可以为表仪者，人师也。"⑤到了近现代，一些思想家、教育家对教师概念的界定有了更全面、更深刻的认识。英国哲学家培根曾把教师称为知识种子的传播者，文明之树的培育者，人类灵魂的设计者。俄国教育家乌申斯基说过："一个教师如果不落后于现代教育的进程，他就会感到自己是克服人类无知和恶习的大机构中的一个活跃而积极的成员。是过去历史上所有高尚而伟大的人物跟新一代之间的中介人，是那些争取真理和幸福的人的神圣遗训的保存者，他感到自己是过去和未来之间的一个活的环节，他的事业从表面上看来很平凡，却是历史上最伟大的事业之一。"⑥苏联教育家加里宁认为："教师这个词有两种涵义，按狭义解释，是专门学

---

① 周礼·地官司徒序
② 荀子
③ 韩愈.诗说
④ 扬雄.法言·学行
⑤ 韩婴.韩诗外传（卷五）
⑥ 凯洛夫.教育学[M].北京：人民教育出版社，1957:69.

科的讲授者,按广义解释,是有威望的、明智的、对人们有巨大影响的人。"①近代的教育家更倾向于解释教师的地位和作用,而不是从教师的功能、品行来对教师进行界定。

综合历史上诸多学者对教师的理解,我们将教师放入社会群体中,作为一种现代职业来看,《教育大辞典》中将教师定义为:学校中传递人类科学文化知识和技能,进行思想品德教育,把受教育者培养成一定社会需要的人才的专业人员。

(一) 教师职业的性质

关于教师职业的性质,《中华人民共和国教师法》第一章第三条进行了全面、科学的界定:教师是履行教育教学职责的专业人员,承担教书育人,培养社会主义事业接班人、提高民族素质的使命。

1."专业"的含义

"专业"一词最早是从拉丁语演化而来,原始的意思是公开地表达自己的观点或信仰。与之相对的是"行业"(trade),包含着中世纪手工行会所保留的对其行业的专门知识和技能控制只能传授给本门派的人的神秘色彩。德语中"专业"一词的含义是指具备学术的、自由的、文明的特征的社会职业。目前国际社会公认的专业标准有三条②:第一,其成员的职务实践有系统的理论做依据,有专门的技能做保证,有不断的研究做支持。第二,其成员把服务对象的利益放在首位,有严格的职业道德规范。第三,其成员的行为不受外力的限制,有专业性的自主权。就整体而言,专业工作者的聘用、晋级、解聘,实行严格的专业评审制度,行业群体有权从整体上断定本行为的工作标准和实施程序。就个体而言,其成员有权依据其专业知识进行职业判断,有个体承担责任的"处方权"。

2.教师作为从事教育活动的专业人员,目前其专业水平还有待提高

教师要成为一个成熟的专业人员,需要通过不断的学习与探究历程来拓展其专业内涵,提高专业水平,从而达到专业成熟的境界。③ 教师专业发展不仅是一个满足外部社会对教师素质要求的过程,更是一个教师自我成长,主动丰富和完善自己的过程,教师通过持续学习、经验总结、反思实践、培训提升等手段来实现自己专业素质的提高。

(二) 教师劳动的特点

教师所从事的是一种复杂的脑力劳动,它既不同于物质生产劳动,也不同于一般的精神生产劳动。因为教师的劳动对象是身心正在发展成长中的、具有各自个性特点和年龄特点的儿童和青少年,教师作为劳动的施行者与劳动手段是融为一体的。因此,教师的劳动具有自己的特点。

1.教师劳动具有复杂性的特点

教师劳动的复杂性体现在以下几个方面:

(1) 教育要培养合格的生产劳动者和社会公民,人才规格的复杂性决定了教师劳动的复杂性。人是万物之灵长,我们目前对人的认识和理解远远不能达到可以很清晰准确地将人按照他们的特长和发展可能性进行分类培养的程度,所以如何培养人本身就是一个非常复杂的事情,需要在谜团中摸索进行。21世纪要求人才具备基础的科学和生活知识、生存

---

① 加里宁.论共产主义教育[M].北京:中国青年出版社,1958:189.
② 柳海民.教育理论的诠释与建构[M].合肥:安徽教育出版社,2009:302.
③ 教育部师范司组织编写.教师专业化的理论与实践[M].北京:人民教育出版社,2003:50.

的技能、获取信息的能力与手段、强健的体魄、终身完善自己的意识和方法、爱国和国际理解的思想、为国家和人民献身的精神等。这一切需要教师在人成长的各个方面都能给予恰当的引导和培养,这多方面的要求更加剧了教师劳动的复杂性。

（2）教育对象千差万别,其差异性决定了教师劳动的复杂性。教师的劳动对象是学生,彼此间存在着一定的个性差异,他们的遗传素质不同,家庭环境不同,接受教育的基础不同,而且他们还在不断地成长和发展变化。这一切都决定了教师在进行教育劳动时就不能像物质生产劳动那样,采取千篇一律的方式,而要根据实际情况分别对待。即使在运用教育理论指导自己的实践时,也要明白具有普适性价值的教育理论在面对纷繁复杂的教育现象时,有一定的张力和距离,这是给教师摒弃简单直接的线性思维,而用复杂性思维去灵活运用必要的空间。学生不是无生命的客体,他们不仅有自身的身心发展特点和规律,而且他们对教育者的教育总是具有极大的选择性和调节性,教育过程存在着不确定性因素,教师难以对其劳动过程进行精确控制。因此,教师的劳动总是作用于具有独立的能动的学生个体身上,它要比劳动者对劳动对象的加工改造复杂得多。

（3）社会教育、家庭教育、社会教育要形成合力,共同对学生产生影响,协调各种教育力量的艰巨性决定了教师劳动的复杂性。影响学生成长的因素不仅来自学校,来自教材,来自教师教、学生学的课堂上,而且也来自社会生活的各个领域。所以,教师要使学生能够做到德智体全面发展,就必须善于全面了解学生的情况,善于组织利用学生成长的多方面的积极因素,使学生在最佳影响中不断进步。然而,要把这复杂多样的影响都组织到有效的教育过程中,要做到教师之间的协调一致和密切配合,则是十分艰巨和复杂的。

2.教师劳动具有创造性的特点

人的差异性决定了教师工作时面对的是永远不可能完全相同、不可复制的教育情境,因此不能用完全重复的,像生产线上精准的操作流程,标准化的模具一样的教育过程来进行教育活动,教师必须具有创造性。

（1）对教育内容再加工的创造性。学校教育中按照固定的教科书内容进行教育,但教科书只是一种参考和基础,如何把书本上死板、生硬的东西变成形象具体、容易为学生所接受的东西,就需要教师在备课时,通过深入钻研教材,考虑学生特点,研究教学方法,参考先进的教学经验,进行创造性的加工和设计安排。教师的劳动绝不是简单的周而复始的重复,也不是对他人经验的照搬,更不是只起贩运知识的"传声筒"作用,而是具有丰富而独特的创造性。每一个教育工作者,必须认识到自己劳动的特性,大力发挥自己的创造性,培养出"丰富多彩"的学生。

（2）教育过程实施中的创造性。"教学有法,但无定法"。教学上从来没有,也不会有适用于一切年级、一切教材的固定的金科玉律式的程序和模式。学生不同、教育情境不同、学生的特点不同、原有的知识基础不同、兴趣爱好、个性不同,教师在教学中具体怎样去组织教学过程,怎样调动学生学习的积极性,唤起学生对学习的渴望,怎样培养学生优良的思想品德,怎样充分地发挥学生的爱好、兴趣和特长等,无不需要教师进行创造性的思考和实施。因此可以说,教师在教学环节中的每一个决断都是创造性思维的结果。面对不同时代的学生,还需要教师研究其特点,不断反思、改进教学。教育研究者也需要通过科学研究,发明新的科学原理,发现新的科学规律,推动教育科学的前进。这一切,正如加里宁所说:"真正的教师工作实实在在是个创造性的工作。"

拓展资源:

要记住,世界上没有任何一种极为艰巨、极为繁重的精神劳动能与教师的劳动相比。

教师的劳动是无可比拟的,也是任何劳动不能相提并论的。纺织工人干上一个小时就能看到自己的劳动成果,炼钢工人干上几个小时后,就能高兴地看到火焰般的钢水,这是炼钢工人理想的顶峰。……可教师需要年复一年的劳动才能看到自己造就的对象;有时,要经过十几年你的意图才能勉强地显现出来;任何人也没有像教师那样经常地碰到一些不满的情绪;任何一种劳动也不会像教师的劳动那样一有错往往导致严重的后果,教师必须对社会负责任,对你的父母负责任,只要求他们工作做得准确无误,做得好。在教师身上表现出来的点点滴滴的美,这都是他用不眠之夜、一头白发、个人幸福换来的。是啊,教师往往有时想不到自己,因为他必须去想着别人。这对教师而言,并非是自我牺牲,也不是听天由命,而是他们个人生活的真正幸福。

——苏霍姆林斯基《怎样培养真正的人》

3. 教师劳动具有长期性的特点

俗话说"十年树木,百年树人",说明教育活动的周期是非常长的,培养人需要一个长期的过程。

(1)教师劳动的长期性体现在教育劳动的周期长,教育效果有延后显现性。教育活动伴随着人的自然生理成熟展开,人的成长本身就是一个漫长的过程,急于求成,过分强调眼前的利益是违背自然规律和教育规律的。就是人的某一具体、局部的身心特点的发展变化也往往要经过一个长期反复的过程。例如,任何一种思想品德的形成和完美化,都要经过多次的再认识和再实践才能逐步达到较高的境界。教育作用于人,知识类的教育效果往往会即时就表现出来,但是对人的思想、灵魂、精神、品德等的影响,其效果往往会在教育活动过后很长时间才能表现出来;对人的习惯培养更是一个需要多次反复,长期坚持才能最终养成的过程。因此,教师的劳动具有明显的长期性特点。

(2)教师劳动的长期性体现在教育影响的长期性,有的教育因素甚至影响人的一生。基础教育是给学生奠基的时段,不仅是科学知识内容奠基,更是学习方法、行为习惯、价值观、社会情感等多方面奠基的阶段。在学生的心灵种下律己宽恕的种子,勇于进取的种子,为国为民的种子,爱好和平的种子等,为其以后的成长打下坚实的基础。如果教师在学生小的时候伤害了他,那么对学生的影响也有可能持续终身。因此教师的劳动要着眼于将来,着眼于学生的长期发展过程,教育行为要力争为学生一生的成长发展服务。

案例:

当年苏联著名的作曲家肖斯塔柯维奇到70多岁口述回忆录时,还说到童年如果受到伤害,那是无法磨灭的。他现在仍然记得伤害他的那些老师的名字,甚至还记得他们是如何伤害他以及伤害他时老师们脸部的表情。一个行将就木的老人,在他生命快要到终点的时候,他说出了这些,这是非常可怕的。

(来源:张文质,林少敏.保卫童年.//刘铁芳.回到原点:时代冲突中的教育理念[M].上海:华东师范大学出版社,2006:86.)

4. 教师的劳动具有示范性的特点

教师劳动的示范性主要是指教师通过示范的方式用自己的学识、思想和言行等去直接影响学生。德国教育家第斯多惠说："教师本人是学校里最重要的师表,是最直观的最有教益的模范,是学生最活生生的榜样。"教师的劳动之所以对学生具有示范性,是由于青少年学生在知识、智力、心理品质和思想道德等方面,都还处于不成熟时期,独立性不强,具有依赖性和模仿性。因此,青少年学生对教师总有特殊的信任和依恋的情感,把教师当作榜样去学习和模仿,中国传统文化中倡导"身教重于言教"就是基于此。教师对学生的教育不单是存在于正式的课堂教学中,而是存在于学校师生相处的点点滴滴中。教师的一言一行、一举一动都可能对学生产生难以估量的影响,有时甚至教师自己也没意识到自己在什么时候、哪个方面对学生的心灵产生了作用,从这个意义上说,教师处在学生最严格的监督之中。教师必须时时注意自己保持自己的"身正",严于律己,处处做出表率,学生就在亲近老师的过程潜移默化地学会了教师身上的宝贵品质,做到了老师希望成为的人。

综上所述,教师的劳动不同于其他职业,有其职业独特的特点。劳动特点是劳动的内在性质和规律的体现,要当好一名教师,必须了解教师劳动的特点,以便于适应工作、胜任工作,并进而能利用和发挥教师劳动的特点。

二、教师的地位与作用

教师职业伴随着社会生产与社会形态的变化不断发展,其社会作用逐渐变得越来越重要,至当今时代,教师的地位和社会作用提升到国家战略的高度。

(一)教师的社会地位

教育提升了人类的地位,提高了人的价值,必然要求教师在社会发展中充分发挥其作用,也必将赋予教师崇高的社会地位。我们主要从以下四个方面来认识教师的社会地位。

1. 教师的专业地位

在世界范围内考虑教师职业专业化始于联合国教科文组织在1996年颁布的《关于教师地位的建议书》,该建议书明确提出应当将教师职业视为专业性的职业。此后世界各国都纷纷采取措施提高教师的专业素质和专业地位,但直到目前为止,也并不是所有的国家都认可将教师职业视为专业。我国在1993年10月颁布的《教师法》中写道:"教师是履行教育教学职责的专业人员。"说明在我国已经确认了教师职业的专业地位。但由于我国师范教育发展水平不高,教育专业训练不足,教师队伍专业水准较低,我国教师的专业化水平有待提高。加之社会上有人对教师的社会价值与作用认识不够明确,对教师的专业权力不够尊重,对教师的专业决策不够认同,致使我国教师的专业地位难以提高。可见,教师的专业训练之好坏,专业意识之强弱,专业水准之高低,都对教师社会地位的稳固与提高具有非常重要的意义。

2. 教师的政治地位

曾经我国教师的政治地位非常低下,受统治者奴役,在政治上被压迫。新中国建立之后,教师作为国家的主人,其政治地位大幅度提高。改革开放之后,随着我国社会的发展,科教兴国战略的提出,教师的重要价值凸显,教师的政治地位随之上升。国家不仅多次强调要"提高人民教师的政治地位和社会地位",而且专门制定《教师法》,以法律的形式规定教师应享有的权利和待遇,确立每年 9 月 10 日为教师节,要全社会尊重教师。同时,各级政府还选举教师当人大代表,参政议政,公开表彰、奖励优秀教师,以及从教师中选拔人才进入各级政府的领导班子等。另外,在国家进行教育改革时,还会征求教育专家和优秀教师的意见,将他们视为国家教育政策制定和教育改革的重要一份子。这些都有力地提高了教师的社会影响和政治地位,使广大教师看到了希望,受到极大鼓舞。虽然当代教师的政治地位有了明显的提高,但是社会上"官本位"思想的存在影响了教师的政治地位,以致影响到教师工作的积极性以及教师队伍的稳定。

3. 教师的经济地位

经济地位是教师社会地位最直接的表现之一,教师的经济地位是由教师的工资收入及其福利待遇与其他职业相比较的结果来确定的。由于传统思想中文人"清寒高贵、两袖清风"形象的影响和其他现实的种种原因,教师的工资待遇一向是比较低的。曾经我国教育系统的平均工资水平在国民经济 12 大系统中位列倒数第一,而且由于教师的政治地位较低,也不属于社会强势群体,教师工资被拖欠的情况屡屡存在。改革开放以来,我国开始逐渐重视提高教师的工资水平,1993 年发布的《中国教育改革和发展纲要》中郑重写道:"要使教师待遇和生均公用经费逐年有所增长","要把教师待遇提到社会的中等偏上水平"。在《教师法》中也提到:"教师工资应当不低于或略高于公务员的平均工资水平",这些在一定程度上保障了教师的工资待遇。在国家的努力下,近年来,教师的社会待遇正逐渐好转,逐年提升,教师职业正渐渐成为一种令人羡慕的职业。虽然,国家面临的问题很多,但解决教师待遇一直是各届政府共同致力于很好解决的重大问题之一。21 世纪是智力,是知识,是教育的世纪。教师的社会待遇在一个重视科技、重视人才,同时必须重视教育的时代里将得到更加明显的改善。

4. 教师的职业声望

教师的职业声望是指"他人和社会对教师职业的有利评价和承认,如公众的认可和称道,尊敬和钦佩,荣誉和敬意等"。[①] 中国素有尊师的传统,教师是与"天、地、君、亲"并列的。新中国的教师更是倡导牺牲与奉献精神,为了祖国和人民,为了下一代甘当"蜡烛",甘当"人梯"。因此,教师一向被社会公认为最佳形象,享有较高的职业声望。中国人民大学的学者 1997 年根据我国职业结构中常见的 100 种职业,在北京进行了一次有关职业声望的调查,其结果是:大学教授名列第二位,职业声望的分值是 86.37;大学普通教师名列第 14 位,分值为 74.94;中小学教师名列第 29 位,分值为 68.31,在整个职业结构中也位于中上。[②] 2008 年 11 月 17 日人民网报道:中国科普研究所在 2007 年公众科学素质调查结果中显示,教师是最具职业声望的职业。在最希望子女从事职业的看法调查中,排在前三位的分别是教师(43.2%)、医生(41.1%)、科学家(40.1%),企业家和政府官员紧随其后;而在对科学技术职业声望的调查中,教师(53.6%)、科学家(51.2%)和医生(38.4%)分列最高声望职业的前三位,法官位列第四。[③] 然而值得注意的是,教师的职业声望与教师实际的社会地位之间

---

① 教育大辞典编纂委员会组织编写. 教育大辞典(第 6 卷). 上海:上海教育出版社,1992:452.
② 谢维和. 教育互动的社会学分析:一种教育社会学的研究[M]. 北京:教育科学出版社, 2000:117.
③ 2007 年公民科学素质调查报告:教师为最具职业声望职业[EB/OL]. 人民网(科技频道) http://scitech.people.com.cn/GB/8348184.html.

有相关性,但二者之间并无绝对的关系。特别当教师的经济待遇偏低时,教师的职业高声望与人们实际的低选择就形成明显的反差。

总之,教师的社会地位由经济、政治、职业等多方面来综合决定,并不能仅仅由某一方面的水平来妄下结论。教育是一种公益性事业,教师的劳动也带有公益性的特点,教师的社会地位既需要社会和国家给予一定的保障和提高,也需要教师拥有牺牲与奉献精神。

拓展资源:

日本自明治维新以来就高度重视教育,对于中小学教师,日本人称这一职业是"圣职",教师被称为"先生"与议员齐名。人们普遍认为,教师是为社会做出巨大牺牲的职业,因而是无比神圣的,教师社会地位高,工资待遇也非常高。日本教师有"三高",即社会地位高、工资待遇高、师资水平高。日本通过提高教师待遇,吸引高素质人才充实教师队伍,早在1974年2月日本国会就通过了"关于维持和提高学校教育水平,确保义务教育的各级各类学校教职员中的人才特别措施法"(简称"人才确保法"),明确规定:给予义务教育各级各类学校教职员的工资高于一般公务员水平的优厚待遇,并强调从公布之日起按计划逐步实施改善和提高工资待遇的措施。这项措施从经济上保证和提高了教师生活水平。现在中小学教师初任工资已超过一般公务员工资的16%。日本教师除工资外,还有多种津贴。如抚养津贴、边远地区津贴、初任职调整津贴、函授教育津贴、住房津贴、期末津贴、加班津贴、管理职务津贴、特殊勤务津贴、交通津贴、寒冷地区津贴,等等。日本所有教师每年6月和12月还可以得到两次奖金,数额等于5个月的工资总和。所以,在日本,进入教师行业的竞争非常激烈。近30年来,几乎每年都有20万人竞争3.8万个公立学校的教师岗位。

(二)教师的社会作用

1. 教师对人类文化有继承、传递、发展的作用

人类之所以能够绵延不绝并越来越进步,与人类总结生存经验并传递给后代的能力直接相关。无论社会发展到何种样态,人们总是要把所积累和创造的社会文明继承和传递下去,并使之不断得到丰富和发展。这一工作主要是由教师完成,教师通过对浩如烟海的文化遗产进行整理并系统地传递给下一代,对社会的延续与发展发挥着极其重要的作用,是连接过去的历史、当今的现实与未来的发展中重要的一环,是社会发展的"中介人"。同时,教师通过知识传播,还将世界各民族的先进文化融合起来,促进了不同种族之间的相互理解,相互沟通,相互汲取彼此的经验,对世界文明的发展和进步也起到了桥梁与纽带的作用。

2. 教师对社会精神财富与物质财富的创造起推动作用

从表面上看,教师并不直接参与社会生产,但教师的劳动产品是人,教师通过培养人才参与社会的精神生产与物质生产,而这直接决定了社会精神与物质文明的发展水平。社会精神财富的发展与创造者包括思想家、理论家、文学家、艺术家、科学家、教育家等,他们无一不是在教师的辛勤培育下才成长起来的。教师不仅通过培养人间接丰富社会精神文明的宝库,高等学府的教师还通过自身的科学研究,直接创造精神财富。正是通过他们的创造性劳动,社会的精神文明才得以不断向新的高峰迈进。现代社会中,劳动者必须通过教育的培训来掌握相对专门的生产知识和科学技术,才能适应并胜任社会生产的要求,创造相应的物质

财富。尤其随着科学技术的进步和生产力发展水平的提高,教师生产个体劳动能力的社会作用日益突出。

3. 教师对人的精神成长起引领作用

教师在教育过程中,不仅仅是传递知识经验,更重要的是要把人类社会发展中形成的道德观念、行为准则传播给年轻一代,使其成长为一个合格的社会公民。一个国家要想形成高尚的社会道德风貌、健康向上的精神、和谐的人际关系,与每一位公民的思想道德水平密不可分。而教师则在其生活目的、道德信念、思想觉悟等方面还没有完全形成较稳定的看法,人生观和世界观还没有完全确立的黄金时期,对其精神成长起着重要的引领作用。教师的世界观、知识水平、品行表现以及对每一事物的态度,都时时刻刻在对学生发生着潜移默化的影响。正是在这种意义上,加里宁称教师是"人类灵魂的工程师"。

4. 教师对人的潜能挖掘、智力开发起奠基作用

人从遗传获得的发展潜能并非随着生理上的成熟就自然显现成为现实的智能。潜能的充分开发依赖于社会生活条件和正确的教育,在社会生活条件基本相同的情况下,教育对人的潜能的开发具有决定性的意义。教师是学生群体的潜能开发者,使每个学生固有的发展可能性转化为现实是其重要的教育任务。但是,人的潜能是存在个别差异的,个体在发展方向与发展水平上可能有着很大差异,这种潜能上的差异要求教师及时认识、创造条件,施以正确的教育。从这一角度讲,教师早期发现学生潜能中的优势,并能做到因材施教,给予及时引导和培养,无论是对学生个体还是社会来说,都具有重要的意义。

综上所述,随着现代社会的发展和对人才需求的加剧,教师职业的社会作用客观地提升到历史上从未有过的新高度。

拓展资源:

教育是培育生命的事业。当孩子走进校园,开始他生命的体验时,教育给予他们的是快乐还是痛苦,是提升还是压抑,是创造还是束缚,完全凭着教师的职业素养和职业行为。

我们有理由让社会相信:不能小看小学老师,没有他们的劳动,辛勤的浇灌,孩子就不能成为参天大树,更谈不上森林一片。作为一名立志在教育战线中执着为学生生命奠基的我们,每一位教师都会用自己的生命去浇灌孩子的生命之树。相信,对我,对我们小学教师为教育永远绿满人间的神圣劳动会充满深深的敬意。

为生命奠基,为中华民族的创造力奠基,是我们21世纪语文教师责无旁贷的历史使命。

从事"人之初"教育的我们,如果不能在孩子们阅读背诵的基础上走进阅读的空天阔海,让他们在书中与历史对话,与高尚交流,与智慧撞击,从而打下坚实、厚重的文学素养、人文素养,我们的民族将来怎么会拥有高尚的、文明的、创造的现代人呢?还会有"曹雪芹""鲁迅"的"横空出世"吗?

——名师窦桂梅《窦桂梅与语文教改的三个超越》

三、教师的权利与义务

权利与义务往往相辅相成,拥有一定的权利就意味着必须承担相应的义务。教师所享有的社会权利尤其是专业权利的多少,不仅反映国家和社会对教师职业的重视与保护程度,而且直接影响到教师在社会民众及学生心目中的威信与地位。为了保证教师履行自己的工

作职责的规范性,我国用法律条文的形式明确规定了教师的权利与义务。1993年10月颁布《中华人民共和国教师法》(简称《教师法》),是国家与各级政府部门制定教师政策、承接各种损害教师权益与地位的法律武器。它的颁布与实施,对于我国教师队伍的建设与发展乃至整个教育事业的发展具有非常重大的意义。在《教师法》中,对教师的权利、义务、任职资格、待遇、职责、培养提高等都有具体的规定。但作为教师或未来教师来说,要维护自己的合法权益,首先要了解的是自己应享有的权利及应履行的义务。因此,在此主要探讨教师的合法权益与义务问题。

(一)教师的法定权利

所谓教师权利,是指法律对教师在履行国家教育教学职责时,必须享有的权利,是得到法律的许可和保障,具有不可侵犯性。《教师法》第7条(共6款)详细规定了教师的权利,主要体现在四个方面:

1. 教育权

教书育人是教师的职业特点和根本职责,教师拥有教育教学的权利,管理学生的权利。教师在教育过程中居于主导地位,面对未成年人,教师拥有引导其发展,规范其行为,培养其习惯,惩罚其错误的权利。

2. 发展权

教师在自己的职业生涯中,拥有发展、完善自我的权利。教师的素质需要不断地提高,不仅是社会对教师专业发展所提出的要求,更重要的是教师自我成长的内在需求的满足。鼓励教师参加培训、进修、开会、组织学术活动等,有利于其能力提升,并进一步繁荣教育科学事业。

3. 报酬权

教师享有"按时获取工资报酬,享有国家规定的福利待遇以及寒暑假的带薪休假"的权利,这是教师职业的特殊性,同时也是教育事业赋予教师的福利。教师的待遇提升是未来的必然趋势,保证教师合理、合法地获取应有的报酬关系到教师专业地位的体现。

4. 参与权

教师拥有参与教育决策、教育管理的权利,同时也拥有合理渠道提出教育建议、教育改革措施,参与学校民主管理等权利。教师是学校教育的主体之一,理当拥有一定的话语权,这一规定将教师参政议政(主要是教育相关)的公民权落到了实处。

(二)教师的法定义务

所谓教师的义务,是指法律对教师在从事教育教学活动中一定行为的约束,它要求教师必须做出一定行为或不得做出一定行为。《教师法》第8条(共6款)详细规定了教师的义务,主要体现在以下几个方面:

1. 为人师表

教师职业有其特殊性,我国的传统思想认为"学高为师,身正为范",这就要求教师不仅学识渊博,而且一定要严于律己,必须具备高尚的职业道德,在各方面都可堪表率。

2. 完成教学任务

国家的教育方针最终是在教师的教育教学活动中体现出来的。因此,教师必须认真贯彻国家制定的教育方针,把握教育的方向,坚持教育为社会主义现代化建设服务,培养德、智、体全面发展的建设者和接班人。

3. 关心、爱护全体学生,尊重学生人格

这条规定要求教师不能随意侮辱、歧视、打骂学生,对所有学生都应一视同仁,使学生身心健康发展。

4. 制止、批评和抵制社会上侵犯学生健康和合法权益的行为

要保护、爱护学生,给学生提供一个安全健康的学习环境,对社会有害信息坚决抵制,教育他们远离社会不健康因素的侵扰。

5. 不断提高与发展自己

教师的专业能力与专业道德是教师职业素质重要的两个方面。教师要在提高教育教学水平的同时,努力学习马列主义理论,不断提高自己的理论修养及思想政治觉悟。

拓展资源:

《中华人民共和国教师法》关于教师权利与义务的规定

第七条:教师享有下列权利:

(一)进行教育教学活动,开展教育教学改革和实验;

(二)从事科学研究、学术交流,参加专业的学术团体,在学术活动中充分发表意见;

(三)指导学生的学习和发展,评定学生的品行和学业成绩;

(四)按时获取工资报酬,享受国家规定的福利待遇以及寒暑假期的带薪休假;

(五)对学校教育教学、管理工作和教育行政部门的工作提出意见和建议,通过对教职工代表大会或者其他形式,参与学校的民主管理;

(六)参加进修或者其他方式的培训。

第八条:教师应当履行下列义务:

(一)遵守宪法、法律和职业道德,为人师表;

(二)贯彻国家的教育方针,遵守规章制度,执行学校的教学计划,履行教师聘约,完成教育教学工作任务;

(三)对学生进行宪法所确定的基本原则的教育和爱国主义、民族团结的教育,法制教育以及思想品德、文化、科学技术教育,组织、带领学生开展有益的社会活动;

(四)关心、爱护全体学生,尊重学生人格,促进学生在品德、智力、体质等方面全面发展;

(五)制止有害于学生的行为或者其他侵犯学生合法权益的行为,批评和抵制有害于学生健康成长的现象;

(六)不断提高思想政治觉悟和教育教学业务水平。

四、教师的专业素质

2012年2月10日,教育部下发"关于印发《幼儿园教师专业标准(试行)》《小学教师专业标准(试行)》和《中学教师专业标准(试行)》的通知"(教师〔2012〕1号)。分别对幼儿园、小学、中学教师的专业理念与师德、专业知识和专业能力提出60余条具体要求。通过制定这样的标准,使每个教师对职业生涯中应该做什么、怎么做、怎么发展心中有数,目标明确。一方面可以指导教师的专业发展方向,另一方面,也可以作为遴选和评估教师的标准。既可以作为尺度去衡量教师的水准,了解整个队伍的状况,也能够作为优化教师队伍建设与

培养培训的依据。《专业标准》是国家对合格教师专业素质的基本要求,是教师实施教育教学行为的基本规范,是引领教师专业发展的基本准则,是教师培养、准入、培训、考核等工作的重要依据。

根据教师专业标准中的要求,教师的专业素质构成主要由专业理念、专业情意、专业知识、专业能力四部分组成。

（一）专业理念

教师的专业理念就是教师如何认识教育形成的理性观念。教育是人类有意识的提升人格、使人善的活动,是受观念支配的社会实践。教师的教育行为受其教育观念的影响,但不意味每一个教师的教育行为和观念都是理性的。21世纪的教育要求教师理性地按照以下观念采取教育教学行动。

1. "师德为先"的理念

中国传统教育中倡导教育要导人向善,教人有德性的生存,教师是从事教育工作的人,首先就要做到有德性的生活。"有德"是对教师最根本的要求,当代教师不仅要求教师自身首先做个有修养、品德高尚的人,还特别指出了教师这个职业所具备的职业道德。教师对职业的热爱和投入、对学生的尊重和爱护、对学术的严谨和进取、对自己的要求和自律时时刻刻影响着学校的校风和学风,教师的形象直接关系到学生素质的培养,学校发展以教师为本,教师素质以师德为先。教师的职业是神圣的、高尚的。正如著名教育家陶行知先生所说:"捧着一颗心来,不带半根草去"。

2. "学生为本"的理念

在20世纪兴起的人本主义思潮,到20世纪70年代达到鼎盛时期,以学生发展为本的教育目的观成为主流的教育理念。现代教师树立以学生发展为本的教育理念,就是要把学生的发展作为教育起点、教育过程的依据和教育的归宿。在教育过程中注重学生潜能的发展、学生身心与情感的发展、学生的自我及其实现。教育学生时保护学生的好奇心和求知欲,尊重学生的爱好和个性,激发学生的兴趣,为学生提供探究的材料和机会,做好学生成长的帮助者、促进者、引导者。

3. "能力为重"的理念

能力为重即是教师要转变注重学生识记、认知为主,将教学重心放到培养学生的学习能力、创造能力、实践能力、合作能力上来。学习能力主要指在学习中发现问题,通过独立思考解决问题的能力及一定的批判思维的能力。在离开学校之后,学生也能根据受到的基本训练和获得能力进行可持续的学习。创造能力是指培养学生不拘泥于固有的思维,善于用自己的头脑,综合地运用知识,灵活地融会贯通,创造性地解决问题的能力。实践能力是指注重让学生将知识与生活结合起来,学会解决实际问题,培养其社会性,在能力增长中学会做事,学会做人。合作能力是指教师要教会学生学会将个体的力量融入群体中,在与他人的合作中学会共生共存。

4. "终身学习"的理念

现代社会是一个知识迅猛发展的时代,个人要跟上时代的发展不能仅靠职前所获得的知识一劳永逸,个人必须成为一个终身学习者。这对于以知识为工具而进行生命缔造的教师而言,更要成为终身的学习者。一名教师即便职前受到过良好的教师教育,能够成为一名合格甚至优秀的教师,他仍然需要终身学习,以适应教育的变革及其新的要求。同时,作为发展中的个体,教师自身的成长是教师专业发展的基础,教师只有不断地学习,努力提高自己的知识水平和教育教学能力,才能满足教师自身专业成长的需要,促进教师的专业发展。

(二) 专业情意

单纯的教师职业道德所不同的是,教师的专业情意不仅包含外在的道德要求,而且也包含教师由内而外的情感、态度、价值。情,指情感、情操。教师对工作的价值观有明确的认识、有积极的工作态度、崇高的教育理想、稳定的教育信念、强烈的成就动机、忘我的工作兴趣和健康的心态等,都是教师必须具备的专业情感素质。我们可以从以下四个方面来具体分析教师的专业情意:

1. 专业理想

教师的专业理想是其献身于教育工作的根本动力,有了为师之心,方能自觉遵循人师之德。从教者是源于什么样的动机进入教育工作岗位,直接决定了他在职业生涯中如何定位自身。专业的教师要有崇高的敬业精神,能从教育工作中感受到作为教师的乐趣和工作的价值。表现在教育实践中,就是教师要有"为教育而教"的职业认知,将从教作为毕生的追求,而不是简单的"靠教育"谋生的手段;要有以从事教师职业为荣的价值感;要将为师从教作为自己个体的生命存在方式,体现出生存的全部意义。

2. 专业情操

我们知道为人师表、严谨治学、团结协作和尊重家长都属于教师的职业态度,属于教师必须具备的职业操守。教师的专业情操还包括爱国守法、爱岗敬业、关爱学生、教书育人、为人师表、终身学习这样的职业道德要求。其中"爱"与"责任"是贯穿其中的核心。

这里有一个值得注意的方面,就是教师的教育信念。教师的教育信念是指教师自己选择、认可并确信的教育观念或教育理念。从宏观的角度看,教师的教育信念包括教育观、学生观和教育活动观;从微观的角度看,主要包括关于学习者和学习的信念、关于教学的信念、关于学科的信念、关于自我和教学作用的信念等。如果一个教师有自己稳定的教育信念,那么他在履行职业道德要求的时候就会自然而然地将内心所秉持的理念与外在的要求结合起来,力求做到圆融一致,而不是被动痛苦地遵从某些规范。

3. 专业性向

教师的专业性向主要是指从教所需的独特的心理和人格特质,如:耐心、爱心、情绪稳定、心理健康、成熟、平衡、泰然自若等。专业性向作为其从事教育教学工作的心理背景,极大地影响着教师决策和行为,影响着学生素质的培养。教师职业与其他职业不同的地方就在于我们要求教师既是学生的管理者又是青少年的朋友;既是纪律秩序的维持者又是学生心理的保健者。这种既要树立权威又要民主平等的职业角色矛盾往往会引起教师在履行自己的职责时产生强烈的冲突。处理诸如此类的冲突时,就需要教师较强的心理素质和人格魅力,才能不对学生产生伤害。因此,教师在工作过程中,只有不断地对其专业性向进行调适,从内心出发完善自己才能取得较好的教育教学效果。

4. 专业自我

教师的专业自我是教师作为主体对自己以及自己与周围事物(如学生、其他教师、教育内容等)的关系的总看法或总观点。它是教师认识自己与别人的关系、在现实生活的作为、往什么方向发展等方面组成的情感和信仰系统。建立专业自我的一个重要方面是形成和发展自我效能感。所谓自我效能感就是教师对自己在特定的教育情境中是否有能力完成某种行为的主观判断与期望。它不仅是教师自身工作的动力,而且也是学生发展的重要影响因素。教师专业自我的建立有利于其广泛而高度的专业自主性的获得。

教师的专业情意决定教师的专业态度和动机,也影响自主发展需要和意识。教师的自主发展需要和意识,是教师发展的内在主观动力。教师的专业发展只有成为教师个体自觉、主动的发展需要时才能成为可能,因为,只有这时教师才在完全意义上成为自己发展的主体。

拓展资源:

"国宝"教师霍懋征

霍懋征,1921年9月18日生于山东省济南市。1943年毕业于北京师范大学数理系。是年,自愿赴北师大第二附属小学任教(即北京第二实验小学)。其间借调中央教育部、丁家胡同小学工作。在北京第二实验小学任数学教师、语文教师、班主任、副校长等职务。霍懋征老师开创了我国高等学历人才从事基础教育事业的先河。她爱教乐业,与时俱进,勇于创新,用自己一生的实践证明了忠于事业的高等学历教师对推动基础教育改革发展的重大意义。霍懋征老师把毕生的精力无私地奉献给教育事业,为了教育事业她倾注了全部的心血和全部的爱。她以自己特有的人品、师品、学品演绎了一位小学教师完美的一生,她是我们心中的楷模。"没有爱就没有教育"这是霍懋征从事教育教学活动的座右铭。无爱则无教,霍老师是爱的教育的早期倡导者和实践者,"没有教不好的学生"等教育思想传遍了大江南北,产生了深刻的影响。她爱所有的学生,对特殊的学生给予特殊的关爱。她从教六十年,她的学生个个成才,从没有一个学生掉队,每届学生几乎都是全面发展的好学生。她和学生的感情深似海,每个学生都能讲出霍老师爱他们的故事,他们把霍老师比作自己的妈妈。60届毕业的学生年年初三去看望她,至今已经保持50年的师生情。

霍老师是新中国历次教育改革的带头人和成功经验的创造者。她运用创新思维,前瞻地思考教育教学问题。她的以学生为本的教育思想和以学生为中心的教学艺术;她的育人必先育德,教人必须教心,以及家庭也是学校,社会是教学的大课堂等思想不仅在自己班上产生了巨大效益,而且已成为我国当代教育史上的宝贵财富。她是一位充满智慧的教师,她有极丰富的教学经验,拥有炉火纯青的教学艺术;她运用儿童心理学激发了学生学习兴趣,让学生变得聪明起来;她努力实践高效课堂;她的数学实验创造了全班学生周周作业无错题,学期考试得满分的好成绩。

几十年来,霍老师受到了周恩来总理到温家宝总理历届党和国家领导人的接见,周恩来总理称她为"国宝",薄一波副总理为其题词:"一代师表"。温家宝总理称她是"把爱心献给教育的人"。国务委员刘延东称她为"教育大家"……霍老师说,这绝不仅仅是个人的荣誉,这是党和政府对教育事业以及对教师的关怀和鼓励,荣誉属于大家。我们热爱和敬仰的霍懋征老师曾无限深情地说"我一生从教的体会,那就是六个字:光荣、艰巨、幸福"。

(三) 专业知识

构成专业的首要标准是完善的知识体系，教师职业要想成为专业，也必须有合理的知识结构。教师的主要工作是通过教学来促进学生的有效学习，因此教师的专业知识既包括科学文化知识也包括教育教学知识，通俗地说就是教什么和怎么教的知识。

1. 通识性知识——广博的科学文化知识

现代学生有着广泛的信息获取渠道，他们在学校教育之外又获得了大量的知识，涉猎范围之广有时连教师都自叹不如。因此需要教师具备广博的科学文化知识，包括自然科学、社会学、政治学、生物学、天文地理等方面的知识。不仅如此，还要经常关心时事，紧跟社会时代的步伐，社会流行语言等。当然，这并不是要求教师要对所有的方面都掌握得精深，而是强调教师对这些知识信息的了解，在展现自己基本科学素养的同时，也给学生做出博览群书、博闻强记、关心时代的良好示范。有了广博的科学文化知识作为根基，教师才能对人类社会和物质世界进行全面、系统、准确、敏锐的分析，并给予学生处理和解决世界问题的思想方法和建议。

2. 本体性知识——系统的任教学科专业知识

教师对学生的知识优势很大程度上体现在教师对任教学科专业知识的掌握上，系统扎实地任教学科知识是从教的前提和根本，因此，我们将这样的知识称为本体性知识。教师教学中的许多方面，如有效地揭示和讲解知识，提出创造性的问题，介绍本学科的历史和前沿问题等，都需要教师掌握所教学科的基本理论、学科的知识结构、基本概念、原理、学科未来发展趋势、学科的学习方法和研究模式等。只有这样，教师在教学中才能将知识用学生能够理解的逻辑重组，统观整个学科，处理教材，并通过一定的技巧传递给学生。

3. 条件性知识——体现教学艺术性的知识

怎么教的知识对于教师来说就是保障专业顺利进行的条件性知识，仅仅有扎实的学科专业知识却不懂如何将自己所学转化为学生所会，就不能称之为教师，即所谓学者未必是良师，还必须会教。从这个意义上说，会教是体现师范特色的重要方面。因此，教师的知识结构中，教育学、心理学知识是必要的，也是必需的。

林崇德提出："我们把教师的条件性知识具体化为三个方面，即学生身心发展的知识、教育学的知识和学生成绩评价的知识"[①]。首先是关于儿童的知识。教师施教，首先必须有有关教的对象的知识。目前主要由心理学和教育心理学学科提供儿童身心发展的一般理论知识和儿童学习的理论知识。其次是关于任教学科教学方法知识。目前主要由学科课程教育学、课程与教学论、学科发展史等学科提供相关知识。作为教师一方面必须具有学校的课堂教学组织、管理和评价方面的常规知识，进行常规教学；另一方面也要能创造性地应对课堂教学具体情境中的具体问题。再次是有关教育的知识。教师要了解教育的育人功能，教育与社会发展之间的关系，教育发挥作用的基本途径和方法。有关教育学基本理论、教育史和教育哲学等学科知识构成重要的教师专业知识素养。

4. 实践性知识——基于个体经验体悟基础上的提升知识

教师在面临实现有目的的行为中所具有的课堂情境知识以及与之相关的知识。实践性知识是教学经验的积累，属于情境性的教学机智，是教师所独有的具有个性化、独

---

① 林崇德. 教育与发展——创新人才的心理学整合研究[M]. 北京:北京师范大学出版社，2004：178.

到化和富有规律性的方法。它是教师真正信奉的、在教育实践中体现出来的。教师的个人实践理论是一个庞杂的系统,是一些有组织的、心理的、但未必是逻辑的形式,由个人的无数的关于教育的观念组成。"[①]教师建构实践性知识的直接动力来自于教育教学实践中存在的真实问题,主要是在课堂教学、与学生交往等诸情境中的互动行为中产生,在每一次实践中处理问题时教师所即时采取的观点、策略、方法的积累,就丰富了教师实践性知识的发展。

(四) 专业能力

教师的专业能力是教师特有的从教能力,是教师圆满完成本职工作的专业本领。具体来说,教师必须具备以下基本能力:

1. 德育能力

所谓德育能力即教师在教育活动中随时对学生进行思想品德、做人做事、精神成长等方面的影响。教师要直接面对全体学生,其个人的道德修养、人格风采、德育能力和水平,将直接影响每一位学生的思想道德和人格的健康发展。教师要有"文道统一"的教育观念,将"道"(道德)融入"文"(知识)的教学之中,认识到二者本为一,时时处处都体现出"使做善"这一本真的教育思想。这就需要教师具备:修己养身,以身作则的能力;了解学生及同学生沟通交往,有效指导学生的能力;敏锐观察,随机应变,便被动为主动,及时捕捉教育时机的能力;把握学生特点,因材施教的能力。

2. 教学能力

教师的教学能力主要包括语言表达能力、分析处理教材,运用各种教学方法、灵活利用多种教学组织形式的能力;利用多媒体技术为课堂服务的能力。从教育过程来看,教师的教学能力还包括:教学活动设计能力;教学活动实施能力、教学活动的组织监控能力、教育评价能力等。其中,语言表达能力是教师的首要基本功。对教师语言的要求是:语音正确,说普通话,表达清楚;用词准确,语句完整,通俗易懂;口头语言直观鲜活,富有逻辑性和感染力;讲授知识或说明问题时层次清楚,重点突出,结论明确;书面语言内容充实,行文严谨流畅,书写工整规范。

3. 科研能力

教育是一个创造性的工作,需要不断地摸索和研究,具有科研意识、科研能力是教师专业发展必备的科研素养。教师需要不断地改进自身的专业结构,反思教学实践,发现教学中的问题,总结经验形成理性认识,参与教育改革课题等,进而提高自己的教育科研水平。教师在参与教育科研的过程中,要遵循正确选择课题、科学设计研究方案、实施方案、系统搜集信息和资料、处理资料,深入分析研究,形成研究成果这样一系列规范的科学研究方法和程序。只有在规范的科研过程中,教师才能最终形成严谨的学术态度、科学的操作方法,全面提升自己的科研能力。

4. 管理能力

现代学校教育中,教师更多的时候不是面对一个或几个学生,而是面对学生群体,班级授课制的教育组织形式也决定了教师要有将分散的学生个体组织成集体的能力,学生在集体中活动,就需要教师有一定的组织管理能力。对学生的组织管理主要有两

[①] 鞠玉翠.走近教师的生活世界——教师个人实践理论的叙事探究[M].上海:复旦大学出版社,2004:5.

项:教学过程中的管理和学生集体的管理。教师的组织管理能力强,班级就会形成正确的舆论和良好的班风,充分发挥班集体的影响教育作用,使学生在团结友爱、积极上进的集体中健康成长。

除了以上所阐述的教师所需具备的基本的能力,在实施素质教育的今天,还需要教师具有:分析问题的能力,解决问题的能力,发现问题的能力和提出问题的能力。发现问题是培养学生发现书本上不曾教过的新方法、新途径、新观点、新技巧等。学生可以在这个发现的过程中领悟已学过的知识,可以培养学习和钻研的兴趣,可以积累创新的经历,体验成功的快乐,坚定学习的信心。教师要有能力培养和教育我们的学生在他们未来的教学中善于引导学生去发现并保护和珍惜学生的好奇心,积极引导他们发现的思路和欲望。在发现问题的基础上提出问题,需要逻辑推理和理论抽象,需要表达的组织和精准的概括。在错综复杂的事物中抓住问题的核心,进行条清缕晰的陈述,并给出解决问题的建议。

总之,要使公众认同和信赖教育教学工作是一门专业,从而自愿准予教师行使专业判断和专业行为所需要的自由,它首先必须向公众保证教师胜任其工作,能参与专业决定,负起专业的责任。这就需要教师在专业情意、专业知识、专业能力三个大方面努力丰富自己,粹炼出扎实的专业素质,最终成长为合格的专业人员。

拓展资源:

小学教师专业标准

为促进小学教师专业发展,建设高素质小学教师队伍,根据《中华人民共和国教师法》和《中华人民共和国义务教育法》,特制定《小学教师专业标准(试行)》。小学教师是履行小学教育教学工作职责的专业人员,需要经过严格的培养与培训,具有良好的职业道德,掌握系统的专业知识和专业技能。

一、基本理念

(一)师德为先。热爱小学教育事业,具有职业理想,践行社会主义核心价值体系,履行教师职业道德规范,依法执教。关爱小学生,尊重小学生人格,富有爱心、责任心、耐心和细心;为人师表,教书育人,自尊自律,做小学生健康成长的指导者和引路人。

(二)学生为本。尊重小学生权益,以小学生为主体,充分调动和发挥小学生的主动性;遵循小学生身心发展特点和教育教学规律,提供适合的教育,促进小学生生动活泼学习、健康快乐成长。

(三)能力为重。把学科知识、教育理论与教育实践有机结合,突出教书育人实践能力;研究小学生,遵循小学生成长规律,提升教育教学专业化水平;坚持实践、反思、再实践、再反思,不断提高专业能力。

(四)终身学习。学习先进小学教育理论,了解国内外小学教育改革与发展的经验和做法;优化知识结构,提高文化素养;具有终身学习与持续发展的意识和能力,做终身学习的典范。

二、基本内容

维度	领域	基本要求
专业理念与师德	（一）职业理解与认识	1. 贯彻党和国家教育方针政策,遵守教育法律法规。 2. 理解小学教育工作的意义,热爱小学教育事业,具有职业理想和敬业精神。 3. 认同小学教师的专业性和独特性,注重自身专业发展。 4. 具有良好职业道德修养,为人师表。 5. 具有团队合作精神,积极开展协作与交流。
	（二）对小学生的态度与行为	6. 关爱小学生,重视小学生身心健康,将保护小学生生命安全放在首位。 7. 尊重小学生独立人格,维护小学生合法权益,平等对待每一位小学生。不讽刺、挖苦、歧视小学生,不体罚或变相体罚小学生。 8. 信任小学生,尊重个体差异,主动了解和满足有益于小学生身心发展的不同需求。 9. 积极创造条件,让小学生拥有快乐的学校生活。
	（三）教育教学的态度与行为	10. 树立育人为本、德育为先的理念,将小学生的知识学习、能力发展与品德养成相结合,重视小学生全面发展。 11. 尊重教育规律和小学生身心发展规律,为每一个小学生提供适合的教育。 12. 引导小学生体验学习乐趣,保护小学生的求知欲和好奇心,培养小学生的广泛兴趣、动手能力和探究精神。 13. 引导小学生学会学习,养成良好学习习惯。 14. 尊重和发挥好少先队组织的教育引导作用。
	（四）个人修养与行为	15. 富有爱心、责任心、耐心和细心。 16. 乐观向上、热情开朗、有亲和力。 17. 善于自我调节情绪,保持平和心态。 18. 勤于学习,不断进取。 19. 衣着整洁得体,语言规范健康,举止文明礼貌。

续表

维度	领域	基本要求
专业知识	（五）小学生发展知识	20. 了解关于小学生生存、发展和保护的有关法律法规及政策规定。 21. 了解不同年龄及有特殊需要的小学生身心发展特点和规律，掌握保护和促进小学生身心健康发展的策略与方法。 22. 了解不同年龄小学生学习的特点，掌握小学生良好行为习惯养成的知识。 23. 了解幼小和小初衔接阶段小学生的心理特点，掌握帮助小学生顺利过渡的方法。 24. 了解对小学生进行青春期和性健康教育的知识和方法。 25. 了解小学生安全防护的知识，掌握针对小学生可能出现的各种侵犯与伤害行为的预防与应对方法。
	（六）学科知识	26. 适应小学综合性教学的要求，了解多学科知识。 27. 掌握所教学科知识体系、基本思想与方法。 28. 了解所教学科与社会实践、少先队活动的联系，了解与其他学科的联系。
	（七）教育教学知识	29. 掌握小学教育教学基本理论。 30. 掌握小学生品行养成的特点和规律。 31. 掌握不同年龄小学生的认知规律和教育心理学的基本原理和方法。 32. 掌握所教学科的课程标准和教学知识。
	（八）通识性知识	33. 具有相应的自然科学和人文社会科学知识。 34. 了解中国教育基本情况。 35. 具有相应的艺术欣赏与表现知识。 36. 具有适应教育内容、教学手段和方法现代化的信息技术知识。
专业能力	（九）教育教学设计	37. 合理制订小学生个体与集体的教育教学计划。 38. 合理利用教学资源，科学编写教学方案。 39. 合理设计主题鲜明、丰富多彩的班级和少先队活动。
	（十）组织与实施	40. 建立良好的师生关系，帮助小学生建立良好的同伴关系。 41. 创设适宜的教学情境，根据小学生的反应及时调整教学活动。 42. 调动小学生学习积极性，结合小学生已有的知识和经验激发学习兴趣。 43. 发挥小学生主体性，灵活运用启发式、探究式、讨论式、参与式等教学方式。 44. 发挥好少先队组织生活、集体活动、信息传播等教育功能。 45. 将现代教育技术手段整合应用到教学中。

续表

维度	领域	基本要求
专业能力	（十）组织与实施	46. 较好使用口头语言、肢体语言与书面语言，使用普通话教学，规范书写钢笔字、粉笔字、毛笔字。 47. 妥善应对突发事件。 48. 鉴别小学生行为和思想动向，用科学的方法防止和有效矫正不良行为。
	（十一）激励与评价	49. 对小学生日常表现进行观察与判断，发现和赏识每一位小学生的点滴进步。 50. 灵活使用多元评价方式，给予小学生恰当的评价和指导。 51. 引导小学生进行积极的自我评价。 52. 利用评价结果不断改进教育教学工作。
	（十二）沟通与合作	53. 使用符合小学生特点的语言进行教育教学工作。 54. 善于倾听，和蔼可亲，与小学生进行有效沟通。 55. 与同事合作交流，分享经验和资源，共同发展。 56. 与家长进行有效沟通合作，共同促进小学生发展。 57. 协助小学与社区建立合作互助的良好关系。
	（十三）反思与发展	58. 主动搜集分析相关信息，不断进行反思，改进教育教学工作。 59. 针对教育教学工作中的现实需要与问题，进行探索和研究。 60. 制定专业发展规划，积极参加专业培训，不断提高自身专业素质。

三、实施建议

（一）各级教育行政部门要将《专业标准》作为小学教师队伍建设的基本依据。根据小学教育改革发展的需要，充分发挥《专业标准》引领和导向作用，深化教师教育改革，建立教师教育质量保障体系，不断提高小学教师培养培训质量。制定小学教师准入标准，严把小学教师入口关；制定小学教师聘任（聘用）、考核、退出等管理制度，保障教师合法权益，形成科学有效的小学教师队伍管理和督导机制。

（二）开展小学教师教育的院校要将《专业标准》作为小学教师培养培训的主要依据。重视小学教师职业特点，加强小学教育学科和专业建设。完善小学教师培养培训方案，科学设置教师教育课程，改革教育教学方式；重视小学教师职业道德教育，重视社会实践和教育实习；加强从事小学教师教育的师资队伍建设，建立科学的质量评价制度。

（三）小学要将《专业标准》作为教师管理的重要依据。制定小学教师专业发展规划，注重教师职业理想与职业道德教育，增强教师育人的责任感与使命感；开展校本研修，促进教师专业发展；完善教师岗位职责和考核评价制度，健全小学教师绩效管理机制。

（四）小学教师要将《专业标准》作为自身专业发展的基本依据。制定自我专业发展规划，爱岗敬业，增强专业发展自觉性；大胆开展教育教学实践，不断创新；积极进行自我评价，主动参加教师培训和自主研修，逐步提升专业发展水平。

第二节 学　　生

学生是教育教学工作的主要对象,是教育教学活动得以存在的根本,离开了学生,就无所谓教育,也无所谓教学。了解和研究学生是教育工作的出发点和归宿。这里的学生指的是在教师的指导下从事学习活动的人,主要指的是在大中小学、幼儿园等正规学校中的青少年和儿童。

一、学生的本质特征

正确认识学生的本质特征,树立科学的学生观,不仅是教育理论的重要问题,也是教育实践的重要问题。

(一) 学生是具有独立意义的完整主体

1. 学生是完整的人

在现实生活中,人们往往把学生仅当作受教育的对象来对待,而忽视其身心的整体性。其实,与一般意义上的人一样,学生是既具有进行新陈代谢的生理生命,又具有意识活动的价值生命的完整生命体。在教育活动中,学生不是单纯的学习者,而是体验着全部的教育生活。如果不能从完整人的意义上认识学生,教育活动就容易脱离学生实际,造成学生人格的分裂和生命的缺损。把学生当作完整的人来对待,就必须反对那种割裂人的完整性的做法,还学生完整的生活世界。现代教育以促进学生的全面和谐发展为目标就是对学生完整生命意义的追寻。

2. 学生是具有生命独特性的人

正如世间没有两片完全相同的树叶,也没有两个完全相同的人。一个人之所以像他自己而非他人就在于他自身的独特性。"在时间和空间的纵横扩展中,每个人都以其独立的个性存在着","都是作为无可替代的独立个性存在着。"[①]既然学生是具有独特性的人,就要求教育者承认并尊重学生的个性差异,注意保护学生的良好个性,并为学生良好的个性发展创造条件,而不是去遏止、压抑和抹杀这种个性和独特性,要求千人一面。

3. 学生是具有能动性、主体性的人

人的生命与动物的生命不同,动物只有一种本能的生理生命,但人的生理生命只是人生存的生物前提,人的生命更在于他的意识性活动。人不是被动地生活在现实生活中,人总是以其自身特有的能动性、主动性创造和满足自己的物质需要与精神需要,并用以发展自己的身心。正如德国哲学家马克斯·舍勒所说,人"从不满足周围现实,始终渴望打破他之此时——此地——如此存在的界限,不断追求超越环绕他的现实——其中包括他自己的当下的现实。"[②]因此,教育不能把学生当作消极被动地接受教育影响的人,而是把他们当作认识的主体、发展的主体、学习的主体。教育不是压制他们的主体性,而是为他们主体性的发挥创造条件,从而使他们自觉参与到教育过程中来,促进他们精神的主动发展。

---

① [日]香山健一.为了自由的教育改革——从划一主义到多样化的选择[M].刘晓民,译.北京:高等教育出版社,1990:16,100.

② [德]马克斯·舍勒.人在宇宙中的地位[M].陈泽环,译.上海:上海文化出版社,1989:43.

（二）学生是发展中的人

1. 学生是正在发展的未成年人

说学生是正在发展中的未成年人，就是要求教育者认识到学生是具有其自身独特年龄特点、独特身心发展水平的人，不能以成人的标准来要求学生。教育要尊重学生的"童性"，而不能以忽视学生当下的生活为代价去为未来生活做准备。我们总是以成人的标准来要求儿童，把儿童的成长看作填补未成熟的人和成熟人之间的空缺，把他们当作"小大人"对待。卢梭在《爱弥儿》中早就批评过这种现象，他强调教育一定要把儿童当作儿童，儿童是用他们特有的视角去看待事物、想问题、产生感情的，用成人的思维去揣度儿童的想法，不仅会曲解儿童，而且也会抑制儿童的自然发展。现代生理学和心理学研究都表明，儿童的身心发展有其自身的特点，无论是认知领域还是情感领域，或者是动作技能领域，都表现出与成人不同的特征。认识并尊重这些特点，是开展教育工作的前提。

2. 学生是具有发展需要的人

作为正在发展中的未成年人，学生的身心都还没有成熟，处于发展的过程中，在许多方面还有待完善。因此，在其发展的过程中不可能尽善尽美，总是伴随着各种各样的问题。这都是正常的，是其不成熟的表现，也正是因为这种不成熟，才使其更需要发展。学生的发展是多方面的，既有生理的和心理的，也有认知的和情感的。这种多方面的发展是需要时间和过程的，不是一蹴而就的。理解了这一点，教育者才能正确对待学生发展过程中的错误和不足，才能尊重学生的生活，才能在教育中给予学生耐心的指导，促进学生的发展。

3. 学生是具有巨大发展潜能的人

作为正在发展中的未成年人，学生"身上所展现的各种特征，都还在发展变化趋向成熟的过程中，并不是已经到达发展的顶峰和终极"①。他们就如早晨八九点钟的太阳，还没有完全释放出其能量。学生从入学到毕业期间，其身心都处于飞速发展的阶段，处于一个从不成熟趋于成熟的时期，具有极大的发展潜能，表现出极强的可塑性。教育得法就可以使他们获得最佳的发展。从某种意义上来讲，教育的任务就是挖掘学生的潜能，促成其发展。教育必须以发展的、动态的眼光来对待学生，相信学生的生命潜能是发展的，即便是处于落后的学生，这种落后也是暂时的，是可以改变的。

（三）学生是以学习为主要任务的人

以学习为主，这是学生质的规定性，是学生区别于社会上其他人的根本特点。无视这一特点，就会从根本上取消学生这一角色。

1. 学生以系统学习间接经验为主

知识的获得有两种途径，一种是直接经验的探索；一种是间接经验的学习。学生要在有限的时间内获得系统的尽可能多的知识，间接学习是其有效途径。以间接经验为主要内容的学习，可以使学生不受个体的时间和空间的限制，从而大大提高了认识的起点，缩短对客观世界的认识过程。教学是解决个体经验和人类文化知识之间矛盾的强有力工具。教学作为专门传递人类知识经验的活动，可以简捷高效地将人类的文化知识转化为学生个体的精神财富，缩短二者的差距，使他们在短时间内达到人类已有的认识水平。

---

① 傅道春.教育学[M].北京:高等教育出版社,2000:109.

2. 学生在教师的指导下学习

虽然一个人可以无师自通,可以自学成材,而且当今教学也强调学生的自主学习,但由于学生生理、心理发展的不成熟以及知识占有量不足、生活经验的缺乏、独立性不强等,都在一定程度上影响着他们学习过程中的自制力、判断力以及学习目标的方向选择,因此,学生的学习需要教师给予一定的引导。这是学生与日常生活中从事学习活动的其他学习者的区别。教师的指导可以使学生少走弯路,最大限度地排除人们在探索知识过程中可能出现的一切偶然性和盲目性。教师对教学内容的加工、组织,对教学活动的策划、实施,都可以大大缩短学生认识的进程,加快学习的速度,提高学习的效率。尤其是当代,知识量骤增,并日益复杂,在有限的学校教育期间,要获得系统的知识,更需要教师的指导。教师的指导是学生有效学习的保证。学生的学习离开教师的指导,势必如一盘散沙。教师应发挥其主导作用,适当地点拨、引导,促使其有效的学习。

3. 学生的学习是一种规范化的学习

学生的学习不是随意的、漫无目的的,学什么,怎么学,都是在教师的引导下进行的,而且学习的方向还要符合社会的要求。所以,学生的学习是有目的、有计划、有组织进行的,它是由一定的教育制度以及学校的各项规章制度所规定的。学生和教师都是相对稳定的,有固定的教育场所,有精心设计的系列教育活动。在教育过程中师生之间还负有制度所规定的权利和义务。所有这一切都是为了使学生的学习规范化,为了有效地促进他们的发展。

二、学生的社会权利及其保护

(一) 学生的社会权利

学生是社会权利的主体,享有法律规定的各项社会权利。国际社会及许多国家都对少年儿童所享有的权利作了具体的规定。如 1989 年 11 月 20 日,在联合国第 44 届大会上通过的《儿童权利公约》,作为国际社会第一个肯定儿童权利的法律文件,不仅规定了世界各地所有儿童应该享有的数十种权利,而且还提出了对待少年儿童应该遵循的四项基本原则:儿童利益最佳原则;尊重儿童尊严原则;尊重儿童观点与意见原则;无歧视原则。《儿童权利公约》的核心精神是维护少年儿童的社会权利主体地位,明确少年儿童是独立的社会个体,他们的权利应该受到社会保护。

我国作为《儿童权利公约》的缔约国之一,在履行《公约》的同时,在《中华人民共和国宪法》《中华人民共和国义务教育法》《中华人民共和国未成年人保护法》《中国儿童发展纲要(2011—2020)》等一系列有关法律、法规和政策中也对少年儿童应享有的权利作了具体的规定。在这些规定中,少年儿童享有的权利主要有以下几种。

1. 人身权

人身权是公民权利中最基本、最重要、内涵最为丰富的一项权利。由于少年儿童正处于身心发育的特殊成长阶段,因此人身权的重要方面受到国家、社会、家庭和学校的特殊保护。生存权、身体权、健康权等均可归入学生的人身权。

《中华人民共和国教育法》第 44 条规定,"学校和其他教育机构应当完善体育、卫生保健设施,保护学生的身心健康"。《中华人民共和国未成年人保护法》第 16 条规定,"学校不得使未成年学生在危及人身安全、健康的校舍和其他教育教学设施中活动"。第 17 条规定,"学校和幼儿园安排未成年学生和儿童参加集会、文化娱乐、社会实践等集体活动,应当有利于未成年人的健康成长,防止发生人身安全事故"。在教育过程中,体罚也危及学生的安全,不仅危及生命的健康,更会对心理造成伤害。所以,我国法律明令禁止体罚和变相体罚。

这些权利得到保障,是学生享有其他权利的基础,是学生幸福、快乐成长的前提。学校作为育人机构,应努力营造适合学生生存和健康成长的环境,做到物质环境和精神环境都适合学生的成长。

2. 受教育权

受教育权是学生最主要的权利。我国宪法及一系列法律都对此进行了规定。如《中华人民共和国宪法》和《中华人民共和国教育法》规定:中华人民共和国公民有受教育的权利和义务。……国家培养青年、少年儿童在品德、智力、体质等方面全面发展。《义务教育法》规定:"国家、社会、学校和家庭依法保障适龄儿童、少年接受义务教育的权利。""凡满六周岁的儿童,不分性别、民族、种族,应当入学接受规定年限的义务教育。"《中华人民共和国未成年人保护法》规定:"学校应当尊重未成年学生的受教育权,不得随意开除未成年学生。"

学生的受教育权包括受完法定教育年限权、学习权和公正评价权。受完法定教育年限权是指年满六周岁的儿童应入学接受义务教育,并要受满法律规定的教育年限,学校和教师不能随意开除学生。学习权是指学生在义务教育年限内有权利在校学习。在教育教学过程中,教师不得以任何借口随意侵犯或剥夺学生参加学习活动,诸如听课、作业等的权利。公正评价权是指学生在教育过程中,享有要求教师、学校对自己的学业成绩、道德品质等进行公正的评价,并客观真实地记录在学生档案中,在毕业时获得相应的学业成绩证明和毕业证书的权利。

3. 受尊重权

学生的受尊重权包括学生的姓名权、名誉权、通信自由权、隐私权等。学生虽是未成年的公民,但其人格尊严同样受法律的保护。如我国的《未成年人保护法》第31条规定,"任何组织和个人不得披露未成年人的个人隐私"。《中华人民共和国未成年人保护法》第15条规定,"学校、幼儿园的教职员应当尊重未成年人的人格尊严,不得对未成年学生和儿童实施体罚、变相体罚或其他侮辱人格尊严的行为"。《义务教育法实施细则》第23条规定,学校和教师不得对学生实施侮辱人格尊严的行为,不得歧视品行有缺陷、学习有困难的儿童、少年。《中华人民共和国教师法》在教师的义务中规定,教师应"关心、爱护全体学生,尊重学生人格,促进学生在品德、智力、体质等方面全面发展"。

(二)学生的权利保护

1. 家庭保护

学生作为未成年人,其合法权利应该受到家庭的保护。父母或者其他监护人应当创造良好、和睦的家庭环境,依法履行对未成年学生的监护职责和抚养义务;父母或者其他监护人应当做好未成年学生的心理辅导工作,引导未成年学生进行有益身心健康的活动,预防和制止未成年学生吸烟、酗酒、流浪、沉迷网络以及赌博、吸毒、卖淫等行为;父母或其他监护人应当尊重学生受教育的权利,使适龄儿童依法入学并完成义务教育;父母或者其他监护人在做出与未成年学生权益有关的决定时应告知其本人,并听取他们的意见;父母或者其他监护人因某些缘故不能履行对未成年学生监护职责的,应当委托有监护能力的其他成年人代为监护。

2. 学校保护

学生的合法权利应该得到学校的保护。学校应当尊重学生受教育的权利,关心、爱护学生,对于品行有缺点、学习有困难的学生,不得歧视,不得违反法律和国家规定开除未成年学生;学校应当做好学生的心理辅导工作和青春期教育工作;学校的教职员工应当尊重未成年人的人格尊严,不得对学生实施体罚、变相体罚或者其他侮辱人格尊严的行为;学校应当做好学生的人身安全保护工作。

3. 社会保护

社会也应担负保护学生合法权利的职责。全社会应当树立尊重、保护、教育未成年学生的良好风尚,关心、爱护未成年学生;各级人民政府应当保障未成年学生受教育的权利,对家庭经济困难、残疾和流动人口中的未成年学生,要对其接受义务教育给予帮助;各类设施和场所如爱国主义教育基地、博物馆等,应当按照有关规定对未成年学生免费或者优惠开放;国家鼓励出版有利于未成年学生健康成长的作品,禁止任何组织、个人向未成年学生出售、出租或以其他方式传播有可能危害未成年学生健康成长的图书、报刊、音像制品、电子出版物以及网络信息等;任何组织或者个人不得招用未满十六周岁的未成年人,国家另有规定的除外;任何组织或者个人不得披露未成年人的个人隐私,对未成年人的信件、日记、电子邮件,任何组织或者个人不得隐匿、毁弃;国家依法保护未成年人的智力成果和荣誉权不受侵犯。

4. 司法保护

我国的《宪法》《教育法》《义务教育法》《未成年人保护法》《预防未成年人犯罪法》等法律法规均为学生的合法权利提供了必要的保障。公安机关、人民检察院、人民法院以及司法行政部门,应当依法履行职责,在司法活动中保护未成年学生的合法权益;人民法院审理离婚案件,涉及未成年子女抚养问题的,应当听取有表达意愿能力的未成年子女的意见,根据保障子女权益的原则和双方具体情况依法处理;对违法犯罪的未成年人,实行教育、感化、挽救的方针,坚持教育为主、惩罚为辅的原则。对违法犯罪的未成年人,应当依法从轻、减轻或者免除处罚;对未成年学生的犯罪案件的办理和审理,应当照顾未成年人身心发展特点,尊重他们的人格尊严,保障他们的合法权益,并根据需要设立专门机构或者指定专人办理;对羁押、服刑的未成年人,应当与成年人分别关押;羁押、服刑的未成年人没有完成义务教育的,应当对其进行义务教育,解除羁押、服刑期满的未成年人的复学、升学、就业不受歧视。

三、小学生的年龄特征与教育

儿童从出生到长大成人,生理和心理都在发展变化中,这种发展变化是有顺序性和阶段性的。一方面表现出发展的连续性,由低级到高级是连续不断的发展过程,是由量变到质变的过程;另一方面又显示出发展的阶段性。所谓学生年龄特征,就是指一定年龄阶段的学生在身体和心理发展上表现出来的共同的、本质的、典型的特征。学生的发展有顺序性,是连续不断的发展过程,教育就应该系统、循序渐进地进行。学生的发展是有阶段性的,每个阶段有其身心发展的基本特征,教育的内容、方式、方法都应该适合学生的年龄特征,才能有效促进学生的发展。

为把握学生年龄特征,从学生实际出发采取教育措施,首先要了解关于年龄阶段的划分。人的一生由出生到成人的年龄可以划分为以下几个阶段:阶段划分:学前阶段,包括乳儿期（从出生—1周岁）、婴儿期（1周岁—3周岁）、幼儿期（3周岁—6周岁、7周岁）；小学阶段，包括童年期（6周岁、7周岁—11周岁、12周岁）、少年期（11周岁、12周岁—13周岁、14周岁）；中学阶段，包括青年初期（14周岁、15周岁—18周岁）。本书主要研究小学生年龄特征与教育的关系。

（一）小学生的年龄特征

1. 小学生的生理特征

小学生在发展速度上表现为相对平稳，身体各方面发育相对稳定和平衡。其身高平均每年增长4~5厘米，体重增加2~3公斤，体质逐渐增强。大脑发育基本成熟，9岁儿童的脑重为1350克，12岁儿童的脑重为1400克，与成人相差无几。但必须指出的是，小学低年级儿童小肌肉动作的协调性还较差，因此在做写字、弹琴等精细动作时要注意动作的规范性。小学生的骨骼正处在骨化过程中，骨骼韧性大，不易折断，但易弯曲、变形、脱臼和损伤，因此要特别注意身体姿势的培养，养成良好的坐立习惯，防止骨骼发育畸形和近视眼的形成。同时，由于小学生的肌肉柔软松弛，发展的速度落后于骨骼，因此他们喜欢活动，喜欢跑、跳、攀登、投掷等运动和游戏。

2. 小学生的心理特征

小学生的感知觉在学校教育的影响下迅速发展起来，但还是比较笼统，不精确，容易把相似的数字和事物相混。小学生低年级的注意力是无意注意占优势，而且极不稳定，到了中高年级注意力才逐渐增强。小学生的记忆以机械记忆为主，不善于正确组织记忆过程。小学生的思维以具体形象思维为主，抽象思维的能力还比较弱。小学生的想象十分生动，想象的有意性在增强，创造性在增多，想象也逐步富于现实性。

小学生的情感表现比较明显，喜怒哀乐溢于外表，同时又具有不稳定性，易转换。情境的变化很容易引起他们感情的变化，他可能因某件事情和某个同学闹情绪，但过不多长时间，又会和好如初。所以对童年期的学生来说，没有什么持久的悲伤，也没有长久的快乐，只有在与成人交往中形成的对某一特定对象产生的畏惧，亲近或崇拜的感情才能较稳定地保持。

小学生的意志力也有了较大的发展，学习活动的目的性、持久性和复杂性客观上要求学生为完成人物而付出意志努力。无论是维持注意按时完成作业，还是遵守纪律，克服学习中遇到的困难，都对学生的意志是一个磨炼。当然，童年学生的意志力从总体上讲还是比较薄弱的，他们对自己的行为还缺乏较强的约束力。

小学阶段是个性发展的重要时期，特别是个性中具有代表性的心理品质，如自我意识都是在这个时期发展起来的。我国学者韩进之等人研究表明，小学生的自我意识在一年级到二年级处于上升时期，三到五年级是平稳阶段，从五年级到六年级又处于第二个上升时期。儿童的自我意识最初是与他人的评价相连的，他们还不会独立地评价自己，教师、家长的评价，对他们树立自信心影响很大。到了高年级，他们才把外部的评价，转为自我评价、自我期待，同时，他们的评价原则也从具体行为、外部表现初步转为社会的道德规范。

随着自我评价的原则性逐渐形成，小学生的道德认知也得到了极大的发展。他们逐渐理解社会的道德规范，用这个规范评价别人的思想和行为。道德判断也从受外部情境的制约逐步过渡到受内心的道德法则的制约。但小学生对道德规则的理解还带有情绪色彩，没有达到高度抽象的水平。

（二）小学生的教育

在人生发展中，小学生如同刚刚萌发的幼芽，身心的一切发展都处在一个"强势期"。所以，教育者一定要抓住这个"黄金时期"，促进学生健康和谐发展。为此，必须明确的是，小学生的教育不应该有任何功利目的，教育就是适应身心发展的规律，促进发展，为他们进一步的学习、做人打下良好的基础。小学阶段是人生重要的发展阶段，也是打基础的阶段，只有基础打好了，才能预示着希望，预示着未来。所以小学阶段必须注重发展学生的基础性学力，包括培养学生的学习兴趣和良好的学习习惯，掌握基础性知识和基本技能，增强学习的自觉性，发展初步的抽象和逻辑思维能力，形成对己、对人、对集体、对社会的良好态度和积极乐观的人生态度。

所以，小学生的教育要注意这样几点：

（1）要避免过重的负担，减轻学生的心理压力，保护学生的身心不受摧残。小学生的身心尽管都处在上升阶段，但离成熟还有较大的差距，布置较多的作业，不仅减少了他们自由活动的时间，不利于他们的自由发展，而且容易使他们对学习产生畏惧感，甚至抵制。一旦小学阶段学生就产生厌学情绪，这为他们后天的学习带来极大的困难。因此，作为教师、家长，要适度布置作业，不是说学的越多越好，要尊重学生的兴趣和选择。

（2）教师要关爱每个学生。小学生具有强烈的向师性，他们的一切行为都用老师的言语来衡量，他们热爱老师，但又害怕老师，他们的一切作为都寄托于得到老师的表扬。如果他们得到了老师的表扬和爱抚，他们就会受到鼓舞，产生自信。如果他们长期得不到老师的肯定，就会产生自卑情绪。所以，在小学阶段，老师对学生进步的关心和鼓励显得比什么都重要。教师关爱学生必须走进儿童的世界，以一颗童心理解儿童的所作所为，只有这样，才能尊重儿童，而不是以强者的姿态压制或包办代替。

（3）小学处于基础阶段，因此一定要养成好的学习习惯。这些学习习惯不再是以前推崇的"守纪律""听话"和如同"木偶"的呆板行为，而是强调创新人才的核心品质：自主性和独特的个性。课堂的纪律是必要的，但它不应该以限制学生的创造性为目的，我们需要的不是"鸦雀无声的、死气沉沉"的课堂，我们需要一个"充满争议、讨论的、有勃勃生机"的课堂，我们需要的不是唯命是听的学生，而是善于独立思考，有自己见解的学生。

（4）开展丰富的实践活动，发挥班集体在儿童品德和社会性发展中的作用。小学生认知和思维发展的概括性和抽象程度都不高，所以，一些抽象的"道理"不一定为他们所理解。小学生的社会性认知、情感都要通过生活中的活动来产生，即便是进行理想教育也应该有具体的、生动的榜样。因此，为培养小学生的社会性，要组织丰富多彩的活动，使儿童在活动中学会交往，学会为集体的利益而自我控制，学会在活动中探究，在活动中经受意志品质的锻炼，使其个性得到完善的发展。

（5）要协调家庭和学校的教育影响。小学生主要的生活、活动场所是家庭和学校，二者几乎占用了他们全部的活动时间。所以对小学生的教育必须注意家庭和学校影响的一致性。当今的小学生都是独生子女，父母对他们的一些要求可能与学校的要求发生冲突，如学校"减负"，父母却购买更多的练习材料，请家教，反而加重他们的负担；学校培养他们的独立性，父母却过度保护；学校要求让他们进行一些必要的锻炼，而父母却过分溺爱。如此等等，这种冲突不解决，必然妨碍儿童人格的和谐发展。所以，家长对孩子的成长必须抱有正确的心态，配合学校的工作，形成符合儿童发展的教育合力，共同对儿童的发展起到有效的

作用

四、学生的个别差异与教育

个别差异是指学生个体之间身心发展过程中所显示出来的差别。事实表明,学生之间的个别差异是普遍存在的。同一年龄阶段的学生除了共同具有其年龄特征之外,每个学生还都存在着与其他学生不同的特点,这是实施"因材施教"的客观依据。现代教育要使学生个性得到充分发展,必须研究学生之间的差异。分析不同类别学生的特点是研究教育对象时不可忽视的。教育者要"眼中有人",在了解学生共性心理特征的同时还要了解学生的个别差异,有针对性地进行教育。

(一) 学生性别差异与教育

1. 学生的性别差异

学生的性别差异是由生理因素和教育因素等原因引起的男生与女生之间在认知发展、智力、学习成绩等方面存在的差异。

根据一般智力测验的结果,男女生在智力商数上没有明显的差异。两性间在智力上纵有差异存在,也只有质的问题,而非量的问题。就总体而言,一般是女生观察事物比较细,记忆力强,表达能力较好,多擅长于形象思维。在作文中运用词汇进行描述常表现出优势。男生则兴趣广泛,好奇心强,胆大好动,对有兴趣的事物注意力更集中,有较好的抽象思维能力。但男生观察事物常常不细心,学习上也常有不够认真的表现。与此相关,学生的学习成绩总体上女生优于男生。

根据学业成就测验或根据学校的考试成绩,均发现小学阶段的女生优于男生。此种女生学业成就高于男生的现象,在中国台湾地区是如此,在美国也是如此。即使在智力测验上显示,男生在数学推理与空间关系两方面优于女生,而在小学数学科与自然科成绩上,仍然是女生成绩优于男生。就两种性别本身的个别差异看,男生之间的个别差异亦大于女生。换言之,男生之间学业成就高低的差别较大,而女生的学业成就彼此间比较接近。正因为男生在学业成就上良莠不齐,故而在小学教育阶段出现两种现象:其一是学习困难的学生中,男生的人数是女生的6倍;其二是数学能力特优学生中,男生多于女生。此外,在学业成就上女生优于男生的现象,只限于儿童期阶段,到青少年期开始的中学教育阶段,两性在学业成就上的优势即开始转移。

拓展资源:

三国才女蔡文姬博闻强记,妙于音律。小时候的一个晚上,父亲蔡邕鼓琴偶断一弦,她说道:"断的是第二弦。"蔡邕想:"这是偶然猜中罢了。"于是又有意再断一弦问她,她说道:"这是第四弦。"果然不差。蔡文姬成人后初嫁河东人卫仲道,仲道早死,后在三国战乱之中为胡骑所掳,做匈奴左贤王之妻,以后被曹操重金赎回,再嫁董祀。曹操素与蔡邕交好,知其女记忆非凡,少时父亲教她背诵过很多东西,便问道:"听说夫人家中从前多书籍,现在尚能记忆否?"她道:"从前父亲赐书400多余卷,后因流离涂炭,不剩一卷。现在所能记得的,不过400多篇罢了。"曹操道:"那么我叫史吏到夫人那边来听写。"她道:"妾闻男女之别,礼不亲,请给纸笔与我,待我自书,真草惟命。"于是她将400多篇全部写出,没有一字遗漏和错误,成为历史上的佳话。尽管400多篇的巨大分量是否没有一个字错漏,谁也未考证过,严格来讲确实是过誉之词,上万言何能无一字错漏。但是蔡文姬超人的记忆力,总体上却又是可信的。从以上例子看,蔡文姬形象记忆发展水平很高,记忆时间长,再生记忆数量大,对材料记忆的准确性高,这些都是女性记忆优势的突出表现。

(来源:王米渠,王颖冰.男女心理差异[M].合肥:安徽人民出版社,2009:53-54.

2. 基于性别差异的教育

基于以上的分析,学校和教师应有的态度是:首先,要树立正确的观点,既要科学认识男女生的性别差异给学生的身心发展带来的特点,又要明确男女学生智力发展可能达到的高度是相同的,教育要根据不同性别学生的情况有针对性地展开有效措施,促进学生的发展。其次,要根据小学生的固有特点,尽量发挥其性别长处带来的学习成长优势。如记忆力好的就多教一些该熟记的知识内容,好奇心强的就多创造一些探索发现的机会,同时从发展的需要看到其不足,对多靠记忆获得好成绩的同学要提醒她们学会思考,多动脑;对于靠"小聪明"完成学习任务的要警示他们学习态度必需老实严谨,扎扎实实,并养成认真的学习习惯。

(二) 学生智力差异与教育

1. 学生的智力差异

由于人们在先天的遗传素质、后天的生长环境和所接受教育等方面不同,人与人之间在智力上存在很大的差异。智力的个别差异可以表现在智力的水平、发展进程、结构等方面。

第一,在智力发展水平上,不同的人所达到的最高水平极其不同。研究表明全人口的智力差异从低到高表现为许多不同的层次。人类的智力分布基本上呈两头小、中间大的正态分布形式。在一个代表性广泛的人群中,有接近一半的人智商在90~110之间,而智力发展水平非常优秀者和智力落后者在人口中只占很小的比例。统计材料表明,学生中一般情况下智力超常与智力低下者各约占3%。

拓展资源:

智 商 范 围

测智商,起源于1904年的法国。这个数值不是用来测试知识的多少,而是判断大脑工作的能力。智商是200分制,90~110分者属正常智力范围,120~140分者为聪明人,140分以上者称天才。分数越低表示智力越差,70分以下者为智力低下,其中50~70分者属愚笨,25~50分者为痴呆,0~25分者为白痴。

第二,学生在智力发展进程上也有明显的差异。有些学生在年龄较小时就表现出非凡的才能,我们称这些学生为"神童"。例如我国唐朝的王勃,6岁善文辞,10岁能赋,少年时写了《滕王阁序》。现代控制论创始人维纳9岁读高中,14岁达到大学毕业水平。但有些学生到较高年级仍然智力表现平平,学习成绩一般,也没有在某一方面表现出特殊才能。他们的智力在较晚的年龄阶段才能充分地表现出来,也就是我们平时说的"大器晚成"。如著名的科学家达尔文,小学阶段智力在一般水平之下,直到50多岁才开始有研究成果,写出了名著《物种起源》。我国画家齐白石在小学阶段也没有表现出特殊才华,40岁才显露出绘画才能,50岁才成名。

第三,学生存在着智力类型的差异。这也是学生在知觉、记忆、表象、思维和言语等智力活动中会表现出不同的特点和品质的重要原因。哈佛大学心理学家霍华德·加德纳发现一些临床和智力异常者虽然某些功能有能力障碍,但他们的其他一些能力仍然健全。于是加德纳设想,人脑中存在着各种模块,这些模块构成各种符号操作系统。每种智力是一种特定的符号系统,具有一组特定的操作功能。他认为,人类的智力应该至少包括以下的八种类型:语言智力,即学习和使用语言文字的能力;逻辑—数学智力,即数学运算和逻辑推理的能力;空间智力,即凭知觉识别距离、判定方向的能力;音乐智力,即对音律之欣赏及表达能力;技能智力,即支配肢体以完成精密作业的能力;人际智力,即与人交往且能和睦相处的能力;自知智力,即认识自己并选择自己生活方向的能力;博物学智力指的是对视觉世界的敏锐感受和理解能力以及借此表达思想和情感的能力。加德纳认为,不同的人具有不同的智力优势,但传统的学校教育和智力测验只注重语言、空间、逻辑智力,忽略其他智力。每一个学生都有自己的智力优势,学生没有聪明和愚蠢之分,而是在哪一个方面更聪明,合适的教育和训练将使每一个人的潜能得到最充分的发挥。而每一个成功的人士就是最大限度地发挥了自己的智力优势。

2. 基于智力差异的教育

对待智力超常儿童的教育,我们需要注意几点:首先是早发现、早培养。只有早发现才能及时地对其进行适当的教育和培养,如果发现得晚,就很有可能被埋没了。其次,在培养过程中要全面打好基础,发展个人特长。要实现优势成才,必须要有全面的基础,不仅是知识方面,在身体、思维、情绪、意志、习惯等其他方面也要奠定良好的基础,要重视他首先是个完整的人,其次才是有某方面天赋的人,不能因为过度开发其天赋领域而忽视了其他方面的同时发展,甚至因过度开发而丧失其保持个体良好成长的机会,最终断送了一个天才。另外,要引导智力超常儿童从小树立远大理想,不要满足于已有成绩,坚持刻苦学习,对自己提出严格要求,树立"天才在于积累,聪明在于勤奋"的思想,将自己的聪明才智与勤奋结合起来,将来才能有大成就。

对于智力偏低甚至是弱智的儿童,我们应该同样重视起来。智力略偏低的儿童最好还是在正常人群中生活,教师要给予他们更多的关心,耐心等待他们的成长,对他们一点一滴的进步都要给予巨大的奖励和赞赏,增强其对自己的信心,发展他们的智力和生活的能力。对于弱智的儿童,除设立弱智学校、弱智班进行特殊教育外,社会也要尽量宣传使大众能够充分理解他们,给予他们足够的尊重和爱护,使他们也能享受到尽可能温暖的社会生活。

由于学生在智力发展速度、智能结构方面存在差异,所以教育者要认识到每个学生都有自己的发展特点,都有自己的优势智力领域,有自己的学习类型和方法,学校里不存在差生,全体学生都是具有自己的智力特点、学习类型和发展方向的可塑性人才。适当的教育和训练将使每一个儿童的智能发挥到更高水平。教育应该在全面开发每个人的各种智能的基础上,为学生创造多种多样的展现各种智能的情景,给每个人以多样化的选择,从而激发每个人潜在的智能,充分发展每个人的个性。

（三）非智力因素差异与教育

所谓非智力因素就是指动机、情感、意志、兴趣、性格等除智力因素以外的心理因素。对现代中小学生而言,由于遗传学、营养学等的普及,孩子的智力因素差异并不是很明显,而非智力因素的作用就更凸显了出来,往往更能决定他们的成就大小。

1. 学生的非智力因素差异

非智力因素的个别差异呈复杂状态,通常表现为方向、性质、强度等方面的差别。如学生在学习动机方面存在差异。有的学生由好奇心引发的认识动机强烈,不断发问,这是什么?那是什么?为什么?有的学生自我提高的动机突出,迫切希望通过学习得到同伴的尊重;有的获得家长与教师的表扬作为努力学习的动机。不仅有方向、性质的不同,同时有强度、水平的差别。再如学生存在兴趣方面的差异,这不仅表现在对待各种不同的学习科目上,有的学生对自然现象的规律、理论感兴趣,有的学生却对人文学科产生浓厚的兴趣;还表现在各种学习性的活动上,有的学生对体育运动有兴趣,有的学生却对动物饲养或航模制作、无线电装配等有兴趣。另外,学生兴趣的范围也存在差异。有的学生兴趣范围很广博,对一切事物都趣味盎然,乐于探求;有的学生兴趣则比较单调,把自己限于狭小的圈子里。又如情感和意志,学生之间既有情感意志的指向性的区别,对不同事物表现出积极情感,在不同的活动中表现出具有意志力,也有强度、深度的不同,有的学生情感表现丰富而强烈,意志坚强而稳定,有的学生则表现出明显不足,需要创造条件给予特殊的关心和帮助。另如,学生的性格表现为对事物的稳定态度,每个人均有其性格特征,有的内向,趋于沉稳;有的外向,趋于鲁莽,由此形成不同的行为习惯。学校教育要贯彻因材施教的原则,对性格特征不同的学生进行同一内容的教育应有不同的手段与方法,否则就难以取得良好的教育效果。

2. 基于非智力因素差异的教育

非智力因素是学生发展的重要方面,又对其智力发展起着调节和推动作用。在学生的发展过程中,智力因素和非智力因素的关系是相辅相成、相互促进的,但二者的发展表现在学生身上常常是不平衡的。传统教育多注重智力发展,对非智力因素的发展重视不足,没能充分发挥非智力因素的调节与推动作用。学生学习成绩好坏、发展成才的快慢,往往不是取决于智力水平的高低,而是取决于非智力因素的差别。因此,重视非智力因素的差异,采取相应的教育措施,既是促进智力因素发展的重要手段,又是学生个体良好发展的重要内容。智力因素与非智力因素在发展过程中的不平衡状态,对贯彻因材施教原则提出了更高的要求。教师不仅要注意到学生智力发展上的差异,更要进一步考虑非智力因素方面的不同,从而更为深入地掌握学生之间的差异,进行有针对性的教育。

(四)优等生、后进生与教育

1. 优等生与教育

优等生是指那些品学兼优的好学生。这类学生大都具有比较远大的理想、良好的道德品质、发达的智力水平、浓厚的学习兴趣和独立学习、生活、工作的能力。他们在学习中尊师守纪、勤奋努力,学习目的明确,学习方法科学、恰当,自律性强,学业优良。他们大多数是班集体的骨干,是班主任通过集体教育学生的主要依靠力量。但是他们也有弱点,一是由于常受表扬,因此对荣誉特别敏感,不能接受他人特别是同学的批评;二是教师对他们的教育相对少一些,因此对自己要求不严,喜欢自以为是;三是由于他们出头露面的机会多,成绩突出,因此常常人际关系紧张。

对于优等生,教育者首先要坚持全面的观点和发展的观点,不能只看优点不看缺点,利用优点来掩盖缺点;要肯定其所长,但也要指出和弥补其不足之处。其次,要坚持高标准,严要求,使他们做到谦虚谨慎、严于律己,"百尺竿头,更进一步"。另外,对优生的表扬和批评都要注意分寸,既不能表扬过分,使之飘飘然,又不能加重惩罚,损害其自尊心。

2. 后进生与教育

所谓后进生就是指那些不能达到基本教育要求,德智体整体发展水平较差或发展不平衡的学生。我们这里所说的后进生不包括身心方面有残疾的学生。后进生各有不同的表现方面,或学业不佳,或品德不良,或各个方面都差。

造成学生学习差的原因是多方面的。从心理上分析,学习动机不明确、态度不端正往往是重要的原因之一。有的是记忆力差,思维操作缺乏条理性,思考问题比较迟钝,特别是他们的思路在学习中常常断线。学习方法不当,不善于独立钻研,也是某些学生学习差的原因。也有的学生是由于某种原因经常缺课,出现知识空缺,造成学习欠债多,跟不上进度,因而缺乏或没有学习兴趣。为了改变他们学习差的状况,首先要加强学习目的教育,树立远大理想,端正学习态度;还要具体指导他们学会科学的学习方法,帮助他们补上知识空缺,增强学习信心和兴趣,促使他们在智力上得到提高。对待这类学生,切忌简单粗暴,方法简单,也不能抱着"迁就"的态度,降低教育要求。

品行差生是指那些在道德品质方面存在缺陷、问题的学生。从心理上看,缺乏必要的道德认识,道德是非不清可能是一个基本原因。有些学生不能坚持道德行为,缺乏道德情感和意志;也有的学生是受了社会和家庭不良影响。双差生是指学习差、品行也差的学生。教育者面对这两类学生,首先要通过各种渠道了解、掌握他们的心理特点,主动接近他们,动之以情,晓之以理,并注意发挥学生集体的力量来影响和感化他们;其次,要重视培养他们的学习兴趣,不断提高学业成绩,使他们能体验和享受到学习的欢乐;再次,教育者要注意仔细观察,认真捕捉这些学生在学习、生活中的进步火花,积极创造矛盾转化的条件,促使他们向好的方向转化。

(五)城乡学生差异与教育

长期以来,由于不同的生活环境与不同的教育条件,导致城市学生与乡村学生存在较大差异。一般而言,城市学生大都从小就享受着优越的现代家庭生活,有着良好的学校教育和家庭教育。因此,他们的智力都得到了较好的开发,大都博闻强记,思维敏捷、灵活,想象力丰富,具创造力。生活在信息环境里,使得他们见多识广,知识丰富。受生活环境和教育条件的影响,他们大都聪颖活泼,无忧无虑;兴趣广泛,喜欢冒险;心胸豁达,并具备一定的开拓精神。但也正是由于他们一直生活在优裕的环境里,成长在顺境中,他们身上也存在着许多的不足与缺陷。诸如,在知识方面,他们对农村缺乏认识和了解。在心理方面,他们不能吃苦耐劳、心理承受能力弱、以自我为中心等。因此,教师必须首先弄清城市学生的基本特点,了解他们的长处与不足,实施有针对性的教育。同城市学生相比,乡村学生的生活环境与教育条件较差。他们在智力的开发上是先天不足的,思维能力、想像能力、语言表达能力等都较城市孩子差;受农村条件的限制,乡村学生的知识面较窄,眼界不开阔,兴趣不广博;性格多内倾,保守,缺少开拓精神与冒险精神;但同时,他们因经历过更多的生活磨难而吃苦耐劳、坚忍不拔、勤奋刻苦,更为珍惜难得的学习机会。他们生活朴素、不虚荣,待人忠厚、诚实。正是这些难得的品质,使大批乡村学生成长为国家的栋梁之才。针对乡村学生的特点,教师应着重培养他们的思维能力及开拓进取精神,开阔他们的眼界,丰富他们的知识。

此外,新世纪以来,由于农村进城务工人员的增加,使随迁儿童和留守儿童成为城乡学生中的特殊群体。随迁儿童即跟随农民工父母进城生活学习的儿童,他们生活在城市,接受城市的教育,但他们在生活条件与所享有的教育资源上与城市本地儿童相比还是有着很大的差别的。因此,随迁儿童大多数个性淳朴,勤俭朴素,但是由于他们跟随父母经常奔波这种不稳定的生活状态,加上父母的文化程度低,没法给予孩子良好的教育,随迁儿童比较敏感,自卑感强,抑郁压抑,易感情用事,攻击性强,其负性人格特质情绪上表现较突出。这些儿童正处于身心发展的关键年龄,他们在这一阶段的心理健康与否对他们往后的发展有着重要影响。倘若那些不健康的心理问题无法得到解决,就很容易使他们对社会产生不满的情绪,甚至会演变成为极端行为,出现社会问题。因此,教育者应针对其特点给予更多的关爱和有针对性的教育。留守儿童即乡村中因父母双方或单方长期外出务工或经商,由父母单方、长辈、他人抚养、教育的儿童或无人照顾的儿童。由于成长环境特殊,许多留守儿童成为问题儿童,他们的问题不仅仅表现在学习上,更多地表现为心理问题和社会行为问题。如王东宇用艾森克人格问卷对206名留守儿童的个性特征进行了调查,结果表明与同龄人相比,留守儿童较为内向,情绪较不稳定,焦虑、抑郁、苦闷、烦恼等情绪困扰着他们,这些儿童的性格日趋变得内向、孤僻、冷淡、不善言谈。林宏用王极盛教授研制的"中学生心理健康量表"对福建284名留守儿童和281名非留守儿童的心理健康状况进行了测量,发现有30.3%的留守儿童存在明显的心理健康问题,焦虑、学习压力大、人际关系紧张与敏感、抑郁、情绪不稳定的心理问题较为突出。留守儿童的强迫、抑郁、焦虑、偏执、人际关系紧张与敏感症状检出率显著高于非留守儿童。[①] 因此,教育者对农村留守儿童应给予更多的心理辅导与教育,使其健康成长。

第三节 师生关系

在学校的教育工作中,存在着多方面的人际关系,如教师与学生的关系、教师与教师的关系、学生与学生的关系、教师与家长的关系、教师与行政人员的关系等。其中,师生关系是教育过程中最基本、最重要的人际关系。良好的师生关系不仅是教育教学活动价值的体现,也是生命意义的体现。因此,建立良好的师生关系,是有效进行教育活动,完成教育任务的重要前提。

一、师生关系的内涵

什么是师生关系呢?学者们有不同的认识。有学者认为"师生关系是指教师和学生在教育过程中未完成一定的教育任务,以'传道、授业、解惑'为中介而形成的一种特殊的社会关系,是学校最基本的人际关系"。[②]"也有学者认为"师生关系是教师和学生为实现教育目标在教育过程中所结成的一种相互交往的人际关系。师生关系和学校中的其他人际关系不同,它不是一种单一的关系形式,而是一个由多层面构成的关系体系。"[③]《中国大百科全书·教育》中,认为师生关系是指教师和学生在教育教学活动中结成的相互关系,包括彼此所处地位、作用和态度等。

总体来看,师生关系是一种人际关系,是人与人之间的关系,且这种关系是在教育过程

[①] 赵富才.农村留守儿童问题研究[D].中国海洋大学博士论文,2014:28.
[②] 许高厚.现代教育学[M].北京:北京师范大学出版社,1995:109.
[③] 王萍.现代教育学[M].济南:山东教育出版社,2012:118-119.

中形成的学生与教师之间的特殊的人际关系;师生关系是一种特殊的社会关系,它反映了社会政治、经济、文化、道德等关系;师生关系是一种心理关系,是师生通过教育教学活动中的实际交往而形成和建立的人际情感关系;师生关系还是一种教与学的工作关系。

二、师生关系在教育中的作用

(一)良好的师生关系是教育教学活动顺利进行的重要条件

教师是以学生的发展为最终目的的,要达到这一目的,必须充分调动学生的积极性、主动性,促进其生动活泼主动地发展。然而,学生愿不愿意接受教师的教育影响,能不能主动配合教师,直接影响着教育教学质量。研究表明:中小学生学校适应性与师生关系之间存在显著正相关;师生关系是影响学生学校适应性的重要因素。[1] 实践表明:师生关系与学生学习成绩显著相关;教师与学生建立一种友谊关系,对于促进学生学习兴趣和完整人格的形成有着重要意义。良好的师生关系使学生产生安全感,乐于接受教师的教育和影响;激发学习的兴趣,集中学习的注意力,启发积极思维,同时,也唤醒教师的教学热情与责任感,激励教师专心致志地从事教育工作。相反,师生关系紧张,甚至互不信任,彼此戒备,将会干扰教育教学活动的顺利进行,降低学生的学习兴趣和教师的教学热情,影响教育教学质量。

(二)良好的师生关系有助于提高教师的威信

教师威信对学生成长有很大的作用,对教师的依赖与信任也是教育教学取得良好效果的重要前提。教师威信受很多因素影响,它深深扎根于良好的师生关系之中。良好的师生关系有助于师生双方对教育目标、工作任务的认同,避免和消除人际冲突,有助于相互间的理解,减少摩擦,消除矛盾,达到和谐,形成集体归属感和荣誉感。

(三)良好的师生关系有助于师生心理健康发展

良好的师生关系能使学校、班级产生温馨和谐的气氛、奋发向上的生机,使师生的心情欢畅、心理相容、携手前进,使不良错误思想和行为得以抑制、淡化,既有利于学生的身心健康,又利于完善人格的形成。同时,教师由于得到学生的尊重支持而感到欣慰,受到鼓舞,内心充满愉悦而不断产生向上的动力。

(四)良好的师生关系有助于优化校园文化

师生关系是学校中最基本、最重要的人际关系,是一所学校的校风、教风、学风的整体反映和最直观反映。师生关系状况可投射出学校价值取向、人际关系状况、管理水平等。师生关系作为校园文化的组成部分,对学校精神文化的建设、对学生在校的发展和今后的成长都起着重要的作用。

三、良好师生关系的构建

(一)良好师生关系的特征

良好的师生关系是教育活动顺利进行和教育目标完成的基本保证,建立良好的师生关系是教育工作者的共同要求,也是教育规律的必须要求。良好师生关系是师生主体间关系的优化,从其发生发展的过程来看,具有以下特征:

1. 尊师爱生,相互配合

---

[1] 刘万伦,沃建中.师生关系与中小学生学校适应性的关系[J].心理发展与教育,2005(1):89-92.

尊师是指学生尊重教师,尊重教师的劳动和教师的人格尊严,对教师要有礼貌,了解教师工作的意义,理解教师的意愿与心情,主动配合教师的教育教学活动,虚心接受教师的指导。尊师是学生对教师正确认识、良好情感、正确行为的综合体现,是人类的美德,得到学生尊重是教师最大的愿望。

爱生是指教师热爱学生、关心学生,保护学生及尊重学生,它是教师热爱本职工作的体现,是教师对学生进行教育的感情基础,是教师基本的职业道德,也是培养学生热爱他人,热爱集体的道德情感基础。教师对学生的爱是学生身心健康发展的重要前提。现代新型师生关系,是一种民主、平等的师生关系,在教育过程中师生双方彼此尊重,重视沟通与交流,相互配合与协作,共同完成教育教学任务。

2. 民主平等,和谐亲密

师生关系的民主平等体现了教师与学生在教育过程中的相互尊重人格和权利,相互开放。平等对话、相互理解、相互接纳等关系。民主平等不仅是现代社会民主化趋势的需要,而且是教学活动人文性的直接要求和现代人格的具体体现。它要求教师能向学生学习,理解学生教育主体发挥非权力性影响力,并一视同仁地与学生交往,善于倾听不同意见,也要求学生正确地表达自己的思想和行为。

民主平等是师生在共同参与的过程中形成的。共同参与,意味着教师与学生以不同的主体地位和作用进入实际的教育生活,形成智能、个性等方面的互补,发挥各自的积极性、主动性和创造性。民主平等、共同参与的结果是师生之间的融洽、协调。和谐亲密体现了师生的人际亲和力、心理融洽度。

3. 共享共创,教学相长

共享就是教师和学生共同体验和分享教育中的欢乐、成功、失望、不安,它是师生情感交流的深化表现。共创是教师和学生在相互适应基础上,相互启发,使师生的认识不断深化,共同生活的质量不断提高,共享共创体现了师生关系的动态性和创造性,是师生关系的最高层次。共享共创的结果是教师和学生相互促进、共同发展,是学生智能、思想、道德、兴趣、人格等的全面生成,是教师专业自我的成熟过程。

(二)影响师生关系的因素

在教育实践中师生关系主要受到教育主体也就是教师与学生的影响,同时也受到环境的影响。

1. 教师方面的影响

首先,教师对学生的态度影响着师生关系。教师评价对学生具有重要影响。如果教师偏爱优生,忽视中间学生,厌恶"差生",就会使学生与教师产生不同的距离。其次,教师的领导方式也影响着师生关系。教师领导方式有专制型、民主型、放任型三种。大量事实表明,在民主型领导方式下,师生关系民主、平等、融洽,而在专制型领导方式下,师生关系对立。此外,教师的智慧也在一定程度上影响着师生关系的建立。教师的智慧不仅表现在学识上,而且表现在教师的创造性上。学识渊博是学生亲近教师的重要因素之一。

2. 学生方面的影响

学生受师生关系影响的主要因素是学生对教师的认识。许多调查表明:与教师关系好就喜欢上这位教师的课,主动亲近教师;自认为教师瞧不起自己,就会主动疏远教师。

3. 环境方面的影响

影响师生关系的环境主要是学校的人际关系环境和课堂的组织环境。学校领导与教师的关系、教师与教师的关系、教师与家长的关系，必然影响师生关系。课堂的组织环境主要包括教室的布置、座位的排列、学生的人数等。我国中小学课桌的摆放多呈"秧田式"，教师讲台置于块状空间的正前方，这种格局阻隔了师生之间的交往及生生之间的交往，有的地方尝试取消讲台，拉近师生关系。

（三）良好师生关系构建的策略

良好师生关系的构建就是师生关系建立、调整和优化的过程。师生关系总是建立在一定社会背景之中的，与师生双方密切相关，受多种因素制约。但就教育内部而言，建立良好的师生关系要靠双方共同努力。教师在师生关系建立与发展中占有重要地位，起着主导作用。所以，要建立民主、和谐亲密、充满活力的师生关系，对教师来说，有以下几种策略。

1. 了解和研究学生

教师要指导学生，与学生取得共同语言，就必须了解和研究学生。了解学生包括了解学生的集体与个体。了解集体成员的思想状况、精神面貌、学习氛围、学生之间的交往、学生群体的构成等；还要了解学生个体的道德品质、知识水平、兴趣爱好、个性特点等。了解研究学生是构建良好师生关系的基础。

2. 热爱、尊重、公平、公正地对待学生

热爱、尊重、公平、公正地对待每一个学生，是教师道德素养的体现。热爱学生是对学生充满爱心，把教师的爱洒向每一个学生；尊重学生特别要尊重学生的人格，保护学生的自尊心，要特别忌讳挖苦、讽刺学生，要将语言暴力逐出校园；教师要杜绝偏爱、溺爱、歧视学生的错误行为，在处理学生的矛盾时要一视同仁，公正、公平。

3. 主动和学生沟通与交往

加强师生间的沟通与交往是建立良好师生关系的重要条件。教师的职责是教书育人，通过沟通与交往可以全面了解、熟悉学生。教师要主动与学生进行沟通，上课是师长，下课是朋友，经常与学生保持接触。要充分利用现代信息技术手段，建立与学生交往的渠道，组织安排各种班级活动密切与学生的联系。

4. 提高教师的自我修养

教师的素质是影响师生关系的核心因素。教师对学生的影响表现为两个方面：一是以自身的修养为基础，通过自己的价值观念、人品、学识、态度、行为习惯等潜移默化地影响学生；二是通过做好自己的本职工作，使学生受到更多更好的教育。同时，教师的自我发展意识也是影响师生关系的重要因素。因此，教师应该认真学习教育理论，及时更新教育理念，提升自己的专业发展水平。在思想、品行、工作、学习等方面成为学生学习的楷模。

本章小结

教师的概念	学校中传递人类科学文化知识和技能，进行思想品德教育，把受教育者培养成一定社会需要的人才的专业人员
教师的劳动特点	复杂性、创造性、长期性、示范性

续表

教师的社会作用	教师对人类文化有继承、传递、发展的作用;教师对社会精神财富与物质财富的创造起推动作用;教师对人的精神成长起引领作用;教师对人的潜能挖掘、智力开发起奠基作用
教师的专业素质	由专业理念、专业情意、专业知识、专业能力四部分组成
学生的本质特征	学生是具有独立意义的完整主体、是发展中的人、是以学习为主要任务的人,这是学生质的规定性,是学生区别于社会上其他社会成员的根本特点
学生的社会权利及其保护	《儿童权利公约》提出对待少年儿童应遵循儿童利益最佳原则、尊重儿童尊严原则、尊重儿童观点与意见原则和无歧视原则。我国作为《儿童权利公约》的缔约国之一,在履行《公约》的同时,在《中华人民共和国宪法》等一系列有关法律、法规和政策中规定少年儿童享有的权利
小学生的年龄特征与教育	小学生在身高体重、组织器官、神经系统等生理方面以及认知发展、言语发展、情感发展、意志发展、个性与社会性发展等心理方面均存在一定的独特性,教育应遵循儿童的身心发展特点来进行
学生的个别差异与教育	学生之间的个别差异是普遍存在的。这些差异主要表现在性别、智力因素、非智力因素、优等生与后进生、城市与乡村等方面,教育者应了解学生的个别差异,做到因材施教

本章练习题

一、选择题

1. 教师作为一种职业产生于(　　)。
   A. 原始社会   B. 奴隶社会   C. 封建社会   D. 资本主义社会
2. "十年树木,百年树人",体现了教师劳动的(　　)。
   A. 复杂性   B. 长期性   C. 示范性   D. 创造性
3. 学生最主要的权利是(　　)。
   A. 人身自由权   B. 人格尊严权
   C. 受教育权   D. 隐私权
4. 教育过程中最基本、最重要的人际关系是(　　)。
   A. 教师和教育管理者的关系   B. 教师与教师之间的关系
   C. 教师和学生之间的关系   D. 学生和学生之间的关系
5. 构建良好师生关系的基础是(　　)。
   A. 了解研究学生   B. 公平对待学生
   C. 主动与学生沟通   D. 提高教师修养

二、填空题

1. 1993年10月颁布的_____中明确规定了教师的法定权利与义务。
2. _____的多元智能理论的提出为学生智力结构的差异提供了依据。

三、简答题
1. 教师的社会作用是什么?
2. 教师的专业能力包括哪些内容?
3. 学生的本质特征是什么?

四、论述题
1. 如何理解教师劳动的特点?
2. 如何理解"以生为本"的专业理念?
3. 教师专业素质构成包括几个方面?
4. 试分析小学生性别差异与教育的关系。
5. 对于智力超常的儿童应如何教育?
6. 在教育中教师应如何对待优生和差生?

本章参考文献

[1] 陈奎熹.教育社会学研究[M].台北:台湾师大书苑有限公司,1990.
[2] 鞠玉翠.走近教师的生活世界——教师个人实践理论的叙事探究[M].上海:复旦大学出版社,2004.
[3] 教育部师范司组织编写.教师专业化的理论与实践[M].北京:人民教育出版社,2003.
[4] 教育大辞典编纂委员会组织编写.教育大辞典(第6卷).上海:上海教育出版社,1992.
[5] 柳海民.教育理论的诠释与建构[M].合肥:安徽教育出版社,2009.
[6] 柳海民.教育原理[M].长春:东北师范大学出版社,2006.
[7] 刘婕.专业化:挑战21世纪的教师[M].北京:教育科学出版社,2002.
[8] [日]筑波大学教育学研究会编著.现代教育学基础[M].钟启泉,译.上海:上海教育出版社,1986.
[9] 陈桂生.聚焦学生角色——现今学生价值倾向问题[M].北京:教育科学出版社,2011.
[10] 陈建国,张明兰.了解与分析学生方法[M].北京:中国人事出版社,1998.
[11] 傅道春.教育学——情境与原理[M].北京:教育科学出版社,1999.
[12] 纪微.教师怎样与学生做朋友[M].长春:东北师范大学出版社,2010.
[13] 柳海民.教育学原理[M].北京:高等教育出版社,2013.
[14] 司晓宏,张立昌.教育学教程[M].北京:高等教育出版社,2011.

附录 练习题参考答案

第 一 章

一、单选题

1. B
2. C

二、填空题

1. 教育现象
2. 培根

三、简答题

教育与人的发展、教育与社会的发展

第 二 章

一、单选题

A

二、填空题

1. 动物的生存本能活动　利托尔诺
2. 儿童对成人的无意识的模仿
3. 学习的终身性　学习的全民化　学习的主动性
4. 终身教育引论

三、简答题

1.（1）专门的教育机构和专职的教育人员。

（2）鲜明的阶级性与严格的等级性。

（3）教育内容更加丰富。

（4）教育与生产劳动的分离和对立。

（5）教育方法崇尚书本、呆读死记、强迫体罚、棍棒纪律。

（6）官私并行的教育体制。

（7）个体施教或集体个别施教的教学组织形式。

2. 随着我国社会经济、文化的快速发展与转型，教育变革的步伐加快。素质教育、第八次课程改革开始在全国范围内产生着广泛的教育影响。以教育改革与发展文件为引领，以学校为教育改革的实践场域，教育改革在全国范围内进行，变化成为教育唯一不变的特点，当代社会教育改革的常态化趋势逐渐凸显。

四、材料分析题

参考答案：

（1）这段文字所蕴含的是终身教育思想。终身教育思想主张教育在时间上贯穿人的一生，在空间上拓展到全社会。

（2）现代社会发展与个人成长对教育的挑战，如：社会变革的加速、大众传媒的迅速发展带来的社会信息化、科学知识和技术的进步等对教育的挑战；人口增长及人的寿命的延长、人们拥有越来越多的闲暇时间、个人需要和生活方式的多样化等对教育的挑战。

（3）应对挑战的教育变革。

第 三 章

一、单选题

A

二、填空题

1. 培养人的社会实践活动

2. 教育者　受教育者　教育内容

3. 社会教育　家庭教育

4. 上所施，下所效也　养子使作善

5. 生活　生长　经验的改造与改组

三、简答题

1. 教育手段是指教育者将教育内容作用于受教育者所借助的各种形式与条件的总和，它包括物质手段、精神手段等。

2. 非正规教育是相对于正规教育而言的，指在正规教育体制以外所进行的有目的、有计划、有组织的教育和培训活动。新东方教育科技（集团）有限公司是非正规教育的一个成功典范。

四、论述题

家庭教育实质上是一种建立在一定婚姻关系、血缘关系或收养关系基础上,融于家庭生活中,自然而然进行的,终生的教育过程。首先,家庭教育是以家庭教育起源为依据的家庭规范的教育,是建立在一定婚姻关系、血缘关系或收养关系基础上的教育。其次,家庭教育是融于家庭生活中、自然而然进行的教育。最后,家庭教育是一种终生的教育过程。

第 四 章

一、填空题

1. 教育的本体功能(教育的固有功能) 教育的衍生功能
2. 正向功能
3. 默顿

二、简答题

1.(1)教育经费独立。
(2)教育行政独立。
(3)教育学术和内容独立。
(4)教育脱离宗教而独立。
2.(1)人口数量影响教育规模。
(2)人口结构制约教育结构。
(3)人口质量影响教育质量。
3.(1)教育的文化传承功能。
(2)教育的文化选择和整理功能。
(3)教育的文化交流功能。
(4)教育的文化创新功能。

三、论述题

1. 人力资本理论在加深人们对教育与经济发展之间的关系的认识具有重大的贡献。在这一理论和经济发展需要的相互刺激下,教育的经济主义思潮获得了极大的张力。但是人力资本理论也存在不足,具体为:(1)教育增长与经济增长并不总是成正比。(2)教育、教育产品不能像商品、经济组织那样进行严格而准确的成本核算和费用分摊,更难以计算它的即时"利润"。(3)经济增长是受多因素变量制约的,教育水平仅仅是其众多因素之一,而且相当多的时候也不是决定性因素。(4)人力资本理论着重从经济角度衡量和研究教育问题,容易忽视教育的主体价值。

2. 筛选假设理论认为,教育的经济价值体现在基本假设、信号、标识与筛选之中。筛选假设理论使雇主把求职者的教育程度当作信息。在劳动力市场上,筛选假设理论主要探究雇主是如何筛选求职者的。筛选假设理论把看得见的一般不能改变的特征(如性别、民族等)理解为标识,把个人可以控制和改变的特征(如受教育程度)叫作信号。筛选假设理论主要考察的是教育的信号功能,认为雇主在劳动力市场中可以凭借标识和信号,特别是凭借教育信号了解求职者的能力。在招聘求职者时,筛选假设理论会让雇主们倾向性地认为,具有高学历的求职者的劳动生产力比具有低学历的求职者的更高。雇主在雇用求职者时,会给能力较高的求职者支付较高的工资,而给能力较低的求职者支付较低的工资。这就很好地解释了随着教育的发展,很多国家出现的"文凭膨胀"现象。

3. 教育的负向功能是指与教育目标、教育主体愿望相反的客观效果,是教育对社会发展和个体发展所产生的阻碍作用或消极影响。在教育现实中有多种表现,如因教育结构失调而造成的毕业生学非所用或大材小用;为提高教育质量而造成的学业负担过重等。

第 五 章

一、单选题

1. C
2. B
3. C

二、填空题

1. 生理发展　心理发展
2. 顺序性
3. 个体个性化

三、概念题

1. 一个人从出生到成年期间在身心两个方面所发生的积极变化。
2. 在实践活动中,外部环境对个体发展所引起的新的需要与个体已有发展水平之间的差距。
3. 个体通过教育与自身实践,逐步形成具有一定倾向性的相对独特和稳定的心理特征的过程。
4. 个体将社会行为规范、准则内化为自己的行为标准以适应社会生活的过程,这是由生物人变为社会人的过程。

四、简答题

1. 对个体来讲,发展的动力只能来自于内部,事物发展的根本原因,不是在事物的外部而是在事物的内部,在于事物内部的矛盾性。发展的动力来自个体发展的可能水平与现实水平之间的差距所构成的矛盾。但是,个体可能的发展水平不是自发的,而是来自于外部环境所提出的要求,这种要求只有转化为个体发展的一种需要,才能与已有的发展水平构成矛盾。

2. 遗传素质对人的发展有着重要作用,是人发展的内在根据之一,对遗传素质的作用不能否定。但也不能因为遗传素质为人的发展提供物质基础和可能性,就因此夸大遗传素质的作用,把人的发展完全归因于遗传因素。遗传素质仅仅是人的发展的物质基础和前提条件。人的遗传素质虽然有差别,但就正常人来说差别并不大。遗传素质对人的影响在人的发展的不同阶段作用不同。"遗传决定论"否定了社会环境、实践活动和教育的重要作用,是错误的。

3. 教育万能论认为,教育在任何情况下都能对人的发展起主导作用,人的发展完全是由教育决定的。教育万能论对教育作用的高度评价对于认识教育在人发展中的作用具有一定的意义。但它把教育视为人发展的决定因素,夸大了教育的作用。

4. 环境决定论者把人看成是环境的消极适应者,片面夸大环境的作用。环境决定论否认了生理的遗传性和人的主观能动性,陷入了机械唯物论。

五、论述题

1.（1）受教育者自身的主观能动性。

（2）教育的自身状况。

（3）家庭环境的影响。

（4）社会发展状况,包括社会生产力发展水平、社会政治经济制度的进步程度、整体的社会环境、民族心态、文化传统、科学技术发展状况等。

2.（1）个体身心发展的顺序性。

（2）个体身心发展的阶段性。

（3）个体身心发展的不均衡性。

（4）个体身心发展的个别差异性。

（5）个体身心发展的互补性。

发展的顺序决定了教育活动必须循序渐进地进行。发展的阶段性决定了对不同年龄阶段的儿童采取不同的内容与方法。发展的个别差异性要求教育工作者必须深入学生实际,了解他们各自的发展背景和水平,了解他们的兴趣、爱好、特长等,做到因材施教,有的放矢。针对发展的不均衡性,教育工作者必须重视研究不同时期个体成熟状况及其特征,了解成熟期,抓住关键期,不失时机地采取有效的教育措施,积极促进青少年身心迅速健康地发展。

第 六 章

一、单选题

B

二、填空题

1. 性质　任务　入学条件　修业年限
2. 提前初等教育的入学年龄　义务教育年限有所延长
3. 全国基本普及九年义务教育,全国基本扫除青壮年文盲　全面贯彻党的教育方针,

全面提高教育质量　　集中力量建设好一批重点学校和一批重点学科

三、简答题

1．（1）社会生产力发展水平和科学技术的发展状况影响着学校教育制度的建立。

（2）社会政治与经济制度也是影响学校教育制度建立的重要因素。

（3）人的身心发展规律同样制约着学校教育制度的建立。

（4）学校教育制度的建立，不仅要吸取原有学制改革中的有益成分，还要借鉴国外学制的有益经验。

2．（1）重视学前教育与"幼小衔接"。

（2）义务教育年限向两端延伸。

（3）普通教育与职业教育的有机结合。

（4）高等教育的大众化。

（5）终身教育体系的建构。

四、论述题

1．学校的种类不再单一，类型趋于多样，学校的类型可以按照纵向和横向的划分方法来划分。

（1）纵向类型：① 幼儿园。幼儿园具有基础性、启蒙性，生活性，活动性以及潜在性等特点。幼儿园教育作为整个教育体系基础的基础，是对儿童进行预备教育；② 小学。小学的主要职能是为学生接受下一阶段的教育打下良好坚实的基础，做好与中等教育的良好有效的衔接。③ 中学。它在传授知识，培养学生德、智、体、美全面发展的同时还担负着升学的重要职能。④ 大学。大学重在培养高素质的人才，进行科学研究、发展科学，为社会服务，文化传承及其创新。

（2）横向类型：① 普通教育学校。以升学为目标，以基础科学知识为主要教学内容的学校。② 特殊教育学校。主要职能是最大限度地满足社会的要求和特殊儿童的教育需要。发展他们的潜能，使他们增长知识、获得技能、完善人格，增强社会适应能力，成为对社会有用的人才。③ 业余学校。主要职能是满足成人自由支配学习时间，为人们提供终身教育的机会。

2．我国学制改革的趋势为：

（1）基本普及学前教育，明确政府职责，把重点放在农村。

（2）巩固提高九年义务教育水平，推进义务教育均衡发展。

（3）加快普及高中阶段教育，全面提高普通高中学生综合素质，推动普通高中多样化发展。

（4）大力发展职业教育，加快发展面向农村的职业教育。

（5）全面提高高等教育质量，提升科学研究水平，优化结构办出特色。

（6）完善特殊教育体系。

（7）构建开放灵活的终身教育体系。

第 七 章

一、选择题

1. A
2. D

二、填空题

1. 政治经济需要　生产力和科技发展对人才的需求　受教育者的身心发展规律
2. 个人本位论　社会本位论
3. 个人全面发展学说
4. 德育、智育、体育、美育和劳动技术教育

三、简答题

1. 从二者的联系来看,它们都是一定社会(国家或地区)各级各类教育在其性质和方向上不得违背的根本指导原则,对教育工作起着定向和引导作用。二者在教育社会性质的规定上具有内在的一致性,都含有"为谁培养人"的规定,并且都受到社会政治、经济条件的制约。从二者的区别来看,二者的区别主要表现在内涵不同和层次结构不同。

2. 教育目的与培养目标既有联系,又有区别。首先,教育目的是一个国家对其各级各类学校教育的总体要求,即不论初等、中等、高等教育,还是理、工、农、医、师等,都要按照这个总的要求培养人;而培养目标是根据教育目的制定的某一级、某一类学校或某一个专业人才培养的具体要求,是国家总体教育目的在不同教育阶段或不同类型学校、不同专业的具体化。其次,培养目标的确定必须建立在教育目的的基础上,而教育目的又必须通过各级各类学校、各专业的培养目标而实现。一个国家的教育目的是唯一的,而培养目标却是多种多样的。

四、论述题

1. 立德,就是坚持德育为先,通过正面教育来引导人、感化人、激励人;树人,就是坚持以人为本,通过合适的教育来塑造人、改变人、发展人。

2. 全面发展教育的五个组成部分各有特点、规律和功能,是相对独立的。对于普通中小学学生的全面发展来说,都是缺一不可的,不能互相取代和分割。它们又是相互联系、相互制约、相互依存、相互渗透的,在实践中,共同组成统一的教育过程。因此,要坚持五育并举,处理好它们的关系,使其互为条件、互相促进、相辅相成,发挥教育的整体功能。

五、材料分析题

参考答案:

(1) 合理性:针对当时国弱民贫的严峻现实,以及满足于个人完善、培养圣贤的教育传统,论者更加强调发挥教育的社会功能,通过培养人的社会意识的能力,服务社会公共事业,

促进社会进步,这种主张切中时弊,具有历史进步意义;20世纪以来教育对经济发展、文化变迁、政治变革、道德进步的促进作用日益突出,论者在世纪之初就洞察到教育的社会功能,颇具远见。

(2)教育目的的价值取向:论者认为,教育目的不仅在于个人,更在于社会。当今教育的最重要目的不在于造就圣贤,而在于谋求社会的进步,培养具有效劳社会能力的新人。这表明论者在教育目的上具有鲜明的社会本位价值取向。

(3)现实意义:在德育目标上,不但要进行坚守道德底线(不骂人、不偷、不怒、不谎、不得罪于人)的教育,还要在这个基础上有积极的、更高层次的追求,引导学生主动为善,对学生进行道德原则和道德理想教育;在德育内容上,不但要进行个人私德教育,更要加强社会公德教育。

第 八 章

一、选择题

A

二、填空题

1. 活动课程　隐性课程　选修课程　校本课程
2. 赞可夫、布鲁纳、瓦·根舍因

三、简答题

(1)生产力和科技发展水平。
(2)社会政治经济的需要。
(3)文化传统。
(4)受教育者的身心发展规律和水平。

四、论述题

(1)经验主义课程理论:代表人物为杜威。主要观点包括,第一,儿童是课程的中心;第二,学校课程应以儿童的兴趣或生活为基础;第三,课程组织应心理学化;第四,重视儿童在课程开发中的作用。评价:经验主义课程看到了学生在学习中的作用,对于现代课程的改造起到了重要的理论指导作用。但是过于重视儿童的中心地位,过分强调儿童的需要和兴趣,不能保证课程教学的连续性和系统性,具有浓重的实用主义和自然主义色彩。

(2)学科中心主义课程理论:学科中心主义课程理论的代表人物是斯宾塞、赫尔巴特和布鲁纳。其强调知识传授;以知识的学科逻辑体系来组织编排教材;以学科教学为核心;以掌握学科的基本知识、基本规律和基本技能为目标。学科中心主义课程理论主要有要素主义和永恒主义。以要素主义和永恒主义为主的学科中心课程,有益于课程教材的编订,也有益于学生掌握人类文化遗产的精华,传递人类文明,对于学生的基础知识和基本技能的掌握也有一定的好处,在学科知识的发展价值上做了积极的贡献。但是,由于学科中心主义过分注重知识,强调学科逻辑,重视学术性,以致对经验、心理逻辑、实用性有所忽视,容易造成理论与实践的脱节。

(3) 社会改造主义课程论把重点放在当代社会的问题、社会的主要功能、学生关心的社会现象以及社会改造和社会活动计划等方面。这种理论认为不应该用死板的教科书、无趣的练习题和无休止的伏案作业等把学生从身边的真实世界分割开来,问题就在我们生活的社会中,正等待教师和学生参与其中。主要代表人物有布拉梅尔德。社会改造主义课程流派的主要观点:第一,社会改造是课程的核心,社会问题而非知识问题才是课程的核心问题;第二,课程以社会问题为中心;第三,吸收不同社会群体参与到课程开发中来。社会改造主义树立了一种新的课程观念,开辟了课程研究的新方向。它以社会需要来设计课程,有利于为社会服务,有利于培养学生的实践能力。但它过于强调社会需要,忽略了课程问题的独特性,不利于各门学科知识的系统掌握,同时它夸大了学校教育的作用,单靠教育很多社会问题是解决不了的。

(4) 后现代主义课程理论:这一理论流派借以后现代主义提出来的新视角和新方法等思考课程问题,其代表人物是美国学者多尔。在他看来,现代范式是一种封闭的观点,他认为泰勒的课程模式就是现代主义课程体系的代表。在批判泰勒课程模式的基础上,提出了不同于泰勒原理的另一种方案,即后现代课程的标准"4R"。后现代课程观是一种开放的课程体系,关注个体心灵的成长,强调师生之间的对话和沟通以及课程的启迪和解放功能。但其过于强调多元和差异,容易使学生陷于主体牢笼之中,针对各种社会问题,缺少各种建设性意见和措施来解决,在实际中难以操作。

第 九 章

一、单选题

1. C
2. B

二、填空题

1. 归纳式
2. 不悱不发

三、论述题

1.(1) 讲授法。讲授法是指教师通过语言向学生传递知识和技能、发展学生智力的一种方法。

(2) 谈话法。也叫问题法,是教师以问题为中心引导学生获得知识的一种方法。

(3) 演示法。演示法是指教师通过呈现实物帮助学生获得直观认识、完成教学目标的一种方法。

(4) 讨论法。讨论法是指在教师的指导下,全体学生围绕一个话题发表意见,深化认识,最终获得知识的一种方法。

（5）练习法。练习法是指在教师指导下，学生为巩固知识、提高技能的一种反复训练方法。

（6）实验法。实验法是指在教师的指导下，学生运用一定的设备、仪器，观察现象并获取结论的方法。

2.（1）说服法。说服法，又叫说理教育法，是指教育者采用语言、事实等方式影响学生思想意识，提高学生思想觉悟的一种方法。

（2）榜样示范法。榜样示范法，是指通过他人的高尚思想、模范行为、卓越人格形象对受教育者产生影响的一种方法。

（3）角色扮演法。所谓角色扮演法，是指教师引导学生通过扮演他人角色获得情感体验、提高道德水平的一种道德教育方法。

（4）情感陶冶法。情感陶冶法是一种相对于说服法的暗示型德育方法，它是指教师创设良好的教育情境，使受教育者心灵得以熏陶的方法，具有隐蔽性、愉悦性和无意识性的特点。

第 十 章

一、单选题

1. A

2. A

二、填空题

1. 促进学生的全面发展
2. 教育性任务　　实质性任务　　发展性任务　　教育性任务
3. 教学

三、简答题

1.（1）教学的准备。

（2）教学的实施。

（3）作业与辅导。

（4）教学评价和反思。

2. 课外活动不同于活动课程。课外活动与活动课程既有联系又有区别。课外活动与活动课程都是以全面发展的教育思想为指导，通过开展各种有益的活动，扩大学生视野，发展志趣和特长，丰富精神生活，培养学生的主动性和创造性，促进全面发展。但课外活动与活动课程之间，并不是简单的名称上的更易，而是有质的区别。活动课程是列入具有指令性的课程计划的正式课程，是每个学生都必须参加的，它具有课程自身的目标体系，依据课程的目标体系选择活动内容，并有活动指导纲要、活动教材、活动教学参考书等予以保证。而课外活动是课程以外的各种教育活动，不是正式的课程，不受课程计划的限制，在活动内容、形式等方面灵活性更大。

3.（1）综合实践活动。
（2）学科活动。
（3）社会政治活动。
（4）科学技术活动。
（5）文化艺术活动。
（6）体育活动。
（7）公益活动。

4.（1）心理咨询与辅导。
（2）学习生活辅导。
（3）职业辅导。

5.（1）系统传授式。
（2）专题讲座式。
（3）学科渗透式。
（4）诊断治疗式。
（5）经验交流式。
（6）环境熏陶式。
（7）协作辅导式。

四、论述题

1. 就教学的本质而言，教学是一种认识活动，也是一种特殊的认识活动。教学是教师引导学生认识世界的特殊认识形式，教育性、间接性等是它有别于其他认识活动的主要特点。首先，教学是一种教师引导学生认识客观世界的认识活动。教学是受教育者个体在教育者的引导下，积极主动地学习人类创造积累的文明成果的活动。另外，教学是一种特殊的认识活动。教学是一种间接的认识。这是针对学生所要认识的客体而言的。学生的认识与人类最初探求客观世界不同，他们所面对的不是未知的客观世界，而是人类认识和改造客观世界的成果，即人类创造、积累的文明成果的结晶，是经过学者的加工、改造，以教材的形式呈现在学生面前的，再经过教师的再加工，学生便可以快速、高效地掌握人类社会历史经验，使祖先创造积累的光辉灿烂的文化得以保存与传递，并在此基础上推陈出新，创建更优秀的文明成果。应坚持以间接经验为主，保证教学的计划性与时效性，以之为前提，尽量为学生创造条件，安排适量的直接经验，以利于学生主动性、创造性的发挥。

2.（1）以德育为目标的活动。
（2）以智育为目标的活动。
（3）以劳动教育为目标的活动。

3. 学校教育工作必须要坚持以教学为主。第一，以教学为主是学校教育工作的特点决定的。第二，教学是实现教育目的的基本途径。第三，教学为主是由教学自身的特点决定的。第四，受教育者的发展是德、智、体、美、劳统一全面发展的过程，教学是实现这些方面统一、综合发展的最有效途径。第五，历史上正反两方面的经验表明，要提高教育质量，更好地进行自我教育，学校必须坚持以教学为主。

第十一章

一、选择题

1. B
2. B
3. C
4. C
5. A

二、填空题

1. 中华人民共和国教师法
2. 加德纳

三、简答题

1.（1）教师对人类文化有继承、传递、发展的作用

（2）教师对社会精神财富与物质财富的创造起推动作用

（3）教师对人的精神成长起引领作用

（4）教师对人的潜能挖掘、智力开发起奠基作用

2.（1）教学能力

（2）组织能力

（3）德育能力

（4）科研能力

3.（1）学生是具有独立意义的完整主体

（2）学生是发展中的人

（3）学生是以学习为主要任务的人

四、论述题

1.（1）教师劳动具有复杂性

（2）教师劳动具有创造性

（3）教师劳动具有长期性

（4）教师劳动具有示范性

2. 在20世纪兴起的人本主义思潮，到20世纪70年代达到鼎盛时期，以学生发展为本的教育目的观成为主流的教育理念。现代教师树立以学生发展为本的教育理念，就是要把学生的发展作为教育起点、教育过程的依据和教育的归宿。在教育过程中注重学生潜能的发展、学生身心与情感的发展、学生的自我及其实现。教育学生时保护学生的好奇心和求知欲，尊重学生的爱好和个性，激发学生的兴趣，为学生提供探究的材料和机会，做好学生成长的帮助者、促进者、引导者。

3. 关于教师的专业素质在教师专业标准中有具体的规定，教师的专业素质构成主要由专业理念、专业情意、专业知识、专业能力四部分组成。其中，专业理念包括："师德为先"的理念、"学生为本"的理念、"能力为重"的理念、"终身学习"的理念。专业情意包括：专业理想、专业情操、专业性向、专业自我。专业知识包括：通识性知识、本体性知识、条件性知识、实践性知识。专业能力包括：教学能力、组织能力、德育能力、科研能力。

4. 关于性别差异与教育，学校和教师应有的态度是：首先，要树立正确的观点，既要科学认识男女生的性别差异给学生的身心发展带来的特点，又要明确男女学生智力发展可能达到的高度是相同的，教育要根据不同性别学生的情况有针对性地展开有效措施，促进学生的发展。其次，各阶段的教育，尤其是基础教育阶段，要根据学生的固有特点，尽量发挥其性别长处带来的学习成长优势。如记忆力好的就多教一些该熟记的知识内容，好奇心强的就多创造一些探索发现的机会，同时从发展的需要看到其不足，对多靠记忆获得好成绩的同学要提醒他们学会思考，多动脑；对于靠"小聪明"完成学习任务的要警示他们对待学习必须老实严谨，扎扎实实，并养成认真的学习习惯。

5. 对待智力超常儿童的教育，我们需要注意几点：首先是早发现、早培养。只有早发现才能及时对其进行适当的教育和培养，如果发现得晚，就很有可能被埋没了。其次，在培养过程中要全面打好基础，发展个人特长。要实现优势成才，必须要有全面的基础，不仅是知识方面，在身体、思维、情绪、意志、习惯等其他方面也要奠定良好的基础，要重视他首先是个完整的人，其次才是有某方面天赋的人，不能因为过度开发其天赋领域而忽视了其他方面的发展，甚至因过度开发而丧失其保持个体良好成长的机会，最终断送了一个天才。另外，要引导智力超常儿童从小树立远大理想，不要满足于已有成绩，坚持刻苦学习，对自己提出严格要求，树立"天才在于积累，聪明在于勤奋"的思想，将自己的聪明才智与勤奋结合起来，将来才能有大成就。

后 记

经全国高等教育自学考试指导委员会同意,由教育类专业委员会负责高等教育自学考试小学教育专业教材的审定工作。

《教育原理》由东北师范大学柳海民教授主持编写,王澍副教授、姚玉香副教授等分别参加了相应内容的编写。本教材由首都师范大学劳凯声教授、北京师范大学檀传宝教授和魏曼华副教授参加审稿并提出改进意见。

编审人员付出了辛勤劳动,在此一并表示感谢。

全国高等教育自学考试指导委员会
教育类专业委员会
2016 年 1 月